Durch das Jahr – durch das Leben

Durch das Jahr – durch das Leben

Hausbuch der christlichen Familie

Kösel

Durch das Jahr – durch das Leben
Hausbuch der christlichen Familie

verfaßt von
Hermann Garritzmann, Leopold Haerst,
Heinrich Heming, Peter Neysters,
Hubert Rüenauver, Karl Heinz Schmitt,
Klaus Tigges †

Neuausgabe 1995

Die Neuausgabe 1995
wurde durchgesehen und bearbeitet von
Peter Neysters,
Hubert Rüenauver,
Karl Heinz Schmitt

Neuausgabe 1995

Druck und Bindung: Kösel, Kempten
Umschlaggestaltung: Elisabeth Petersen, Glonn, unter
Verwendung einer Zeichnung von Manfred Boiting, Essen
Graphische Gestaltung: Manfred Boiting, Essen,
unter Mitarbeit von Wilfried Rothmann, Essen
ISBN 3-466-36422-1 (gebundene Ausgabe)
ISBN 3-466-36423-X (Geschenkausgabe)

Gerne möchten wir Sie persönlich anreden

**Vater oder Mutter,
Tochter oder Sohn,
Kind oder Jugendlicher,
Großeltern oder Jungverheiratete
... und die ganze Familie.**

Das Buch möchte sich jedem einzelnen und der ganzen Familie als ein treuer Begleiter vorstellen. Es lädt ein zum Blättern und Lesen, zum Nachschlagen und Fragen, zum Betrachten und Beten, zum Singen und Spielen. Ein Hausbuch der christlichen Familie.

Ein Begleiter auf dem Weg des Lebens, von der Geburt eines Kindes bis zum Tode eines geliebten Menschen. Ein Begleiter durch den immer wiederkehrenden Jahreskreis mit seinen Festen. Viele Erklärungen und Hinweise, Gedichte und Lieder, Spiele und Rezepte, Gebete und Geschichten, Bilder und Bräuche wollen helfen, ein christliches Familienleben zu gestalten in seinen Alltagen und Festtagen, in seinen Hoch-Zeiten und Tief-Zeiten.

Das Buch ist ein ratgebender Begleiter. Sie finden Antwort auf viele Fragen: »Was benötigt man zu einer kirchlichen Trauung?« – »Wie sprechen wir mit Kindern vom lieben Gott?« – »Wie gestalten wir das Weihnachtsfest?« – »Was können wir tun, wenn jemand gestorben ist?« – »Seit wann feiern die Christen den Sonntag?« ...

Nicht zuletzt möchte das Buch ein gesprächsanregender Begleiter sein. Verschiedene Auffassungen und Meinungen werden Gespräche auslösen zwischen Mann und Frau, zwischen Eltern und Kindern, Großeltern und Enkeln.

Die Familie ist wie der Baum auf der Titelseite des Buches. Sie ist getragen und gehalten vom Stamm des Kreuzes, dem Zeichen unseres Glaubens. Verwurzelt in dieser Welt, der Schöpfung Gottes. Mit einer Baumkrone im Wechsel der Jahreszeiten. Sie grünt und blüht und bringt Frucht in Kindern und Enkelkindern. Und bald wächst daraus wiederum eine Familie ... wie ein Baum ... im Wechsel der Jahreszeiten. Auch wenn mancher Trieb und manche Frucht nicht ausreift, auch wenn es Sorgen und Scheitern gibt in Ehe und Familie, so hoffen und wünschen wir, daß der Stamm des Kreuzes dennoch trägt und immer wieder neu Lebenskraft gibt.

Wir sind überzeugt: In einer christlichen Familie können wir leben lernen.

**Widmen möchten wir dieses Buch
den Familien, in denen wir selbst leben und glauben lernten,
den Familien, in denen wir heute leben,
den Familien, die trotz kleiner Sorgen glücklich und zufrieden leben und auch
den Familien, die große Sorgen und Nöte haben.**

Hermann Garritzmann, Leopold Haerst, Heinrich Heming, Peter Neysters, Hubert Rüenauver, Karl Heinz Schmitt, Klaus Tigges.

Inhalt

Durch das Leben

Durch den Tag – durch die Woche

Durch das Jahr

Durch das Leben

Auf dem Weg zur Hochzeit

Wir wohnen
Wort an Wort
Sag mir
dein liebstes
Freund
meines heißt
DU
Kennst du
das Märchen
vom DU
DU
bist es

Rose Ausländer

Die erste Liebe – für jeden anders

Irgendwann bricht sie auf, die Liebe zwischen Jungen und Mädchen, zwischen Mann und Frau …

»Nie hätte ich gedacht, daß ich so an Klaus hängen könnte. Aber jetzt ist er weg, und ich weiß nicht wo. Ich bin sehr einsam. Manchmal führe ich Selbstgespräche, manchmal fange ich an zu schreien. Ich liebe ihn doch! Ich werde damit nicht fertig! Wie soll bloß alles weitergehen? Ich kann nur noch weinen. So viele Jungen weise ich ab, die mich liebhaben …«

»Wir lernten uns beim Tanzen kennen. Irgendwo in einer Disco. Wir haben uns dann beim Auseinandergehen wieder verabredet und uns dann mehrmals getroffen. Irgendwann merkte ich dann, daß ich so richtig verliebt in ihn war. Wann das passierte? – Das kann ich auch nicht genau sagen. Es war irgendwann da …«

»Als ich Sigrid kennenlernte, verstanden wir uns beide richtig gut, ja, wir waren verliebt ineinander. Wir wurden unzertrennlich. Dann lernte ich ein anderes Mädchen kennen. Ich habe Sigrid den Laufpaß gegeben. Sie hat sehr darunter gelitten, aber das war mir damals egal. Nach längerer Zeit traf ich sie dann wieder. Mir wurde plötzlich deutlich, was ich gemacht hatte …«

»Wir kannten uns schon aus unserer Kindheit. Wir haben miteinander gespielt, sind zusammen in die Schule gegangen, später sind wir zusammen tanzen gewesen. Aber da war nichts … Später haben wir uns dann wieder getroffen. Da war es ganz einfach da. Wir wußten, daß wir zusammengehörten. Wir entdeckten uns ganz neu. Wir waren richtig verliebt …«

»Für Peter und mich war es eigentlich schnell klar, daß wir zueinander paßten. Bis es dann seine Eltern merkten … Ich war evangelisch, er katholisch; ich war Sekretärin, er studierte; ich kam aus einfachen Verhältnissen, sein Vater leitete ein großes Unternehmen … Es war eine schlimme Zeit; seine Eltern setzten alles daran, uns auseinanderzubringen. Aber wir haben zusammen gehalten …«

Wege der Liebe

Die Wege der Liebe verlaufen selten geradlinig. Es gibt unterwegs Höhen und Tiefen, Aufstiege und Abstiege, gelegentlich sogar gefährliche Gratwanderungen. Und es gibt Umwege, Seitenwege, »Holzwege« bis hin zur Ausweglosigkeit, aber auch immer wieder Auswege und neue Zuwege.
Die Beziehung zweier Menschen ist nie etwas Fertiges, Abgeschlossenes, Endgültiges. Sie kennt nicht Stillstand, wohl aber Bewegung. Zwei Menschen machen sich auf den Weg, bewegen sich aufeinander zu und sind »bewegt«: innerlich angerührt, mitunter sogar aufgewühlt von den vielfältigen Erfahrungen, die sie miteinander machen. Sie sind unterwegs – und hoffentlich nie am Ende.

Jede Generation muß ihren Weg finden, für sich neue Zugänge zu Liebe und Ehe erschließen. Das geht nicht ohne Spannungen und Widerstände. Sich verabschieden – sich trennen – sich neu binden: Das geschieht in jeder Familie anders, aber überall eine Phase der Auseinandersetzung und des Trauerns. Wer aufbricht, muß zurücklassen können.

Es gibt keinen Punkt,
an dem wir stehenbleiben könnten und sagen:
Jetzt haben wir's.
So muß es sein:
So werden wir es immer machen!
Wir sind immer unterwegs.

Ingeborg Bachmann

ER, Gott, sprach:
Nicht gut ist, daß der Mensch allein sei,
ich will ihm eine Hilfe machen, ihm Gegenpart . . .
ER senkte auf den Menschen Betäubung, daß er einschlief,
und nahm von seinen Rippen eine und schloß Fleisch an ihre Stelle.
ER, Gott, baute die Rippe, die er vom Menschen nahm, zu seinem Weibe und brachte es zum Menschen.
Der Mensch sprach:
Diesmal ist sies!
Fleisch von meinem Fleisch!
Menschenfrau soll sie genannt werden,
denn vom Menschenmann ist sie genommen.
Darum läßt ein Mann seinen Vater und seine Mutter und haftet seiner Frau an,
und sie werden zu Einem Fleisch.
Die beiden aber, der Mensch und seine Frau, waren nackt, und sie schämten sich nicht.

Genesis 2,18.21–25
Nach Martin Buber

Der richtige Partner …

»Unser Kind soll den richtigen Partner finden« – »Der muß zu unserer Familie passen. Warum muß es ausgerechnet der sein?« – »Mit den beiden geht es doch nie gut.« – »Hoffentlich hat er auch die richtige Einstellung zu unserem Glauben.« Solche Wünsche und Sorgen der Eltern mögen verständlich sein.
Trotzdem werden die Kinder oft eigene Wege gehen, die den Eltern unverständlich erscheinen, die all dem widersprechen, was sie in ihrer Erziehung jahrelang versucht haben. Dann gelassen zu bleiben, dann sich selbst keine Vorwürfe zu machen, dann die Liebe zum eigenen Sohn oder zur eigenen Tochter aufrecht zu halten, das mag leicht gesagt sein, es zu verwirklichen bleibt aber eine ganz eigene Aufgabe.

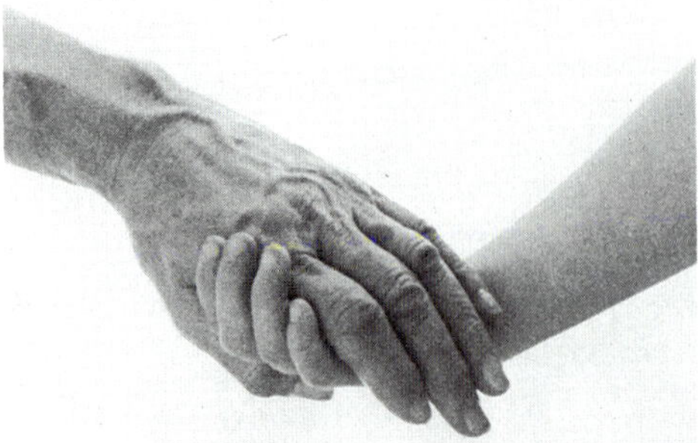

Eine Matrone fragte den Rabbi Jose ben Chalafta: In wievielen Tagen hat Gott seine Welt erschaffen? Der Rabbi antwortete: in sechs Tagen. Die Matrone fragte weiter: Und was tut er seitdem? R. Jose erwiderte: Er bringt die Ehepaare zusammen. Das kann ich auch, versetzte die Matrone; ich habe zwar sehr viele Knechte und Mägde, aber in einer knappen Stunde kann ich sie miteinander zur Ehe verbinden! R. Jose sprach: Das mag leicht sein in deinen Augen, für Gott jedoch ist es so schwierig wie das Spalten des Schilfmeeres. Darauf verließ der Rabbi die Matrone und ging fort.
Was tat die Matrone? Sie nahm 1000 Knechte und 1000 Mägde, stellte sie in einer Doppelreihe auf und befahl: Der und der soll die und die heiraten! Und so verband sie alle in einer Nacht zur Ehe.
Am nächsten Morgen kamen die verheirateten Knechte und Mägde zur Matrone: Dem einen war der Kopf zerschlagen, dem anderen war ein Auge ausgerissen, wieder einem anderen war ein Fuß gebrochen; der eine sagte: die will ich nicht, und jene sagte: den will ich nicht.
Bestürzt sandte die Matrone hin und rief den Rabbi Jose ben Chalafta zu sich. Sie sprach zu ihm: Eure Tora ist wahr, brauchbar und den Umständen entsprechend ist sie; alles was du gesagt hast, hast du richtig gesagt. Rabbi Jose jedoch erwiderte: Ich habe somit recht behalten; wenn das Eheschließen auch leicht ist in deinen Augen, für Gott ist es so schwierig wie das Spalten des Schilfmeeres.

Jüdische Legende

Zusammenleben

Du fragst, warum ich so zufrieden
mit Dir zusammenleben kann.
Ich mag Dich, weil Du klug und zärtlich bist –
und doch das ist es nicht allein:
Du zeigst mir immer, daß es möglich ist,
ganz Frau und trotzdem frei zu sein.

Beichtvater, Lehrer oder kleines Kind,
das alles kannst Du für mich sein.
Ich mag Dich, weil Du klug und zärtlich bist –
und doch, das ist es nicht allein:
Du zeigst mir immer, daß es möglich ist,
ganz Frau und trotzdem frei zu sein.

Wer wird als Frau denn schon geboren,
man wird zur Frau doch erst gemacht.
Ich mag Dich, weil Du klug und zärtlich bist –
und doch, das ist es nicht allein:
Du zeigst mir immer, daß es möglich ist,
ganz Frau und trotzdem frei zu sein.

Thomas Woitkewitsch

Lebensweisheiten zu Liebe, Glück und Ehe

Motto: Daß sich Sprichwörter so oft widersprechen, darin liegt die Weisheit.

Liebe bezahlt sich mit Liebe – was darüber hinausgeht, sind leere Worte.

Spanien

Liebe ist ein Glas, das zerbricht,
wenn man es unsicher oder zu fest anfaßt.

Rußland

Wenn Mann und Frau auch auf dem gleichen Kissen schlafen,
so haben sie doch verschiedene Träume.

Mongolei

Wenn wir heiraten, übernehmen wir
ein versiegeltes Schreiben,
dessen Inhalt wir erst erfahren,
wenn wir auf offener See sind.

Schottland

Wenn man über etwas, das wunderbar ist,
sich nicht wundert,
hört es auf, wunderbar zu sein. *China*

Wo es Liebe regnet,
wünscht keiner einen Schirm. *Dänemark*

Wenn Liebende sich zanken,
wächst die Liebe um ein Palmblatt.
Arabien

Die Liebe gleicht einem Ring,
und der Ring hat kein Ende. *Japan*

Zärtlich sein – mit allen Sinnen lieben

Zwei Menschen lieben sich, sie werden einander wichtig, sie werden sich vertrauter, sie möchten schließlich alles einander anvertrauen, miteinander teilen und sich mitteilen. Zwei Menschen, die sich lieben, wollen ihre Liebe einander zeigen und ausdrücken, nicht nur in Worten, sondern mit all ihren Sinnen.
Wie sich zwei Menschen nicht von heute auf morgen durch und durch kennen können, so ist auch die geschlechtliche Beziehung eines Paares ein längerer Weg mit unterschiedlicher Intensität, mit einem Reichtum von Ausdrucksformen und Stufen der Zärtlichkeiten.
Wenn in der Hl. Schrift von Geschlechtsverkehr die Rede ist, dann wird das Wort »erkennen« gebraucht: Mit dem Partner eins werden, ihn so erkennen, wie er ist, in seinem Handeln und Denken, in seinem Wollen und Fühlen, in seiner Sehnsucht und Liebe. Dieses »Erkennen« will hören und sehen und riechen und schmecken und tasten und berühren.
Zärtlich zu sein, will gelernt werden. Junge Menschen, die sich lieben, freuen sich über Liebkosungen und Zärtlichkeiten. Sie sind erfinderisch darin, doch bisweilen sind sie unsicher und wissen nicht, wo sie Grenzen setzen sollen. Entscheidend in solchen Situationen ist, daß sie den Mut haben und zu lernen bereit sind, mit dem Partner über alles zu sprechen, was sie denken, fühlen und möchten – und damit auch über die Ausdrucksformen ihrer Zärtlichkeit.
Das Verlangen nach Zärtlichkeit ist nicht unbedingt identisch mit dem Verlangen nach Geschlechtsverkehr. Wer von vornherein Geschlechtsverkehr will, handelt falsch und überfordert den Partner. Spielraum und Stufen der Zärtlichkeit sind weit; sie sind wie ein spannender Weg durch vielfältige und immer wieder überraschende Landschaften. Ein ganzes Leben ist nötig, sie zu erkunden, und doch bleibt das Wunder des anderen größer.

Wir können gerade von dem Menschen, den wir lieben, am wenigsten sagen, wie er sei. Wir lieben ihn einfach. Das ist das Erregende, das Abenteuerliche, das eigentlich Spannende, daß wir mit den Menschen, die wir lieben, nicht fertig werden: weil wir sie lieben, solang wir sie lieben.

Max Frisch

Und tiefblau immer der Himmel, nahegerückt die heile Alpenkulisse hinter Wäldern und Hügeln. Auf dem Aussichtsmäuerchen sitzt ein Mädchen, neben ihr ein junger Blondschopf, fünfzehn-, sechzehnjährig vielleicht, beide in Jeans. Die Schulmappen haben sie beiseite gelegt, um sich umfassen, streicheln zu können, um zu murmeln, zu lachen, mit den Lippen die Landschaft ihrer Gesichter zu entdecken, die Schulaufgaben in ihren Mappen müssen fürs erste noch warten, haben Zeit, Aufgaben gibt's, die wichtiger sind: einen anderen Menschen kennenzulernen zum Beispiel, ihn zu entdecken, von ihm entdeckt zu werden (was ist die Entdeckung Amerikas dagegen?), Gefühle in Worte zu fassen, mit Worten Andeutungen zu spielen wie mit Fingern, mit Haaren (lernt man das im Deutschunterricht?), einander zuzulächeln, Wünsche zu erraten, Pläne zu schmieden, Wahn zu dämpfen, die Freuden der Realität zu genießen (Autodidakten aller Länder vereinigt euch?). Wer weiß, ob die beiden noch einmal so intensiv werden erleben und fühlen können wie jetzt, wie hier in der spontanen Unbedingtheit ihres Glücks aneinander, an dem ich vorüberflaniere, erfreut, ermuntert auf nicht definierbare Weise. Das Ungeheuer Zärtlichkeit.

Kurt Marti

Heiraten oder nicht heiraten?

Standesamtliche und kirchliche Trauung sind heute nicht mehr selbstverständlich. Die Zahl der Paare wächst, die Einwände dagegen haben und die in einer »Ehe auf Probe«, in einer »Ehe ohne Trauschein«, in einer »Schrägstrich-Ehe« (vorerst) zusammenleben.
Diese jungen Leute werden von vielen persönlichen und gesellschaftlichen Eindrücken nachhaltig beeinflußt.

- Da ist der »allgemeine« Trend, der diese Lebensform »gesellschaftsfähig« sein läßt.
- Da müssen sich Paare, die heiraten wollen – und gar noch kirchlich –, vor Freunden oder Kollegen rechtfertigen.
- Da wird der Wert der Treue, der dauerhaften und verläßlichen Bindung an einen Lebenspartner, von vielen als unmodern und rückständig belächelt.
- Da erleben junge Leute bei Eltern, älteren Geschwistern oder bei Freunden und Bekannten das Scheitern einer Ehe; sie bekommen Angst und Zweifel vor den Konsequenzen der eigenen Entscheidung.

Manche meinen

- »Wir haben unser ganz privates Recht auf unser Glück. Es geht keinen etwas an, daß und wie wir zusammenleben. Unsere Freundschaft ist allein unsere Angelegenheit. Wir beide sind gefragt – nicht andere.«
- »Was gehen Kirche und Staat unsere Liebe an? Wir werden von dort genug reglementiert und eingeengt. Wenigstens in unserer Liebe wollen wir frei sein und bleiben.«
- »Wenn wir unverheiratet zusammenleben, dann bemühen wir uns mehr umeinander. Denn da hat keiner den anderen sicher. – Und wir wollen uns nicht auf Endgültigkeit binden. Denn wer weiß, ob wir uns in fünf, zehn oder fünfzehn Jahren noch lieben?«
- »Wir möchten durch Erfahrung herausfinden, ob dies auch der passende Partner für eine spätere Ehe ist. Wir wollen erst einmal ausprobieren, ob wir zueinander passen und miteinander harmonieren.«

Zu bedenken wäre

- Weder der einzelne noch ein Paar lebt für sich allein. Wird sich nicht mit der Zeit derjenige völlig isolieren, der sich von seinen Eltern, Geschwistern, Freunden und Bekannten abwendet und ihre Anregungen ablehnt? Freundschaft und Partnerschaft sind keine rein private Angelegenheit.

- Kann die Institution Ehe die Partner nicht auch entlasten? Schützt die Institution nicht beide Partner vor voreiligen Maßnahmen des anderen oder vor willkürlichen Eingriffen von außen?

- Verlangen nicht alle menschlichen Beziehungen nach festen Formen und Zeichen? Ist der »Trauschein« nicht mehr als ein Stück Papier? Die Liebe zwischen zwei Menschen verläuft nicht immer konfliktfrei; es treten Mißverständnisse auf. Gerade in solchen Zeiten lebt die Beziehung vom einmal gegebenen bedingungslosen Ja der Ehepartner.

- Kann Ehe überhaupt versuchsweise gelebt werden? Wollen Menschen nicht unbefristet und vorbehaltlos angenommen und geliebt werden? Wer liebt und geliebt wird, will nicht bestimmten Bedingungen unterliegen und möchte schon gar nicht vom anderen auf die Probe gestellt werden.

Ein langer Weg

Ehe ist heute ein langer Weg, oft über ein halbes Jahrhundert und länger. Dieser Weg kennt Hoch-zeiten und Tief-zeiten, kennt den Wechsel von »guten und bösen Tagen«. Von daher ist die Ehe mehr denn je Wagnis und Risiko, ja »Abenteuer«. Das Wort »Trauung« weist in doppelsinniger Weise darauf hin: »Sich trauen« bedeutet sich wagen, sich riskieren, sich öffnen, sich auf das wagnisreiche »Unternehmen Ehe« einlassen – und dann *heiraten*.
Immer mehr junge Leute können oder wollen nicht so ohne weiteres dieses Wagnis eingehen. Sie haben Zweifel an der eigenen Bindungsfähigkeit oder verspüren deutliche Vorbehalte gegenüber der Tragfähigkeit ihrer Beziehung. Die meisten lehnen die Ehe nicht ab. Im Gegenteil: Sie wollen einmal heiraten und möglichst glücklich mit dem Partner zusammenleben. Aber sie suchen neue Zugänge zur Ehe. Viele ziehen zunächst unverheiratet zusammen, in der Hoffnung, daß Vertrauen und Zuversicht wachsen können und aus dem noch zaghaften und zögernden Ja ein eindeutiges und verbindliches Ja wird. Dieses ehrliche Bemühen vieler junger Paare um eine verantwortliche Entscheidung darf – bei allen möglichen Bedenken und Einwänden – nicht übersehen werden. Hintergründe, Motive, Absichten und Ziele eines jeden Paares sind entsprechend zu berücksichtigen und auch zu würdigen.

Verlobung

Ein anderer Zugang zur Ehe ist nach wie vor die Verlobung. In letzter Zeit wächst die Zahl junger Leute, die diesen Weg aufs neue gehen wollen. Es ist auch heute noch sinnvoll, die Verlobung zu feiern:

- Das Paar möchte sich selbst den Wunsch, später die Ehe zu schließen, bestätigen und bekräftigen. Dies soll im Austauschen und Tragen des Ringes zeichenhaft sichtbar gemacht werden: »Wir gehören zusammen, und wir wollen zusammen bleiben, das geloben und zeigen wir.«
- Das Paar möchte seinen Verwandten, Freunden und Bekannten die eigene Verbindung »offiziell« bekanntgeben und mit ihnen zusammen feiern: »Daß wir uns gefunden und füreinander entschieden haben, ist ein Grund zu feiern. Ihr sollt mitfeiern und uns auch weiterhin begleiten.«
- Das Paar kann die eigene Liebesgeschichte im Glauben ausdrücken wollen: »Wir erfahren uns und unsere Beziehung als ein Geschenk der Güte Gottes. Dafür möchten wir Gott danken und ihn um seine Hilfe für unsere gemeinsame Zukunft bitten.«

Die Feier der Verlobung wird so zu einer wichtigen Station auf dem Weg zur Ehe. Dabei kann kirchliche und weltliche Feier miteinander verbunden werden. Denkbar ist ein Wortgottesdienst oder eine Eucharistiefeier im Kreis der Freunde und Gäste. Im Gottesdienst werden dann die Ringe gesegnet.

Zur Segnung der Ringe

Herr, unser Gott, segne diese Ringe, die N. und N. als Zeichen ihrer gegenseitigen Zuneigung tragen wollen. Halte deine Hand über die Verlobten und führe sie, wenn es deinem Willen entspricht, zum Bund der Ehe. Durch Christus unseren Herrn. Amen.

Gebet zur Verlobung

Herr Jesus Christus,
du hast uns deine Liebe und Treue bis in den Tod bewahrt.
Stärke die junge Liebe der beiden,
die sich treu bleiben wollen,
und führe sie zur Hochzeit vor deinen Altar.
Der du in der Einheit des Heiligen Geistes
mit Gott dem Vater
lebst und herrschst in Ewigkeit.

Zur Danksagung

*Wir sind glücklich und dürfen einander glücklich machen.
Danke, daß wir uns gefunden haben, Herr.
Danke, daß wir gesund sind und unsere Zukunft planen können.
Danke für die Augen, mit denen wir einander anschauen.
Danke für alle Zärtlichkeiten, die wir miteinander tauschen.
Wir danken dir und legen unser Glück in deine Hand.
Du machst alles gut, du bist die Liebe.
Laß uns einander immer besser kennenlernen
und erkennen, ob wir füreinander bestimmt sind.
Wir sind verliebt, wir danken dir.*

»Unsere Überlegungen haben gezeigt, daß es die *nichteheliche Lebensgemeinschaft als solche nicht gibt. Alles kommt darauf an, mit sensiblem Unterscheidungsvermögen die verschiedenen einzelnen Situationen einschätzen und differenzieren zu lernen. Am wichtigsten ist die Gruppe derer, die eine Ehe nicht von vornherein ausschließen (»Probe-Ehe«). Man darf solche Lebensgemeinschaften nicht pauschal gleichsetzen mit beliebig abbrechbaren Partnerschaften und von vornherein als ganze diffamieren. Oft ist in ihnen nämlich die Sehnsucht nach der Gewißheit in der Liebe verborgen gegenwärtig. In vielen Gemeinschaften dieser Art lebt eine aufrichtige Gesinnung und ein ernsthafter Wille, den wirklich verläßlichen Partner zu finden.«*

Bischof Karl Lehmann

Zur Ehe fähig werden

Die Fähigkeit zu Liebe und Ehe fällt jungen Leuten nicht einfach in den Schoß. Sie muß vielmehr geweckt und weiterentwickelt werden. Schritte auf diesem Weg können sein:

- **Sich selbst annehmen und mit sich selbst im klaren sein –**
  Seine eigenen Stärken und Schwächen, seine Hoffnungen und Ängste sehen, beurteilen und bejahen können.

- **Sich selbst in seiner eigenen Geschlechtlichkeit annehmen –**
  Sich mit seinem Frau- oder Mannsein identifizieren, seine Triebe und Bedürfnisse wahrnehmen und mit ihnen umgehen lernen.

Christliches Eheleben

- **Zärtlich zueinander sein –**
Mit viel Phantasie und Einfühlungsvermögen einander entdecken.

- **Sich aus kindhafter Elternbindung lösen –**
Zu eigenen Entscheidungen fähig sein und diese sich nicht abnehmen oder aufzwingen lassen.

- **Unbewußte Wunsch- und Leitbilder durchschauen –**
Sich in Werten, Zielen und Lebensgestaltung nicht von außen (»man«) beeinflussen und bestimmen lassen.

- **Spannungen ertragen können –**
Die eigenen Ansprüche disziplinieren; Schwierigkeiten, Hindernisse und Widerstände aushalten und angehen können.

- **Zum Gespräch fähig sein –**
Sich dem anderen öffnen und das Gespräch mit dem Partner wachhalten können.

- **Sich an den Partner frei binden –**
Sich frei für diesen Partner entscheiden und diese Entscheidung als endgültige Bindung akzeptieren und durchhalten können.

- **Verantwortung übernehmen –**
Das eigene Leben verantworten; die Lebensaufgaben, die sich aus einer Freundschaft und später aus einer Ehe ergeben, als gemeinsame Sache sehen und gemeinsam zu bewältigen suchen.

Ehe ist keine Erfindung des Christentums. Vor und nach der Menschwerdung Jesu Christi gab und gibt es Ehen, die in Partnerschaft, Treue und Verantwortung für die Nachkommenschaft gelebt werden – mit und ohne Bezug zu Jesus. Doch ist eheliches Leben auch nicht einfach ableitbar aus der Natur des Menschen. In Geschichte und Gegenwart gibt es unterschiedliche Formen des Zusammenlebens von Mann und Frau. Wenn Christen eine Ehe eingehen, lassen sie sich auf die Zusage Gottes ein: *Du bist zu unwiderruflicher Liebe fähig!*
Diese Liebe ist getragen von Partnerschaft, Treue und Verantwortung für die Nachkommenschaft. Sie kann allerdings auch ohne bewußtes Bekenntnis zum Glauben der Kirche gelebt werden. Von daher erkennt die Kirche jede eheliche Gemeinschaft, die von Partnerschaft, Treue und Verantwortung für die Nachkommenschaft geprägt ist, als unauflösliche Liebesgemeinschaft an.

»Ehe« stammt aus dem althochdeutschen êwa oder dem altsächsischen êo und ist etwa mit »Bündnis«, »Vertrag« oder »Gesetz« zu übersetzen. Der alte Begriff lebt in süddeutschen Dialekten noch fort in »ehaft« = ehrhaft (rechtsgültig). – »Heirat« stammt aus dem althochdeutschen »hirat« und meint »Obsorge für das Heim«.

Kleine Geschichte der christlichen Ehe

Die Form der Eheschließung richtete sich nach den Bräuchen und Gesetzen des Landes, in dem die Christen lebten. Bereits im 4. Jahrhundert ist der priesterliche Segen und das Gebet bei der Eheschließung nachzuweisen. Im 5. Jahrhundert wurde in Rom die Eheschließung mit der Eucharistiefeier verbunden. Vom heiligen Augustinus ausgehend, entwickelt sich im frühen Mittelalter die Lehre von der Sakramentalität der Ehe. Im 12. Jahrhundert wurde die Ehe in die Reihe der 7 Sakramente aufgenommen. Im Unterschied zu den anderen Sakramenten spenden sich die Eheleute das Sakrament der Ehe selber.

Immer war die Beteiligung der Öffentlichkeit an der Eheschließung gefordert, die Weise der Beteiligung war jedoch unterschiedlich. Im Mittelalter konnte man, wenn man wollte, einen Priester bitten, den Segen über die Ehe zu sprechen. Auf dem Konzil von Trient im 16. Jahrhundert schuf die Kirche eine verbindliche Form.

Es wurde Pflicht, die (sakramentale) Ehe vor dem Priester und zwei Zeugen, also öffentlich, zu schließen. Diese Rechtsform wurde Voraussetzung für die kirchlich-öffentliche Anerkennung der Ehe. Der Grund für diese Rechtsform (Formpflicht) war: Damals registrierte der Staat die Eheabschlüsse noch nicht, und auch von der Kirche wurden sie nur mangelhaft festgehalten. Dies führte zu einer Anhäufung von »heimlichen Ehen«. (Klandestinehen = Eheabschluß ohne jede Registrierung oder Bekanntmachung in der Öffentlichkeit); dadurch wurde die Gefahr von Untreue oder Doppelehen sehr groß.

Nach der Französischen Revolution erhob auch der Staat die Forderung des öffentlichen, rechtssicheren Eheabschlusses. Die standesamtliche Trauung wurde eingeführt. Einige Länder vermieden die Doppeltrauung (standesamtlich und kirchlich) und erkannten die kirchliche Eheschließung als Ehe im Sinne des Staates an. In anderen Ländern – so in der Bundesrepublik Deutschland – blieben es getrennte Vorgänge; vor der kirchlichen Eheschließung findet auf dem Standesamt der zivile Eheabschluß statt.

Ehe – ein Sakrament

In der katholischen Kirche wird die Ehe ein Sakrament genannt. Nicht die Feier der kirchlichen Trauung ist das Sakrament, sondern das ganze eheliche Leben. Wo Frau und Mann sich auf ihre Liebe einlassen und diese auch in eigenen Kindern oder in Verantwortung für andere Menschen fruchtbar werden lassen, wo sie ihre Sehnsucht nach Liebe und Glück lebendig halten, da wird die Ehe zum Zeichen der Liebe Gottes. Gottes Liebesgeschichte wird in menschlichen Liebesgeschichten leibhaftig erfahren.

Es ist deshalb kein Zufall, daß die Propheten des Alten Testamentes die Geschichte Gottes mit den Menschen oft wie eine eheliche Beziehung darstellen. Im Neuen Testament wird die Ehe als Erfahrungsraum der Liebesgeschichte Jesu Christi zum Menschen und zur Kirche beschrieben.

Kirchlich heiraten: Den Lebens-Bund feiern

Die kirchliche Heirat setzt eine bewußte Entscheidung des Paares voraus. Manchmal fällt es Brautpaaren schwer zu begründen, warum sie kirchlich heiraten wollen. Häufig drücken sie ihre Erwartungen und Hoffnungen so aus:

». . . weil die kirchliche Trauung besonders feierlich ist«

Hinter dieser scheinbar oberflächlichen Begründung steht eine Ahnung von der Bedeutung des Sakramentes. Die Höhepunkte seines Lebens, wie etwa die Hochzeit, will der Mensch von jeher festlich begehen und damit in seinem Leben festmachen. Wir durchbrechen den Alltag und feiern unser Leben als Fest.
Wenn die Lebenswege zweier Menschen immer mehr aufeinander zulaufen und sich zu einem Weg verbinden, dann ist Grund zu Freude und Dankbarkeit, zu Fest und Feier – auch mit und vor Gott. Inneres Erleben und Wünschen verlangt nach äußeren Zeichen. Die Hoffnung auf Verläßlichkeit, Endgültigkeit und Treue findet sich in den Zeichen der kirchlichen Trauung bestätigt: im Tauschen der Ringe, im Ja-Wort, im Verschränken der Hände und in der Umschließung mit der Stola des Priesters.

». . . weil wir um Gottes Segen für unsere Ehe bitten«

Junge Paare, die sich lieben und heiraten wollen, leben in einem Spannungsfeld widerstreitender Gefühle. Hoffnung und Zuversicht, daß ihre Ehe gut wird, wechseln ab mit Unsicherheit und Zweifel, ob die Ehe wohl gelingen wird.
Unser Glaube sagt uns, daß wir nicht alles selbst tun und leisten können, ja nicht einmal brauchen. Wir können uns immer auf jemanden verlassen, der »Ja« zu uns sagt und uns beisteht.
Im Glauben nennen wir diese Zusage Gottes »Segnen«. Es kommt vom lateinischen »benedicere« und bedeutet »gut sprechen« oder »wohlsagen«. Segen Gottes meint dann: Gott sagt uns Menschen Gutes zu, er will uns wohl, er steht uns wohlwollend zur Seite. Bei der kirchlichen Trauung wird um diesen Segen gebeten. Die Eheleute dürfen gewiß sein, daß Gott das Gelingen ihrer Ehe will.
Sakrament der Ehe heißt: »Ihr beiden braucht euren Eheweg nicht allein zu gehen. Ich, Gott, bin bei euch und werde immer mit euch gehen. Ich werde mit euch sein, wohin auch immer euer Weg euch führen wird.«

». . . weil der Glaube unsere Ehe fester bindet und sicher hält«

Brautleute haben den festen Wunsch, ein Leben lang zusammenzubleiben. Von der kirchlichen Trauung erhoffen sie sich eine größere Festigkeit ihrer Ehe. Dahinter steht das Gespür dafür, daß das Sakrament der Ehe nicht nur den Anfang der Ehe, sondern die ganze Ehegeschichte prägt.
Damit wird etwas ganz Wichtiges vom Sakrament der Ehe deutlich: Das Versprechen »vor Gottes Angesicht« und die Zusage Gottes werden täglich in der Ehe gelebt und erneuert, wenn die Eheleute einander vertrauen, füreinander da sind, miteinander Freude und Leid teilen, füreinander und für andere zu Zeugen des liebenden Gottes werden.

Feierlicher Schlußsegen bei der Trauung

Gott, der allmächtige Vater,
bewahre euch in seiner Liebe,
und der Friede Christi wohne stets in eurem Hause.
A.: Amen.

Gott segne euch (in euren Kindern)
alle Tage eures Lebens,
er gebe euch treue Freunde
und den Frieden mit allen Menschen.
A.: Amen.

Seid in der Welt Zeugen der göttlichen Liebe
und hilfsbereit zu den Armen und Bedrückten,
damit sie euch einst
in den ewigen Wohnungen empfangen.
A.: Amen.

Und euch alle,
die ihr zu dieser Feier versammelt seid,
segne der allmächtige Gott,
der Vater und der Sohn † und der Heilige Geist.
A.: Amen.

»Mischehe« – heute noch ein Problem?

Zuneigung und Liebe, die zwei Menschen zusammenführen, machen vor den Konfessionsgrenzen nicht Halt. Für ein konfessionsverschiedenes Paar können allerdings folgende Fragen zum Problem werden:

- Soll uns der katholische oder evangelische Pfarrer trauen?
- Können sich an der Trauung auch beide Pfarrer beteiligen?
- In welcher Kirche sollen unsere Kinder getauft und erzogen werden?
- Wohin gehen wir später zum Gottesdienst? In welcher Gemeinde machen wir mit?

Die katholische Kirche und die evangelischen Kirchen unseres Landes sind sich in den letzten Jahren und Jahrzehnten nähergekommen. Alte Streitfragen wurden aufgearbeitet und ausgeräumt; dennoch sind die Kirchen noch nicht so weit, daß sie volle Glaubens- und Kirchengemeinschaft haben. Darum sind auch die Probleme der konfessionsverschiedenen Ehen nicht beseitigt; doch mühen sich beide Kirchen, den Partnern zu einem Gelingen der Ehe zu verhelfen.

1. Konfessionsverschiedene Ehe

Die *evangelische* Kirche kennt für konfessionsverschiedene Ehen keine Bedingungen oder Rechtsbeschränkungen. Bisherige Bestimmungen in den Kirchenordnungen, die dem entgegenstanden, sind aufgehoben worden.

In der *katholischen* Kirche muß für eine Ehe mit einem konfessionsverschiedenen Christen eine Erlaubnis eingeholt werden; in Deutschland können die Pfarrer Erlaubnis erteilen. Dem katholischen Partner werden dazu folgende Fragen gestellt:

- Wollen Sie in Ihrer Ehe als katholischer Christ leben und den Glauben bezeugen?
- Sind Sie sich bewußt, daß Sie als katholischer Christ die Pflicht haben, Ihre Kinder in der katholischen Kirche taufen zu lassen und im katholischen Glauben zu erziehen?
- Versprechen Sie, sich nach Kräften darum zu bemühen, dieses sittliche Gebot zu erfüllen, soweit das in Ihrer Ehe möglich ist?

Der evangelische Pfarrer muß über die Verpflichtungen und Versprechen des katholischen Teils rechtzeitig unterrichtet werden.
In der Erfüllung des Versprechens der katholischen Taufe und Erziehung der Kinder muß der katholische Christ auf das Gewissen seines nichtkatholischen Partners Rücksicht nehmen.

2. Befreiung (Dispens) von der Formpflicht

Formpflicht meint: Die kirchlich gültige Eheschließung eines Katholiken erfolgt bei der kirchlichen Trauung, indem die Brautleute vor dem katholischen Pfarrer und zwei Zeugen ihren Ehewillen erklären. Die evangelische Kirche erkennt die Willenserklärung der Brautleute vor dem Standesamt schon als Eheschließung an. Darum sollte bei einer konfessionsverschiedenen Eheschließung zunächst versucht werden, die kirchliche Trauung vor einem katholischen Priester in der katholischen Kirche zu feiern. An dieser liturgischen Feier der Eheschließung kann

auch der nicht-katholische Pfarrer beteiligt sein.
Falls es aber dem katholischen Teil nicht möglich ist, entsprechend der für ihn verpflichtenden Form – in der katholischen Kirche vor dem katholischen Priester – zu heiraten, kann der zuständige Bischof von dieser Formpflicht befreien. Dafür muß ein wichtiger Grund vorliegen, und die übrigen Voraussetzungen, die für eine Trauung eines konfessionsverschiedenen Paares allgemein gelten, müssen gegeben sein. Den Dispensantrag stellt der katholische Teil bei seinem Pfarrer. Von diesem wird der Antrag an den Bischof weitergeleitet.

3. Mögliche Formen der Trauung

Somit sind folgende Trauungsformen möglich, wenn die entsprechenden Bedingungen gegeben sind:

- Trauung vor dem katholischen Priester in der katholischen Kirche;
- Trauung vor dem katholischen Priester in der katholischen Kirche unter Beteiligung des evangelischen Pfarrers (sogenannte gemeinsame Trauung oder ökumenische Trauung);
- Evangelische Trauung vor dem evangelischen Pfarrer in der evangelischen Kirche mit Dispens von der Formpflicht;
- Evangelische Trauung vor dem evangelischen Pfarrer in der evangelischen Kirche unter Beteiligung des katholischen Priesters mit Dispens von der Formpflicht (sogenannte gemeinsame Trauung oder ökumenische Trauung);
- Nur standesamtliche Trauung – Diese Form sollte aber nur dann gewählt werden, wenn unüberwindliche Schwierigkeiten zu einer kirchlichen Trauung bestehen.

Bei der Trauung des konfessionsverschiedenen Paares in der katholischen Kirche ist aus Rücksicht auf den nichtkatholischen Teil eine Brautmesse in der Regel nicht vorgesehen.

Beide Kirchen bieten zur Klärung all dieser Fragen ein Brautgespräch zwischen Pfarrer und Brautpaar an. Konfessionsverschiedene Paare sollten sich von den Seelsorgern beider Kirchen beraten lassen. Das Traugespräch kann auch mit beiden Pfarrern zugleich geführt werden.

- Jede Kirche möchte, daß auch die konfessionsverschiedene Ehe gelingt, und sie wollen dazu ihren Beitrag leisten.

»Eheleute, die verschiedenen Kirchen angehören, können nicht alle Probleme und Unterschiede, die sich in einer langen und leidvollen Geschichte zwischen den Kirchen ergeben haben, lösen. Aber wenn sie einander in ihrer Verschiedenheit achten und den anderen in seinem Glauben und seiner Kirche begleiten, gewinnen sie auch selber einen tieferen Zugang zum Glauben, entdecken sie im zunächst Fremden das Gemeinsame, gewinnen sie so Erfahrungen und schaffen Voraussetzungen, ohne die das Gespräch zwischen den Kirchen nicht weiterführt. Müssen sie bisweilen schmerzlich unter der noch bestehenden Spaltung der Christenheit leiden, so tragen sie doch dazu bei, daß neue Wege gefunden werden zu dem Ziel der Einheit in Christus.«

Aus: Die konfessionsverschiedene Ehe. Gemeinsames Wort der Deutschen Bischofskonferenz und des Rates der Evangelischen Kirche in Deutschland (1985)

Leben in der konfessionsverschiedenen Ehe

Das Gespräch über religiöse Fragen ist auch zwischen Eheleuten nicht immer einfach. Oft bleibt es bei dem Hinweis »Wir glauben an denselben Gott«. Doch dieser Glaube ist immer sehr konkret gewachsen in einer Kirche. Katholische und evangelische Traditionen prägen. Spätestens bei der Geburt eines Kindes taucht dann die Frage auf, in welcher Kirche die Kinder getauft werden sollen. Es gibt keine allgemein christliche Kirche. Hier müssen sich die Eltern entscheiden. Dabei darf keiner der Partner zu einem Handeln gegen sein Gewissen veranlaßt werden. Der Ehepartner, der der Taufe und Erziehung seiner Kinder in der anderen Konfession zustimmt, soll sich nicht aus der religiösen Erziehung heraushalten. Die Chance einer konfessionsverschiedenen Ehe liegt darin, daß die Partner über den Zaun der eigenen Konfession zu schauen lernen. Dabei entdecken sie Gemeinsamkeiten, aber auch Fremdes. Katholiken zum Beispiel sind verpflichtet, am Sonntag zum Gottesdienst zu gehen; ebenso kann evangelischen Partnern der Gottesdienst lieb und wert sein. Oft wird es nicht nur zu einem Gespräch über den Gottesdienst, sondern auch über die Gestaltung des gesamten Sonntags kommen. Gemeinsame Gottesdienstbesuche helfen, die andere Kirche besser zu verstehen. Dabei kann der eine entdecken, wo das religiöse Leben des anderen wurzelt. Schon die Ausstattung des Kirchenraumes, die Lieder, die Riten, Zeichen und Gesten, geben Anlaß zu Fragen und verlangen Deutungen und Erklärungen. Ähnliches gilt für Feste und Feiern im Laufe des Kirchenjahres. »Was ist Anlaß und Bedeutung des Buß- und Bettages?« fragt der katholische Partner. »Warum feiert die katholische Kirche Fronleichnam?« so die Frage der evangelischen Partnerin. Katholiken feiern neben dem Geburtstag auch den Namenstag. Zu vielen Zeiten und Festen des Kirchenjahres hat sich in beiden Kirchen ein vielfältiges Brauchtum entwickelt, das das Leben in der Familie bereichern kann.

Eine Ehe, zwei Religionen – die christlich-islamische Ehe

In der Bundesrepublik Deutschland leben etwa 1,65 Millionen Menschen islamischen Glaubens. Viele sind hier geboren und aufgewachsen, begegnen gleichaltrigen Deutschen in Kindergarten, Schule und Ausbildung, am Arbeitsplatz und in der Freizeit. So können Freundschaft und Liebe zwischen Christen und Muslimen wachsen. Inzwischen leben etwa 50 000 Ehepaare mit zumindest ursprünglich verschiedener Religionszugehörigkeit unter uns. Wer als Frau einen Mann islamischen Glaubens heiratet, sollte um das Ehe- und Familienverständnis dieser Religion wissen.

Die katholische Trauung

Die gültige kirchliche Eheschließung eines islamisch-katholischen Paares erfordert die bischöfliche Dispens vom trennenden Ehehindernis der Kultusverschiedenheit.

Das katholische Eherecht erwartet von dem moslemischen Partner großes Entgegenkommen in der Frage der Kindererziehung. Die islamische Tradition betrachtet eben das Kind eines Moslems als Moslem, dagegen steht für den katholischen Partner die Verpflichtung zur Taufe und christlich-katholischen Erziehung gemeinsamer Kinder. Vorab muß Einmütigkeit in der Kindererziehung bestehen, in der die Gemeinsamkeiten von Islam und Christentum betont werden sollen. Sprechen wichtige Gründe gegen die kirchliche Trauung, kann das Paar eine Dispens von der Formpflicht erlangen.

Wenn einer der Partner nicht (mehr) glaubt

Die Glaubenslosen werden im vereinten Deutschland die drittstärkste »Konfession« bilden. Der Münchener Wissenschaftler Prof. Roegele führt dies auf den hohen Anteil der religiös gleichgültigen Menschen in der vormaligen DDR zurück. Im vereinten Deutschland sind von den 80 Millionen Bürgern 36,5 v.H. evangelisch, 34,6 v.H. katholisch und fast 29 v.H. ohne kirchliche Bindung.

Für (junge) Christen wird es in der sich verschärfenden Diasporasituation eher die Ausnahme, denn die Regel sein, daß sie einen Partner finden werden, der ihre Lebenseinstellung teilt und sich ebenso wie sie in Glaube und Kirche beheimatet weiß. In den meisten Lebensbereichen, wie Schule, Ausbildung, Beruf, Freizeit sowie in den meisten Gruppen und Cliquen, wie Freundes- und Kollegenkreis, sind sie in der Minderheit – buchstäblich in der »Vereinzelung« (= Diaspora). Der Großteil der Gleichaltrigen ist zwar getauft, aber eher »religiös gleichgültig«. Hier muß in einem oft langwierigen und äußerst mühsamen Prozeß ein tragender Lebensgrund sowohl für die Partnerschaft wie für die Elternschaft gefunden werden. Bei beiden Partnern können Grundhaltungen, die tragend sind für eine Ehe, wie Treue, gegenseitige Wertschätzung, Versöhnungsbereitschaft, Verantwortung für Leben, vorhanden sein. In dem Maße, wie diese Grundhaltungen gepflegt werden, tragen sie zum Gelingen einer solchen Lebensgemeinschaft bei.

Hierzu finden Sie ausführliche Informationen in dem Hausbuch für das Leben zu zweit: Karl Heinz Schmitt/Peter Neysters, Zeiten der Liebe. Ein Ehe- und Partnerschaftsbuch, München 1992, S. 83ff.

Ich will mit dem gehn, den ich liebe

Ich will mit dem gehn,
den ich liebe.
Ich will nicht ausrechnen,
was es kostet.
Ich will nicht nachdenken,
ob es gut ist.
Ich will nicht wissen,
ob er mich liebt.
Ich will mit ihm gehn,
den ich liebe.

Bertolt Brecht

Die Hochzeit früh genug vorbereiten

Nehmen Sie spätestens vier Monate vor dem geplanten Hochzeitstermin Kontakt mit Ihrem Pfarrer auf (bei konfessionsverschiedenen Paaren mit beiden zuständigen Pfarrern bzw. Pfarrerin). Bei diesem Kontakt können die zwei wichtigsten Termine festgelegt werden: die Hochzeit und der Zeitpunkt für das Traugespräch. Diese Rücksprache sollten Sie vor der Festlegung des Hochzeitstermines vornehmen.

Beide Kirchen verlangen von beiden Partnern die Vorlage eines Taufzeugnisses. Bei evangelischen Partnern genügt der Eintrag im Familienstammbuch. Der Taufschein katholischer Partner darf nicht älter als ein halbes Jahr sein. In beiden Kirchen erhält man die Unterlagen bei dem Pfarramt der Gemeinde, in der man getauft worden ist.

Das Traugespräch mit dem(r) Pfarrer(in):

- Brautpaar und Pfarrer(in) lernen sich kennen
- Persönliche Fragen können angesprochen werden, z. B. Probleme mit der Kirche usw.
- Das Eheverständnis der katholischen und evangelischen Kirche kommt zur Sprache
- Trauanmeldung (evangelisch) bzw. das Ehevorbereitungsprotokoll (katholisch) werden ausgefüllt
- Der Traugottesdienst, sein Aufbau und sein innerer Sinn werden besprochen bzw. miteinander vorbereitet
- Lieder, biblische Lesungen und Gebete können gemeinsam ausgesucht werden
- Es kann darüber gesprochen werden, in welcher Konfession die Kinder einmal getauft werden sollen
- Auch mehr organisatorische Fragen stehen an, z. B. besonderer Blumenschmuck in der Kirche, Auswahl der Musikstücke, Fotografieren im Traugottesdienst – ja oder nein . . .

Wir trauen uns . . .

Trauen Sie sich, mit anderen Paaren ins Gespräch zu kommen

Die Kirche bietet – an manchen Orten in Zusammenarbeit mit der evangelischen Kirche – Gesprächskreise zur Ehevorbereitung an. Solche Gespräche zusammen mit anderen Paaren, die heiraten wollen, und mit Eheleuten und Seelsorgern, können helfen, die eigenen Vorstellungen über die gemeinsame Zukunft zu klären. Themen solcher Gesprächstreffen:

- Partnerschaftliche Ehe, Selbstverständnis von Mann und Frau
- Die eigenen Lebensgeschichten und zukünftigen Lebensperspektiven
- Umgang mit Konflikten und Krisen in der Ehe
- Der Wert von Sexualität und Zärtlichkeit für eine gelingende Ehe
- Die Bedeutung einer christlichen Ehe
- Kinder und Kinderlosigkeit in der Ehe
- Schwierigkeiten und Möglichkeiten, Beruf, Haushalt, Familie und Ehe miteinander in Einklang zu bringen

Eine persönlich gestaltete Einladung oder Anzeige kann ausdrücken, was dem Paar die eigene Ehe bedeutet:

Die Erfahrung lehrt uns,
daß die Liebe nicht darin besteht,
daß man einander in die Augen sieht,
sondern daß man gemeinsam in gleiche Richtung
blickt.

Antoine de Saint-Exupéry

Die Liebe erträgt alles, glaubt alles,
hofft alles, hält allem stand.
Die Liebe hört niemals auf.

1 Korinther 13,7f.

Menschen, die aus der Hoffnung leben, sehen weiter;
Menschen, die aus der Liebe leben, sehen tiefer;
Menschen, die aus dem Glauben leben, sehen alles
in einem anderen Licht.

Lothar Zenetti

Du bist in unserer Mitte,
Herr, und dein Name ist
über uns ausgerufen.
Verlaß uns nicht.

Jeremia 14,9

Wer den anderen liebt, läßt ihn gelten,
so wie er ist, wie er gewesen ist und wie er sein wird.

Michael Quoist

Denn wo zwei oder drei
in meinem Namen versammelt sind,
da bin ich mitten unter ihnen.

Matthäus 18,20

Kleine Checkliste weiterer Hochzeitsvorbereitungen

- Äußeren Rahmen der Hochzeitsfeier überlegen; alle Papiere zur Trauung besorgen; Aufgebot beim Standesamt bestellen, Termin der standesamtlichen und kirchlichen Trauung aufeinander abstimmen
- Gaststätte oder Restaurant auswählen, evtl. Musik bestellen; Hochzeitsanzeigen und Einladungen in Druck geben oder als Briefe vorbereiten; Hochzeitskleidung besorgen; evtl. die Hochzeitsreise vorbereiten. Urlaub beantragen
- Trauzeugen aussuchen; Einladungen verschicken oder die Einzuladenden besuchen
- Übernachtungsmöglichkeiten für auswärtige Gäste festlegen; Fotografen bestimmen; ein Brautauto besorgen; Ringe gravieren und anpassen lassen
- Blumen für Kirche und Festsaal besorgen; Einladung zum Polterabend verschicken
- Hochzeitsanzeigen in der Tageszeitung aufgeben; Brautstrauß (und Streublumen) aussuchen
- Was noch zu erledigen ist: Kleingeld als »Trinkgeld«, Adresse bei der Post angeben für Glückwünsche, letzte Rückfragen, Polterabend . . .
- **Ruhe und Besinnung – spätestens einen Tag vor der Hochzeit**

Alte Hochzeitsbräuche für uns wieder brauchbar machen

Zur Hochzeit einladen

In vielen Gegenden besorgte früher ein vom Brautpaar beauftragter »Hochzeitsbitter« die Einladung der Gäste. In der Hand trug er einen mit Blumen und bunten Bändern geschmückten Stock. An der Seite hing die (Schnaps-) Flasche, die ihm immer wieder zu füllen war. An jedem Hause klopfte er an und sagte seinen Spruch, meist ein langes Gedicht. Dabei zählte er auch die Speisenfolge auf und ermahnte, Messer und Gabel mitzubringen. Der »Hochzeitsbitter-Spruch« endete meist mit den Worten:

> **»Nun macht euch fein, aber nicht zu fein, Braut und Bräutigam wollen gern die feinsten sein.«**

Alle, die an der Hochzeitsfeier teilnehmen wollten, gaben dem Hochzeitsbitter ein buntes Band für seinen Stock »zur Unterstützung seines Gedächtnisses«. Heute kann das Brautpaar die Gäste besuchen und persönlich einladen. Es kann ihnen mitteilen, was es als »Hochzeitsgeschenk« (Tanzspiel, Hochzeitszeitung, gespielte »Liebeserinnerungen«, Ratespiel, eigene Hochzeitserinnerungen) erwartet. Es kann durch einen kurzen Text etwas von dem ausdrücken, was ihm am Hochzeitsfest und für die künftige Ehe besonders wichtig ist.

Polterabend feiern

Das Polterfest ist älter als unsere christlichen Hochzeitszeremonien. Von altersher glaubte man, mit dem Lärm zerbrechender Töpfe und Pfannen, Kannen und Krüge vor dem Haus der Braut die bösen Geister fortzuscheuchen.
Weil Glas ein Symbol für Glück ist, das ja gerade in der künftigen Ehe heil bleiben soll, durfte kein Glas zerworfen werden. Die Polterscherben mußten auf jeden Fall aus Steingut oder Porzellan bestehen.
Der Polterabend wird meist als »offenes Haus« betrachtet: Die Braut lädt zuvor ein, aber Nachbarn und Freunde können auch unangemeldet erscheinen und mitfeiern.
Der Polterabend könnte Anlaß dafür sein, daß Freunde auf lustige Weise Ereignisse aus dem bisherigen Leben des Paares darstellen und in Erinnerung bringen.

Das weiße Hochzeitskleid

»Ganz in Weiß« – so stellen wir uns eine richtige Braut vor. Mit der Farbe Weiß verbinden wir: Reinheit und Vollkommenheit, Freude und Festlichkeit, Leben und ungebrochenes Licht.
So ist seit urchristlicher Zeit Weiß die Farbe des Taufkleides. Sie ist darüber hinaus die Farbe für die Kleidung bei allen Festen, an denen eine Lebenswende gefeiert wird, so bei der Hochzeit, bei der Erstkommunion, beim Eintritt ins Kloster oder beim Tod.
In Verbindung mit dem (Braut-)Schleier drückt sich im weißen Brautkleid die Suche nach Schutz und Geborgenheit aus.
Ein schöner Brauch ist es, aus dem Brautkleid oder dem Schleier später das Taufkleid für das Kind zu nähen.

Der Brautstrauß

Blumen sind Zeichen des Lebens und waren deshalb in früherer Zeit ein Mittel der Geisterabwehr. Blumen sind zugleich Symbol der Liebe und der guten Wünsche. Die besonderen Hochzeitspflanzen waren früher Rosmarin und Myrten.
Der Brautstrauß kann auch etwas von den persönlichen Wünschen und der Blumenvorliebe der Braut und des Paares ausdrücken.
Welche Blumen sind uns besonders wichtig?
Was drückt diese oder jene Blume für uns aus?
Welche Farben können wir auf welche Ehehoffnungen übertragen? . . . damit unsere Ehe ein bunter Bund werde und nicht Grau in Grau erstarre!

Die Brautkerze

Die Kerze gehört seit dem Mittelalter zu jeder Brautmesse. Die Kerzen sollen die Gebete um Glück und Segen zum Himmel tragen. In manchen Gegenden trägt die Braut statt des Blumenstraußes eine reich verzierte Kerze, die während der Brautmesse neben ihr steht. In anderen Gegenden wird die Kerze von einem Kind getragen, das den Brautzug damit eröffnet. Diese Kerze brennt entweder schon oder sie wird zu Beginn der Trauung an der Osterkerze oder am ewigen Licht entzündet.

Brot und Licht

Brot und Licht spielten von jeher bei der Hochzeit eine große Rolle. So prangte in Westfalen inmitten der Hochzeitstafel ein Riesenbrot mit einer Kerze. Das Brot wurde anschließend an die Armen verteilt, die Kerze in die Kirche gestellt. – In Schlesien oder in Hessen reichte der Bräutigam der Braut oder die Brautmutter dem Paar beim Einzug in das neue Heim ein Stück Brot von einem frischen Laib. Ein Stück verwahrte die Braut für alle Zeiten; der Rest des Brotlaibs wurde an die Armen verteilt.
Brot kann Zeichen in unserem Leben, Zeichen für unsere Ehe sein:

- Brot miteinander teilen – den anderen teilnehmen lassen an meinem Leben
- Für das tägliche Brot sorgen – den Alltag durchstehen
- Brot für andere übrig haben – für andere Menschen offen sein
- Bitte um das tägliche Brot – auf einen anderen angewiesen sein

Tischgebet

In manchen Gegenden sprach einer der Brautführer vor dem Hochzeitsmahl einen »Hochzeitsspruch« oder die »Einbetung«.

All ihr Gäste, nun mit Freuden
tretet ein in dieses Haus,
Braut und Bräutigam, die beiden
laden Euch zum Hochzeitsschmaus.
Was wir tun mit rechten Ehren
und nach gutem Vorbedacht,
das will niemand uns verwehren,
und es sittsam wird vollbracht.
Aber ehe wir hintreten
an den freudenreichen Ort,
lasset uns zuvor noch beten
also ein bedachtes Wort:
Daß wir, wenn wir Speise essen,
Himmelsspeise nicht vergessen,
daß wir, wenn wir Trank einschenken,
an den Himmelstrank gedenken.
Drum, Ihr Gäste, nun mit Freuden
tretet ein in dieses Haus!
Gott führt uns nach Freud' und Leiden
einst zum ew'gen Hochzeitsschmaus.
Amen.

Aus Mittelfranken

Braut oder Bräutigam können vor dem Hochzeitsmahl beten:

Guter Gott, vor dir haben wir heute einander das Ja-Wort gegeben. Du willst mit uns sein in guten und schlechten Tagen. Segne du unser Mahl, das erste Mahl in unserer Ehe, das wir empfangen dürfen mit all unseren Gästen. Stärke uns durch dieses Mahl und durch alle künftigen Mahlzeiten. – Wir bitten dich auch für alle unsere Gäste. Wir bitten dich, laß sie auch in Zukunft unsere Gäste sein und uns mit Rat und Tat zur Seite stehen. Amen.

Die Feier der Trauung

Die Trauung wird in Verbindung mit der Messe gefeiert oder mit einem Wortgottesdienst. Die Trauung findet im Anschluß an die Predigt statt.

Befragung nach der Bereitschaft zur christlichen Ehe

Die folgenden Fragen richtet der Zelebrant zunächst an den Bräutigam; dann wendet er sich mit den gleichen Fragen an die Braut.

Zelebrant: N., ich frage Sie: Sind Sie hierhergekommen, um nach reiflicher Überlegung und aus freiem Entschluß mit Ihrer Braut N./Ihrem Bräutigam N. den Bund der Ehe zu schließen?

Antwort: Ja.

Zelebrant: Wollen Sie Ihre Frau/Ihren Mann lieben und achten und ihr/ihm die Treue halten alle Tage ihres/seines Lebens?

Antwort: Ja.

Die folgenden Fragen richtet der Zelebrant an beide Brautleute gemeinsam.

Zelebrant: Sind Sie bereit, die Kinder anzunehmen, die Gott Ihnen schenken will, und sie im Geiste Christi und seiner Kirche zu erziehen?

Antwort: Ja.

(Diese dritte Frage unterbleibt, wenn die Umstände – z.B. das Alter der Brautleute – es nahelegen.)

Zelebrant: Sind Sie bereit, als christliche Eheleute Mitverantwortung in der Kirche und in der Welt zu übernehmen?

Antwort: Ja.

Die Segnung der Ringe

Wenn die Ringe nicht bereits gesegnet sind, geschieht das jetzt. Sie werden auf einem Teller (Tablett) vor den Zelebranten gebracht. Dieser spricht darüber ein Segensgebet.

Die Vermählung

Die Brautleute können für die Erklärung des Ehewillens zwischen zwei Formen wählen:

- dem Vermählungsspruch und
- der Vermählung durch das Ja-Wort.

Beide Formen sind mit dem gegenseitigen Anstecken der Eheringe verbunden.

- Vermählungsspruch

Zelebrant: So schließen Sie jetzt vor Gott und vor der Kirche den Bund der Ehe, indem Sie das Vermählungswort sprechen. Dann stecken Sie einander den Ring der Treue an.
Die Brautleute wenden sich einander zu. Der Bräutigam nimmt den Ring der Braut und spricht:
N., vor Gottes Angesicht nehme ich dich an als meine Frau.
Ich verspreche dir die Treue
in guten und bösen Tagen,
in Gesundheit und Krankheit,
bis der Tod uns scheidet.
Ich will dich lieben, achten und ehren
alle Tage meines Lebens.
Der Bräutigam steckt der Braut den Ring an und spricht:
Trag diesen Ring
als Zeichen unsrer Liebe und Treue:
Im Namen des Vaters und des Sohnes
und des Heiligen Geistes.
Danach nimmt die Braut den Ring des Bräutigams und spricht:
N., vor Gottes Angesicht nehme ich dich an als meinen Mann.
Ich verspreche dir die Treue

in guten und bösen Tagen,
in Gesundheit und Krankheit,
bis der Tod uns scheidet.
Ich will dich lieben, achten und ehren
alle Tage meines Lebens.
Die Braut steckt dem Bräutigam den Ring an und spricht:
Trag diesen Ring
als Zeichen unsrer Liebe und Treue:
Im Namen des Vaters und des Sohnes
und des Heiligen Geistes.

● Vermählung durch das Ja-Wort
Der Zelebrant fordert die Brautleute auf, durch das Ja-Wort ihren Ehewillen zu erklären.
So schließen Sie jetzt vor Gott und vor der Kirche den Bund der Ehe, indem Sie das Ja-Wort sprechen. Dann stecken Sie einander den Ring der Treue an.
Die folgenden Texte werden zunächst vom Zelebranten und Bräutigam und anschließend vom Zelebranten und von der Braut gesprochen:
Zelebrant: N., ich frage Sie vor Gottes Angesicht: Nehmen Sie Ihre Braut N. an als Ihre Frau und versprechen Sie, ihr die Treue zu halten in guten und bösen Tagen, in Gesundheit und Krankheit, und sie zu lieben, zu achten und zu ehren, bis der Tod Sie scheidet?

Antwort: Ja.

Zelebrant: Nehmen Sie den Ring, das Zeichen Ihrer Liebe und Treue, stecken Sie ihn an die Hand Ihrer Braut und sprechen Sie: »Im Namen des Vaters und des Sohnes und des Heiligen Geistes.«
Der Bräutigam nimmt den Ring, steckt ihn der Braut an und spricht:
Im Namen des Vaters und des Sohnes und des Heiligen Geistes.

Zelebrant: N., ich frage Sie vor Gottes Angesicht: Nehmen Sie Ihren Bräutigam N. an als Ihren Mann und versprechen Sie, ihm die Treue zu halten in guten und bösen Tagen, in Gesundheit und Krankheit, und ihn zu lieben, zu achten und zu ehren, bis der Tod Sie scheidet?

Antwort: Ja.

Zelebrant: Nehmen Sie den Ring, das Zeichen Ihrer Liebe und Treue, stecken Sie ihn an die Hand Ihres Bräutigams und sprechen Sie: »Im Namen des Vaters und des Sohnes und des Heiligen Geistes.«
Die Braut nimmt den Ring, steckt ihn dem Bräutigam an und spricht:
Im Namen des Vaters und des Sohnes und des Heiligen Geistes.

Bestätigung der Vermählung

Zelebrant: Reichen Sie nun einander die rechte Hand.
Gott der Herr hat Sie als Mann und Frau verbunden. Er ist treu. Er wird zu Ihnen stehen und das Gute, das er begonnen hat, vollenden.
Der Zelebrant legt die Stola um die ineinandergelegten Hände der Brautleute. Er legt seine rechte Hand darauf und spricht:
Im Namen Gottes und seiner Kirche bestätige ich den Ehebund, den Sie geschlossen haben.
Der Zelebrant wendet sich an die Trauzeugen und an die übrigen Versammelten und spricht:
Sie aber [N. und N. (die Trauzeugen)] und alle, die zugegen sind, nehme ich zu Zeugen dieses heiligen Bundes. »Was Gott verbunden hat, das darf der Mensch nicht trennen.« (Mt 19,6)

Die Segnung der Neuvermählten und die Fürbitten

Die Brautleute knien nieder. Der Zelebrant spricht über sie ein Segensgebet (Brautsegen). Es folgen die Fürbitten, bei denen sich Eltern, Verwandte und Freunde der Brautleute beteiligen können.

Wunsch für die Ehe

In Eurer Ehe soll es keinen Tag geben, da Ihr sagen müßt:
Damals haben wir uns geliebt, heute ist die Liebe gestorben.
Kein Tag, an dem Ihr sagt:
Wir haben keine Freunde,
die uns verstehen, die mit uns sprechen,
die uns zuhören, die uns helfen,
die mit uns leiden, die sich mit uns freuen.
Kein Tag, an dem Ihr sagt:
Ich bin so allein, Du bist mir so fremd.

Ihr möget einander Gutes tun,
Ihr möget einander trösten und verzeihen.
Ihr sollt Pläne schmieden,
und Eure Sehnsüchte mögen sich erfüllen.

Die Tür Eurer Wohnung möge
offen sein für Menschen,
die Euch wichtig sind und denen Ihr
wichtig seid,
die Rat geben und denen Ihr
raten könnt.
Eure Ehe bleibe spannend,
und Ihr möget alle Spannungen
aushalten.
Eure Ehe bleibe glücklich,
indem Ihr Eurer Treue traut,
Euch in der Treue Gottes
aufgehoben wißt.

Dann wird für Euch und für andere
Eure Ehe ein Zeichen der Hoffnung
und des Mutes.
Gottes Liebe möge in Eurer Liebe
greifbar und spürbar werden,
denn Gott will in uns
sichtbar werden.

Hochzeits-Jubiläen

Neben den bekanntesten Ehe-Jubiläen, »Silberne« und »Goldene« Hochzeit, gibt es noch eine ganze Skala von Hochzeitstagen, die vielleicht nicht alle ganz ernst zu nehmen sind, vielleicht aber auch ganz originelle Möglichkeiten des Feierns und Sich-Erinnerns bieten können. Meist weisen die Bezeichnungen auf die Geschenke hin, die dann »fällig« werden.

1 Jahr:	*»Baumwollene«* Hochzeit – Man schenkt Praktisches, also etwa baumwollenes Tuch.
5 Jahre:	*»Hölzerne«* Hochzeit – Die Ehe scheint Bestand zu haben. Man schenkt Beständiges, also etwa Holzgeschnitztes.
6½ Jahre:	*»Zinnerne«* Hochzeit – Die Ehe sollte von Zeit zu Zeit wieder aufpoliert werden. Geschenke, die dies ebenso brauchen, gibt es ja zahlreich, über Zinn hinaus.
7 Jahre:	*»Kupferne«* Hochzeit – Die Ehe scheint so beständig zu sein, daß sie Patina (Altersschmuck) anzusetzen verspricht. Man schenkt Kupferpfennige als Unterpfand des Glücks.
8 Jahre:	*»Blecherne«* Hochzeit – Die Ehe hat ihren alltäglichen und nutzbringenden Weg gefunden. Beliebtes Geschenk sind Kuchenformen, auch »Kuchenblech« genannt.
10 Jahre:	*»Rosenhochzeit«* – Die Ehe, jetzt richtig »rund«, kann sich über die Rosen wieder der Myrten des 1. Hochzeitstages erinnern. Es ist schon ein Fest mit Gästen, die den Eheleuten wichtig sind. Und was kann man guten Freunden nicht alles schenken!
12½ Jahre	*»Petersilienhochzeit«* – Die Ehe soll grün und würzig bleiben. Das, was zu diesem Tag an Schmackhaftem verzehrt wird, bringen die Gäste mit.
15 Jahre:	*»Gläserne«* oder *»Kristallene«* Hochzeit – Die Ehe soll in den Beziehungen zwischen Mann und Frau durchsichtig und klar sein. Als Geschenke bieten sich Gläser und Kristall an, denn einiges davon mag in der Ehe bereits in Scherben gegangen sein.

Hochzeits-Jubiläen

20 Jahre:	*»Porzellanhochzeit«* – Fest, glänzend und zugleich empfindlich ist die Ehe geworden. Neues Geschirr kann eingeweiht werden.
25 Jahre:	*»Silberne«* Hochzeit – Die Ehe, die nun ein Viertel-Jahrhundert dauert, hat ihren bleibenden Wert unter Beweis gestellt. Das Fest vereint die Verwandten, das Jubelpaar trägt Silberkranz und Silbersträußchen.
30 Jahre:	*»Perlenhochzeit«* – Die Ehejahre reihen sich aneinander wie die Perlen einer Kette. Es ist Gelegenheit, der Ehefrau eine neue Perlenkette zu schenken.
35 Jahre:	*»Leinwandhochzeit«* – Wie gute Leinwand hat sich die Ehe als unzerreißbar erwiesen. Manches ist allerdings aufgebraucht; der Wäscheschrank muß neu aufgefüllt werden.
37½ Jahre:	*»Aluminiumhochzeit«* – Die Ehe und das Glück waren dauerhaft. Als Geschenk ist alles das geeignet, was mit Erinnerungen zu tun hat. Ein ruhiges Fest der Erinnerungen kann gefeiert werden.
40 Jahre:	*»Rubinhochzeit«* – Das Feuer der Liebe hält und trägt immer noch. Der Ehering bekommt mit dem Rubin den Edelstein der Liebe und des Feuers.
50 Jahre:	*»Goldene«* Hochzeit – Wie Gold hat die Ehe allem standgehalten und sich als fest und kostbar erwiesen. Manche Ehepaare wechseln neue Ringe.
60 Jahre:	*»Diamantene«* Hochzeit – Nichts kann die Ehe mehr angreifen, sie ist unzerstörbar geworden. Dies wird bei den folgenden Jubiläen noch verstärkt ausgedrückt:
65 Jahre:	*»Eiserne«* Hochzeit
67½ Jahre:	*»Steinerne«* Hochzeit
70 Jahre:	*»Gnadenhochzeit«*
75 Jahre:	*»Kronjuwelenhochzeit«*

Die Ehe leben

Der Windhund

Der Windhund schreibt an seine Braut:
Man hat mir jüngst den Wind geklaut,
so daß ich, treu zwar und gesund,
dich grüße als dein armer Hund.

Die Braut erwidert: Welch ein Glück!
Komm nur als armer Hund zurück
zu deiner sehr erfreuten Braut –
dem Wind, dem hab' ich nie getraut.

Rudolf Otto Wiemer

Die rosarote Brille

sie sind Hals über Kopf verliebt – er hat ihr den Kopf verdreht – sie hat ihn verrückt gemacht – sie haben Feuer gefangen – sie sind in Liebe entbrannt – er ist ihr ins Netz gegangen – sie hat einen Narren an ihm gefressen – sie sehen alles durch die rosarote Brille

Ehen werden im Himmel geschlossen,
aber auf der Erde gelebt.

Sprichwort

Ehe – eine Lebensgeschichte

Ich nehme dich an
und verspreche dir die Treue
in guten und in bösen Tagen,
in Gesundheit und Krankheit.
Ich will dich lieben, achten und ehren,
solange ich lebe.

Versprechen bei der kirchlichen Trauung

Ehen dauern heute länger als früher. Die Goldene Hochzeit wird für zukünftige Generationen nicht mehr Ausnahme, sondern eher Regel sein. Wer heiratet, hat eine bewegte Lebensgeschichte vor sich: sich aneinander gewöhnen, sich für Kinder entscheiden, mit Kindern Familie leben, Kinder wieder freigeben, Ehe neu weiterleben, Großeltern werden.

Eheverlauf – statistisch gesehen

1. Die Ehe beginnt

»Die Liebe hat ihre eigene Sprache; die Ehe kehrt zur Landessprache zurück.« Diese alte russische Volksweisheit kennzeichnet wohl zutreffend die Situation der ersten Ehejahre. Die Zeit des Verliebtseins ist vorbei, der berühmte Ehealltag mit seiner »normalen« Sprache beginnt. Die jungen Eheleute haben feststellen müssen, daß manche ihrer Erwartungen, Wünsche und Träume an der Wirklichkeit vorbeigingen. Diese Zeit der »Enttäuschung« hat neben bitteren Erfahrungen auch positive Seiten: beide Partner werden frei von den »Bildern«, die sie geblendet haben – sie können sich eigentlich jetzt erst richtig entdecken und lieben lernen. Sie dürfen sich nun so geben, wie sie wirklich sind oder gerne sein wollen. Was vorher fasziniert hat, wird jetzt eher nüchtern gesehen; was vorher unentdeckt blieb, kann jetzt faszinieren. Die Eheleute erkennen sich in ihrer Andersartigkeit und nehmen sich gegenseitig mit ihren

Stärken und Schwächen an. Die Erfahrung zeigt aber auch, daß manche Ehe bereits nach wenigen Jahren an diesem Anspruch zerbricht.

Unsere Liebe hat uns den Mut gegeben, uns für immer in der Ehe einander zu schenken. Aber auch das Vertrauen, daß du bei uns bist, in jedem Augenblick unserer Ehe.
Herr, täglich entdecken wir Neues aneinander, Neues auch an unserer Liebe. Wir danken dir, daß wir einander haben dürfen. Erhalte uns unsere Liebe, auch wenn wir einander enttäuschen.
Laß uns auch dann nicht vergessen, wenn unsere Liebe geprüft wird: Mit dir können wir sie immer wieder erneuern.

2. Aus der Ehe wird Familie

Denkst du an ein Jahr,
säe ein Samenkorn;
denkst du an ein Jahrzehnt,
pflanze einen Baum;
denkst du an ein Jahrhundert,
erziehe einen Menschen.

Sprichwort aus China

Ein wichtiges Ereignis für jede Ehe ist die Geburt eines Kindes. Die Eheleute werden Vater und Mutter. Im Ja zum Kind drücken sie Lebensmut, Lebensfreude, Lebenshoffnung aus. Kinder weisen über den Tag hinaus. Sie sind Geschenk und anvertraute Aufgabe. Durch sie verändert sich auch die eheliche Beziehung. Die Eheleute reagieren entsprechend auf die neuen Anforderungen und stellen sich in ihren Rollen und Aufgaben um. Vieles, was vorher wie selbstverständlich möglich war, muß nun eingeschränkt werden oder wird erschwert: der spontane Besuch bei Freunden, die ungestörte Nachtruhe, der Wochenendausflug, die Theaterfahrt und nicht zuletzt die Berufstätigkeit beider Ehepartner.
Gerade jetzt dürfen die Eltern nicht vergessen: Sie sind zwar Eltern geworden, aber Eheleute geblieben.
Sie müssen auch weiterhin ihre Interessen, Bedürfnisse und Wünsche als Eheleute wahrnehmen und eigene Unternehmungen verwirklichen können. Dabei ist es wichtig, daß sie über den Kreis der Familie hinaus Freunde haben und in Gruppen und Vereinen mittun.

Vater im Himmel, wir danken dir für unsere Kinder, die Freude und die Aufgabe unserer Ehe. Gib uns ein frohes Familienleben. Laß uns immer das Vertrauen unserer Kinder behalten und hilf uns beiden, daß wir auch weiterhin eine glückliche Ehe führen. Halte uns alle in deiner Liebe!

3. Und bleibt Ehe

Einen Menschen lieben,
heißt einwilligen,
mit ihm alt zu werden.

Albert Camus

Die Kinder verlassen heute relativ früh das Elternhaus. Dann leben die Eheleute oft noch 20 Jahre und länger ihre Ehe. Sie haben nun wieder mehr Zeit und Muße füreinander. Sie können vieles unternehmen und tun, was früher wegen der Kinder nicht möglich war. Manche langersehnten Wünsche lassen sich nun erfüllen.

Vielen Eheleuten fällt es schwer, mit dieser neuen Situation fertig zu werden. Es braucht Zeit, sich wieder neu aufeinander einzustellen. Manches mag an den Beginn der Ehe erinnern. Die Pensionierung des Mannes (und der Frau) führt nicht selten dazu, daß die Außenkontakte sich verringern und die Eheleute sich zurückziehen. Mit zunehmendem Alter werden beide Ehepartner mehr und mehr voneinander abhängig. Gebrechlichkeit und Krankheit fordern gegenseitige Solidarität und Hilfe.
Viele ältere Ehepaare bleiben jung mit ihren Enkelkindern. Befreit von der unmittelbaren Verantwortung können sie sich ihnen mit großem Verständnis und mit großer Geduld zuwenden. Was sie früher bei den eigenen Kindern oft vermißt haben, das besitzen sie nun in Fülle: Zeit und Muße zum Erzählen, Vorlesen, Spielen, Spaß machen.

Mit einem Mal haben wir so viel Zeit füreinander. Unsere Kinder haben ihr eigenes Haus gegründet. Sie brauchen noch unsere Hilfe.
Wir danken dir, Herr, daß sie unsere Hilfe wollen. Aber oft spüren wir, daß wir jetzt allein sind. Eigentlich macht es uns glücklich, daß wir wieder ganz füreinander da sind. Herr, laß uns neu entdecken, was wir immer einander bedeutet haben.

treu ⟨Adj.⟩: *beständig in seiner Gesinnung; fest zu Menschen und Dingen stehend, denen man sich verpflichtet fühlt:* ein treuer Freund; treue Liebe: jmdm./einer Sache t. sein, bleiben.
Treue, die; -: *beständige Gesinnung, die an einmal eingegangenen Verpflichtungen festhält:* jmdm. T. schwören. jmdm. die T. halten *(jmdm. treu bleiben):* er hat mir auch in Zeiten der Not die T. gehalten.
Treuhänder, der; -s, -: *jmd., der fremdes Vermögen oder fremde Rechte auf Grund einer Vollmacht verwaltet.*
treuherzig ⟨Adj.⟩: *in kindlicher Weise gutgläubig; arglos vertrauend:* sie hat ein treuherziges Gesicht; er blickt mich t. an.
Treuherzigkeit, die; -.
treulos ⟨Adj.⟩: *nicht treu: jmdn./etwas im Stich lassend; verräterisch:* ein treuloser Freund; er hat t. an ihr gehandelt.
Treulosigkeit, die; -.

»Ich bleibe derselbe, so alt ihr auch werdet, bis ihr grau werdet, will ich euch tragen. Ich habe es getan, und ich werde euch weiterhin tragen, ich werde euch schleppen und retten!«

Jes 46,4

»... bis daß der Tod euch scheidet«

Das Bild zeigt eine Eiche – dick und stämmig. Wer staunend vor einer Eiche steht, dem fallen fast zwangsläufig bestimmte Wörter und Bilder ein, die er mit der Eiche verbindet. Zwei sind bereits genannt. Machen Sie daraus mit Ihrem Partner oder Ihrer ganzen Familie ein kleines Spiel. Jeder schreibt auf einen Zettel möglichst spontan die Wörter auf, die ihm (beim Betrachten des Bildes) zu »Eiche« einfallen.

Die Eiche:

dick,

stämmig,

Vieles, was Sie spontan der »Eiche« zugeordnet haben, trifft auch auf die Treue zu. Versuchen Sie es einmal!
In der Tat: »Treue« und »Eiche« sind alte Verwandte. Ihre Vorfahren stammen aus dem gleichen »Haus«, wie es die jahrhundertalte Geschichte dieser Wörter beweist. Beiden liegt die indogermanische Wurzel »drewo« zugrunde, die den Baum, wahrscheinlich die Eiche, meint. Damit drückt man das Stämmige, Feste, Verwurzelte aus. Ein gutes Bild für die Treue!

Im Lauf der Jahre verändert eine Eiche ihr Aussehen. Sie wächst heran: der Stamm wird dicker, das Laubwerk fülliger, die Krone dichter. Ebenso ist es mit der Treue. Auch sie will wachsen und erfüllter werden.

»Das Wort von der ehelichen Treue verarmt, wo nur auf das gesehen wird, was außerhalb der Ehe nicht sein soll und nicht sein darf. Es entfaltet nur dort seine Bedeutung, wo das in den Blick kommt, was innerhalb der Ehe ermöglicht wird und lebendig sein soll. Treue meint zuerst:

- daß die in der Lebensgemeinschaft der Ehe liegenden Möglichkeiten ergriffen werden,
- daß da Austausch und Gespräch ist,
- daß da viel geschieht im Miteinander und Füreinander,
- daß man einander leben hilft in den immer neu ankommenden Situationen,
- daß man nicht nur nahe bleibt, sondern die Nähe zueinander noch wachsen läßt.«

Dieter Emeis

»Wie der Ring den Finger ganz umschließt,
so umschließe das Band der Treue jene beiden,
welche diese Ringe tragen.
Herr Jesus Christus, segne diese Ringe
und schütze diese Ehe vor allem,
was sie je bedroht.«

Segen bei der kirchlichen Trauung

Was Treue alles vermag …

Ein hoher Beamter fiel bei seinem König in Ungnade. Der König ließ ihn im obersten Raum eines Turmes einkerkern. In einer mondhellen Nacht aber stand der Gefangene oben auf der Zinne des Turmes und schaute hinab.
Da sah er seine Frau stehen. Sie machte ihm ein Zeichen und berührte die Mauer des Turmes. Gespannt blickte der Mann hinunter, um zu erkennen, was seine Frau hier tat. Aber es war für ihn nicht verständlich, und so wartete er geduldig auf das, was da kam.
Die Frau am Fuß des Turmes hatte ein honigliebendes Insekt gefangen; sie bestrich die Fühler des Käfers mit Honig. Dann befestigte sie das Ende eines Seidenfadens am Körper des Käfers und setzte das Tierchen mit dem Kopf nach oben an die Turmmauer, gerade an die Stelle, über der sie hoch oben ihren Mann stehen sah. Der Käfer kroch langsam dem Geruch des Honigs nach, immer nach oben, bis er schließlich dort ankam, wo der gefangene Ehemann stand.
Der gefangene Mann war aufmerksam und lauschte in die Nacht hinein, und sein Blick ging nach unten. Da sah er das kleine Tier über die Rampe klettern. Er griff behutsam nach ihm, löste den Seidenfaden, befreite das Insekt und zog den Seidenfaden langsam und vorsichtig zu sich empor.
Der Faden aber wurde immer schwerer, es schien, daß etwas daran hing. Und als der Ehemann den Seidenfaden ganz bei sich hatte, sah er, daß am Ende des turmlangen Fadens ein Zwirnfaden befestigt war.
Der Mann oben zog nun auch diesen Fa-

den zu sich empor. Der Faden wurde immer schwerer, und siehe, an seinem Ende war ein kräftiger Bindfaden festgemacht. Langsam und vorsichtig zog der Mann den Bindfaden zu sich empor. Auch dieser wurde immer schwerer. Und an seinem Ende war dem Mann eine starke Schnur in die Hand gegeben.
Der Mann zog nun die Schnur zu sich heran, und ihr Gewicht nahm immer mehr zu, und als das Ende in seiner Hand war, sah er, daß hier ein starkes Seil angeknotet war. Das Seil machte der Mann an einer Turmzinne fest. Das Weitere war ganz einfach und selbstverständlich. Der Gefangene ließ sich am Seil hinab und war frei. Er ging mit seiner Frau schweigend in die stille Nacht hinaus und verließ das Land des ungerechten Königs.

Eine Legende

»in guten wie in bösen Tagen«

Die Liebe zwischen einem Mann und einer Frau ist längst an den toten Punkt gekommen. Seitdem er nichts mehr verdient und sie nichts mehr zu essen hat, ist das vollends der Fall. Leer und hungrig sind sie. Ewig hungrig sitzen sie sich, wenn er abends heimkommt, gegenüber. Und er sagt: »Gib Brot«, sie: »Gib Geld.« Sie denkt, wenn er doch endlich ginge. Aber er geht nicht. Er geht auch an dem Abend nicht, als sie ihn anschreit, daß er nichts tauge. Er geht in die Küche und sie meint, er esse das letzte Stück Brot. Als sie in die Küche kommt und triumphierend »hat es dir geschmeckt« sagt, liegt das Brot noch da, ist in Streifen geschnitten und schön hergerichtet. Das ist für sie so gewaltsam und plötzlich, so wie ein Blitz einen Nachthimmel zerreißt oder wie die Sonne durch eine Finsternis bricht. Sie weint und fragt sich, warum weint man, wenn man in einer großen Finsternis plötzlich Licht sieht.
»Komm, du mußt etwas essen«, sagt er.
»Ich habe keinen Hunger mehr, ich werde nie mehr Hunger haben«, erwidert sie und schiebt ihm den Kanten hin. Sie sehen sich an und stehen sich eine Weile regungslos gegenüber. Sie starren sich in die Gesichter, wie Schiffbrüchige nach ihrer Rettung die Sonne anstarren, die Erde und den fernen Himmel. Und sie beginnen, sich zu verstehen. Sie sieht dann, wie er das Brot bricht. Sie sieht, wie er den halben Kanten in den Mund schiebt. Sie nimmt den anderen Kanten und ißt und lächelt wieder.
F. A. Kloth

Das ungebeugte Wort
ist vermutlich
Liebe
denn sie allein
hält den Kopf oben
wenn alles andere
sich beugt.

Jo Mitzkéwitz

Konflikte gehören dazu

Überall, wo Menschen zusammenleben, gibt es hin und wieder Meinungsverschiedenheiten, Unstimmigkeiten, Konflikte, Streit. Sie gehören ganz natürlich und ganz wesentlich zum menschlichen Leben.
Konflikte entstehen in der Regel dadurch, daß verschiedene Wünsche, Interessen, Einstellungen und Gewohnheiten aufeinanderstoßen. Einer beansprucht etwas, was der andere nicht hergeben will; einer will etwas durchsetzen, was der andere nicht mitmachen kann. Auch in Ehe und Familie begegnen sich Menschen, die nicht in allem übereinstimmen und sich über vieles verständigen müssen. Das verläuft nicht immer reibungs- und spannungslos.
Konflikte aber stehen im Widerspruch zur menschlichen Sehnsucht nach Harmonie, Eintracht, Frieden. Gegenüber den Anforderungen und Belastungen des beruflichen Alltags soll gerade das Leben in Ehe und Familie Ausgleich, Entspannung und Ruhe ermöglichen. Das alles bedeutet: möglichst keinen Ärger, keine Spannungen, keine Streitigkeiten. Dann lieber einmal oder auch mehrmals »um des lieben Friedens willen« nachgeben. Damit wird aber kein Konflikt gelöst! Er wird verharmlost, unterdrückt, beiseite geschoben, mehr oder weniger verdrängt. Aber er frißt sich wie ein Schwelbrand unter der Oberfläche weiter. Bis er sich eines Tages zum Flächenbrand ausweitet. Ein anderes Bild: Wer ständig Ärger, Aggressionen und Enttäuschungen herunterschluckt, den darf es nicht wundern, wenn irgendwann einmal »das Faß überläuft«.

Konflikte bedeuten nicht gleich Zerwürfnis der Partner oder Zerstörung der Ehe. Im Gegenteil, sie sind eine Chance zur Besinnung und Umkehr. Sie machen bewußt, daß etwas nicht stimmt, daß etwas anders und besser gemacht werden muß. Sie halten eine Beziehung lebendig, weil Leben nicht nur Harmonie und Ausgleich, sondern immer auch Spannung und Auseinandersetzung bedeutet.

Lieber sich gehörig streiten
als sich schlecht befrieden.

Mongolisches Sprichwort

Man sollte dem anderen
die Wahrheit
wie einen Mantel hinhalten,
damit er
hineinschlüpfen kann,
und sie ihm nicht
wie einen nassen Lappen
um die Ohren schlagen.

Max Frisch

Konflikte sind wie ...

- ein Gewitter, bei dem es heftig blitzt und donnert
- Funken, die in ein Bündel Stroh fallen und im Nu zünden
- Regen auf trockenes Land
- Segelpartien bei Windstärke 9
- wandernde Nierensteine
- Netze, in denen man zappelt
- ein Schraubstock, in dem man eingeklemmt ist
- ein Gefangener, der um seine spätere Befreiung weiß
- ein Küken, das die Schale sprengen möchte
- zwei Pole, die sich anziehen und abstoßen
- eine bohrende Stelle im hohlen Zahn
- Raubvögel, die um die Beute streiten
- eine Wolke am Himmel, die Schatten auf den Weg wirft
- eine Dusche, deren Wasser sich allmählich wohltuend erwärmt
- ein Zug, der einen überrollt und zerreißt

Welche Bilder fallen Ihnen ein?

Wie Eheleute mit Konflikten umgehen ...

- erst eine Nacht darüber schlafen
- sich aus dem Weg gehen
- auf den ersten Schritt des andern warten
- schweigend aneinander vorbeileben
- sich beim andern entschuldigen
- nach einem Kompromiß suchen
- sich Rückenstärkung bei andern holen
- sich durchzusetzen versuchen
- gemeinsam über die Dummheit lachen, daß man sich gestritten hat
- den Ursachen nachgehen
- beschließen, mit diesem Konflikt zu leben
- als »Klügerer« nachgeben
- eine faire Lösung finden
- einander verzeihen und neu anfangen
- die ganze Sache verharmlosen

Der Liebe ohne Zank und Streit
fehlt das Salz der Seligkeit.

Russisches Sprichwort

Einen Konflikt offen und fair austragen, bedeutet:

- **klar und eindeutig miteinander reden**
  Es ist hilfreicher, auch in schwierigen Situationen sich unmißverständlich die Meinung zu sagen als mit den Problemen hinter dem Berg zu halten. Mimik und Gestik verraten die Stimmungslage. Allerdings sind diese »Äußerungen« oft doppeldeutig und geben Anlaß zu weiteren Mißverständnissen.

- **Behauptungen begründen**
  Im Streitgespräch wird vieles behauptet, was weder nachgewiesen noch überprüft werden kann. Wer pauschal verurteilt, zwingt den Partner zum Gegenangriff.

- **nicht verallgemeinern**
  Im Streit neigen Menschen zu Verallgemeinerungen. Schnell werden einzelne Verhaltens- und Reaktionsweisen als (all-)gemeine Haltung ausgelegt und verurteilt. »Das ist typisch für dich. So bist du nun 'mal.« Wer kann mit einem solchen Vorwurf (weiter-) leben?

- **Hintergründe klären**
  Die Ursachen von Spannungen und Konflikten können in der Sache selbst und/oder in der Beziehung liegen. Hinter vermeintlich sachlichen Streitpunkten verbergen sich nicht selten Störungen in der ehelichen Beziehung.

- **Ärger und Aggressionen aussprechen**
  Beim Streit kommen Ärger und Aggressionen ins Spiel. Wenn sie nicht über eine längere Zeit unterdrückt werden müssen, können sie so ausgesprochen werden, daß sich der andere nicht verletzt fühlt.

- **Belastbarkeit des anderen erkennen**
  Kaum ein Mensch ist jederzeit gleichermaßen belastbar. Es gibt Stunden oder auch Tage, wo der Partner einen Streit nicht (mehr) verkraften kann. Wenn die Auseinandersetzung vertagt werden muß, gilt der Grundsatz: aufgeschoben ist nicht aufgehoben.

- **einander verzeihen können**
  Wer später sein Unrecht einsieht oder seine unüberlegten Worte am liebsten zurückholen möchte, muß sich auch entschuldigen können. Wer um diese Entschuldigung gebeten wird, muß auch verzeihen können. Beides fällt nicht immer leicht. Aber dies allein ermöglicht Neuanfang und Veränderung.

Mit vollen Segeln

»Einst war die Ehe ein Hafen, aus dem einige Paare mit vollen Segeln sicher ausfuhren, andere lagen darin vor Anker und verrosteten, noch andere erlitten Schiffbruch an der Küste. Heute ist sie eine Fahrt auf offenem Meer, ohne jeden Hafen im Hintergrund, und jeder der beiden Partner ist zu Wachsamkeit und tiefer Verantwortung verpflichtet, wenn das Schiff überhaupt flott bleiben will.«

Margret Mead

Wenn eine Ehe in die Krise kommt …

Das Verschüttete

Lin-Yu war sehr arm. Es gelang ihm kaum, das Notwendigste zu verdienen. Zwar hatte er viele Jahre lang studiert und besaß großes Wissen, doch vermochte er nicht, eine Anstellung zu finden. Meistens hatte er nur das Wasser, das Yün-Meng vom Brunnen holte, und etwas Reis. Oft fehlte auch dieser.
Lin-Yu hoffte.
Er glaubte an sich.
Yün-Meng aber war des Wartens müde. Sie bat ihren Gatten, sie freizugeben, damit sie eine andere Ehe schließen könnte. Lin-Yu sah sie lange an und schwieg.
»Du müßtest nicht länger für mich sorgen«, sagte Yün-Meng. »Das Wenige, das du mit mir teilen mußt, bliebe für dich allein.«
Lin-Yu liebte seine Gattin sehr. Er konnte sich nicht entschließen, sich von ihr zu trennen.
Yün-Meng aber ließ nicht ab, um ihre Freiheit zu bitten.
»Ich kann nicht länger warten, bis du endlich etwas erreichst. Willst du mich hindern, einen reichen Mann zu finden?«
Ihre Worte taten ihm weh. Doch willigte er schließlich in die Trennung ein. Es gelang ihm bald darauf, zu Ansehen und Reichtum zu kommen. Er fand eine ausgezeichnete Stellung und konnte seinen Besitz durch eine günstige Erbschaft vergrößern. Da kehrte Yün-Meng zurück und bat, er möge sie wieder als Gattin aufnehmen. Lin-Yu sah sie lange an und schwieg. »Ich bin noch immer arm und allein«, sagte Yün-Meng. »Nimm mich wieder zu dir.«

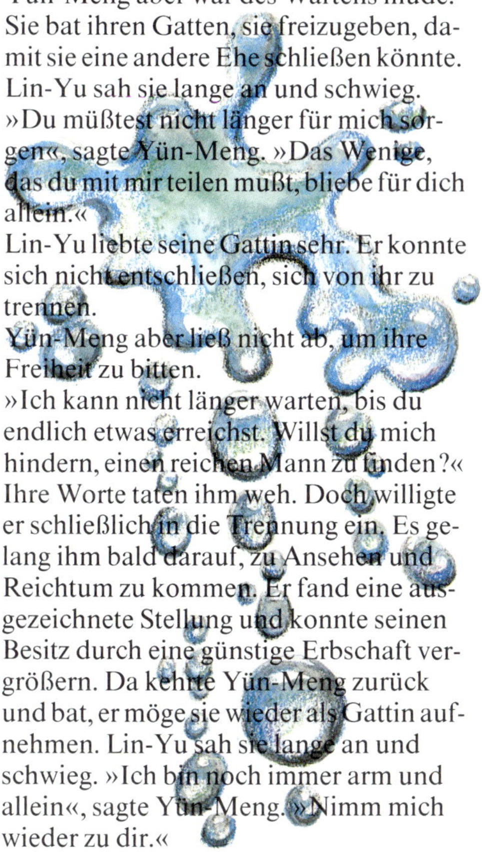

Er hieß sie, Wasser aus dem Krug auf den Boden gießen.
Yün-Meng erfüllte seinen Wunsch. Nun befahl ihr Lin-Yu, das Wasser wieder zusammenzufassen.
»Wie soll ich das Wasser wieder aufnehmen«, fragte Yün-Meng, »wenn ich es verschüttet habe?«
Lin-Yu nickte …

Martha Solmar

Was Eheleute tun können

Krise in seiner ursprünglichen Bedeutung heißt Scheidepunkt oder Wendepunkt. Es ist eine Situation, in der sich etwas entscheidend verändert. »Es steht auf des Messers Schneide«, sagen wir auch und umschreiben damit die schwierige Lage. Nicht jede Krise im menschlichen Leben wird sich so dramatisch abspielen. Aber es gibt sie, diese Wendemarken, wo Leben sich entscheidet. Denken wir nur an eine ernsthafte Krankheit oder an eine schwierige, alles entscheidende Operation.
Krisen gibt es auch in der Ehe. Die meisten können die Eheleute durch ein klärendes Gespräch selbst beheben. Oft liegen ihnen Mißverständnisse, lang aufgestauter Ärger, fehlende Gesprächsbereitschaft, Streßsituationen u. a. zugrunde. Aber Krisen können auch tiefer gehen, die Substanz einer Ehe bedrohen. Vorwürfe, Unterstellungen, Beleidigungen, Demütigungen haben einen Punkt erreicht, an dem die Eheleute unfähig zum Gespräch werden. In diesem Fall ist nur noch mit Hilfe »eines Dritten«, einer Ver-

trauensperson, eine Aussprache möglich. Eltern, Geschwister, gemeinsame Freunde oder auch ein Seelsorger können diese Rolle des Gesprächspartners übernehmen.
Wer darin keine Möglichkeit sieht oder seine Situation nicht gern vor vertrauten Leuten ausbreiten möchte, der kann eine katholische Beratungsstelle für Ehe-, Familien- und Lebensfragen aufsuchen. Hier geben Fachleute in persönlichen Gesprächen Auskunft und Informationen und suchen gemeinsam mit den betroffenen Eheleuten nach Lösungen für ihre ehelichen Probleme und Konflikte. Dieser Beratungsdienst der Kirche erfolgt kostenlos. Die Eheberater unterliegen der Schweigepflicht. Je früher Eheleute eine solche Beratungsstelle aufsuchen, desto besser und schneller kann ihnen geraten und geholfen werden.
Die Anschrift der nächstgelegenen katholischen Beratungsstellen für Ehe-, Familien- und Lebensfragen kann über die katholischen Pfarrämter erfragt oder im Telefonbuch nachgeschaut werden.

Vater im Himmel, ich hätte nie gedacht,
daß wir einander so wehtun können.
Ich erkenne immer mehr, wie schwer es ist
zu lieben, und wie schwach wir sind.
Hilf uns, daß wir einander verzeihen
können.
Laß uns erkennen, was wir falsch gemacht
haben.
Laß uns immer wieder einen Weg finden,
der uns zueinander führt.
Laß unsere Liebe nicht untergehen,
sondern reifer werden. Hilf uns Herr!

Gotteslob 24/4

Geschieden und Wiederverheiratet – ein Briefwechsel

Sehr geehrter Herr Pfarrer!

Es fällt mir nicht leicht, diesen Brief zu schreiben. Lieber würde ich persönlich mit Ihnen sprechen. Aber ich kenne Sie zu wenig. Seit einigen Jahren bin ich geschieden. Es war der Entschluß meiner Frau, die Scheidung einzureichen. Alle Schuld habe ich zunächst bei ihr gesehen, und alle Bemühungen, die Ehe zu retten, waren vergeblich. Ich habe lange gebraucht, bis ich entdeckte, welche Fehler ich selbst auch in meiner Ehe gemacht hatte. Aber da war es schon zu spät. Inzwischen habe ich meine jetzige Frau kennen- und liebengelernt, und wir leben, so glaube ich, in einer glücklichen Familie. Wir fühlen uns nach wie vor als katholische Christen. Wir gehen mit unseren Kindern regelmäßig in die Kirche. Ich persönlich glaubte, mich daran gewöhnt zu haben, daß ich nicht zur Kommunion gehen darf. Bei meiner Frau ist es anders. Vor einigen Wochen wurde es auch für mich zum Problem. Der Anlaß war die Erstkommunion unserer Tochter …

Lieber Herr A. und – unbekannterweise – liebe Frau E.!

Ihr Brief hat mich betroffen und nachdenklich gemacht. Ich kann nur ahnen, welche Hemmungen Sie hatten, mir dies zu schreiben. Wie kann ich Ihnen helfen? Was Ihnen raten? Als Kirche befinden wir uns heute hier in einer schwierigen Situation. Einerseits sind wir als Christen davon überzeugt, daß wir in der Ehe zu unwiderruflicher Treue berufen sind und damit die Ehe nach dem Wort Jesu als eine Bindung für das ganze Leben anzusehen ist. Andererseits erleben wir schmerzlich unser eigenes Versagen und das Scheitern vieler Ehen, von denen die meisten in großer Zuversicht begonnen wurden. So zögern viele Seelsorger, Wiederverheiratet-Geschiedene wieder zum Kommunionempfang zuzulassen, weil sie befürchten, die Verkündigung der Kirche von der unbedingten Treue in der Ehe wäre dann nicht mehr glaubwürdig. Sie empfehlen deshalb denen, die in einer Ehe gescheitert sind, das Opfer zu bringen, eben nicht mehr zur Kommunion zu gehen, wenngleich sie ansonsten voll und ganz am Leben der Kirche teilnehmen sollten.

Auf der anderen Seite aber sehen wir, daß Christus nicht nur das Ideal der lebenslangen Treue in der Ehe verkündet hat, sondern auch gegenüber Gescheiterten immer barmherzig war. Harte Worte fand er nur gegenüber manchen Pharisäern, die sich selbst für gerecht, gut und unfehlbar hielten.

Ja, vielleicht fragen Sie sich persönlich sogar, ob nicht gerade auch Ihre jetzige Liebe in Ihrer zweiten Ehe von Gott gesegnet ist. Bei vielen Seelsorgern und Verantwortlichen in unserer Kirche wächst die Überzeugung, daß auch Wiederverheiratet-Geschiedenen nach gründlicher Gewissensprüfung wieder die Möglichkeit zum Empfang der Sakramente eröffnet werden sollte.

Vermutlich werden Sie aber für Ihre Gewissensentscheidung das Gespräch mit anderen Christen oder einem Seelsorger suchen. Ich selber würde auch in einem Gespräch mit Ihnen vielleicht folgenden Fragen nachgehen:

- Stehen Sie noch in einer persönlichen Schuld am Zerbrechen der ersten Ehe? Hier wäre etwa an das Wort der Bibel zu denken »Wenn Du etwas gegen Deine(n) Schwester/Bruder hast, dann gehe hin und versöhne Dich zuerst mit Deiner(m) Schwester/Bruder ...« (vgl. Mt 25, 23 f.).
- Bestehen noch Verpflichtungen aus der ersten Ehe, wieder etwas gutzumachen?
- Ist Ihre neue eheliche Gemeinschaft ein wirklicher Neubeginn, sich wieder auf die Zusage Gottes einzulassen, sich einander ein Leben lang anvertrauen und binden zu wollen?
- Geht es in Ihrem Wunsch nach Empfang der Sakramente wirklich um ein persönliches Verlangen? Oder spielt doch auch Prestige oder das Motiv »der-Kinder-wegen« eine Rolle?
- Wir müssen auch überlegen, wie die Situation in der Gemeinde ist? Wie können wir miteinander lernen, die Gewissensentscheidung einzelner mitzutragen und mitzuverantworten?

In einem solchen Brief kann ich notwendigerweise nur recht allgemein bleiben. Doch bin ich gerne bereit, mit Ihnen auch persönlich zu sprechen. Ich bin sicher, daß wir einen Weg finden, den wir vor unserem Gewissen, vor der Gemeinde, der Kirche und vor Gott verantworten können. Denn auch durch alle Schuld hindurch kann Ihr Leben der Erfahrungsraum der Liebe und der Gnade Gottes bleiben. Ich persönlich jedenfalls sehe mich in dieser Richtung auch bestärkt durch einen Satz aus dem Apostolischen Schreiben des Papstes über die Familie: »Die Kirche vertraut fest darauf, daß auch diejenigen, die sich vom Gebot des Herrn entfernt haben und noch in einer solchen Situation leben, von Gott die Gnade der Umkehr und des Heils erhalten können, wenn sie ausdauernd geblieben sind in Gebet, Buße und Liebe ...« (Familiaris consortio Nr. 84).

Mit guten Grüßen
Ihr Pfarrer M.

»... über den Tod hinaus«

»Wer einen Menschen liebt, setzt für immer seine Hoffnung auf ihn.«

Gabriel Marcel

der tod

hin und wieder
bringt der briefträger
eine todesanzeige
schwarzer rand

vorige woche
waren wir betroffen
der kollege meines mannes
fast genauso alt wie er
tot
plötzlich
sie sind gerade zwei jahre
verheiratet
und hatten
das erste kind bekommen

so sicher ist das leben nicht
sagte mein mann
da sieht man
wie wertvoll jede stunde ist
jeder tag
jeder abend
an dem wir
noch
zusammen sind

der tod
unser heimlicher gast
und freund
bruder tod
wer mit ihm lebt
dem macht er das leben intensiver
farbiger schöner
du sollst
das leben
nicht vor dir herschieben
auf morgen verschieben
oder auf nächstes jahr
sagt der tod
jeder tag
jede minute
ist ewigkeit

der tod
treibt die kostbarkeit des lebens
auf die spitze
ich habe es gesehen
bei meinen großeltern
in den letzten jahren ihres lebens
da lebten sie mit dem tod
der tod ist unser freund
sagte meine großmutter
da spürte man
jeden tag
wie die freude aneinander
und ihre liebe und sorge füreinander
kostbarer wurden
und manchmal dachte ich:
bei ihnen
ist diesseits und jenseits
schon eins

Wilhelm Willms

Gebet für den verstorbenen Ehepartner

Vater, du hast meinen Mann (meine Frau) zu dir genommen. Wir sind ein Stück unseres Lebens miteinander gegangen. Wir haben vieles miteinander geteilt, Freud und Leid, frohe und schwere Stunden. Es war schön, wenn auch nicht immer leicht. Dafür danke ich dir. Nun hat mein Mann (meine Frau) zuerst das Ziel erreicht. Ich bleibe allein zurück. Lohne ihm (ihr) alle Liebe und Treue mit ewiger Freude; mir aber gib Kraft zu sagen: dein Wille geschehe, auch wenn dein Weg unbegreiflich ist. Und laß uns im Himmel mit dir vereint sein. Maria, Trösterin der Betrübten, bitte für uns.

Gotteslob 26/2

Geburt und Taufe

Die beiden Hände

Es sagte einmal die kleine Hand zur großen Hand:
Du große Hand, ich brauche dich,
weil ich bei dir geborgen bin.
Ich spüre deine Hand,
wenn ich wach werde und du bei mir bist,
wenn ich Hunger habe und du mich fütterst,
wenn du mir hilfst, etwas zu greifen und aufzubauen,
wenn ich mit dir meine ersten Schritte versuche,
wenn ich zu dir kommen kann, weil ich Angst habe.
Ich bitte dich: bleibe in meiner Nähe und halte mich.

Und es sagte die große Hand zur kleinen Hand:
Du kleine Hand, ich brauche dich,
weil ich von dir ergriffen bin.
Das spüre ich,
weil ich viele Handgriffe für dich tun darf,
weil ich mit dir spielen, lachen und herumtollen kann,
weil ich mit dir kleine, wunderbare Dinge entdecke,
weil ich deine Wärme spüre und dich lieb habe,
weil ich mit dir zusammen wieder bitten und danken kann.
Ich bitte dich: bleibe in meiner Nähe und halte mich.

Nach Gerhard Kiefel

Leben weitergeben

Irgendwann taucht der Wunsch auf, nicht mehr »allein zu zweit« zu sein, sondern ein Kind zu bekommen, Leben weiterzugeben, und die Hoffnung, daß die Liebe zwischen Mann und Frau auch sichtbar und greifbar wird.
Es tauchen aber auch Fragen auf: Wie ist das eigentlich, wenn man Vater oder Mutter wird? Wird sich dann für uns nicht vieles ändern – in unserer Ehe, in unserem Beruf? Werden wir dann überhaupt noch genügend Zeit für uns haben?
Vielleicht sind einige Ehepaare auch unsicher, ob sie sich überhaupt ein Kind »leisten« können – bei ihren wirtschaftlichen Verhältnissen, bei der unsicheren Zukunft oder angesichts der vielen Kinder, die heute schon in unserer Welt Hunger leiden müssen.
Noch schwerer können diese Fragen wiegen, wenn Eltern sich weitere Kinder wünschen, aber unsicher sind über die Zahl der Kinder und den richtigen Zeitpunkt.
Die Eltern tragen in dieser Frage die Verantwortung; das bestätigt unter dem Stichwort »verantwortete Elternschaft« auch ein Text des Zweiten Vatikanischen Konzils:

In ihrer Aufgabe, menschliches Leben weiterzugeben und zu erziehen, die als die nur ihnen zukommende Sendung zu betrachten ist, wissen sich die Eheleute als mitwirkend mit der Liebe Gottes des Schöpfers und gleichsam als Interpreten dieser Liebe. Daher müssen sie in menschlicher und christlicher Verantwortlichkeit ihre Aufgabe erfüllen und in einer auf Gott hinhörenden Ehrfurcht durch gemeinsame Überlegung versuchen, sich ein sachgerechtes Urteil zu bilden. Hierbei müssen sie auf ihr eigenes Wohl wie auf das ihrer Kinder – der schon geborenen oder zu erwartenden – achten; sie müssen die materiellen und geistigen Verhältnisse der Zeit und ihres Lebens zu erkennen suchen und schließlich auch das Wohl der Gesamtfamilie, der weltlichen Gesellschaft und der Kirche berücksichtigen. Dieses Urteil müssen im Angesicht Gottes die Eheleute letztlich selbst fällen. In ihrem ganzen Verhalten seien sich die christlichen Gatten bewußt, daß sie nicht nach eigener Willkür vorgehen können, sie müssen sich vielmehr leiten lassen von einem Gewissen, das sich auszurichten hat am göttlichen Gesetz; sie müssen hören auf das Lehramt der Kirche, das dieses göttliche Gesetz im Licht des Evangeliums authentisch auslegt.

Die Kirche in der Welt von heute, Art. 50

Wenn Sie wissen, daß Sie schwanger sind . . .

und ein Kind erwarten, erfüllen neben einem Gefühl des Glücks und der Freude auch Unsicherheiten und Ängste diese Zeit des gemeinsamen Wartens. Wie wird unser Kind werden? Wird es gesund sein? Wird es ein Junge oder ein Mädchen? Und welchen Namen sollen wir ihm geben?
Es gibt vieles zu überlegen in diesen Wochen und Monaten.
Das, was da heranwächst, ist ein Mensch – vom Augenblick der Empfängnis an. Die Biologie lehrt uns, daß im Erbgut der ersten Körperzelle, die durch die Vereinigung des männlichen Samens mit der Eizelle der Frau entstand, schon die ganze Veranlagung des einen Menschen enthalten ist: also sein künftiges Aussehen und die Farbe seiner Augen ebenso wie seine Talente und Fähigkeiten.
Das kann werdende Eltern zum Staunen bringen und dankbar werden lassen vor diesem kostbaren Geschenk. Mann und Frau sollten zusammen »schwanger« gehen und sich auf dieses »wunderbare« Ereignis der Geburt vorbereiten:

- im Gespräch über das, was sie fühlen, empfinden und denken
- in einem Kurs für werdende Eltern
- durch das Einrichten eines Kinderzimmers und das Besorgen der ersten Kinderwäsche . . .

Gebet für ein Kind vor der Geburt

Herr und Gott, wir erwarten unser Kind. Wir möchten so gern, daß es ein gesundes und fröhliches Kind wird. Aber wir wollen es annehmen, wie du es uns gibst.
Nun bitten wir dich: schenke ihm deine Liebe. Wir wollen es schützen, so gut wir können, schon jetzt, da wir es erwarten. Hilf in der Stunde der Geburt.
Wir wollen unser Kind aufnehmen in deinem Namen und ihm den Weg zeigen, auf dem es dich finden kann. Schenke ihm ein erfülltes und glückliches Leben, und laß es zum Segen werden für alle, die ihm begegnen.
Nimm es allzeit in deinen Schutz.

Gotteslob 25/1

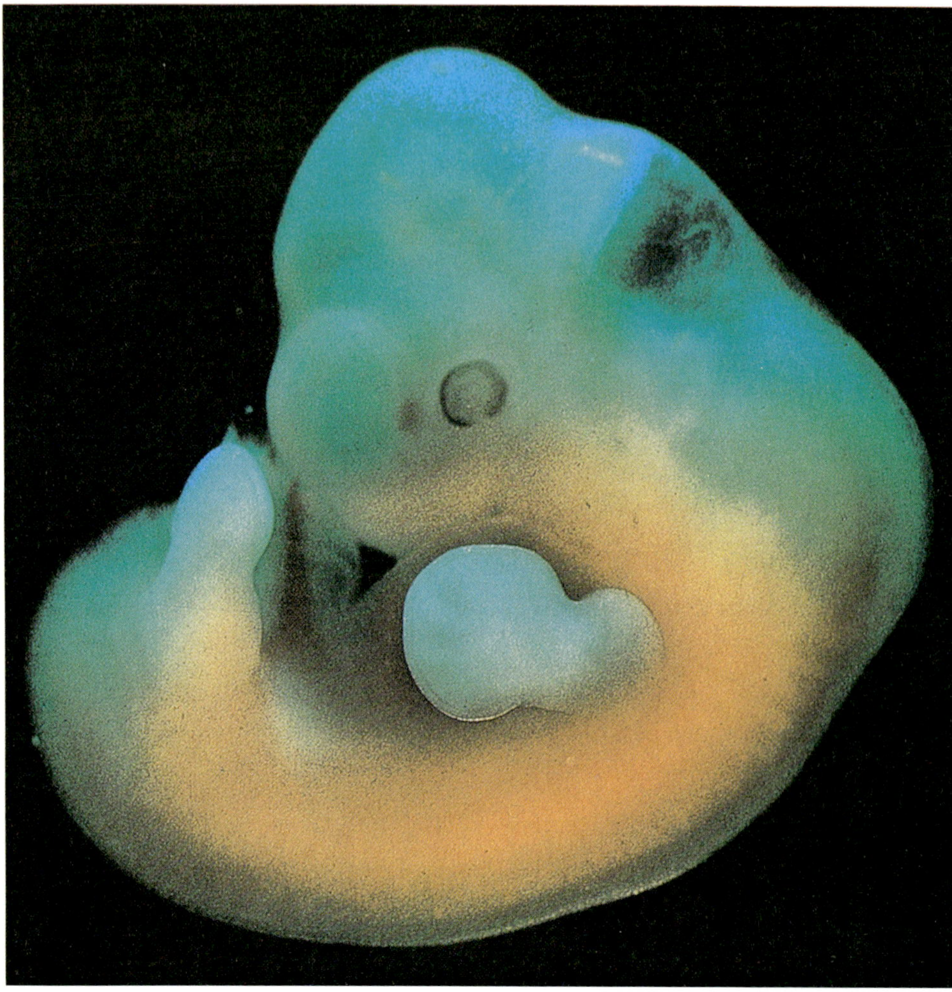

oben:
Dieser Embryo beginnt gerade die sechste Woche, ist also über 35 Tage alt. Der kleine Kreis kennzeichnet die Anlage des Auges. Schon hat sich eine kleine Hand entwickelt. Ober- und Unterarm sind noch sehr kurz. Was als Handgelenk erscheint, ist tatsächlich der Ellbogen.

rechts oben:
Dieses kleine Wesen ist erst 4 Monate alt und nur 20 Zentimeter groß. Aber es ist schon ein vollständiger Mensch, dessen Körper und Gliedmaßen, dessen Knochengerüst und Organe bis in die Einzelheiten ausgebildet sind. Ein Bild, das vor dem Wunder des Lebens den Atem anhalten läßt.

Stufen der Entwicklung

rechts unten:
Sechs Wochen sind seit dem Lebensbeginn vergangen. Das winzige, eineinhalb Zentimeter große Baby, mit kurzen Armen und Beinen, schwimmt in seinem Amnionsack, an der Nabelschnur fest verankert. Die dunkle Stelle vorne zeigt das Blut, das durch Herz und Leber strömt. Der kleine Ballon an dünner Leine ist der Dottersack.
Von ihm werden frische Blutkörperchen in den Kreislauf geliefert. In der großen Plazenta (links), also außerhalb des Körpers, wird das Blut mit Sauerstoff und frischen Nährstoffen versorgt und Schlackenstoffe und Kohlendioxyd ausgeschieden.

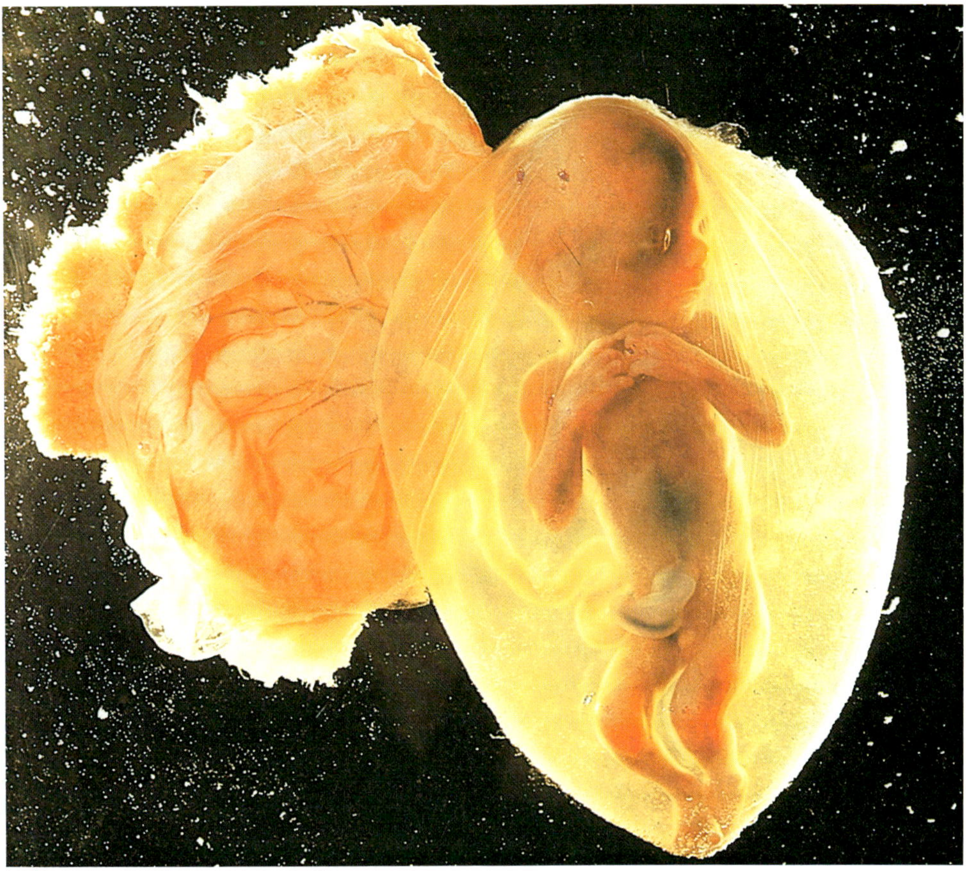

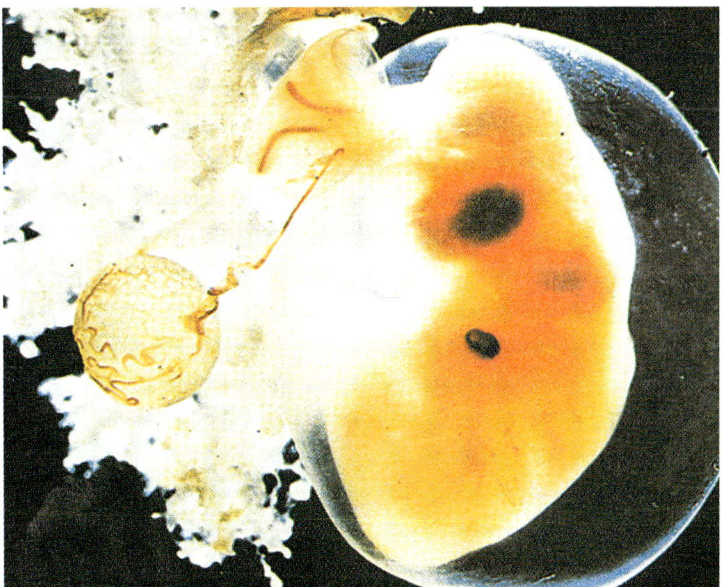

Das Kind ist da …

»Das ist Fleisch von unserem Fleisch, Blut von unserem Blut, Leben von unserem Leben«, können die Eltern in Anlehnung an ein Wort der Heiligen Schrift (Genesis 2,23) sagen.

Ihr Kind hat das Licht der Welt erblickt. Die Anstrengungen und Schmerzen der Geburt sind vorüber. Ihr Kind – ein Junge oder Mädchen – ist da. Sie empfinden es ganz von selbst: Unser Kind ist auf uns angewiesen. So hilflos, so klein. Es ist, obwohl zum richtigen Zeitpunkt geboren, eine »Frühgeburt«. Viel zu früh auf dieser Welt, um ohne die Hilfe anderer in der Welt bestehen zu können. Zum Überleben braucht es uns ganz, viel Liebe, Wärme und Zeit.

Bei den Eltern mischen sich Gefühle der Freude und Liebe, Staunen, Stolz und Verantwortungsgefühl mit Unsicherheit und Ängstlichkeit. Sie erkennen sich in ihrem Kind wieder. Ihr Name lebt weiter in diesem Kind; sie selber leben und wirken fort in ihm.
Durch Ihr Kind haben Sie einen handfesten Grund, Gott zu danken und ihn zu bitten, dieses Kind zu segnen und Ihnen bei Ihrer Aufgabe als Eltern zu helfen.

T: Lothar Zenetti 1971 M: Erna Woll 1971

Gotteslob 636

A 2. Segne dieses Kind und hilf uns, ihm zu helfen, / daß es hören lernt mit seinen eignen Ohren / V auf den Klang seines Namens, auf die Wahrheit der Weisen, / auf die Sprache der Liebe und das Wort der Verheißung.
A 3. Segne dieses Kind und hilf uns, ihm zu helfen, / daß es greifen lernt mit seinen eignen Händen / V nach der Hand seiner Freunde, nach Maschinen und Plänen, / nach dem Brot und den Trauben und dem Land der Verheißung.
A 4. Segne dieses Kind und hilf uns, ihm zu helfen, / daß es reden lernt mit seinen eignen Lippen / V von den Freuden und Sorgen, von den Fragen der Menschen, / von den Wundern des Lebens und dem Wort der Verheißung.
A. 5. Segne dieses Kind und hilf uns, ihm zu helfen, / daß es gehen lernt mit seinen eignen Füßen / V auf den Straßen der Erde, auf den mühsamen Treppen, / auf den Wegen des Friedens in das Land der Verheißung.
A 6. Segne dieses Kind und hilf uns, ihm zu helfen, / daß es lieben lernt mit seinem ganzen Herzen.

Wie soll das Kind heißen?

Seinen Familiennamen erwirbt der Mensch mit der Geburt, seinen Vornamen geben ihm die Eltern.
Sie als Eltern tragen die Verantwortung für den Vornamen. Mit dem von Ihnen gewählten Namen muß Ihr Kind ein ganzes Leben lang leben.

Darin liegt die Bedeutung eines eigenen Namens:
Du bist dieser Eine, du bist nicht austauschbar.
Du bist, so wie du bist und heißt, anerkannt und angenommen.
Du bist schon wer!

Es könnte eine Entscheidungshilfe sein, wenn Sie mit dem Suchen nach dem Namen die Frage verbinden, zu welchem Heiligen Sie eine Beziehung haben oder welche Menschen – auch in Ihrer Familie – Ihnen sehr viel bedeuten. – Der Name braucht ja nicht unbedingt ein Programm zu sein, aber er steht stellvertretend für vieles, was Eltern ihrem Kind wünschen. (Hinweise auf Namenstage, Heilige und Namenserklärungen finden Sie im monatlichen Kalendarium dieses Buches, Seite 245–299, sowie im alphabetischen Namensverzeichnis, Seite 430–435.)

»Ich habe dich bei deinem Namen gerufen, du bist mein.«

Jesaja 43,1

Wieder zu Hause – als Familie

Ihr Kind, vor allem wenn es das erste ist, bedeutet eine Lebenswende, einen Einschnitt für Ihr Leben. Wieder zu Hause sein – jetzt sind wir eine Familie.
Es dauert einige Wochen, bis Eltern dieses Erlebnis als Erfahrung auch einholen und nachvollziehen können: »Ich bin Mutter« – »Ich bin Vater« – »Wir sind eine Familie geworden«. Man muß es sich zunächst immer wieder selbst sagen.
Mit dem Kind kommen viele Erfahrungen auf die Eltern zu, die neu und überraschend sind.
Es gibt schöne Momente, in denen die Eltern sich immer wieder freuen können:
- Das Kind lacht Sie zum ersten Mal an und dann immer häufiger.
- Es erkennt Sie an Ihrer Stimme und an Ihrem Gesicht wieder und strampelt schon erwartungsvoll.
- Es verfolgt mit den Augen Dinge, die sich bewegen, und versucht, nach bunten Sachen zu greifen.

Es gibt aber auch Situationen, die belastend sind und in denen sich die Eltern überfordert fühlen können:
- Das Kind schreit anhaltend; Sie sind in Sorge, können aber keinen Grund für dieses Schreien finden.
- Das Kind wird häufig nachts wach; Sie müssen immer wieder aufstehen, obwohl Sie dringend selbst Ruhe brauchen.

»Wir geben die Geburt unseres Kindes bekannt ...«

Mit der eigenen Freude über eine glückliche Geburt kommt auch der Wunsch, diese Freude auszudrücken und weiterzusagen an die eigenen Eltern und Geschwister, an Freunde und Bekannte oder an Arbeitskollegen – durch eine Anzeige in der Zeitung und durch selbst gestaltete oder gedruckte Karten und Briefe. Jedes Kind ist einzigartig. Deshalb sollten Sie auch versuchen, der Geburtsanzeige ein möglichst »persönliches Gesicht« zu geben – durch die persönlichen Daten, erste Fotos oder durch Texte, die Ihnen gut gefallen und so etwas wie einen Wunsch für das Kind ausdrücken.
Vielleicht finden Sie auch etwas zu dem Namen, den Sie für Ihr Kind gewählt haben.

So werde ich meinen Namen auf dich legen und ich werde dich segnen.
Nach Numeri 6,27

Gott spricht: Siehe her, ich habe dich eingezeichnet in meine Hände.
Jesaja 49,16

Jesus sagte: Laßt die Kinder zu mir kommen, hindert sie nicht daran! Denn Menschen wie ihnen gehört das Himmelreich.
Matthäus 19,14

Seht, wie groß die Liebe ist, die der Vater uns geschenkt hat: Wir heißen Kinder Gottes, und wir sind es.
1 Johannes 3,1

Jedes Kind bringt die Botschaft mit sich, daß Gott die Menschheit noch nicht aufgegeben hat. Tagore

Jeder Mensch ist ein eigenes Land.
Sprichwort aus Tansania

Kinder sind Gäste, die nach dem Weg fragen.
Ausspruch einer alten Frau

Kinder sind wie Bücher.
Wir können in sie hineinschreiben und aus ihnen lesen.
Peter Rosegger

Gottlob, daß du da bist! Sei uns willkommen! Es steht dir nicht auf der Stirn geschrieben, was in dieser Welt über dich verhängt ist, und ich weiß nicht, wie es dir gehen wird, aber gottlob, daß du da bist.
Matthias Claudius

Liebes Kind, dein Weg beginnt

Liebes Kind, dein Weg beginnt.
Jetzt bist du noch klein.
Vor dir liegt die große Welt,
und die Welt ist dein:

Bunte Blumen, roter Ball,
Sonne, Wolkenflug,
Lieben, Lachen, Flötenspiel,
Arbeit, Brot genug.

Blätterfallen, Schmerz, Verzicht,
Angst und Einsamkeit,
Abschiednehmen, Schweigen, Nacht,
gute, böse Zeit.

Geh den Weg und nimm es an,
was dir Gott bemisst,
weil in allem, was geschieht,
er dir nahe ist.

Martin Gotthard Schneider

»Und wenn wir keine eigenen Kinder bekommen können ...«

Die Ehe ist aber nicht nur zur Zeugung von Kindern eingesetzt, sondern die Eigenart des unauflöslichen personalen Bundes und das Wohl der Kinder fordern, daß auch die gegenseitige Liebe der Ehegatten ihren gebührenden Platz behalte, wachse und reife. Wenn deshalb das – oft so erwünschte – Kind fehlt, bleibt die Ehe dennoch als volle Lebensgemeinschaft bestehen und behält ihren Wert sowie ihre Unauflöslichkeit.

Zweites Vatikanisches Konzil,
Die Kirche in der Welt von heute, Art. 50

Erfahrungen eines Ehepaares

Als wir heirateten, war es für uns gar keine Frage: Wir wollten nicht nur ein Kind, wir wünschten uns mehrere. Da gab es für uns nicht die Frage nach der Pille oder nach Geburtenplanung. Wir fühlten uns beide im besten »Eltern-Werde-Alter«.
Doch dann kam alles ganz anders. Wir mußten feststellen: So einfach und selbstverständlich, wie wir uns das vorstellten, ist das gar nicht mit dem Kinderkriegen – war es zumindest für uns nicht. Anfangs nahmen wir das ja noch leicht hin, führten das Nicht-Schwanger-Werden noch auf dieses oder jenes zurück.
Dann unternahmen wir was, ließen uns ärztlich untersuchen, verhielten uns nach ärztlichen Anweisungen, ließen uns Hoffnung machen, aber »wir kamen nicht in Hoffnung«. Schließlich noch eine Operation, nach der uns der Arzt wieder Hoffnung machte, und wir hofften, warteten, versuchten weiter. Die Zeit verging; wir warteten vergeblich auf ein Kind, das eigentlich schon hätte im Kindergarten-Alter sein sollen.
Es waren trotzdem wichtige Jahre unserer Ehe. Wir hatten viel Zeit für einander, wir gingen beide recht intensiv in unserem Beruf auf, wir konnten unsere Freizeit frei gestalten, hatten viele Freunde, konnten in der Gemeinde und darüber hinaus vieles miteinander tun, konnten uns mehr engagieren, als es uns mit einem Kind möglich gewesen wäre.
Doch irgendwann kamen wir um eine endgültige Entscheidung nicht herum: Wollten wir allein bleiben und unsere Ehe dadurch fruchtbar werden lassen, daß wir unsere zusätzliche Zeit und Freiheit für andere einsetzen? Oder wollten wir eine Familie werden, indem wir ein Kind annähmen?
Wir entschieden uns für Familie! Wir setzten uns mit einer Vermittlungsstelle für Pflege- und Adoptivkinder in Verbindung und ließen uns sagen, wie schwer es sei und wie lange es dauern könne, ein Kleinkind zur Adoption zu erhalten. Das Verhältnis von zu vermittelnden Kindern und wartenden Eltern beliefe sich auf 1 : 10 bis 1 : 20. Wir stellten trotzdem den Antrag, füllten eine Menge Fragebögen aus (manche Fragen gefielen uns gar nicht), brachten Gesundheits- und Führungszeugnisse bei, kurz: eine »Schwangerschaft« unter den Augen der öffentlichen Verwaltung.
Wir hatten Glück, Zufall war es, aber so möchten wir es nicht nennen. Schneller als erwartet, wurde uns ein Kind angekündigt. – Wir waren glücklich, als *unser* Kind geboren wurde, wir erfuhren es per Telefon. Aber damit ging unsere »Schwangerschaft« eigentlich erst richtig los. Da gab es noch so viele Institutionen, die gefragt werden wollten, da waren

noch so viele Unwägbarkeiten: Blieb die Mutter bei ihrer Entscheidung? Würden wir das Kind auch endgültig bekommen? Als wir das Kind dann im Krankenhaus besuchen durften, durch die Glasscheibe durften wir schauen, mehr nicht, da war es unser Kind geworden, ganz einfach unser Kind.
Die noch anstehenden Schwierigkeiten ließen sich überwinden, mit viel Herzklopfen und Ängsten verbunden. Endlich durften wir unsere Tochter nach Hause holen. Wir hatten unser erstes Kind.
Nach zwei Monaten kam die endgültige Verzichtserklärung der leiblichen Mutter; nach einem Jahr konnte die rechtliche Adoption abgeschlossen werden.
Nach relativ kurzer Zeit bekamen wir unsere zweite Adoptiv-Tochter geschenkt. Ganz andere Probleme und Schwierigkeiten gab es dabei, ganz anders sah »unsere Schwangerschaft« aus . . .
Jetzt haben wir zwei Töchter, unsere Kinder. Wir können uns nicht mehr vorstellen, ohne Kinder zu sein. Und wir können uns auch nicht vorstellen, daß wir mit leiblichen Kindern anders umgehen würden, zu ihnen ein anderes Verhältnis haben würden als zu unseren beiden Adoptivkindern.

15 %(!) aller Ehepaare bleiben heute in der Bundesrepublik ungewollt kinderlos. Innerhalb von zwei Jahrzehnten hat sich die Zahl fast verdoppelt. Nicht nur organische Ursachen spielen hier eine Rolle; die Gründe sind meist sehr vielschichtig.

Wenn Sie ein Kind adoptieren oder für einige Zeit in Pflege nehmen wollen, aber auch wenn Sie Fragen rechtlicher oder finanzieller Art haben oder in Erziehungsfragen unsicher sind, wenden Sie sich an den Sozialdienst katholischer Frauen (SKF) oder an das örtliche Jugendamt.
Wenn Sie ein Kind adoptiert oder in Pflege genommen haben, kann es für Sie hilfreich sein, sich regelmäßig in einer Gruppe mit anderen Pflege- und Adoptiveltern und gegebenenfalls mit Fachleuten zum Gespräch und zum Erfahrungsaustausch zu treffen, um mancherlei Fragen zu klären, aber auch, um sich gegenseitig Mut zu machen. Familienbildungsstätten und Jugendämter laden häufig in den einzelnen Orten zu solchen Gesprächen ein.

Wir lassen unser Kind taufen

taufe
oder mit allen wassern gewaschen

wir möchten nicht
daß unser Kind
mit allen wassern gewaschen wird

wir möchten
daß es
mit dem wasser der gerechtigkeit
mit dem wasser der barmherzigkeit
mit dem wasser der liebe und des friedens
reingewaschen wird

wir möchten
daß unser kind
mit dem wasser
christlichen geistes
gewaschen
übergossen
beeinflußt
getauft wird

wir möchten selbst das klare lebendige wasser
für unser kind werden und sein
jeden tag
wir möchten auch daß seine paten

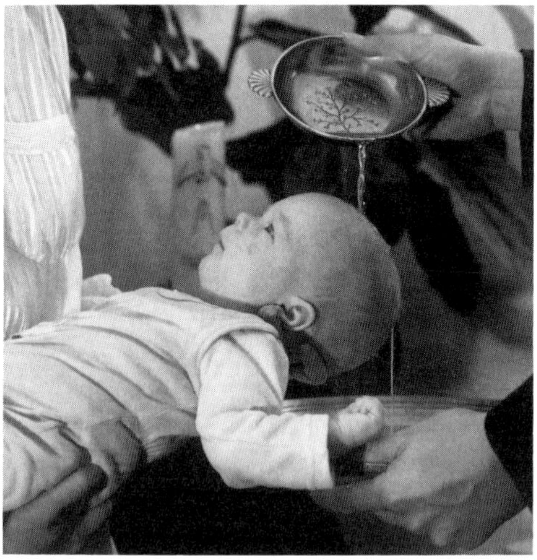

klares kostbares lebendiges wasser
für unser kind werden

wir hoffen und glauben
daß auch unsere gemeinde in der wir leben
und daß die kirche zu der wir gehören
für unser kind das klare kostbare
lebendige wasser
der gerechtigkeit
der barmherzigkeit
der liebe und des friedens ist

wir möchten
und hoffen
daß unser kind
das klima des evangeliums findet
wir möchten nicht
daß unser kind mit allen wassern
gewaschen wird

deshalb
in diesem bewußtsein
in dieser hoffnung
in diesem glauben
tragen wir unser kind
zur kirche
um es der kirche
der gemeinde zu sagen
was wir erwarten
für unser kind
was wir hoffen
für unser kind

wir erwarten viel
wir hoffen viel

Wilhelm Willms

Vielleicht wollen Sie Ihr Kind taufen lassen, weil Sie denken . . .

- unser Kind soll Mitglied der Kirche werden
- unser Kind soll den Segen Gottes erhalten
- unser Kind soll von der Erbsünde befreit werden
- unser Kind soll christlich erzogen werden

oder weil Sie denken . . .

- wir wollen die Geburt unseres Kindes feiern
- unser Kind soll später im Kindergarten und in der Schule keine Schwierigkeiten bekommen
- wir wollen altes Familienbrauchtum pflegen.

Vielleicht denken Sie auch daran, Ihr Kind jetzt noch nicht taufen zu lassen, damit es sich später selbst entscheiden soll. Praxis der Kirche war es seit den ersten Jahrhunderten, nicht nur Erwachsene zu taufen, die sich aus eigenem Entschluß für den Glauben an Gott und für den Weg Jesu Christi entschieden hatten, sondern auch die (unmündigen) Kinder solcher Eltern.

Kinder können sich natürlich noch nicht selber für den Glauben und damit für die Taufe entscheiden; aber sie können zusammen mit den Eltern im Glauben an Gott leben und im Zusammenleben mit den Eltern den Glauben erleben und entdecken.

Die Eltern wollen den Kindern einen guten Lebensweg eröffnen, den die Kinder später durch ihr eigenes »Ja« im Sakrament der Firmung bestätigen.

Mit der Taufe erklären Eltern auch ihre Bereitschaft, dem Kind in der Familie den Glauben vorzuleben und es im Glauben zu erziehen.

Einladung zum Taufgespräch

Liebe Eltern,
Sie haben Ihr Kind bei uns zur Taufe angemeldet.
Es soll ein Christ werden. In der Taufe wird Ihr Kind in die Gemeinschaft mit Christus und in die Gemeinschaft mit den anderen Christen in unserer Pfarrgemeinde aufgenommen.
Vieles, was in der Vergangenheit selbstverständlich war, ist heute nicht mehr so. Das gilt auch für die Taufe. Heute bieten sich in unserer Gesellschaft viele, auch gegensätzliche Möglichkeiten des Lebens und der Lebensgestaltung an. Heute als Christ zu leben, das bedarf einer bewußteren Entscheidung als noch vor einigen Jahrzehnten. Wir brauchen zum Christsein gegenseitige Unterstützung und Begleitung. Der erste Ort hierfür ist die Gemeinde, die »Glaubensgemeinschaft vor Ort«.
Wir wollen helfen, daß aus Ihrem Kind ein guter Mensch wird. Es soll lernen, Gott und die Menschen zu lieben.
Deshalb möchten wir uns gern mit Ihnen zu einem ersten Gespräch vor der Taufe treffen. Hierzu sind auch die Paten Ihres Kindes eingeladen, die als überzeugte Christen Ihnen bei der Erziehung Ihres Kindes beistehen wollen.
Ihre Gesprächspartner werden außer dem Pfarrer bzw. dem Kaplan auch andere Eltern aus der Gemeinde sein. Wir hoffen, daß so Glaubensgespräche zwischen Gemeindemitgliedern in Gang kommen, daß neue Kontakte entstehen, die sich vielleicht nach der Taufe fortsetzen und intensivieren lassen.
Gemeinsam wollen wir auch überlegen, wie wir die Tauffeier gestalten. Es soll ja eine Feier unseres gemeinsamen Glaubens werden. Gott liebt dieses Kind. Er ruft es bei seinem Namen. Er verspricht Ihrem Kind, immer bei ihm zu bleiben. Sein Segen ruht auf ihm. Komme, was mag. Dies bekennen und feiern wir in der Taufe.

Mit herzlichem Gruß
Pfarrer
Vorsitzende/r des Pfarrgemeinderates

Die Taufpaten

Die Aufgabe des Taufpaten entstand in der frühen Kirche, als vor allem Erwachsene getauft wurden.
Der Pate bürgte für den erwachsenen Taufbewerber und führte ihn in die Gemeinde ein.
Bei der *Kindertaufe* übernehmen die Paten zusammen mit den Eltern die Aufgabe, das Kind auf seinem Lebensweg im Glauben zu begleiten. Die Paten stehen auch stellvertretend für die Bereitschaft der Gemeinde, das Kind aufzunehmen.
Das Patenamt kann jeder übernehmen, der katholisch ist, das 16. Lebensjahr vollendet und die Sakramente der Taufe, Eucharistie und Firmung empfangen hat. Ein Pate sollte nicht zu alt sein, damit er nach menschlichem Ermessen längere Zeit seine Aufgabe wahrnehmen kann.
Zusammen mit einem katholischen Paten kann auch ein evangelischer Christ Taufzeuge werden.

Die Feier der Taufe

Den Verlauf der Tauffeier finden Sie im Gotteslob 45–48.

Zu Beginn versammeln sich alle am Eingang der Kirche.
Der Priester – die Taufe kann auch von ei-

nem Diakon gespendet werden – begrüßt die Taufgemeinde und bittet die Eltern zu sagen, welchen Namen sie ihrem Kind gegeben haben und was sie von der Kirche erbitten.
Bei der Taufe halten die Mutter oder der Vater das Kind auf ihren Armen.
Im *Wortgottesdienst* soll der Glaube der Eltern, der Paten und der ganzen Gemeinde gestärkt werden.
Danach bezeichnen der Priester, die Eltern und die Paten das Kind auf der Stirn mit dem **Zeichen des Kreuzes:**

»Mit großer Freude nimmt dich die christliche Gemeinde auf. In ihrem Namen bezeichne ich dich mit dem Zeichen des Kreuzes. Nach mir werden auch deine Eltern dieses Zeichen Christi des Erlösers auf deine Stirn zeichnen.«

In den **Fürbitten** werden die Wünsche und Anliegen der Anwesenden ausgesprochen und vor Gott getragen.

Der Priester segnet das **Taufwasser:**

»Allmächtiger, ewiger Gott . . . Auf vielfache Weise hast du das Wasser dafür bereitet, auf die Taufe hinzuweisen.
Schon im Anfang der Schöpfung schwebte dein Geist über den Wassern, um ihnen heiligende Kraft zu geben. In den Wassern der Sintflut hast du unsere Taufe vorgebildet, da sie den alten Menschen vernichtet, um neues Leben zu wecken.
Die Söhne Abrahams hast du trockenen Fußes durch das Rote Meer geführt.
Darin schenkst du uns ein Bild des österlichen Sakraments, das uns aus der Knechtschaft befreit und hinführt in das Land der Verheißung . . .
Herr, unser Gott, schenke diesem Wasser die Kraft des Heiligen Geistes, damit der Mensch, der auf dein Bild hin geschaffen ist, neue Schöpfung werde aus Wasser und Heiligem Geist.«

Das **Kreuzzeichen** ist das Zeichen der Liebe Gottes, die er uns durch die Hingabe seines Sohnes Jesus und dessen Tod am Kreuz ganz besonders gezeigt hat. Dieses Zeichen geben der Priester, die Eltern und die Gemeinde als ihr Zeichen hier weiter.

Dieses erste Kreuzzeichen kann von den Eltern als bleibendes Zeichen auch in der weiteren Entwicklung des Kindes wiederholt werden beim Gebet, beim Zubettbringen, beim Verlassen des Hauses, vor einer Reise, vor einer Aufgabe, in Krankheit.

Es ist ein schönes Zeichen, wenn Eltern und Paten, Freunde und Verwandte ihre persönlichen **Bitten** und Wünsche für das Kind sagen.

Wasser ist ein Zeichen für Leben und Geborenwerden:
Wie der Mensch aus dem Geburtswasser des mütterlichen Leibes zum biologischen Leben geboren wird, so wird er durch das Wasser der Taufe zum christusähnlichen, ewigen Leben geboren.
Wasser bedeutet aber auch Reinigung und Abwaschen, ja sogar Vernichtung: Der Getaufte wird durch diese Reinigung (in der alten Kirche erfolgte die Taufe wirklich durch Untertauchen) zu einem »neuen Menschen«.
Ein neuer Anfang in der Christusgemeinschaft ist möglich.
Jedes spätere Segnen mit Weihwasser in der Kirche oder zu Hause wird ein Erinnern an die Taufe.

Glaubensbekenntnis
Der Priester bittet die Eltern und Paten, in Erinnerung an ihre eigene Taufe dem Bösen zu widersagen und ihren Glauben zu bekennen.
Sie sprechen gemeinsam
»Ich widersage«
und bekennen ihren Glauben mit der Versicherung *»Ich glaube«*.

Dem **Glaubensbekenntnis** der Eltern und Paten stimmt auch die Gemeinde zu, indem sie gemeinsam das Glaubensbekenntnis betet oder singt.
Die Mitglieder der Gemeinde bezeugen damit ihren Glauben, zeigen aber auch, daß sie sich für den Glauben des Täuflings mitverantwortlich fühlen.

Danach gießt der Priester Wasser über den Kopf des Kindes und sagt dabei:
N ..., Ich taufe dich im Namen des Vaters und des Sohnes und des Heiligen Geistes.

Salbung mit Chrisam
Danach salbt der Priester das Kind mit Chrisam:
Du wirst nun mit dem heiligen Chrisam gesalbt; denn du bist Glied des Volkes Gottes und gehörst für immer Christus an, der gesalbt ist zum Priester, König und Propheten in Ewigkeit.

Mit **Chrisam** gesalbt sein bedeutet, zu Christus (dem »Gesalbten«) zu gehören. Dieses Zeichen besiegelt jenes neue Leben, das wir in der Taufe bekommen haben.
Gleichzeitig ist es auch Begabung mit dem Geist, und das ist im Wohlgeruch des Chrisams auch sinnlich zu erfahren.

Überreichung des Taufkleides
Dem Neugetauften wird das weiße Kleid überreicht und angezogen.

Das **Taufkleid** ist ein Zeichen der »umfassenden« Gemeinschaft mit Christus. Die Kraft Christi ist um uns wie ein Gewand, das Gott uns bereit hält, damit wir es anlegen.
Dieses Zeichen begleitet den Christen durch sein Leben, auch bei anderen Sakramenten (z. B. Erstkommunion und Hochzeit).

Überreichen der Taufkerze
Der Vater oder der Pate entzündet die Taufkerze an der Osterkerze und hält die brennende Kerze in der Hand.

Die **Osterkerze** ist das Symbol für den auferstandenen Christus. Christus lebt, sein Licht erleuchtet den Lebensweg. Von diesem Licht bekommt die Taufkerze ihr Licht. Bei der Übergabe der Kerze wird deutlich, daß die Eltern dieses Licht Christi für ihr Kind durch ihre Lebensweise ausstrahlen sollen.

Die Tauffeier endet damit, daß alle gemeinsam das »Vater unser« sprechen und der Priester der Taufgemeinde den *Segen* spendet.

Altchristliches Segensgebet

Der Herr sei vor dir,
um dir den rechten Weg zu zeigen.
Der Herr sei neben dir,
um dich in die Arme zu schließen
und dich zu schützen
gegen Gefahren von links und rechts.
Der Herr sei hinter dir,
um dich zu bewahren
vor der Heimtücke böser Menschen.
Der Herr sei unter dir,
um dich aufzufangen, wenn du fällst,
und dich aus der Schlinge zu ziehen.
Der Herr sei in dir,
um dich zu trösten,
wenn du traurig bist.
Der Herr sei um dich herum,
um dich zu verteidigen,
wenn andere über dich herfallen.
Der Herr sei über dir,
um dich zu segnen.
So segne dich (euch) der gütige Gott.
Amen.

Elternbriefe »du und wir«

Zur Taufe und auch danach bis zum 10. Lebensjahr erhalten die Eltern fortlaufend jedes Vierteljahr einen Elternbrief »du und wir« als Geschenk, der jeweils auf die altersgemäße Entwicklung des Kindes eingeht und den Eltern Hinweise gibt, wie sie die Entwicklung ihres Kindes fördern können.
Darüber hinaus gehen die Elternbriefe auf Fragen der Erziehung ein und zeigen mögliche Ansätze für die religiöse Erziehung des Kindes.
Die Elternbriefe werden verlegt vom Einhard-Verlag, Aachen.
Voraussetzung für den Versand dieser Briefe ist, daß der jeweilige Pfarrer eine entsprechende Meldekarte abschickt.
Sollten Sie diese Elternbriefe (noch) nicht erhalten, dann machen Sie doch bitte Ihren Pfarrer darauf aufmerksam.

Wir bitten für uns und unsere Kinder

Bei einer Taufe wurden von Eltern und Paten folgende Fürbitten vorbereitet und gesprochen:

- Wir wollen Gott bitten, daß diese Kinder in ihrer Familie immer eine Heimat haben, in der sie sich geborgen und verstanden wissen.
- Wir wollen Gott bitten, daß unsere Kinder stets gute Freunde finden, die ihnen echte Hilfe und Halt auf ihrem Lebensweg geben.
- Wir wollen Gott bitten, daß die Eltern und Großeltern, Paten, Freunde und Verwandte durch den Kontakt mit unseren Kindern viel Freude erfahren und ihnen das Verständnis entgegenbringen, das sie brauchen.
- Wir wollen Gott bitten, daß unsere Kinder in ihrem Leben gesund bleiben und glücklich werden. Herr, gib ihnen die Kraft, Schwierigkeiten nicht aus dem Weg zu gehen, sondern sie hoffnungsvoll zu überwinden.

Was kann man zur Taufe schenken?

- eine Taufkerze für das Kind kaufen und evtl. selber verzieren
- den Eltern anbieten, das Taufkleid zu nähen
- ein kleines Kreuz oder das Bild eines Schutzengels für das Kinderzimmer auswählen, das auch dem Kind etwas sagt
- ein Buch/eine Geschichte/ein Bild zu dem Namen des Kindes finden
- ein kleines Weihwasserbecken für die Wohnung kaufen (oder töpfern), das (auch in seiner Form) an den Taufbrunnen erinnern kann
- Bücher und andere Hilfen zum religiösen Leben in der Familie mitbringen
- etwas aus der Geschichte der Gemeinde, in die das Kind aufgenommen wird, »ausgraben«
- den Eltern einige »kinderfreie Nachmittage« schenken und so auch Ihr Versprechen wahr machen, daß Sie oft Zeit für die Eltern und das Kind haben.

Eine Buchempfehlung:

Claudia Hofrichter/Ernst Werner:
Wir möchten, daß unser Kind getauft wird. Wie Mütter, Väter und Paten die Taufe besser verstehen können, München 1995.

. . . in unsere Hände gegeben
Wir haben gespürt, daß viele die Freude und Sorge über Marias Leben mit uns teilen. Wir laden alle ein, auf ein persönliches Geschenk als Zeichen dieser Freude zu verzichten und stattdessen eine Spende für Waisenkinder in Kenia zu überweisen oder zur Tauffeier mitzubringen.

»Mit Kindern leben«

»Leise aufstehen, niemand wecken . . . und die Welt ganz neu entdecken.«

Das Kind geht auf Entdeckungsreise: »Was gibt es da alles zu sehen! Die Welt der Großen ist bunt und aufregend, und das Kind ist ein Kolumbus, der sie entdecken muß. Es leckt Schuhsohlen ab, knabbert am Teppichrand und futtert Blumenerde. –
Ob man mit dem nassen Schwamm auch Möbel abwischen kann? Der kleine »Forscher« weiß inzwischen, daß manches Interessante auch dann vorhanden ist, wenn man es nicht sieht: hinter der Tür, im Schrank, unter dem Tisch. Es wäre nicht das erste Mal, daß eine Mutter ihren Ausreißer aus dem Mülleimer angeln muß. Er wollte seine Umgebung eben ganz genau erforschen.
Was wie Spaß aussieht, ist in Wirklichkeit ernsthafte Arbeit und bringt notwendige Erkenntnisse. Zum Glück haben die Eltern Verständnis dafür. Am besten kriechen Sie einmal durch die Wohnung und versuchen, die Dinge aus seiner Sicht zu sehen: überhängende Tischdecken, glänzende Vasen, verlockende Ofengriffe, Töpfe, Flaschen, Ständer, Schlüssel . . .«
(Nach: Elternbriefe »Du und wir«)

»Die ersten Schritte«

Wenn mein Vater mit mir geht

Wenn mein Vater mit mir geht,
dann hat alles einen Namen,
Vogel, Falter, Baum und Blume.
Wenn mein Vater mit mir geht,
ist die Erde nicht mehr stumm.

Kommt die Nacht und kommt das Dunkel,
zeigt mein Vater mir die Sterne.
Er weiß, wie die Menschen leben,
weiß, was recht und unrecht ist,
sagt mir, wie ich werden soll.

Josef Guggenmos

»Aus dem Tagebuch eines Zweijährigen«

Donnerstag, 8.10 Uhr. Kölnisch Wasser auf Teppich gespritzt. Riecht fein. Mama böse. Kölnisch Wasser ist verboten.
8.45 Uhr. Feuerzeug in Kaffee geworfen. Haue gekriegt.
9.00 Uhr. In Küche gewesen. Rausgeflogen. Küche ist verboten.
9.15 Uhr. In Papas Arbeitszimmer gewesen. Rausgeflogen. Arbeitszimmer auch verboten.
9.30 Uhr. Schrankschlüssel abgezogen. Damit gespielt. Mama wußte nicht, wo er war. Ich auch nicht. Mama geschimpft.
10.00 Uhr. Rotstift gefunden. Tapete bemalt. Ist verboten.
10.20 Uhr. Stricknadel aus Strickzeug gezogen und krumm gebogen. Zweite Stricknadel in Sofa gesteckt. Stricknadeln sind verboten.
11.00 Uhr. Sollte Milch trinken. Wollte aber Wasser! Wutgebrüll ausgestoßen. Haue gekriegt.
11.10 Uhr. Hose naß gemacht. Haue gekriegt. Naßmachen verboten.
11.30 Uhr. Zigarette zerbrochen. Tabak drin. Schmeckt nicht gut.
11.45 Uhr. Tausendfüßler bis unter Mauer verfolgt. Dort Mauerassel gefunden. Sehr interessant, aber verboten.
12.15 Uhr. Dreck gegessen. Aparter Geschmack, aber verboten.
12.30 Uhr. Salat ausgespuckt. Ungenießbar. Ausspucken dennoch verboten.
13.15 Uhr. Mittagsruhe im Bett. Nicht geschlafen. Aufgestanden und auf Deckbett gesessen. Gefroren. Frieren ist verboten.
14.00 Uhr. Nachgedacht. Festgestellt, daß alles verboten ist. Wozu ist man überhaupt auf der Welt?

Helmut Holthaus

Geschwister haben

Einen Bruder oder eine Schwester zu bekommen, das wird gerade für Kinder in dieser Altersstufe eine große Rolle spielen. Das ist nämlich gleichzeitig eine interessante »Sache«, aber auch eine große Konkurrenz.
Plötzlich interessieren sich alle (nur noch) für das Baby, und das ältere Kind fühlt sich schnell an den Rand gedrängt, weil es nicht mehr im Mittelpunkt steht. Grund genug zur Eifersucht. Darum wird das ältere Kind manchmal versuchen, sich auch wieder bei den Eltern Zeit zu »stehlen«, indem es sich hin und wieder auch wie ein Baby verhält: das Fläschchen braucht, gewickelt werden will . . .
In dieser Situation ist es wichtig, dem älteren Kind zu erklären, warum Mutter und Vater jetzt mehr Zeit für das Baby brauchen, es beim Wickeln, Füttern und Zu-Bett-Bringen mitmachen zu lassen und ihm aus seinen eigenen ersten Lebensmonaten zu erzählen: »Schau mal, so haben wir das auch mit dir gemacht, als du klein warst.«
So lernt es dann leichter, den neuen Konkurrenten als Schwester oder Bruder anzunehmen.
Mit Geschwistern in der Familie zu leben und aufzuwachsen, bietet viele Möglichkeiten und Chancen für die Entwicklung der Kinder.

Es ist eine schöne Erfahrung

- nicht alleine in einem Zimmer schlafen zu müssen, sondern zusammen mit einem Bruder oder einer Schwester.

- miteinander viel spielen zu können
- eine größere Schwester zu haben, die schon Geschichten vorlesen kann
- miteinander ein Geheimnis zu haben und den Eltern nichts zu verraten
- ...

Ein Kind lernt so mit seinen Geschwistern

- es ist interessanter, wenn mehrere ihre Ideen zu einem Spiel beitragen;
- es ist wichtig, auf andere Kinder und auf ihre Schwächen Rücksicht zu nehmen und ihnen zu helfen;
- wir können uns gegenseitig etwas leihen und miteinander teilen;
- wenn wir Streit haben, müssen wir gemeinsam darüber sprechen und eine Lösung suchen.

Es ist so, als wenn man immer Freunde zu Hause hat, mit denen man sich aber auch richtig auseinandersetzen kann.
Kinder lernen so sich selbst und die eigenen Fähigkeiten und Schwächen besser kennen und damit umzugehen. Das sind Erfahrungen, die dann bei der Begegnung mit fremden Kindern und Erwachsenen hilfreich sind.
Das bedeutet nicht, daß Einzelkinder im Leben von vornherein weniger »Chancen« haben. Nur müssen die Eltern mehr darauf achten, daß sie ein Haus der »offenen Tür« haben, daß ihr Kind andere Kinder oft und gerne mitbringen kann oder viel bei Nachbarkindern oder Freunden spielt und ruhig auch einmal dort über Nacht bleibt.

Ein behindertes Kind

»... Vielleicht hatte ich mir einfach zuviel vorgenommen, als ich vor einiger Zeit Alexandra, meine 10jährige mongoloide Schwester, zu mir mit auf die Studentenbude nahm, um meinen Eltern einige Urlaubstage *zu zweit* zu ermöglichen ...?
Es war nicht die räumliche Enge meiner Studentenbude, die mich so störte, es war auch nicht die notwendige Rücksichtnahme auf ein Kind neben mir, die mir diese Tage so anstrengend erscheinen ließ; nein: es fiel mir schwer, in dieser Länge und Intensität der Reaktion der Umwelt auf ein geistig behindertes Kind ausgesetzt zu sein!
Ganz bewußt hatte ich mich entschlossen, allen zu zeigen, daß ich zu dieser meiner kleinen Schwester stehe, daß ich mich ihrer nicht schäme, daß ich sie nicht verstecke ...! Das Ergebnis war jedoch jämmerlich und deprimierend: Ich habe meine Kräfte überschätzt und meine Grenzen erkannt.
Es kam mir vor wie ein »Spießrutenlaufen«: wenn die Leute uns so interessiert und neugierig nachschauten, wenn sie ihre Köpfe umdrehten und zweifelhafte Blicke nicht verbergen konnten, wenn sie zum Teil bestürzt und verunsichert innehielten! Ich hatte das Gefühl, ich liefe mit einem Brandmal umher, mit einem Erkennungszeichen – wie ein »Ausgesetzter«. Langsam erahnte ich, wie wohl Menschen empfinden, die nicht so aussehen oder sich nicht so verhalten wie der »sogenannte Durchschnittsbürger«, Menschen, die nicht so leben können, nicht so zu Leistungen fähig sind, wie dies unsere heutige »Leistungsgesellschaft« von ihren Mitgliedern erwartet ...

In den Wochen danach habe ich mehr und mehr gelernt, die vergangenen zehn Jahre meines Lebens mit neuen Augen zu sehen.
Mein Bruder und ich waren 10 bzw. 12 Jahre alt, als Alexandra geboren wurde, – zu jung also, um die Veränderung in unserem Familienleben zu begreifen. Ein kurzer Satz der Erklärung, – das war alles, was wir beide über unsere Schwester erfuhren. Von da an wurde dieses Thema in Schweigen gehüllt, es brauchte nicht ausgesprochen zu werden (so dachten meine Eltern vermutlich!), die Gegebenheiten sprachen für sich! Alexandra stand von nun an im Mittelpunkt! Die Liebe und Fürsorge meiner Eltern konzentrierten sich allein auf sie!
Damals konnte ich es nicht ausdrücken, heute weiß ich: ich fühl(t)e mich von ihnen vernachlässigt, ich spür(t)e Eifersucht Alexandra gegenüber!
Ich konnte es meinen Eltern nie sagen (vielleicht werde ich es nie können?!), denn ebensowenig wie sie hatte ich gelernt, über meine Gefühle und Ängste offen zu sprechen. Statt dessen habe ich ihnen oft Vorwürfe gemacht: weil sie ihre körperliche und seelische Gesundheit aufs Spiel setzten, weil sie bei aller Sorge um Alexandra nicht mehr an sich selbst dachten, weil sie glaubten, das Leben habe für sie keine schönen Seiten mehr! Vielleicht wollte ich ihnen auf diese Weise nur mitteilen, daß auch ich von ihnen wichtig genommen sein möchte, daß ich mich überfordert fühle, jahrelang die Rolle der »großen, starken, vernünftigen Schwester« zu spielen?! Vielleicht habe ich sogar diese Rolle nur übernommen, um so rückwirkend die Anerkennung und das Wohlwollen meiner Eltern zu spüren?! . . .
Ich erahne mehr und mehr, wie sehr meine Eltern – besonders meine Mutter – in den vergangenen Jahren gelitten haben, wieviel Kraft sie investiert haben in die Auseinandersetzung mit ihrer Umwelt aufgrund ihres geistig behinderten Kindes Alexandra . . .«

Wir haben ein behindertes Kind

Herr Jesus Christus, wir haben ein behindertes Kind.
Es ist – so sehr wir es auch lieben – eine große Belastung für unsere Familie.
Herr, du hast dich immer ganz besonders um die Kranken und Bedürftigen gekümmert, aber auch die Gesunden nicht vernachlässigt.
Bewahre uns vor der Gefahr, wegen unseres hilflosen Kindes unsere eigene Lebensfreude zu vergessen.
Bleib du bei uns und gib uns deinen Geist, der uns das rechte Maß zwischen allen Bedürfnissen und Ansprüchen finden läßt.

Zeit haben für die Kinder

Kinder wollen nicht nur alleine spielen, sondern sie wünschen, daß die Eltern mit ihnen spielen und Zeit für sie haben – Zeit zum Schmusen, Zeit zum Verstecken und Suchen, Zeit zum Spielen und Singen, Zeit zum Erzählen und Vorlesen, zum Basteln und Werken, Zeit, um sich zu verkleiden und andere Rollen zu spielen, Zeit zum . . . und immer ist diese Zeit viel zu schnell vorbei.

Das sind sogenannte »Kopffüßler«; so malen Kinder mit ca. 3 Jahren die Menschen, die sie kennen.

Abzählverse

- *»Dreck, Dreck, Dreck,*
  geht immer wieder weg!«
- *Eine kleine Mickymaus*
  zog sich ihre Hosen aus,
  zog sie wieder an,
  und du bist dran.
- *Ine mine mei,*
  Zucker in den Brei,
  Butter in den Kuchen
  du mußt suchen.

Was man mit Kindern alles machen kann

Die großen Feste Ostern und Weihnachten und die persönlichen Feiertage wie Geburtstag und Namenstag laden dazu ein, in der Familie intensiv vorbereitet und gefeiert zu werden: es wird gebastelt, gekocht und gebacken, verziert und geschmückt, Spiele werden ausgesucht und Einladungen gestaltet. Gerade auch zum Kindergeburtstag lassen sich viele Eltern dann eine Menge einfallen. Schwieriger ist es dann schon, die Kinder zu »beschäftigen« an einem Regennachmittag, während einer Reise im Auto oder an einem Sonntag, wenn die Kinder dauernd kommen und fragen: was sollen wir jetzt spielen? Vielleicht finden Sie für solche Gelegenheiten etwas in diesem *Ideenkoffer*.
In diesem Koffer sollten jederzeit Scheren, Klebe, Faltpapier, Styroporkugeln, Stoff- und Wollreste, Kerzenwachs, Knetmasse, kleine Pappschachteln, Papierrollen und vieles mehr sein.

- Lernen Sie einige Falttechniken, um damit aus Papier Flugzeuge, Schiffe, Fangbecher und anderes herzustellen.
- Aus Naturmaterialien (Tannenzapfen, Eicheln, Kastanien, Wurzeln, Äpfeln) lassen sich mit wenigen Hilfsmitteln Tiere basteln.
- Fingerspiele: alleine mit den Fingern kann man viele Geschichten spielen.
- Die eigene Wohnung mit alltäglichen Situationen auf einen Plakatkarton malen. Mit einfachen Regeln kann daraus schnell ein eigenes Würfelspiel werden.
- Eine Geschichte vorlesen, die notwendigen Requisiten dazu suchen oder basteln und dann gemeinsam nachspielen. Oder nur den Anfang der Geschichte lesen und selbst ein Ende erfinden.
- Aus großen Pappkartons entsteht schnell ein Haus oder eine Burg, die noch angemalt und innen gestaltet werden kann. Danach kommen sicher noch weitere Spielideen, was man mit dem Papphaus alles machen kann.
- Malen Sie auf ein altes Bettuch einige Straßenzüge, Kreuzungen, Wiesen, Spielplätze. Mit kleinen Autos, Figuren, Klötzen und Bausteinen entsteht daraus eine wunderschöne Stadt zum Spielen.
- In den Koffer gehört auch ein dickes Buch mit vielen Geschichten.

Spiele für einen Kindergeburtstag

Schnapp

Material: eine Leine und Süßigkeiten, die man daran aufreihen kann (Bonbons, Schokolade o. ä.)

Eine Leine wird gerade so hoch gespannt, daß die Kinder sie nur springend – die Hände auf dem Rücken – mit dem Mund erreichen können. An der Leine hängen die Süßigkeiten, die jedes Kind beim Springen mit dem Mund schnappen muß. Man kann die Leine auch an einem Ende festhalten und auf- und niederwippen lassen.

Lustige Köpfe

Material: Aufgeblasene Luftballons, Buntpapier, Scheren, Bast, Filz, Stoff- und Wollreste u. ä. und Klebstoff

Die aufgeblasenen Luftballons sollen in lustige Gesichter verwandelt werden. Die Kinder gestalten die Gesichter, indem sie aus dem Material Augen, Nase, Ohren und Haare anfertigen und ankleben. Die fertigen Köpfe können dann auf Pappröhren gestellt werden.

Fingerhut, wo bist du?

Material: 1 Fingerhut

Alle gehen aus dem Raum. Ohne etwas zu verändern, wird jetzt irgendwo sichtbar ein Fingerhut hingelegt. Die Kinder kommen wieder herein und suchen. Wer den Fingerhut gesehen hat, setzt sich leise hin, sagt nichts und schaut vor allem nicht dahin, wo der Fingerhut liegt. Wer letzter ist, kann ein Pfand geben oder den Fingerhut im nächsten Durchgang verstecken.

Tiere raten

Material: Papierkarten mit aufgemalten Tieren

Zwei Kinder stehen sich gegenüber, die Hände auf dem Rücken. Auf dem Rükken wird den beiden Kindern eine Karte mit einer Tierfigur befestigt. Die Kinder müssen dann mit geschlossenen Füßen umeinander herumhüpfen und versuchen herauszubekommen, welches Tier auf dem Kärtchen des Gegenüber gemalt ist.

Ballon-Ball

Material: aufgeblasener Luftballon und weitere Reserveballons

Zwei Parteien versuchen, den Ballon durch Schläge mit der flachen Hand über die Grundlinie der anderen Partei zu treiben. Es kann auch mit »Toren« gespielt werden, z. B. mit zwei Kartons oder Papierkörben. Spannend wird es erst, wenn jede Partei ohne Torwart spielt.

Es ist nicht leicht, Herr,
hochgestimmt zu sein.
Denn eben fand ich im Bad
drei und ein halbes Paar schmutziger Strümpfe am Boden.

Ach, wie oft
habe ich den Kindern das schon gesagt!
Immer wieder vergessen sie es.

Natürlich finde ich Entschuldigungen für sie.
Zu viel stürmt auf sie ein:
die Schularbeiten –
die anderen kleinen Verpflichtungen –
und hin und wieder brauchen sie auch einmal freie Zeit.

Trotzdem, einiges müssen sie lernen.
Und wohin die schmutzigen Socken kommen, gehört dazu.

Herr, gib mir Geduld.
Laß mich aber auch unbestechlich sein.
Manchmal muß ich die eigenen Kinder so sehen,
als gehörten sie anderen, nicht mir.
Daß ich sie sehe, wie sie wirklich sind,
und nicht weich werde,
dazu hilf mir bitte.

Amen.

Jo Carr/Imogene Sorley

Mit Kindern glauben lernen

»Ich weiß, daß der liebe Gott die Welt und alle Vögel und Pflanzen geschaffen hat, aber das Beste, was er gemacht hat, bin ich.«

Karin

»Ich stelle mir Gott vor, daß es ihn gibt und nicht gibt. Man kann sagen: halb und halb.«

Christian

Religiöse Erziehung beginnt nicht erst dann, wenn Kinder bewußt Fragen stellen, sondern eigentlich von Geburt an – ja vielleicht schon während der Schwangerschaft.

Die Kinder erfahren

- meine Eltern haben mich lieb, so wie ich bin. Sie nehmen mich in den Arm, streicheln mich, geben mir etwas zu essen, sprechen mit mir.
- sie bringen mich abends ins Bett, geben mir einen Kuß und machen mir ein Zeichen auf die Stirn.
- wenn ich krank bin, sorgen sich meine Eltern um mich und bleiben an meinem Bett.

So oder ähnlich erfahren Kinder an ihren Eltern Geborgenheit, Liebe, Vertrauen und Treue. Und alle diese Erfahrungen sind zutiefst auch religiöse Erfahrungen. Lange bevor Sie dem Kind von Gott erzählen oder mit dem Kind beten, hat es also schon das Wichtigste über Gott erfahren: Gott hat uns lieb. Bei ihm sind wir geborgen. Wir können auf ihn vertrauen. Er ist zuverlässig und treu. Er bleibt immer in unserer Nähe. Das Kind lernt glauben durch die Eltern.

Die Kinder erleben

- Die Eltern beten mit uns am Morgen und am Abend, sie danken Gott, wenn sie sich freuen, sie bitten Gott, wenn sie in Sorge sind um unsere Familie oder um andere Menschen.
- Die Eltern segnen uns, wenn wir abends ins Bett gehen und wenn wir aus dem Haus gehen.
- Wir haben in der Wohnung Bilder, Zeichen und Bücher, die uns von Jesus erzählen und von anderen Menschen, die so zu leben versucht haben wie er.
- Am Sonntag treffen wir uns mit anderen in der Kirche und feiern gemeinsam Gottesdienst.
- Die Eltern überlegen, wie sie anderen Menschen helfen können, die krank sind, Not haben oder hungern.

Die Eltern werden so für die Kinder durch Wort und Beispiel die ersten Glaubensboten.

»Ihr seid das Salz der Erde. Wenn das Salz seinen Geschmack verliert, womit kann man es wieder salzig machen? Es taugt zu nichts mehr, es wird weggeworfen und von den Leuten zertreten.«

Matthäus 5,13

Von Jesus erzählen

Nach dem Tode Jesu haben die ersten Christen begonnen, anderen Menschen davon zu erzählen, was Jesus gesagt hat

und was sie mit ihm zusammen erlebt haben. Diese Erfahrungsberichte wurden zunächst mündlich und dann schriftlich weitergegeben. Wir finden sie heute im Neuen Testament. Die Botschaft Jesu hat viele Menschen froh gemacht und ihnen Mut gegeben, christlich zu leben.
Auch heute bringen Eltern ihren Kindern den Glauben nahe, indem sie von Jesus erzählen und gemeinsam versuchen, so zu leben, wie Jesus es gesagt und uns vorgelebt hat.
Vater und Mutter können ihren Kindern erzählen, daß Jesus die Kinder ganz besonders gern gehabt hat.

Jesus segnet die Kinder

Jesus kam mit seinen Jüngern in ein Dorf. Als nun im Dorf bekannt wurde, daß Jesus da war, da kamen Väter und Mütter mit ihren Kindern zu ihm. Sie wollten Jesus bitten, daß er ihre Kinder anrührte. Sie wollten, daß ihre Kinder bei Jesus wären.
Aber die Jünger, die die Eltern mit den Kindern kommen sahen, ärgerten sich sehr. Es ging doch nicht an, daß ihr Meister von Kindern gestört würde. Darum schimpften sie mit den Vätern und Müttern. Sie wollten sie gleich wieder wegschicken. Als Jesus das sah, wollte er es nicht zulassen. Er sagte zu seinen Jüngern: »Lasset die Kinder zu mir kommen und steht ihnen nicht im Wege. Den Kindern gehört Gottes Reich!« Dann ermahnte er seine Jünger und sprach zu ihnen: »Das sollt ihr wissen: Wenn ihr das Reich Gottes nicht so annehmen wollt, wie ein Kind, dann werdet ihr nicht hineinkommen!«
Und als er das gesagt hatte, schloß er die Kinder in seine Arme. Er legte ihnen seine Hände auf den Kopf und segnete sie.

nach Markus 10,13–16

Es gibt heute viele schöne Bilderbücher, Poster, Bilder und Lieder, die Eltern helfen können, anschaulich von Jesus zu erzählen.

Zwei Buchempfehlungen:

Emil Maier-F.:
Bilderbuch-Bibel, Stuttgart 1993
Das durchgehend großflächig buntbebilderte Buch eignet sich hervorragend, um Kinder im Kindergarten- und Grundschulalter in die spannende Welt der Bibel einzuführen. – Mit Erzählhilfen für die Eltern.

Heidi und Jörg Zink:
Wie Sonne und Mond einander rufen.
Gespräche und Gebete mit Kindern, Stuttgart 1980.

Brüder und Schwestern

»Du, Mutti?«
»Ja, Karin, was ist denn?«
»Wir haben doch davon erzählt, daß wir alle noch den anderen Vater haben. Dann hast du ja auch diesen anderen Vater?«
»Ja«, sagte die Mutter, »Gott ist auch mein Vater und Vatis Vater. Er ist auch Astrids und Michaels Vater.«
Karin denkt angestrengt nach. Dann sagt sie:
»Gut. – Aber dann bist du ja meine Schwester! Und Vati ist mein Bruder!« Mutter lacht: »Ja, du hast recht. Das kann man so sagen.«

Hans Grewel

Mit den Kindern in der Familie beten

Wenn Eltern mit ihren Kindern in der Familie beten, dann versuchen sie, Gott in ihr Familienleben mit einzubeziehen.
Sie beginnen im Gebet ein Gespräch mit Gott, danken ihm, loben ihn und sagen ihm ihre Bitten und Sorgen. Alles, was ihnen Freude gemacht hat, was sie erlebt haben, was sie ärgert und sie bedrückt, das können sie im Gebet vor Gott bringen.
Und die Eltern laden ihre Kinder dazu ein, selbst auch im Gebet das zu nennen, wofür sie danken und worum sie Gott bitten möchten.
Das wird am Anfang oft so geschehen, daß die Eltern dem Kind helfen, von dem Erleben am Tag zu erzählen, indem sie dem Kind kurze Sätze vorsprechen oder Fragen stellen.
Manche Eltern werden dieses Gespräch mit den Kindern und mit Gott gerne frei formulieren.
Andere Eltern greifen lieber auf vorgeformte Gebetstexte zurück, in denen sie eigene Erfahrungen und Anliegen wiederfinden. Mit der Zeit werden sich den Kindern einzelne Gebete einprägen. Dies erleichtert dann auch das gemeinsame Beten.
Es ist aber auch wichtig, daneben in der Familie verschiedene Formen des Gebetes kennenzulernen und miteinander einzuüben: ein Lied singen, eine biblische Geschichte erzählen, miteinander sprechen, gemeinsam ein Bild anschauen oder auch einmal einen Moment bewußt stille sein. Dazu gehören auch die verschiedenen Formen des Brauchtums im Laufe des Jahres, z. B. die gemeinsame Runde am Adventskranz.

»Feste Bräuche« sollte es auch beim Beten geben. Beten ist zwar nicht an feste Zeiten gebunden, aber es ist für Eltern und Kinder hilfreich, gewohnte Gebetszeiten zu haben, um sich nicht jeden Tag neu entscheiden zu müssen. Die Zeiten werden in den einzelnen Familien unterschiedlich sein. Für viele Familien ist der Abend eine günstige Zeit, nach dem Abendessen am Tisch oder im Kinderzimmer, sich gegenseitig vom Tag zu erzählen und miteinander zu beten.

Aus der großen Auswahl von Kindergebetbüchern:

Krenzer, Rolf (Hrsg.)
Halte zu mir heute, guter Gott.
Ein Gebetbuch für Kinder und Erwachsene, die mit Kindern beten.
Limburg 1993, 222 Seiten: teilw. farb. ill.
König, Hermine
Was ich dir sagen will
Kinder beten
München 1992, 143 Seiten: farb. ill.
Marchon, Benoit
Ich möchte ganz still sitzen.
Gedichte zum Beten.
Mödling 1988, 31 Seiten: farb. ill.
Schindler, Regine
Gott, ich kann mit dir reden.
Gebete, die uns begleiten.
Für Kinder, Jugendliche und Eltern.
Lahr 1988, 80 Seiten: farb. ill.
Steinwede, Dietrich
So weit der Himmel ist.
Kindergebete für Tag und Jahr.
Düsseldorf 1989, 95 Seiten: teilw. farb.
Zink, Heidi und Jörg
Gebete für Kinder.
Stuttgart 1988, 78 Seiten: teilw. farb. ill.

Die eigenen Kinder loslassen können

Wenn die Kinder ungefähr vier Jahre alt sind, wollen sie nicht mehr den ganzen Tag zu Hause bleiben bei Mutter oder Vater – sie wollen nach draußen und mit anderen Kindern im gleichen Alter spielen, und sie wollen einen eigenen Freund haben.
Schließlich haben die Eltern viel zu wenig Phantasie zum Spielen. Ihnen fehlt entschieden der Sinn dafür, was man mit Pfützen, Käfern, Nägeln, Kletterbäumen, Dauerlutschern, Pappkartons, Klebstoffen, Filzstiften ... alles machen kann.
Wenn Kinder miteinander spielen, wird das nicht immer reibungslos verlaufen. Schon die Atmosphäre zwischen dem Spiel zu Hause und den manchmal rauhen Spielregeln in einer Gruppe von Kindern kann sehr unterschiedlich sein. Das Kind wird lernen, mit anderen Kindern zurechtzukommen, auch wenn es hin und wieder Schwierigkeiten gibt.
In dieser Zeit werden die Eltern ihr Kind nach und nach loslassen, und es bei den ersten Gehversuchen unterstützen. Dabei ist der *Kindergarten* eine wichtige Station. *Ein Kind erlebt dort* – in einer Gruppe mit anderen Kindern zusammenzusein, zu spielen und zu sprechen. Für Einzelkinder ist es wichtig, im Kindergarten mit anderen Kindern zu toben, etwas zu teilen, sich anzupassen, Fragen zu stellen und Konflikte auszutragen. Nach und nach wird es immer größere Teile des Weges zum Kindergarten und zurück ganz stolz ohne Mutter oder Vater gehen.
Wenn das Kind aus dem Kindergarten nach Hause kommt, will es von seinen Eindrücken erzählen. Es ist wichtig, dann zuzuhören.

Die Erzieherinnen in den Kindergärten laden häufig zu *Elterngesprächen* ein, bei denen Eltern und Erzieherinnen gemeinsam ihre Erfahrungen mit den Kindern austauschen und auch besondere Fragen der religiösen Erziehung miteinander besprechen.
Bei diesen Gesprächen finden die Eltern auch Anregungen, was sie mit ihrem Kind zu Hause tun können. Sie entdecken (neue) Spiele, Werkmaterialien und Bücher, die auch für das Leben in der Familie neue Ideen einbringen.
Ein nächster wichtiger Wegabschnitt wird für das Kind mit der Schule beginnen. Vielleicht hören wir in unserer Erinnerung noch das Wort: »Spare, lerne, leiste was, dann haste, kannste, biste was!« Ob das allerdings die allein richtige Einstellung zum Leben und den Kindern gegenüber ist, bleibt zu fragen.
Mit dem Beginn der Schule fangen Fragen an, die sich in späteren Jahren fortsetzen werden: Wie bewerten wir Leistung und freie Entfaltung des Kindes? Interessieren wir uns für die gesamte Entwicklung des Kindes, nicht nur für seine schulischen Leistungen? Darf das Kind seinen eigenen Weg gehen? ...
Vielleicht ist sogar die Bereitschaft zu leisten und zu lernen beim Kind dann größer, wenn wir einseitigen Leistungsanforderungen unserer Gesellschaft in unserer Familie ein Stück gegensteuern.

Laßt euch die Kindheit nicht austreiben!

Liebe Kinder! Laßt euch die Kindheit nicht austreiben! Schaut, die meisten Menschen legen ihre Kindheit ab wie einen alten Hut. Sie vergessen sie wie eine Telefonnummer, die nicht mehr gilt. Ihr Leben kommt ihnen vor wie eine Dauerwurst, die sie allmählich aufessen, und was gegessen worden ist, existiert nicht mehr. Man nötigt euch in der Schule eifrig von der Unter- über die Mittel- zur Oberstufe. Wenn ihr schließlich droben steht und balanciert, sägt man die »überflüssig« gewordenen Stufen hinter euch ab, und nun könnt ihr nicht mehr zurück! Aber müßte man nicht in seinem Leben wie in einem Hause treppauf treppab gehen können? Was soll die schönste erste Etage ohne den Keller mit den duftenden Obstborden und ohne Erdgeschoß mit der knarrenden Haustür und der scheppernden Klingel? Nun – die meisten leben so! Sie stehen auf der obersten Stufe, ohne Treppe und ohne Haus, und machen sich wichtig. Früher waren sie Kinder, dann wurden sie Erwachsene, aber was sind sie nun? Nur wer erwachsen wird und Kind bleibt, ist ein Mensch!

Wer weiß, ob ihr mich verstanden habt. Die einfachen Dinge sind so schwer begreiflich zu machen . . .!

Seid nicht zu fleißig! Bei diesem Ratschlag müssen die Faulen weghören. Er gilt nur für die Fleißigen, aber für sie ist er sehr wichtig. Das Leben besteht nicht nur aus Schularbeiten. Der Mensch soll lernen, nur die Ochsen büffeln. Ich spreche aus Erfahrung. Ich war als kleiner Junge auf dem besten Wege, ein Ochse zu werden. Daß ich's, trotz aller Bemühung, nicht geworden bin, wundert mich heute noch. Der Kopf ist nicht der einzige Körperteil. Wer das Gegenteil behauptet, lügt. Und wer die Lüge glaubt, wird, nachdem er alle Prüfungen mit Hochglanz bestanden hat, nicht sehr schön aussehen. Man muß nämlich auch springen, turnen, tanzen und singen können, sonst ist man, mit seinem Wasserkopf voller Wissen, ein Krüppel und nichts weiter.

Lacht die Dummen nicht aus! Sie sind nicht aus freien Stücken dumm und nicht zu eurem Vergnügen. Und prügelt keinen, der kleiner und schwächer ist als ihr! Wem das ohne nähere Erklärung nicht einleuchtet, mit dem möchte ich nichts zu tun haben. Nur ein wenig warnen will ich ihn. Niemand ist so gescheit oder so stark, daß es nicht noch Gescheitere und Stärkere als ihn gäbe. Er mag sich hüten. Auch er ist, vergleichsweise, schwach und ein rechter Dummkopf.

Erich Kästner

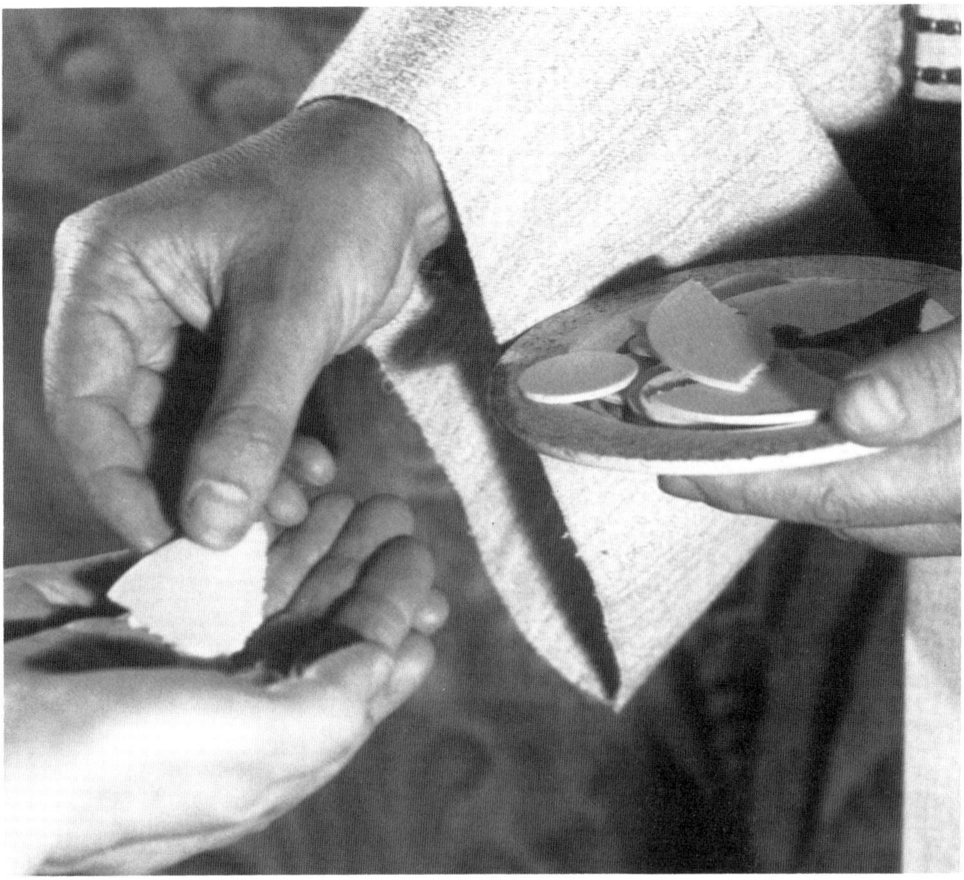

Kommunion feiern

Wenn wir heilige Messe feiern, dann feiern wir die Mitte unseres Glaubens. Wir tun das, was Jesus Christus uns aufgetragen hat.

Denn ich habe vom Herrn empfangen, was ich euch dann überliefert habe: Jesus, der Herr, nahm in der Nacht, in der er ausgeliefert wurde, Brot, sprach das Dankgebet, brach das Brot und sagte: Das ist mein Leib für euch. Tut dies zu meinem Gedächtnis! Ebenso nahm er nach dem Mahl den Kelch und sprach: Dieser Kelch ist der Neue Bund in meinem Blut. Tut dies, sooft ihr daraus trinkt, zu meinem Gedächtnis!

1 Korinther 11,23–25

Beim Wort genommen

Was heißt es, wenn wir sagen ...

»Wir gehen zur Kommunion«
Kommunion (lateinisch: communio) heißt wörtlich »Gemeinschaft«. »Wir gehen zur Kommunion« bedeutet also: wir gehen in die Gemeinschaft, in die Gemeinschaft mit Jesus Christus und seiner Kirche. »Wir empfangen die Kommunion«. Das bedeutet: Gemeinschaft kann man nicht machen, man kann sie nicht erzwingen. Wir glauben, daß uns die Gemeinschaft mit Gott und den Menschen geschenkt wird.

»Wir gehen in die Kirche«
So sagen die meisten Christen, wenn sie zur heiligen Messe gehen. Kirche verwirklicht sich vor allem in der Feier der Eucharistie. Hier feiert die Gemeinschaft der Christen, woher sie kommt, wo sie steht und wohin sie geht. Die Eucharistiefeier ist die Mitte christlichen Lebens, das wichtigste Zeichen der Kirche. Darin sind sich alle Konfessionen einig.
Um so leidvoller ist die Erfahrung, daß Christen verschiedener Bekenntnisse in verschiedene Kirchen gehen, daß sie auf verschiedene Art und Weise die Eucharistie feiern. Für Katholiken und Protestanten, für Orthodoxe und Anglikaner, für alle Christen ist es nur schwer zu verstehen, daß das Sakrament der Gemeinschaft, die Kommunion, zum Ausdruck der Trennung geworden ist.
Christen bemühen sich heute um die Einheit der Kirchen (Ökumene). Sie wollen, daß alle wieder dieselbe Kirche und dieselbe Feier meinen, wenn sie sagen: »Wir gehen in die Kirche.«

»Wir feiern Eucharistie«
Wieder ist dieselbe Feier gemeint. »Eucharistie« (griechisch) heißt Danksagung. Dankbarkeit ist die Grundhaltung des Christen. Der Christ dankt für sein Leben und für die ganze Schöpfung, er dankt für die Güte und Treue Gottes, für die Gemeinschaft mit Jesus Christus und seiner Kirche; er dankt für die Zuversicht und Hoffnung, die er aus der Erfahrung der Liebe Gottes schöpfen kann. »Lasset uns danken dem Herrn, unserm Gott«, ruft der Priester zu Beginn des Hochgebetes in der Feier der Eucharistie, und die Gemeinde antwortet: »Das ist würdig und recht.«

»Wir gehen in die Messe«
Messe (lateinisch: missa) heißt wörtlich Sendung. »Ite, missa est«, »Gehet hin in Frieden«, heißt es zum Schluß der heiligen Messe.
Ursprünglich wurde auch nur dieser letzte Teil des Gottesdienstes »missa« genannt. Aber schon seit dem 5. Jh. wird damit die gesamte Eucharistiefeier bezeichnet.

»Wir feiern das Abendmahl«
So sagen vor allem unsere evangelischen Mitchristen und verweisen damit auf den Ursprung der Eucharistie, auf das Abendmahl, das Jesus vor seinem Leiden und Sterben mit seinen Aposteln hielt und bei dem er uns aufgetragen hat: »Tut dies zu meinem Gedächtnis!« Die Messe ist die feierliche Erinnerung und Erneuerung dieser Mahlgemeinschaft mit Jesus Christus und mit allen, die sich zu seiner Kirche bekennen.

Das Wunder der Kirche

Ich habe einmal, kniend im Steppensand, mit einigen Hereros in Südwestafrika das Mahl des Herrn gefeiert. Keiner verstand auch nur einen Laut von der Sprache des anderen. Aber als ich mit der Hand das Kreuzeszeichen machte und den Namen »Jesus« aussprach, strahlten ihre dunklen Gesichter auf.
Wir aßen dasselbe Brot und tranken aus demselben Kelch, und sie wußten nicht, was sie mir alles an Liebe erweisen sollten. Wir hatten uns nie gesehen. Soziale und geographische und kulturelle Grenzen standen zwischen uns. Und doch umschlossen uns Arme, die nicht von dieser Welt sind. Da fiel es mir wie Schuppen von den Augen, und ich begann, die Pfingstgeschichte zu begreifen. Ich verstand das Wunder der Kirche.

Helmut Thielicke

Mit dem an einen Tisch?

Mit dem? Nein! Niemals!

In der Schule:

Nein, ich will nicht mit dem an einen Tisch.
Der hat schon mal gelogen.
Meine Mutter sagt das auch.
Von dem lerne ich nur Schlechtes!

Nein, ich will nicht mit der an einen Tisch.
Die ist nie gewaschen.
Von der kriege ich nur Läuse!

Zu Hause:

Nein, die würden wir niemals einladen.
Zu denen gehen wir auch nicht hin.
Mit denen an einen Tisch?
Da müßte man sich ja schämen.
Der Vater ist ein Betrüger.
Der kann sich doch nirgends mehr blicken lassen.
Der hat im Gefängnis gesessen.
Also wirklich nicht mit jedem.
Man ist doch schließlich wer.

In Galiläa vor zweitausend Jahren,
Matthäus hat es aufgeschrieben:

Diese Steuereintreiber,
diese Gauner, diese Landesverräter,
die halten es mit den Römern,
mit Heiden, mit Unreinen.
Mit denen an einen Tisch?
Nein! Niemals!

Das ist gegen das Gesetz.
Das ist gegen Gott.
Das ist Sünde.
Diese Blutsauger!
Die wirtschaften doch nur in ihre eigene Tasche.
Die bereichern sich an unserem Geld.
Diese Verbrecher!

Jesus geht vorüber.
Auf der Straße. In Kapernaum.
Da sitzt ein Steuereintreiber in seinem Büro.
Er heißt Matthäus.

Jesus sagt:
Du da! Komm mit mir! Ich brauche dich!
Der springt auf.
Er kommt aus seinem Büro gestürzt.
Alles läßt er stehen und liegen.
Er geht mit Jesus.
Er sagt:
Komm in mein Haus. Sei mein Gast.

Jesus kommt zu ihm mit seinen Jüngern.
Sie sitzen bei Matthäus zu Tisch,
bei dem Steuereintreiber.
Jesus bricht das Brot.
Sie essen.

Andere Steuereintreiber kommen,
Freunde des Matthäus,
und viele andere,
die einen schlechten Ruf haben.
Sie sitzen zu Tisch mit Jesus,
mit seinen Jüngern, mit Matthäus.
Sie essen. Sie sind fröhlich.

Pharisäer kommen vorbei.
Die wissen so gut Bescheid mit dem Gesetz,
mit den alten Vorschriften,
mit dem Gesetz von Gott.
Dieser Jesus!
Sie sind aufgebracht:
Der ißt mit denen. Der trinkt mit denen.
Der kann nicht von Gott sein. Der nicht.
Der muß verrückt sein.

Sie reden mit den Jüngern:
Er, euer Lehrer,
weshalb ißt er mit diesem Gesindel,
weshalb gerade mit denen?
Jesus hört das.
Er blickt die Pharisäer an:
Ich will euch sagen, weshalb!
Nicht die Gesunden brauchen den Arzt,
sondern die Kranken.
Die, die übel dran sind,
die brauchen mich.

Matthäus hat das alles aufgeschrieben:
Was die Pharisäer denken:
Mit solchen an einem Tisch? Nein!
Was Jesus sagt:
Ja, gerade mit denen. Das will Gott.

Matthäus 9, 9–13

Gott, unser Vater,
wir danken dir
von ganzem Herzen
für deinen Sohn Jesus.
Er war ein Freund
aller Unglücklichen.
So aß er mit allen,
die ihn brauchten,
mit den Sündern
und denen,
die von Gott nichts wissen wollten.
Denn er hatte sie alle lieb
und wollte,
daß sie nichts mehr trennt.
Wir bitten dich,
guter Vater,
segne uns an deinem Tisch
und mach,
daß wir wie Freunde
zusammenhalten.

Die heilige Messe

Die äußere Form der Messe hat sich im Verlaufe der Geschichte immer wieder verändert. Aber in ihrem Kern ist sie geblieben, was sie immer schon war: Gedächtnis des Lebens, Sterbens und der Auferstehung Jesu Christi.
Dies feiern wir als Geheimnis unseres Glaubens:

»Deinen Tod, o Herr, verkünden wir,
deine Auferstehung preisen wir,
bis du kommst in Herrlichkeit.«

Heute haben wir zwei Hauptteile in der heiligen Messe, den Wortgottesdienst und die Eucharistiefeier. Eingerahmt werden beide durch einen Eröffnungs- und Entlassungsteil.

1. Eröffnung

Zu Beginn der Messe begrüßt der Priester die versammelten Gläubigen und führt sie in den Gottesdienst ein. In der Eröffnung kann das eine Mal stärker der Gedanke der Buße und die Bitte um Vergebung, ein anderes Mal das freudig-festliche Lob betont werden. Es folgt das Tagesgebet, in dem das besondere Anliegen des jeweiligen Tages zum Ausdruck kommt.

2. Wortgottesdienst

An Sonn- und Feiertagen werden mindestens zwei, oft drei Lesungen vorgetragen: zuerst ein Text aus dem Alten Testament, dann ein Abschnitt aus den Briefen des Neuen Testamentes und schließlich als Höhepunkt ein Text aus einem der vier Evangelien. Dazu stehen die Gläubigen auf und bekreuzigen sich. Sie wollen damit ausdrücken: Es ist der Herr, unser Gott, der zu uns spricht. Die anschließende Predigt soll helfen, das Wort Gottes in unserer heutigen Situation zu hören und zu verstehen.
Nach der Verkündigung bekennt die Gemeinde ihren Glauben (Credo). Hieran schließen sich die Fürbitten an. In ihnen werden die großen Anliegen der Welt und der Kirche sowie die Sorgen und Nöte der Gemeinde vor Gott getragen.

3. Eucharistiefeier

Gabenbereitung:

Die Eucharistiefeier beginnt mit der Bereitung der Gaben auf dem Altar. Brot (Hostien), Wein und Wasser werden durch Ministranten oder durch Gläubige aus der Gemeinde zum Altar gebracht. Damit soll auch ausgedrückt werden, daß mit diesen Gaben jeder sich selbst darbringen möchte. In diesem Sinne ist auch die Geldsammlung (Kollekte) zu verstehen, die in vielen Kirchen vor den Altar gebracht wird.

Gepriesen bist du, Herr, unser Gott, Schöpfer der Welt. Du schenkst uns das Brot, die Frucht der Erde und der menschlichen Arbeit. Wir bringen dieses Brot vor dein Angesicht, damit es uns das Brot des Lebens werde.

Gepriesen bist du, Herr, unser Gott, Schöpfer der Welt. Du schenkst uns den Wein, die Frucht des Weinstocks und der menschlichen Arbeit. Wir bringen diesen Kelch vor dein Angesicht, damit er uns der Kelch des Heiles werde.

Gebete zur Gabenbereitung

Hochgebet:

Im Hochgebet werden diese Gaben zur viel größeren Gabe Gottes an uns. Der Opfergedanke, der in allen Religionen anzutreffen ist, wird hier umgekehrt: Es ist nicht der Mensch, der Gott opfert, sondern Gott ist es, der sich dem Menschen in liebender Hingabe schenkt. Für uns ist er in Jesus Christus Mensch geworden bis zum Tod, ja bis zum Tod am Kreuz.
Das Hochgebet ist vor allem ein Dankgebet. Es geht auf das Abendmahlsgeschehen selbst zurück: *»Er nahm . . .«* (Gabenbereitung), *»er dankte . . .«* (Hochgebet) *»und reichte es seinen Jüngern . . .«* (Kommunion).
Das eucharistische Hochgebet beginnt mit dem Wechselspruch zwischen Priester und Gemeinde:

P Der Herr sei mit euch.
A Und mit deinem Geiste.
P Erhebet die Herzen.
A Wir haben sie beim Herrn.
P Lasset uns danken dem Herrn, unserem Gott.
A Das ist würdig und recht

Gotteslob 360

»Das ist mein Leib . . . Das ist mein Blut.«

Wenn der Priester diese Worte sagt, spricht nach der Überzeugung der Kirche durch ihn Christus selbst. Unter den Gestalten von Brot und Wein wird Jesus Christus gegenwärtig. Hier, in der Mitte des Hochgebetes, bekennt die Gemeinde anbetend und preisend:
»Deinen Tod, o Herr, verkünden wir, und deine Auferstehung preisen wir, bis du kommst in Herrlichkeit.«

Kommunion:

Nach dem Hochgebet wird zunächst das Vaterunser gesprochen. Es erhält so den Charakter eines Tischgebetes. Danach können sich die Gläubigen als Zeichen des Friedens die Hand geben.
Bei besonderen Anlässen, z. B. bei einer Hochzeit oder am Gründonnerstag, wird zur Kommunion auch der Kelch gereicht. Daß dies – zumindest in der römisch-katholischen Kirche – nicht immer geschieht, hat vor allem äußere Gründe. Aber ob nun in der Form des Brotes oder in der Form des Weines: die wesentliche Gabe ist der Herr selbst. Er gibt sich uns zur Speise und befähigt uns so zum Dasein füreinander. In der Kommunion werden wir zum Leib Christi, zur Gemeinschaft der Christen. Wir werden Kirche.

4. Entlassung

Nach einem abschließenden Gebet segnet der Priester die Gemeinde und entläßt sie mit dem freudigen Ruf: *»Gehet hin in Frieden«* – *»Ite, missa est«*. Die Gemeinde antwortet: *»Dank sei Gott«* – *»Deo gratias«*.

Der »Grundriß« der heiligen Messe

Eröffnung	
sich versammeln sich bereiten	Begrüßung Schuldbekenntnis Kyrie Gloria Tagesgebet
Wortgottesdienst	
hören antworten	Lesung(en) Evangelium Predigt Glaubens-bekenntnis Fürbitten
Eucharistiefeier	
bereiten (»Jesus nahm Brot u. Wein . . .«) danken (». . . sprach das Dankgebet . . .«) empfangen (». . . und reichte es/ihn seinen Jüngern.«)	Gabenbereitung Kollekte Hochgebet Präfation Einsetzungs-bericht Großer Lobpreis: »Durch ihn . . .« Kommunion Vaterunser Friedensgruß Mahl Gebet
Entlassung	
gesandt werden	Segen Sendung

Das Fest der Erstkommunion

Liebe Eltern,

in einigen Wochen beginnt in unserer Gemeinde die Erstkommunionvorbereitung. Auch Ihr Kind möchten wir dazu einladen. Das Fest der Erstkommunion soll zu einem Tag werden, an den es sich noch lange mit Freude erinnert. Jetzt darf das Kind ganz an der heiligen Messe teilnehmen und die Kommunion empfangen. Es ist damit voll in die katholische Gemeinde aufgenommen und nimmt teil an der Gemeinschaft der Christen untereinander und mit Christus. Dies wollen wir an dem kommenden Festtag – Sie in ihrer Familie und wir miteinander in der Gemeinde – feiern.
Wie in den vergangenen Jahren werden sich wieder einige Eltern in kleinen Gruppen mit den Kindern über mehrere Wochen treffen und in gemeinsamem Tun und Sprechen versuchen, die heilige Messe und ihre Bedeutung für unser Leben kennenzulernen. Vielleicht überlegen auch Sie, ob Sie eine solche Gruppe übernehmen können. Als Pfarrer werde ich Sie bei dieser Aufgabe unterstützen. Die Vorbereitung auf die Erstkommunion in der Gemeinde wird ergänzt durch den Religionsunterricht in der Schule.
Ihr Kind soll erfahren: Die Kommunion und die heilige Messe sind für mein Leben und für meinen Alltag etwas ganz Wichtiges. Zu dieser Erfahrung findet Ihr Kind nur, wenn es spürt: Die heilige Messe ist auch für meine Eltern und andere erwachsene Christen ganz wichtig.

Sie, die Eltern, sind besondere Wegweiser für Ihr Kind. Sie dürfen aber keine Wegweiser sein, die am Rande des Weges ste-

henbleiben und dem Kind nur sagen, wohin es gehen soll. Sie werden erst dann für das Kind hilfreiche Wegweiser sein, wenn Sie mitgehen, wenn Sie Ihr Kind in der Vorbereitungszeit – und darüber hinaus – begleiten und ihm auf dem Weg des Glaubens vorangehen. Wir möchten Sie dabei unterstützen. Deshalb laden wir Sie ein zu einigen Elterngesprächen.
Dabei wollen wir überlegen, wie wir gemeinsam die Vorbereitung in der Gemeinde und in der Familie gestalten können.
Ich freue mich auf das Gespräch und die Zusammenarbeit mit Ihnen
und grüße Sie

Ihr Pfarrer

Gemeinsamer Weg mit mehreren Familien

Viele Eltern kennen sich schon aus der Kindergartenzeit ihrer Kinder bzw. seit den ersten Jahren in der Grundschule. So tun sich manche von ihnen zusammen und bereiten ihre Kinder gemeinsam auf die Erstkommunion vor. Miteinander wollen sie ihren Glauben bewußter leben und ihre Kinder daran teilhaben lassen. So feiern sie etwa die Zeiten und Feste des Kirchenjahres und treffen sich häufiger zum Austausch und zu gemeinsamen Unternehmungen. Nicht selten bleiben solche Familien auch nach der Erstkommunion in *Familienkreisen* oder *Familiengruppen* zusammen. Bei den meist regelmäßigen Treffen finden sie Gelegenheit, sich in Fragen der Erziehung, der Eltern- und Partnerschaft sowie über Möglichkeiten einer christlichen Lebensgestaltung auszutauschen und gegenseitig zu bestärken.

»Frühkommunion«

Die sogenannte »Frühkommunion« heißt eigentlich »Rechtzeitige Erstkommunion«. Die Gemeinsame Synode der Bistümer in der Bundesrepublik Deutschland ermutigt die Eltern dazu: »Wenn das Kind fähig ist zu verstehen, daß in dem eucharistischen Brot Jesus Christus selbst sich ihm schenkt, sobald es den Leib des Herrn zu unterscheiden vermag von gewöhnlicher Speise (vgl. 1 Kor 11,29), kann es auf den ersten Empfang der hl. Kommunion vorbereitet werden. Dies kann durch Eltern geschehen, die ihr Kind schon früh zum Tisch des Herrn mitnehmen.«
Die Verbindung mit der Gemeinde kann dabei durch ein vorbereitendes Gespräch mit dem Priester zum Ausdruck kommen; vor allem aber auch dadurch, daß das Kind später an der feierlichen Erstkommunion zusammen mit den Kindern seines Alters teilnimmt und die Vorbereitung mitmacht. Bis dahin sollte das Kind nur gemeinsam mit den Eltern die Kommunion empfangen.

Die Wochen vor dem Fest

Mit Kindern etwas unternehmen
Eine »ungewöhnliche« Wanderung – etwa am Wochenende: Eine Abend- oder Nachtwanderung, um Dunkelheit und Licht zu erleben; eine Morgenwanderung, um Stille und erwachendes Leben wahrzunehmen; eine Bergwanderung, um Aussicht zu genießen; ein Erkundungsgang, um Pflanzen und Tiere kennenzulernen ...

Geschichten erzählen
Dem Kind abends eine Geschichte vorlesen oder erzählen. Das können Märchen, selbsterfundene Geschichten, biblische Geschichten, Legenden von Heiligen sein. – In der Pfarrbücherei oder in einer Buchhandlung sind Tips für Kinderbücher zu erhalten.

Kinder wollen erzählen
Häufig wehren wir ab, haben keine Zeit, wenn unser Kind etwas erzählen möchte, was ihm wichtig ist. – Sich Zeit nehmen zum Zuhören, mit dem Kind über alles sprechen, was es an diesem Tag erlebt und getan hat. Auch Kleinigkeiten ernst nehmen, Gutes verstärken, bei Unzulänglichkeiten und Enttäuschungen Mut machen und trösten.

Mit Kindern beten
Mit dem Kind am Morgen und am Abend ein kurzes Gebet sprechen. Der Alltag kommt so in eine lebendige Beziehung zu Gott und unserem Glauben.

Das Leben ist bunt
Aus natürlichen (= in der Natur zu findenden) Dingen können wir Bilder »malen«. Durch das Zerreiben von Blüten und Pflanzen entstehen Farben. Kleine Zweige, Blüten, Blätter, Gräser, Farn ... lassen sich in Bilder verarbeiten. Man braucht nur Papier (oder ein weißes Tuch), Klebstoff – und viel Phantasie dazu.

Abfälle verwandeln
So vieles werfen wir einfach weg. Das sind nur Reste, das ist wertlos und überflüssig. Mal solche Reste und Weggeworfenes – zu Hause und draußen – sammeln und aus dem Gefundenen Sinnvolles gestalten: Collagen, Figuren, Phantasiegebilde ...

Den Kreuzweg gehen
In der näheren Umgebung gibt es sicher einen Kreuzweg. Mit einem Ausflug verbunden, könnten wir diesen Kreuzweg gehen. Dabei können wir einzelne Stationen auswählen, die uns besonders viel sagen, und vor ihnen beten. (Siehe hierzu S. 362–369) – Einen Kreuzweg können wir auch selbst gestalten aus Ton, Plastilin oder Knetgummi, mit Malstiften oder als Collage.

Lichter entzünden
In die Zeit der Erstkommunionvorbereitung fallen meist einige Feste, die in enger Beziehung zum Licht stehen (Allerseelen, St. Martin, Totensonntag, Advent, Weihnachten, Lichtmeß, Ostern). Wir können diese Licht-Feste besonders gestalten, Kerzen herstellen, Gottesdienste besuchen.

Ein Tag des Dankens
Einen Tag lang auf die vielen kleinen und großen Selbstverständlichkeiten achten, die gar nicht so selbstverständlich sind, und dafür den anderen danken. Abends darüber sprechen, wofür wir alles dankbar sein können und wem wir es verdanken.

Mit anderen teilen
Die eigene Zeit mit anderen teilen. Besuche oder Einkäufe erledigen, mit kleineren Kindern spielen ... Spielzeug und Bücher, die noch gut erhalten sind, verschenken. Eine Spardose für Hungernde in der Dritten Welt aufstellen.

Spuren des Glaubens
Generationen vor uns haben auch ihre »Glaubensspuren« hinterlassen, etwa in Kapellen, Wegkreuzen, Kreuzwegen, Bildstöcken oder Haus-Inschriften. Solche Glaubens-Spuren ausfindig machen, erwandern und genau anschauen. Vielleicht laden sie auch zu einem Gebet oder Lied ein; vielleicht können wir etwas über die Geschichte und Entstehung erkunden. –

Brot backen und teilen
Von einem selbstgebackenen Brot können wir einer anderen Familie etwas bringen. Wir können auch andere zu einer gemeinsamen Brot-Zeit zu uns einladen, etwa andere Kommunionkinder mit ihren Familien.

Stockbrot backen
Wenn die Möglichkeit besteht, irgendwo ein offenes Feuer zu machen, läßt sich dort gut Stockbrot backen.

Stockbrot-Rezept:

An Zutaten brauchen wir:
500 g Weizenmehl
1 Päckchen Backin (oder Hefe, schmeckt besser)
1 Prise Zucker
1 Prise Salz
30 g Butter
Milch
(evtl. gedünstete Zwiebelstückchen, Kümmel ...)

Zubereitung:
Alle Zutaten (bei Verwendung von Hefe auf eigene Art der Zubereitung achten, die aber in jedem Backbuch zu finden ist) miteinander mengen, so daß ein guter Knetteig entsteht, der aber nicht zu fest sein darf.

Stockbrot-Backen ist am schönsten mit vielen zusammen. Der fertige Teig wird zu kleinen Kugeln (etwa 5 cm Durchmesser) geformt, auf lange, angespitzte Stökke gespießt und etwas in die Länge gezogen. Den Brotteig über die Glut, aber nicht in die Flamme halten und den Stock drehen. Beim Drehen darauf achten, daß das Brot möglichst gleichmäßig braun wird.

Weitere Anregungen finden Sie vor allem in den Kapiteln »Advent- und Weihnachtszeit«, »Fasten- und Osterzeit« und bei den »Bräuchen im Jahreskreis«.

Wie soll unser Fest der Erstkommunion aussehen?

Das Fest der Erstkommunion ist in erster Linie ein Fest des Kindes. Es sollte darum zunächst nach den Bedürfnissen und Wünschen des Kindes und nicht zuerst nach denen der Erwachsenen ausgerichtet werden.

- Das fängt an bei der Frage: Wen laden wir ein? Wen möchte das Kind, wen möchten die Eltern einladen? Das kann auch zu der Frage führen: Sollen wir alle am Kommuniontag selbst einladen oder können wir Freunde und Verwandte nicht auch in der Woche darauf bzw. an einem der nächsten Sonntage einladen? Wir könnten dann den Festtag als Tag unserer Familie gestalten, eventuell nur mit den Paten und Großeltern zusammen. Wir sollten dies mit unserem Kind gemeinsam überlegen.
- Ebenso die Fragen um das Essen: Wo wollen wir zu Mittag essen? Zu Hause oder in einem Restaurant? Gibt es dort Auslauf- oder Spielmöglichkeiten für die Kinder? – Was wollen wir zu Mittag essen? Nicht alles, was die Erwachsenen für besonders gut halten, sind auch die Lieblingsspeisen der Kinder.
- Es gibt viele lustige Spiele, die Erwachsenen wie Kindern gleichviel Freude machen und die eine Familienfeier zu einer Feier der ganzen Familie werden lassen. Auch der Erstkommuniontag wird durch solche Spiele nicht »entheiligt«, im Gegenteil!
- Alle Gäste können in der Einladung gebeten werden, ein Foto aus ihrer Kindheit, möglichst ein Foto von der eigenen Erstkommunion (oder Konfirmation) mitzubringen. Die Fotos werden alle zusammengelegt oder an eine Pinnwand geheftet und numeriert. Alle raten, wer auf welchem Foto abgebildet ist.
- Eltern, Großeltern, Paten und Gäste erzählen, was sie von ihrer Erstkommunion (oder Konfirmation) noch besonders gut in Erinnerung haben und was damals anders war als heute.

Kommunionkleidung

Es ist ein schöner und alter Brauch, daß Jungen und Mädchen am Tag ihrer Erstkommunion festlich gekleidet sind. Das bedeutet nicht, daß sie wie kleine Erwachsene herumlaufen müssen, vielmehr soll die Kleidung darauf hinweisen, daß heute ein besonderer Tag ist, ein Festtag. Die Mädchen tragen ein weißes Kleid in Erinnerung an das Taufkleid. Die Jungen stecken oft einen kleinen Zweig an ihren Anzug. Er kann ein Symbol sein für das neue Leben, das in der Taufe geschenkt wurde.

Kommunionkerze

Die Kommunionkerze ist wie die Taufkerze ein Zeichen des Lichtes, das durch Jesus Christus in die Welt gekommen ist, in unser Leben. Es ist darum sinnvoll, die Taufkerze am Erstkommuniontag erneut anzuzünden, oder sie auch direkt, falls die Gemeinde es nicht anders vorsieht, als

Kommunionkerze zu verwenden. Die Kerze kann mit kleinen Myrtenzweigen und weißen Schleifen geschmückt werden. In den folgenden Jahren kann sie bei besonderen Gelegenheiten wieder angezündet werden, um an diesen Festtag zu erinnern, z. B. zu Ostern, am Kommuniontag, am Geburtstag, zur Firmung . . .

Geschenke

Ein kleines Geschenk, in Liebe ausgesucht, kann das Anliegen des Erstkommuniontages besser unterstreichen als teures Spielzeug.
Zum Beispiel:

- ein Leuchter für die Kommunionkerze
- ein Kinderbuch
- eine Bilderbibel
- eine Schallplatte oder Cassette mit religiösen Kinderliedern
- ein Kreuz
- das »Gotteslob« (Kath. Gebet- und Gesangbuch)
- eine Einladung zu einem Spielnachmittag
- ein Gutschein für einen gemeinsamen Besuch im Zirkus (Zoo, Märchenwald . . .)
- ein »Poesie-Album«, in das sich alle Gäste einschreiben
- ein größerer Wechselrahmen, in den Fotos zur Erinnerung an den Erstkommuniontag eingelegt werden (evtl. vorher die Bitte an alle Gäste, ein Foto von sich mitzubringen)
- ein Beitrag für Kinder in der Dritten Welt, die selten oder nie etwas geschenkt bekommen.

Der Tag geht zu Ende

Die Eltern sollten sich beim Zubettgehen ihres Kindes Zeit nehmen für einen kleinen Tagesrückblick.
Was war heute besonders schön?
Was war nicht so schön?
Wen möchten wir in unseren Dank für diesen Tag mit einschließen?
Beim abschließenden Gebet kann vielleicht noch einmal ein Gedanke des Festgottesdienstes oder der Dankandacht aufgegriffen werden. Die Eltern sollten sich diese Zeit für ihr Kind auch dann nehmen, wenn noch Gäste im Hause sind.

Wir sind deine Gäste

Jesus,
du hast mich zu deinem Mahl eingeladen.
Ich danke dir dafür.
Aber du hast nicht nur mich eingeladen.
Ich habe viele Menschen
am gemeinsamen Tisch gesehen:
alte und junge,
fröhliche und traurige,
gesunde und kranke,
reiche und arme.
Wir alle sind deine Gäste.
Wir sollen füreinander da sein,
denn du hast uns alle ohne Unterschied lieb.

Hermine König

Tischgebete

(Nicht nur für den Tag der Erstkommunion)

Vor dem Essen

Guter Gott, du liebst uns, du bist bei uns.
Segne unser Essen, segne unsere Gemeinschaft.
Wir leben von deinen Gaben,
gib uns neue Kraft
und laß uns teilen mit denen,
die in Hunger und Not leben müssen. Amen.

O Gott, von dem wir alles haben,
wir danken dir für deine Gaben.
Du speisest uns, weil du uns liebst.
O segne auch, was du uns gibst. Amen.

Nach dem Essen

Guter Gott, wir danken dir für dieses Mahl.
Du hast uns neu gestärkt und satt gemacht.
Segne du alle, die uns Gutes tun,
und laß uns das Gute, das wir haben,
auch an andere weitergeben. Amen.

Lobet und preiset ihr Völker den Herrn,
freuet euch seiner und dienet ihm gern.
All ihr Völker, lobet den Herrn.
Kanon, Gotteslob 282

Schuld und Versöhnung

Beichten war ich eigentlich schon lange nicht mehr . . .

. . . aber ich weiß auch gar nicht, warum ich dies tun sollte. Wenn ich jemanden umgebracht hätte . . . Aber dann würde die Beichte auch nicht weiterhelfen. Überhaupt, was soll ich eigentlich beichten?
. . . Ich finde, wenn ich etwas falsch gemacht habe, dann ist es meine Sache, dies in Ordnung zu bringen. Warum soll ich das dem Priester im Beichtstuhl sagen?
. . . Und überhaupt: Wer kann denn heute noch sagen, was gut und böse – was Sünde ist?
. . . Sicher gibt es manchmal Situationen, da kann ich Dinge nicht mehr wiedergutmachen. Da wäre ich froh, wenn es wieder in Ordnung käme. Da wünschte ich, daß mir jemand verzeihen könnte. Da spüre ich, daß Versöhnung mehr ist als Aufrechnen von Schuld und Nicht-Schuld.

Schuld und Versöhnung im Leben der Familie

schuld sein dürfen

Klaus hat beim Spiel mit seiner selbstgebastelten Steinschleuder die Windschutzscheibe von Vaters Auto zerstört. Er hat große Angst, daß die Eltern herausfinden, wer es war . . .

Verständnis erwarten

Seit zwei Tagen gehen sie sich aus dem Weg. Es hatte Streit gegeben, und keiner wollte nachgeben.
»Aber«, so ihr letzter Versuch vorgestern, »das wenigstens mußt du doch zugeben . . .«
»Ich muß überhaupt nichts zugeben«, fiel er ihr ins Wort, und seitdem herrscht Funkstille.

nicht vorschnell urteilen

Am Mittagstisch: »Ich habe eigentlich gegen niemand etwas, außer
– gegen den Peter, der sich beim Direktor über mich beschwert hat,
– gegen die Frau Mechthild, die offensichtlich alle Kinder haßt,
– gegen Herrn Krämer, der ständig betrunken ist,
– gegen die Karin, die immer so blööd ist . . .«

mitleiden und mitfreuen

Anne, 14 Jahre, will sich von ihrem Vater nicht mehr vorschreiben lassen, wann sie nach Hause kommen muß. Es gibt einen großen Krach: der Vater schreit, Anne heult und rennt schließlich wütend aus der Wohnung. Die Mutter und der jüngere Bruder Thomas müssen hilflos zuschauen; auch ihnen ist die Laune gründlich verdorben. Als es am nächsten Tag zu einer versöhnlichen Aussprache kommt zwischen Vater und Tochter, freut sich die ganze Familie . . .

Gebet

Herr Jesus Christus,
du bist vom Vater gesandt
zu heilen, was verwundet ist:
Herr, erbarme dich.
Du bist gekommen,
die Sünder zu berufen:
Christus, erbarme dich.
Du bist zum Vater
heimgekehrt, um
für uns einzustehen:
Herr, erbarme dich.

Aus der Bußfeier
der heiligen Messe

»Geh weg, Papa!«

Wir zwei liegen im Gras am Waldesrand. Um uns ist die Stille eines heißen Sommertages. Wie ist das schön! Das grüne Laub, der tiefblaue Himmel, an dem weiße Wölkchen schweben, das Summen irgendwelcher Käfer ... Wir sind aus der grauen Industriestadt hinausgewandert und liegen nun hier. Aber man wird die Stadt nicht so recht los. Sie geht mit in unseren Nerven, in unseren Gedanken und Herzen. So erzählt mein Begleiter, der Bergmann, von dem Leben unter Tage. Er erzählt von dem ruppigen Betriebsführer und dem gemütvollen Steiger, von kleinen Unglücksfällen und von schwerer Alltagsmühe, von der Hitze der Stollen und der Einsamkeit »vor Ort«.

»Du!« unterbreche ich ihn, »wie bist du eigentlich in den ›Pütt‹ gekommen? Du warst doch nicht immer Bergmann?«

Auf diese Frage hin wird es lange Zeit ganz still.

»Du!«

»Ja, was?«

»Wie du Bergmann geworden bist, habe ich gefragt.«

Da richtet er sich auf, schlingt die Arme um die hochgezogenen Knie und schaut mich fast erschrocken an. »Ja«, sagt er, »das ist eine furchtbar ernste Geschichte. Aber weil du nun schon fragst, will ich sie dir erzählen ...

Also, du hast recht, ich war nicht immer Bergmann. Früher war ich Bierkutscher. Mensch, das war ein anderes Leben: den ganzen Tag unterwegs auf dem Bock, zwei schöne Pferde vorgespannt ...

Aber der Beruf wurde mein Unglück. Wir mußten von einer Kneipe zur anderen fahren. Überall gab es Aufenthalt. Man trank da ein Glas und dort eins. Und so kam's, daß ich ein regelrechter Trinker wurde, ohne daß ich es merkte. Die Kneipen wurden meine Heimat.

Ja, gewiß, zu Hause saß meine Frau. Und unser Kind, unser Töchterlein. Die waren mir damals nur lästig. Ich konnte die traurigen Augen nicht sehen, wenn ich angetrunken nach Hause kam.

Eines Abends sitze ich wieder in der Kneipe. Da geht nur ein ganz klein wenig die Tür auf. Und herein kommt mein Töchterlein. Meine Kleine in der lärmerfüllten Kneipe! Kein bißchen fürchtet sie sich. Langsam geht sie durch die Haufen der lärmenden, rauchenden, trinkenden, kartenspielenden Männer. Prüfend und suchend schaut sie sich um.

Jetzt hat sie mich entdeckt. Ein wenig zögernd kommt sie auf mich zu, zupft mich am Ärmel und flüstert: »Papa, komm doch heim! Die Mama wartet auf dich. Wir haben's so gemütlich zu Hause. Komm doch!«

Das war so unbeschreiblich lieblich und unwiderstehlich – das Kind in der wüsten Kneipe –, daß ich schon aufstehe, um mitzugehen. In diesem Augenblick fühle ich, wie alle Augen auf mich gerichtet sind. Ganz still ist es geworden. Ich sehe spöttische Gesichter, höre hämische Bemerkungen.

Da kommt es über mich – ja, ich weiß es selbst nicht, was –: Ärger über diese Überrumpelung; Furcht, vor den Kameraden als Pantoffelheld zu gelten; vielleicht auch Wut über mich selbst und meinen erbärmlichen Zustand ... kurz, ich schreie wütend mein Kind an, reiße es am Arm hoch, daß es wimmernd anfängt zu

weinen, schleife es durch die Kneipe und werfe es roh und gewalttätig zur Tür hinaus. Dann habe ich mich sinnlos betrunken. Die nächsten Tage auch. Die Wochen vergingen unter dumpfem Druck und Taumel.
Eines Tages komme ich zum Mittagessen nach Hause. Lärmend reiße ich die Tür auf. Da hebt meine Frau bittend und erschrocken die Hände. ›Was ist denn los‹, poltere ich.
Da zeigt sie auf die Bank, die in unserer Wohnküche steht. ›Unser Kind ist krank, todkrank. Ich bitte dich . . .‹
Wahrhaftig, da liegt zwischen den Kissen mein Töchterlein mit fieberheißem Gesicht. ›Schlimm?‹ frage ich erschrocken. Meine Frau nickt stumm. Mensch, ich kann dir nicht sagen, wie mir zumute wurde. Mein Kind! Du hast noch keines verloren? Nein? Dann kannst du auch nicht verstehen, wie das ist.
Ich eile auf die Bank zu: ›Mein Mädel!‹ und will ihr mit meiner Hand über die Stirn streichen. Da tritt ein furchtbares Entsetzen in ihre Augen, ihr Arm stemmt sich gegen meine Hand: ›Geh weg, Papa!‹ Zu Tode erschrocken stehe ich da. ›Mein Kind!‹
Aber aufgeregt winkt sie mich weg: ›Geh doch weg, Papa!‹ Und sie gibt keine Ruhe, bis ich wieder an der Tür stehe.
Ja, da stand ich nun zwei Stunden – ach, was sage ich: Eine Ewigkeit lang stand ich da. Ich sah, wie meine Frau dem todkranken Kinde zu trinken gab, sah, wie sie es stützte und bettete und streichelte, hörte, wie sie mit ihm betete.
Wenn ich aber versuchte, einen Schritt näher zu kommen, dann schrie mein Kind aufgeregt: ›Weg Papa, geh weg!‹ Da gab ich's auf und blieb stehen. Stehen blieb ich, bis mein Kind starb.
In diesen zwei Stunden stand mein verlorenes Leben in seiner grauenvollen Wirklichkeit vor mir. In diesen zwei Stunden erntete ich, was ich gesät hatte. In diesen zwei Stunden zerbrach mir der Boden unter den Füßen. In diesen zwei Stunden erlebte ich die Hölle. In diesen zwei Stunden redete Gott mit mir – – –«
So weit erzählte er. Nun umgab uns wieder die Stille eines heißen Sommertages. Hoch oben am klarblauen Himmel segelten weiße Wölkchen . . .
»Und dann?« unterbrach ich endlich das Schweigen.
»Der Rest ist schnell erzählt. Ich gab meinen Beruf auf und wurde Bergmann. Ich fing wieder an, mit meiner Frau in die Kirche zu gehen. Denn ohne das Wort Gottes wäre es schließlich doch nichts geworden mit dem neuen Leben.«
Ich nickte.
Man versteht sich gut, wenn man manche Stunde zusammen über dem Worte Gottes gesessen hat . . .
Und dann standen wir auf und wanderten miteinander in den herrlichen Sonnenschein hinein.

Wilhelm Busch

Gebet

Herr, ich bin nicht würdig,
daß du eingehst unter mein Dach;
aber sprich nur ein Wort,
so wird meine Seele gesund.

Aus der heiligen Messe

Das Gleichnis von der zuvorkommenden Güte des Vaters zu seinen beiden Söhnen

Man hat dieses Gleichnis Jesu das Evangelium im Evangelium genannt, weil es den Kern der Frohen Botschaft in einer einzigen Geschichte erzählt.

Bischof Wilhelm Kempf

Weiter sagte Jesus: Ein Mann hatte zwei Söhne. Der jüngere von ihnen sagte zu seinem Vater: Vater, gib mir das Erbteil, das mir zusteht. Da teilte der Vater das Vermögen auf. Nach wenigen Tagen packte der jüngere Sohn alles zusammen und zog in ein fernes Land. Dort führte er ein zügelloses Leben und verschleuderte sein Vermögen. Als er alles durchgebracht hatte, kam eine große Hungersnot über das Land, und es ging ihm sehr schlecht. Da ging er zu einem Bürger des Landes und drängte sich ihm auf; der schickte ihn aufs Feld zum Schweinehüten. Er hätte gern seinen Hunger mit den Futterschoten gestillt, die die Schweine fraßen, aber niemand gab ihm davon. Da ging er in sich und sagte: Wie viele Tagelöhner meines Vaters haben mehr als genug zu essen, und ich komme hier vor Hunger um. Ich will aufbrechen und zu meinem Vater gehen und zu ihm sagen: Vater, ich habe mich gegen den Himmel und gegen dich versündigt. Ich bin nicht mehr wert, dein Sohn zu sein; mach mich zu einem deiner Tagelöhner. Dann brach er auf und ging zu seinem Vater. Der Vater sah ihn schon von weitem kommen, und er hatte Mitleid mit ihm. Er lief dem Sohn entgegen, fiel ihm um den Hals und küßte ihn. Da sagte der Sohn: Vater, ich habe mich gegen den Himmel und gegen dich versündigt; ich bin nicht mehr wert, dein Sohn zu sein. Der Vater aber sagte zu seinen Knechten: Holt schnell das beste Gewand, und zieht es ihm an, steckt ihm einen Ring an die Hand, und zieht ihm die Schuhe an. Bringt das Mastkalb her, und schlachtet es; wir wollen essen und fröhlich sein. Denn mein Sohn war tot und lebt wieder; er war verloren und ist wiedergefunden worden. Und sie begannen, ein fröhliches Fest zu feiern.

Sein älterer Sohn war unterdessen auf dem Feld. Als er heimging und in die Nähe des Hauses kam, hörte er Musik und Tanz. Da rief er einen der Knechte und fragte, was das bedeuten solle. Der Knecht antwortete: Dein Bruder ist gekommen, und dein Vater hat das Mastkalb schlachten lassen, weil er ihn heil und gesund wiederbekommen hat. Da wurde er zornig und wollte nicht hineingehen. Sein Vater aber kam heraus und redete ihm gut zu. Doch er erwiderte dem Vater: So viele Jahre schon diene ich dir, und nie habe ich gegen deinen Willen gehandelt; mir aber hast du nie auch nur einen Ziegenbock geschenkt, damit ich mit meinen Freunden ein Fest feiern konnte. Kaum aber ist der hier gekommen, dein Sohn, der dein Vermögen mit Dirnen durchgebracht hat, da hast du für ihn das Mastkalb geschlachtet. Der Vater antwortete ihm: Mein Kind, du bist immer bei mir, und alles, was mein ist, ist auch dein. Aber jetzt müssen wir uns doch freuen und ein Fest feiern; denn dein Bruder war tot und lebt wieder; er war verloren und ist wiedergefunden worden.

Lukas 15,11–32

Protestiert der ältere Sohn nicht zu Recht?

»Das ist ungerecht«, sagt der ältere Sohn, der immer daheim geblieben ist. Und auch unser Gefühl erhebt sich zum Protest. Denn das, was wir Recht und Gerechtigkeit nennen, ist durchkreuzt, ist als Maßstab unbrauchbar geworden, überholt.

Der jüngere Sohn

Er hat keine Lust mehr, zu Hause zu bleiben. Er zieht aus, macht sich ein lustiges Leben, wirft mit dem Geld seines Vaters um sich und denkt nicht an morgen. Doch irgendwann ist das Geld ausgegeben. Die sogenannten »Freunde« haben ihn verlassen. Es geht ihm sehr schlecht. Schließlich sieht er keinen anderen Ausweg mehr. Er beschließt, nach Hause zurückzukehren.

Der Vater

Als er seinen Sohn sieht, reagiert er wie jemand, der sein Kind unendlich liebt, eben wie ein Vater: Er läuft seinem Sohn entgegen, umarmt ihn, gibt ihm ein neues Kleid und feiert mit ihm die Freude seiner Rückkehr. »Denn«, das ist seine einzige Erklärung, »mein Sohn war tot und lebt wieder; er war verloren und ist wiedergefunden worden.«

Der ältere Sohn

Genau das aber ärgert den älteren Sohn. Er fühlt sich betrogen, ungerecht behandelt. Er ist immer daheim geblieben, hat dem Vater geholfen und hat sich so seine Liebe – wie er meint – redlich verdient. Und jetzt kommt sein Bruder, dieser Taugenichts, und sein Vater hat nichts Besseres zu tun, als für ihn das Mastkalb zu schlachten. »Nein, Vater, das geht zu weit, das ist ungerecht . . . Und wenn ihr das feiern wollt, dann ohne mich . . .«

Der Vater

Und was tut der Vater? So wenig, wie er seinen jüngeren Sohn vergessen konnte, so wenig kann er es nun übersehen, daß sein älterer Sohn draußen bleibt. Wieder geht er heraus, seinem Sohn entgegen. Er hört seine Vorwürfe an. Er bittet ihn, sich mitzufreuen und mitzufeiern.

Und wir?

Nimmt er die Einladung an? Geht er mit zum Festmahl? Wir erfahren es nicht. Die Erzählung bricht ab. Die Zuhörer Jesu – und wir selbst – sind plötzlich in das Geschehen eingetreten. Sind auch wir die Daheimgebliebenen, die ein anständiges Leben führen, die sich nichts zu schulden kommen lassen? Wie verhalten wir uns unseren Mitmenschen gegenüber, wenn sie gescheitert oder schuldig geworden sind? Vielleicht finden wir Kraft, ihnen zu helfen und ihnen zu verzeihen, wenn sie darum bitten. Aber mit ihnen feiern? Sich mit ihnen freuen?
Ja, die Liebe Gottes ist »ungerecht«. Wir können sie uns nicht durch Leistung erzwingen. Sie ist ganz und gar Geschenk.

Das weiße Band am Apfelbaum

Einmal saß ich bei einer Bahnfahrt neben einem jungen Mann, dem sichtlich etwas Schweres auf dem Herzen lastete. Schließlich rückte er dann auch damit heraus, daß er ein entlassener Sträfling und jetzt auf der Fahrt nach Hause sei. Seine Verurteilung hatte Schande über seine Angehörigen gebracht, sie hatten ihn nie im Gefängnis besucht und auch nur ganz selten geschrieben. Er hoffte aber trotzdem, daß sie ihm verziehen hatten.
Um es ihnen aber leichter zu machen, hatte er ihnen in einem Brief vorgeschlagen, sie sollten ihm ein Zeichen geben, an dem er, wenn der Zug an der kleinen Farm vor der Stadt vorbeifuhr, sofort erkennen könne, wie sie zu ihm stünden. Hatten die Seinen ihm verziehen, so sollten sie in dem Apfelbaum an der Strecke ein weißes Band anbringen. Wenn sie ihn aber nicht wieder daheim haben wollten, sollten sie gar nichts tun, dann werde er im Zug bleiben und weiterfahren, weit weg. Gott weiß, wohin.
Als der Zug sich seiner Vaterstadt näherte, wurde seine Spannung so groß, daß er es nicht über sich brachte, aus dem Fenster zu schauen. Ein anderer Fahrgast tauschte den Platz mit ihm und versprach, auf den Apfelbaum zu achten. Gleich darauf legte der dem jungen Sträfling die Hand auf den Arm. »Da ist er«, flüsterte er, und Tränen standen ihm plötzlich in den Augen, »alles in Ordnung. Der ganze Baum ist voller weißer Bänder.«
In diesem Augenblick schwand alle Bitternis, die ein Leben vergiftet hatte. »Mir war«, sagte der Mann später, »als hätt' ich ein Wunder miterlebt. Und vielleicht war's auch eines.«

Nach John Kord Lagemann

Die Zehn Gebote Gottes – Du sollst in Freiheit leben

Aus dem Alten Testament, Buch Exodus 20,2–17

Ich bin Jahwe, dein Gott, der dich aus Ägypten geführt hat, aus dem Sklavenhaus.
Du sollst neben mir keine anderen Götter haben. Du sollst dir kein Gottesbild machen und keine Darstellung von irgend etwas am Himmel droben, auf der Erde unten oder im Wasser unter der Erde. Du sollst dich nicht vor anderen Göttern niederwerfen und dich nicht verpflichten, ihnen zu dienen. Denn ich, der Herr, dein Gott, bin ein eifersüchtiger Gott: Bei denen, die mir feind sind, verfolge ich die Schuld der Väter an den Söhnen, an der dritten und vierten Generation; bei denen, die mich lieben und auf meine Gebote achten, erweise ich Tausenden meine Huld. Du sollst den Namen des Herrn, deines Gottes, nicht mißbrauchen; denn der Herr läßt den nicht ungestraft, der seinen Namen mißbraucht.
Gedenke des Sabbats: Halte ihn heilig! Sechs Tage darfst du schaffen und jede Arbeit tun. Der siebte Tag ist ein Ruhetag, dem Herrn, deinem Gott, geweiht. An ihm darfst du keine Arbeit tun: du, dein Sohn und deine Tochter, dein Sklave und deine Sklavin, dein Vieh und der Fremde, der in deinen Stadtbereichen Wohnrecht hat. Denn in sechs Tagen hat der Herr Himmel, Erde und Meer gemacht und alles, was dazugehört; am siebten Tag ruhte er. Darum hat der Herr den Sabbattag gesegnet und ihn für heilig erklärt.
Ehre deinen Vater und deine Mutter, damit du lange lebst in dem Land, das der Herr, dein Gott, dir gibt. Du sollst nicht morden. Du sollst nicht die Ehe brechen. Du sollst nicht stehlen. Du sollst nicht falsch gegen deinen Nächsten aussagen. Du sollst nicht nach dem Haus deines Nächsten verlangen, nach seinem Sklaven oder seiner Sklavin, seinem Rind oder seinem Esel oder nach irgend etwas, das deinem Nächsten gehört.

Die Zehn Gebote – neu bedacht

1. Die anderen Götter

Ich bin der Herr, dein Gott, der dich aus der Gefangenschaft herausführt in ein Land voller Leben und Freiheit. Darum sollst du neben mir keine anderen Götter haben.

Diese »anderen Götter« haben viele Namen: Erfolg, Karriere, Macht, Geld, Hobby, Schönheit, Sex, Idol, Sucht . . ., aber auch Wissenschaft, Technik, Aberglaube . . . Sie alle können den Menschen so faszinieren, daß er sie zu seinem Gott erhebt, daß er sich ihnen unterwirft.

2. Im Namen Gottes

Ich bin der Herr, dein Gott, der dir seine Schöpfung übergeben hat, der sich dir offenbart hat. Darum sollst du meinen Namen nicht mißbrauchen.

Jeden Tag wird der Name Gottes mißbraucht. »Im Namen Gottes« werden Kriege geführt, Menschen unterdrückt, Umwelt zerstört. Jesus wurde »im Namen Gottes« ans Kreuz geschlagen. Allzu leicht geht uns die Entschuldigung über die Lippen: »Gott hat es so gewollt.« Das zweite Gebot meint: »Mißbrauche nicht mit dem Namen Gottes deine Macht!«

3. Sonntag

Ich bin der Herr, dein Gott, der nicht will, daß du dich aufarbeitest. Darum halte den Sonntag heilig, damit er auch deinen Alltag heilige.

Die sonntägliche Feier befreit den Menschen von bloßer Betriebsamkeit. Innehalten, Abstand gewinnen, sich ausruhen, Zeit haben für Gott und sich selbst, sich freuen, feiern, genießen, danken ..., das könnte Sonntag sein; ein bißchen Geschmack von der Freundlichkeit Gottes.

4. Jung und Alt

Ich bin der Herr, dein Gott, der zu dir hält, wenn du jung bist und wenn du alt bist. Darum ehre deinen Vater und deine Mutter, ehre deine Kinder.

Altsein bedeutet vielfach: rückständig, lästig, abgeschoben, eigensinnig; Jungsein dagegen: aufgeschlossen, dynamisch, lebensfroh, modern. Ihr Alten, denkt daran: auch ihr wart einmal jung! Ihr Jungen, denkt daran: auch ihr werdet einmal alt!

5. Mitmensch

Ich bin der Herr, dein Gott, der dich und deine Mitmenschen als seine Ebenbilder geschaffen hat. Darum schütze dich und das Leben deiner Mitmenschen.

Das Leben ist bedroht durch Hunger, Krankheit, Krieg, aber auch durch Neid, Rücksichtslosigkeit, Rachsucht. »Du sollst deinen Nächsten lieben wie dich selbst«, ist die Forderung, aber auch das Beispiel Jesu Christi.

6. Treue

Ich bin der Herr, dein Gott, der dir auf ewig die Treue versprochen hat. Darum sei treu in deiner Liebe, denn du bist zu unwiderruflicher Liebe fähig.

Liebe verwirklicht sich in der Treue.
Sich selbst treu bleiben: sich selbst nichts vormachen, den eigenen Standpunkt vertreten, zu sich stehen und sich annehmen ... Dem anderen treu sein: mich ihm anvertrauen, im Gespräch bleiben, zärtlich zu ihm sein, Interesse zeigen ...
Treue gibt der Liebe Zeit zu wachsen.

7. Eigentum

Ich bin der Herr, dein Gott, der alles geschaffen hat, was du und deine Mitmenschen zum Leben brauchen. Darum sollst du deinem Mitmenschen nichts wegnehmen.

Jemandem etwas wegnehmen, bedeutet auch: ihn übervorteilen, ihn ausbeuten, mich an meinen Besitz klammern, nicht teilen und schenken können.

8. Wahrheit

Ich bin der Herr, dein Gott, der dir die Kraft der Sprache gegeben hat. Darum sollst du nicht Falsches gegen deinen Nächsten aussagen.

»Er ist ein ehrlicher Mensch« – weil er zu dem steht, was er ist, was er tut, was er sagt. »Er ist ein ehrlicher Mensch« – er ist offen, er schweigt, wenn Wahrheit zu verletzen droht, er stiftet Vertrauen unter den Menschen.

9. und 10. Freiheit

Ich bin der Herr, dein Gott, der dir einen freien Willen gegeben hat. Darum sollst du nicht nach der Frau deines Nächsten verlangen und nicht begehren deines Nächsten Hab und Gut.

Das 6. und 7. Gebot Gottes werden durch diese beiden Weisungen noch einmal aufgegriffen und verschärft. Nicht nur der Ehebruch selber, schon die Absicht, die Ehe zu brechen, ist treulos. Nicht nur der Diebstahl, schon die Absicht, einem anderen etwas wegzunehmen, ist gottlos. Die Freiheit des Menschen, seine Möglichkeit, zu wollen oder eben nicht zu wollen, wird hier zum Maßstab seiner Ebenbildlichkeit Gottes erhoben.

Augustinus sagt es ganz einfach:
Ama et fac quod vis!
Liebe, und dann tue, was du willst!

Wir feiern Versöhnung

Die Kirche kennt viele Möglichkeiten, wie wir uns mit Gott und den Menschen versöhnen können, wie wir die Vergebung unserer Sünden erlangen und feiern können.

- *Wenn wir uns mit anderen aussöhnen.* Der Wille dazu ist Voraussetzung für die Versöhnung mit Gott. »Wenn ihr beten wollt und ihr habt einem anderen etwas vorzuwerfen, dann vergebt ihm, damit auch euer Vater im Himmel euch eure Verfehlungen vergibt.« (Markus 11,25)
- *Wenn wir auf etwas verzichten,* um anderen zu helfen. »Denn die Liebe deckt viele Sünden zu.« (1 Petrus 4,8)
- *Wenn wir im Vaterunser beten* »Vergib uns unsere Schuld, wie auch wir vergeben unseren Schuldigern«.
- *Wenn wir in der Heiligen Schrift lesen.* Deshalb bittet der Priester nach dem Evangelium: »Herr, durch dein Evangelium nimm hinweg unsere Sünden.«
- *Wenn wir zu Beginn der Messe unsere Schuld bekennen* und der Priester bittet: »Nachlaß, Vergebung und Verzeihung unserer Sünden gewähre uns der allmächtige und barmherzige Herr.«
- *Wenn wir einen Bußgottesdienst mitfeiern.* Schuldig-Werden und Vergebung sind nicht allein Angelegenheiten des einzelnen mit »seinem« Gott, sondern Sache der ganzen menschlichen und kirchlichen Gemeinschaft.
- *Wenn wir getauft werden.* Das Sakrament der Taufe ist das erste Sakrament der Versöhnung, der Umkehr zu einem Leben in der Gemeinschaft mit Gott und seiner Kirche.
- *Wenn wir das Sakrament der Krankensalbung empfangen.* In unserem Herzen werden wir gesund; das gibt uns Mut zu neuem Leben.
- *Wenn wir das Sakrament der Buße empfangen.* In unserem Leben werden wir begleitet von Gottes ständigem Angebot zur Umkehr und zur Wiederversöhnung.

Kleine Geschichte des Bußsakramentes

Ein Blick zurück in die bewegte Geschichte der Kirche zeigt, daß die äußere Form des Bußsakramentes sich schon mehrfach gewandelt hat. Aber sein Anliegen ist immer gleich geblieben: die Feier der Umkehr zu neuem Leben, die Feier der Wiederversöhnung mit Gott und der Kirche.

- In den ersten christlichen Jahrhunderten wurde das Bußsakrament nur selten, möglicherweise nur einmal im Leben empfangen. Gegenstand der sakramentalen Vergebung waren vor allem die Sünden: Glaubensabfall, Mord, Ehebruch und zunehmend auch andere schwere Vergehen. Dies galt vor allem dann, wenn sie durch ihre Öffentlichkeit in der Gemeinde schweres Ärgernis verursacht hatten. Der Sünder mußte seine schwere Schuld, seine »Todsünde«, dem Bischof bekennen und schloß sich damit für 40 Tage (österliche Bußzeit) öffentlich vom Kommunionempfang aus. In dieser Zeit betete die Gemeinde für ihn. Zum Abschluß der Bußzeit wurde er durch eine Versöhnungsfeier wieder in die Gemeinschaft aufgenommen.

- Im sechsten Jahrhundert entstand die Gewohnheit, auch nicht öffentliche oder weniger schwere Sünden persönlich dem Priester zu bekennen. Die Lossprechung wurde vom Priester dem einzelnen erteilt. Auch die auferlegte Buße wurde privat vollzogen. Der Priester war zur Geheimhaltung verpflichtet (»Beichtgeheimnis«). Diese noch heute übliche Form des Sakramentes verdeutlicht recht gut, daß nicht nur »öffentliche Sünder« dieses Sakrament der Buße empfangen, sondern jeder Christ, der schuldig geworden ist. Dadurch wird sichtbar, daß Jesus Christus und seine Kirche jederzeit und ohne Bedingung zur Versöhnung bereit sind.

- Diese Wandlung der Bußpraxis hatte zur Folge, daß die anderen Formen der Versöhnung und der Sündenvergebung in den Hintergrund gedrängt wurden. Wer zur Kommunion gehen wollte, ging vorher beichten (etwa seit dem 13. Jahrhundert). Viele Eltern und Großeltern erinnern sich sicher noch an die Jahres- oder Monatsbeichte mit Kommunionempfang beim folgenden Sonntagsgottesdienst. An den anderen Sonntagen (und Werktagen) ging man zwar zur Messe, aber nicht zur Kommunion.

- In den letzten Jahrzehnten ist den Gläubigen wieder deutlich bewußt geworden, daß der Kommunionempfang zur vollen Teilnahme an der Messe gehört. Der Bußakt zu Beginn der Eucharistiefeier oder eine der anderen Formen der Sündenvergebung machen dazu bereit. Die sakramentale Feier der Versöhnung in der Beichte hat nach wie vor ihre besondere Bedeutung. In ihr kann die befreiende und tröstende Kraft der Versöhnung persönlich erfahren werden.

Das Bußsakrament heute

In ihren Weisungen zur kirchlichen Bußpraxis (Würzburg, 24. November 1986) haben die deutschen Bischöfe erklärt:

– »Unter den gottesdienstlichen Formen der Buße nimmt das Bußsakrament eine herausragende Stellung ein. Das persönliche Bekenntnis, das dem Charakter von Schuld und Sünde als einem zutiefst personalen Geschehen entspricht, ist Begegnung des Sünders mit dem verzeihenden Gott.«

  »Der Priester als Verwalter des Bußsakramentes handelt ›in der Person Christi‹. So versichert uns der Glaube, daß der reuige Sünder bei der Lossprechung der Macht und dem Erbarmen Gottes begegnet und Verzeihung seiner Sünden erhält.«

  Damit sind die Wesensmerkmale des Bußsakramentes hervorgehoben: Reue, persönliches Bekenntnis, Lossprechung. Und aus der Reue erwächst die Bereitschaft zur Umkehr und zur Wiedergutmachung.

– »Das Bußsakrament ist das vom Herrn gestiftete Sakrament der Versöhnung. Bei allen schweren Sünden ist sein Empfang unerläßlich. Unter schwerer Sünde versteht die Kirche, daß sich der Christ in wichtiger Sache bewußt und frei gegen Gottes Willen und Ordnung entscheidet, wie sie in der Kirche verkündet werden.«
  Letztlich ist die Gewissenserforschung und -entscheidung des einzelnen gefordert.

– »Auch denen, die sich keiner schweren Sünde bewußt sind, empfiehlt die Kirche, in Zeitabständen, in denen das eigene Leben noch überschaubar ist, das Bußsakrament zu empfangen.«

  »Denn es ist wichtig für unser Wachstum im Glauben, unsere Grundeinstellungen und ethischen Maßstäbe in überschaubaren Zeitabständen zu überprüfen, tiefer liegende Fehlhaltungen zu entdecken und uns immer wieder neu der Liebe Gottes zu öffnen. So hilft das individuelle Bekenntnis, uns entschiedener vom Bösen abzuwenden, und es eröffnet die Möglichkeit geistlicher Führung.«

Die Beichte im Beichtstuhl

Sie ist die bekannteste Form der Beichte. Besonders in alten Kirchen ist der Beichtstuhl prunkvoll ausgestattet. Dies unterstreicht die Bedeutung der Feier. Der Priester handelt im Namen Christi und im Namen der kirchlichen Gemeinschaft. Nach dem Bekenntnis der Sünden spricht der Priester ein kurzes Wort der Verkündigung, auf das ein Gespräch folgen kann. Dann nennt er eine Buße, die die Bereitschaft zur Wiedergutmachung verdeutlichen soll, und erteilt die Lossprechung mit den Worten:

Gott, der barmherzige Vater, hat durch den Tod und die Auferstehung seines Sohnes die Welt mit sich versöhnt und den Heiligen Geist gesandt zur Vergebung der Sünden. Durch den Dienst der Kirche schenke er dir Verzeihung und Frieden.
So spreche ich dich los von deinen Sünden † im Namen des Vaters und des Sohnes und des Heiligen Geistes. – Amen.

Das Beichtgespräch

Es kann in einem Nebenraum der Kirche oder im Pfarrhaus stattfinden. Für viele ist die Atmosphäre eines Gespräches persönlicher und vertrauter. Im Laufe der Aussprache bekennt der Beichtende seine Schuld und zeigt seine Bereitschaft zur Wiedergutmachung. Der Priester spricht die Vergebungsworte und legt dabei dem Beichtenden die Hände auf.
Welche Form der Beichte der Christ auch wählt, er braucht keine Sorge zu haben, daß er etwas falsch macht. Wenn er ernsthaft die Aussöhnung mit Jesus Christus und seiner Kirche sucht, wird jeder Priester ihm dabei behilflich sein. Dies gilt für Kinder, die zum ersten Mal dieses Sakrament empfangen, ebenso wie für Jugendliche und Erwachsene, die nach langer Zeit wieder zur Beichte gehen.

Der gemeinsame Bußgottesdienst

Er macht deutlich, daß Umkehr und Hinwendung zu Gott auch für die Gemeinschaft notwendig sind. Im Bußgottesdienst bekennt die Gemeinde ihre Schuld und bittet Gott um Verzeihung. Der Bußgottesdienst kann aber auch der persönlichen Gewissensbildung dienen. Im Hören und Auslegen des Wortes Gottes begegnen wir Jesus Christus und kommen dadurch auch zur Einsicht in unsere persönliche Schuld und zur Reue. Auch wenn der Bußgottesdienst keine Form des Bußsakramentes ist, so werden dem einzelnen dank der Fürbitte der Kirche wirklich Sünden vergeben.
Die Vergebung von schweren Sünden bedarf jedoch der sakramentalen Lossprechung in der persönlichen Beichte.
In vielen Gemeinden werden vor allem in der Advents- und Fastenzeit Bußgottesdienste gehalten.

Gebet zur Danksagung

Ich danke dir, Herr, für die Vergebung, die ich erfahren habe, und für den Mut zu einem neuen Beginn.
Ich danke auch für die Versöhnung mit der Kirche, der ich mit meiner Schuld Schaden zugefügt habe.
Ich will mir Mühe geben, nicht nur mit Worten dankbar zu sein. Auch ich will vergeben, wenn andere mir schaden oder mir wehe tun.
Ich weiß, Herr, es wird nicht alles ganz anders werden in meinem Leben. Aber ich vertraue darauf, daß du mich nicht verwirfst und daß die Kirche mir immer wieder deinen Frieden schenkt, auch wenn nicht alles gelingt, was ich mir vornehme.
Ich danke dir, Herr, daß ich solches Vertrauen haben darf, weil du unsere Schuld getragen hast, und weil dein Erbarmen fortlebt in deiner Kirche.

Gotteslob 60/5

Gewissensbildung mit Kindern

Wenn wir vom Gewissen sprechen, reden wir oft vom »schlechten Gewissen«. Eine »innere Stimme« hält uns vor: Das, was wir getan haben, war nicht richtig, war nicht gut. So etwas hätten wir nicht tun dürfen. Wir haben oder wir bekommen »Gewissensbisse«.
Das Gewissen ist eine Anlage im Menschen, die ihn befähigt, zwischen »gut« und »böse« zu unterscheiden. *Was* aber gut und *was* böse ist und damit zum Maßstab seiner Gewissensentscheidung wird, das erkennt der Mensch aufgrund seiner Erziehung und seiner Erfahrung. Das Gewissen bildet sich, es wächst und weitet sich aus. Es läßt sich am ehesten mit der Sprache vergleichen. Jedem gesunden Menschen ist die Sprachfähigkeit als Anlage mitgegeben. Welche Sprache er spricht, wie er sich auszudrücken vermag, das hängt entscheidend davon ab, was er als Sprache in seiner unmittelbaren Umwelt vorfindet.
Was gut und was böse ist, erfährt das Kind zunächst von den Eltern. Sie vermitteln ihm bestimmte Werte, die sie für wichtig und gut ansehen. Christliche Eltern orientieren ihr Leben an dem Hauptgebot der Gottes- und Nächstenliebe und den Zehn Geboten. Sie werden sich bemühen, auf dieser Grundlage das Gewissen ihres Kindes zu formen. Dabei sind bestimmte Phasen der Gewissensbildung auszumachen.

- **Das Kind richtet sich nach dem Verhalten der Eltern**
  Bereits das Kleinkind erfährt: das eine Verhalten löst bei den Eltern Zustimmung und Freude aus, das andere Ablehnung und Ärger. Das eine ist gut, das andere ist böse. Das Kind richtet sein Verhalten nach den unmittelbaren Reaktionen der Eltern. Was Lob und Zuwendung einbringt, wird beibehalten; was auf Widerstand oder Absage stößt, wird aufgegeben, spätestens, wenn der »Reiz des Verbotenen« verflogen ist. Das kindliche Gewissen fragt ganz einfach: Was ist erlaubt? Was ist verboten?

- **Das Kind erinnert sich an das Verhalten der Eltern und handelt entsprechend**
  Mit zunehmendem Alter erweitert sich die Welt des Kindes. Spielplatz, Straße, Kindergarten werden zu wichtigen Erfahrungsfeldern. Das Kind bleibt nicht mehr ausschließlich im Blickfeld der Eltern. Dennoch erinnert es sich ihrer Reaktionen und nimmt sie zum Maßstab seines Verhaltens auch außerhalb der Familie. »Mami will das nicht« oder »Vater schimpft dann«, mit diesen oder ähnlichen Worten weist es sich selbst zurecht. Wollen Eltern mit der Zeit erreichen, daß ihr Kind zu christlichen Wertmaßstäben für sein Verhalten findet, die auch ohne ihre Anwesenheit oder Kontrolle beachtet werden, dann müssen sie ihre Forderungen begründen und einsichtig machen.

- **Das (ältere) Kind trifft eigenverantwortliche Entscheidungen**
  Begründungen geben dem Kind Einblick, warum es sich so und nicht anders verhalten soll. Erst die Einsicht

ermöglicht eigenverantwortliche Entscheidungen für ein sach- und wertgerechtes Verhalten. In dieser Phase ist es den Kindern schon möglich, ihre Lebenssituationen an dem Hauptgebot der Gottes- und Nächstenliebe und an den Weisungen der Zehn Gebote zu messen. So finden sie allmählich zu einer persönlichen Lebensgestaltung. Je älter ein Kind wird, desto nachhaltiger fragt es: »Was ist gut für mich und meine Umwelt? Was ist nicht gut?« Dadurch lernt es mit der Zeit, einzelne Situationen besser zu erfassen, zu beurteilen und sach- und situationsgerecht – und damit eigenverantwortlich – zu handeln. Für den Christen ist die persönliche und freie Gewissensentscheidung oberste Richtschnur seines Handelns.

Die abendliche Besinnung

Kinder lieben einen festen Ritus, wenn sie abends zu Bett gehen. Vater oder Mutter erzählen oder lesen eine Gute-Nacht-Geschichte vor, schmusen mit dem Kind, decken es zu, legen die Puppe oder das bevorzugte Stofftier an seine Seite, wünschen ihm eine gute Nacht und segnen es. Für das Kind muß sich dies alles Abend für Abend bis ins einzelne genau wiederholen. Ein wesentlicher Bestandteil des Zubettgehens ist auch die abendliche Besinnung. Das Kind erzählt, was es tagsüber alles erlebt hat.

- Was war heute besonders schön?
- Was habe ich gut gemacht?
- Was war nicht so schön?
- Was habe ich falsch gemacht?

Die Eltern können dem Kind sagen, worüber sie sich heute besonders gefreut haben oder was sie geärgert hat. Die abendliche Besinnung bietet Eltern und Kindern Gelegenheit, sich gemeinsam über bestimmte Erlebnisse zu freuen oder sich miteinander auszusprechen, wenn am Tage weniger Erfreuliches vorgefallen ist. Für das Gute des Tages danken wir, für das Böse bitten wir um Verzeihung.

Guter Gott,
vielen Dank für den schönen Tag.
Hab' die Mutter lieb, hab' den Vater lieb,
hab' auch deinen Tobias lieb. Amen.

Lieber Gott,
du freust dich mit uns,
du lachst mit uns, du weinst mit uns.
Hilf uns, Gutes zu tun.
Verzeih' uns, wenn wir Böses getan haben.
Lieber Gott,
wir danken dir für diesen schönen Tag.
Bleibe bei uns in dieser Nacht und morgen
und alle Zeit. Amen.

Vorbereitung auf die Beichte in Familie und Gemeinde

Die Kinder gehen in der Regel vor der Erstkommunion zur Erstbeichte. Sie werden in vielen Gemeinden in kleinen Gruppen von ehrenamtlichen Mitarbeitern (Katecheten) darauf vorbereitet. Viele Eltern, deren Kinder zur Erstbeichte geführt werden, tun sich schwer mit der Beichte. Oft haben sie selbst lange nicht mehr gebeichtet und fühlen sich außerstande, die Vorbereitung ihrer Kinder zur Erstbeichte in der Gemeinde und in der Schule zu unterstützen.

Was können Sie in dieser Situation tun?

- Sie können sich von den Seelsorgern und Katecheten ausführlich über die heutige Buß- und Beichtpraxis informieren lassen. Anläßlich der Vorbereitung der Kinder auf die Erstbeichte bieten die Gemeinden Gesprächsabende für Eltern an. Vielleicht entdecken Sie neu die Bedeutung von Buße und Beichte für Ihr eigenes Leben.
- Sprechen Sie mit Ihrem Kind über das, was es in Gruppe, Gemeinde und Schule während der Beichtvorbereitung erfährt und lernt.
- Begleiten Sie Ihr Kind, wenn zu einem gemeinsamen Bußgottesdienst eingeladen wird.
- Laden Sie die Kindergruppe mit dem Katecheten zu einem Spielnachmittag zu sich nach Hause ein.
- Nehmen Sie sich für die abendliche Besinnung mit Ihrem Kind ausreichend Zeit und erzählen Sie ihm einige Geschichten Jesu über die Güte und Barmherzigkeit Gottes.
- Sprechen Sie mit Ihrem Kind über den menschenfreundlichen Gott, der sich besonders den Kindern zugetan weiß.
- Versuchen Sie in Ihrer Familie eine Atmosphäre der Versöhnungsbereitschaft zu erhalten bzw. herzustellen, und geben Sie sich und Ihren Kindern immer wieder die Möglichkeit des Neuanfangs.
- Leben Sie mit Ihrer Familie ein »Haus der offenen Tür«, damit Ihr Kind frühzeitig erfährt, daß die Familie sich nicht selbst genügt, sondern auch für andere da ist.

Die Feier der Erstbeichte in Familie, Gruppe, Gemeinde

Das böse Wort

Wie fing es an?
Wer ist schuld daran?
Du oder ich oder das böse Wort?
Aber bitte, geh nicht fort!
Willst du die Marke aus Portugal
oder lieber den blauen Ball?

Laß mich nicht allein!
Ich geb dir auch den Stein,
den Zauberkasten
oder die goldenen Quasten,
sogar meinen Indianerhut,
aber bitte, sei wieder gut.

Max Bolliger

Die Erstbeichte ist für Ihr Kind ein besonderes Erlebnis. Es wäre schade, wenn sie im Alltag unterginge und nicht eigens in Gemeinde, Kindergruppe oder Familie gefeiert würde.
In manchen Gemeinden ist es inzwischen guter Brauch geworden, daß Kinder, Eltern, Katecheten und Seelsorger im Anschluß an die Erstbeichte gemeinsam im Pfarrheim die Feier fortsetzen – mit Kakao, Kaffee und Kuchen, aber auch mit Spielen und Liedern. Sollte das in Ihrer Gemeinde noch nicht der Fall sein, regen Sie eine solche Feier auf dem Elternabend an, und erklären Sie Ihre Bereitschaft zur Mitarbeit. Sollte es in Ihrer Gemeinde aus räumlichen oder anderen Gründen nicht möglich sein, könnte eine kleine Feier in der Kindergruppe stattfinden. Sprechen Sie darüber mit Ihrem Kind, mit den anderen Eltern und mit dem Katecheten. In einer Gruppe, die sich schon gut kennt, läßt sich besser spielen, singen und erzählen.

Sünde ist zu wenig Liebe - Eine Gewissenserforschung

1. Nicht der Familienkrach an sich

ist meine Sünde - wann haben wir den schon? -, sondern, daß ich nicht versuche, von mir zu erzählen, daß ich alles selbstverständlich finde, daß ich oft keine Lust habe, daß ich auch nicht zuhöre und zu verstehen suche.
Ich löse dadurch Krach aus. Ich werde dann auch laut - manchmal gemein.
»Sünde ist zu wenig Liebe. Herr, wir bekennen unsere Schuld.«

2. Nicht erst, daß es zu Hause knallt,

ist meine Sünde, sondern, daß ich nicht bremse, keine Initiative zu einem Gespräch ergreife und den anderen dann am Boden liegen lasse. Ich haue die Tür zu - und lenke mich ab. Und der oder die anderen bleiben erledigt zurück.
Nicht nur die anderen, auch ich bin groß darin, alte Sachen wieder aufzuwärmen (und nicht zu vergeben).
»Sünde ist zu wenig Liebe. Herr, wir bekennen unsere Schuld.«

3. Nicht, daß ich mit meinen Kindern Krach habe,

ist meine Sünde, das passiert selten -, sondern, daß ich mir oft - allzuoft - keine Zeit nehme, um mit meinen Kindern zu spielen, mit ihnen zu reden - einfach für sie Zeit zu haben - für sie da zu sein.
»Sünde ist zu wenig Liebe. Herr, wir bekennen unsere Schuld.«

4. Nicht jedesmal, wenn ich mit Mitmenschen aneinandergerate,

ist das schon Sünde, sondern, daß mich Mitmenschen gar nicht interessieren. Es kann mir einer so egal sein, daß er neben mir verkümmert, ohne daß ich es bemerke.
Sünde ist, sich mit der Not, dem Elend und Leid, mit dem sich mein Nachbar herumschlägt, nicht belasten zu wollen. Es ist ja seine Sache! Soll er sehen, wie er damit fertig wird!
»Sünde ist zu wenig Liebe. Herr, wir bekennen unsere Schuld.«
Das Schicksal, das Unglück, das Pech von Mitmenschen ist mir oft gleichgültig! Auch das Geschehen in unserer Gemeinde, in unserer Pfarrei ist mir oft gleichgültig! (Eine Fußballschlacht bewegt mich mehr als ein Krieg, als Unfrieden.)
O Gott, mir sind die Menschen so gleichgültig!
»Sünde ist zu wenig Liebe. Herr, wir bekennen unsere Schuld.«

5. Nicht hoher Lebensstandard, toller Urlaub, Genuß

sind Sünde, sondern, daß ich dabei der Not und dem Verhungern von Menschen untätig zusehe, daß ich mich damit abfinde. Nicht, daß ich für meine Freunde, für mein Glück so viel tue, ist meine Sünde, sondern, daß mir das Unglück meiner Umgebung so gleichgültig ist.
»Sünde ist zu wenig Liebe. Herr, wir bekennen unsere Schuld.«

6. Nicht, wenn ich mein Recht und meine Freiheit durchsetze,

ist das Sünde, sondern, wenn ich in meinem Egoismus anderen dabei ihre Rechte, ihre Freiheit, ihre Chance nehme. Es gibt Menschen, denen ich das Leben schwer mache. Das ist meine Sünde.
»Sünde ist zu wenig Liebe. Herr, wir bekennen unsere Schuld.«

7. Nicht Sexualität an sich

ist Sünde, sondern der vorübergehende, lieblose Test und Verschleiß des anderen zu meiner Befriedigung.
Es kommt darauf an, wieviel Tiefe und Dauer hinter meinem Spiel steht - oder nicht.
»Sünde ist zu wenig Liebe. Herr, wir bekennen unsere Schuld.«

8. Nicht, daß ich in heikler Situation lüge,

ist allein meine Sünde, sondern vielmehr, daß ich verlogen bin, daß ich Theater spiele, daß ich nicht den Mund aufmache, wenn ein anderer das Opfer von Lügen wird.
»Sünde ist zu wenig Liebe. Herr, wir bekennen unsere Schuld.«

9. Nicht, daß ich bestimmte Menschen nicht leiden kann,

ist schon Sünde, sondern, daß ich oft mein Urteil über sie fertig habe. Es ist wahr: Gewisse Menschen sind bei mir so abgestempelt, daß sie keine Chance mehr haben. Ich will sie auch nicht anders. Ich will sie gar nicht verstehen.
»Sünde ist zu wenig Liebe. Herr, wir bekennen unsere Schuld.«

10. Nicht, daß ich über jemanden spreche,

ist Sünde, sondern, daß ich seinen wehrlosen Ruf zerstöre, daß ich auf Kosten anderer groß rauskomme.
»Sünde ist zu wenig Liebe. Herr, wir bekennen unsere Schuld.«

11. Nicht, daß ich unandächtig bin,

ist schon Sünde, sondern vielmehr, daß ich einen Kinderglauben weggeworfen habe, aber den erwachsenen Glauben nicht suche, mich dem Herrn nicht anvertrauen will.
»Sünde ist zu wenig Liebe. Herr, wir bekennen unsere Schuld.«

12. Nicht, daß ich an Gott zweifle,

ist schon Sünde, sondern, daß ich nicht leidenschaftlich im Gespräch mit anderen und in bewußter Stille nach einem neuen Zugang zu Gott suche.
»Sünde ist zu wenig Liebe. Herr, wir bekennen unsere Schuld.«

13. Nicht, daß ich kirchliche Formen und Personen leid bin,

ist meine Sünde, sondern, daß ich durch all das nicht mehr durchstoße zu Gott und den anderen glaubenden Menschen. O Gott, du und dein Reich sind mir oft gleichgültig! Ich kritisiere viel, aber ich bin nicht bereit, mitzuhelfen, um es besser zu machen.
»Sünde ist zu wenig Liebe. Herr, wir bekennen unsere Schuld.«

Unsere Schatten

»Es war einmal ein Mann«, so erzählt eine Geschichte aus der Weisheit Asiens, »es war einmal ein Mann, den ängstigte der Anblick seines eigenen Schattens so sehr, daß er beschloß, ihn hinter sich zu lassen. Er sagte zu sich: Ich laufe ihm einfach davon. So stand er auf und lief davon. Aber der Schatten folgte ihm mühelos. Er sagte zu sich: Ich muß schneller laufen. Also lief er schneller und schneller, lief so lange, bis er tot zu Boden sank«.

Es war einmal ein Mann ... – ein Mann – eine Frau – Sie – ich – jedermann. Jedermann hat seinen Schatten, nicht nur wenn die Sonne scheint. Er gehört zu uns, er folgt uns auf dem Fuße. Unsere Schatten haben verschiedene Gestalt ... Es gibt Konflikte, die sich wie ein Schatten über die Familie legen; wenn Eltern auf einmal spüren: Unsere Kinder sind uns fremd geworden, wir verstehen sie nicht mehr. Wir haben versucht, unser Bestes zu geben, und es ist, als ob das alles ins Leere geht. Aber auch: Wenn Kinder spüren, daß der Anspruch großer Worte nicht durch das Verhalten der Erwachsenen gedeckt ist, und enttäuscht ihre eigenen Wege gehen ...

Schatten werden sichtbar, wenn wir erfahren, daß unser Leben Stückwerk ist, daß vieles von unseren Plänen und hochgesteckten Zielen auf der Strecke bleibt. Wir gehen mit großen Hoffnungen an den Start und enden schließlich in Filzpantoffeln ... und schließlich wirft der Tod seine Schatten voraus. Wenn die Sonne sinkt, am Abend des Lebens, werden die Schatten länger ... Viele Menschen haben eine unheimliche Angst vor dem Altwerden.

Schatten unserer Endlichkeit, Schatten unserer Lebensgeschichte, dazu gehört auch der Schatten unserer Schuld. Wer von uns kann sagen, daß er einfach gut ist; wer von uns muß nicht zugeben, daß bei aller Liebe irgendwo doch noch ein Stück Selbstsucht mit im Spiel ist. Oft genug machen wir anderen das Leben schwer oder gehen ihnen ans Leben: Wir machen sie herunter, um selbst groß herauszukommen ...

Es war einmal ein Mann, den ängstigte der Anblick seines eigenen Schattens so sehr, daß er sagte: Ich laufe ihm einfach davon. In der Tat: Es ist oft zum Davonlaufen. Der Anblick des eigenen Schattens kann uns Angst einjagen. Zum Davonlaufen ... Weg von den Konflikten, weg von den zerbrochenen Beziehungen, weg von den Halbheiten und Inkonsequenzen, von Versagen und Schuld, weg, weit weg, ja nichts mehr davon hören, ja nichts mehr davon sehen. – So sind wir auf der Flucht vor unserem Schatten. Aber er sitzt uns auf den Fersen, er folgt uns mühelos. Noch, wenn wir auf der Flucht zusammenbrechen, unser Schatten bleibt.

Muß die Schatten-Geschichte so enden, daß man sich totläuft? Nein, es gibt noch eine andere Möglichkeit. Die Erzählung deutet sie an, in einem Nachsatz: »Wäre der Mann in den Schatten eines Baumes getreten, so wäre er seinen eigenen Schatten losgeworden. Aber darauf kam er nicht.« – Wie hätte er auch darauf kommen können, als er aus Angst vor seinem Schatten blindlings die Flucht ergriff? Man muß sehen lernen – und sich stellen, unter den Baum. Wo ist ein Baum, der unseren Schatten aufnimmt? Hier sind wir mit unserer Geschichte am Ende. Hier beginnt eine andere Geschichte, Gottes Geschichte mit uns. Gott hat sich der Sache angenommen, er hat sich unserer Schuld angenommen. Er

hat in unserer Mitte einen Baum aufgerichtet: den Baum des Kreuzes. Und er lädt uns ein, uns unter das Kreuz zu stellen.
Wer das tut, der muß nicht mehr von Angst gejagt vor seinem Schatten davonlaufen. Er darf sich aufgenommen und geborgen wissen. Dann kann er innehalten und sich seinem Schatten stellen. Er kann die finsteren Punkte wahrnehmen, die Dunkelheiten, die zu ihm gehören, sein Versagen, seine Pleiten, seine Sünden. Er kann dazu stehen, weil er sich geborgen weiß. Er muß sie nicht bei anderen suchen oder in den namenlosen Strukturen, er kann an seine eigene Brust schlagen. Er muß sich nicht herausreden, er kann sie sich eingestehen und sie aussprechen, dem anderen gegenüber, nicht zuletzt im Sakrament der Versöhnung.
Das ist wie eine Befreiung, wie eine Erlösung - in der Tat ein erlösendes Wort. Gott lädt uns ein, daß wir uns unter den Baum des Kreuzes stellen. Damit sind nicht mit einem Schritt alle Probleme gelöst und alle Konflikte versöhnt. Wer wollte das sagen - unter dem Kreuz! Damit ist unser Versagen nicht entschuldigt. Damit ist der Anspruch der Nachfolge Jesu nicht zurückgenommen. Aber wir haben einen Ort gefunden, wo wir stehen können. Wenn die Angst uns jagen will, sind wir im Schatten des Kreuzes geborgen. Ob nicht viele Menschen, vom Schatten gejagt, auf der Flucht sind, weil sie den Baum des Kreuzes nicht mehr wahrnehmen? Ob nicht - andererseits - viele Gott nicht mehr wahrnehmen, weil sie sich ihre Schuld nicht eingestehen? Das ist wie ein Teufelskreis!
Das ganze Evangelium ist eine Einladung, sich in den Schatten des Kreuzes zu stellen. Ich gebe diese Einladung an Sie alle weiter mit dem Wort des Apostels Paulus: »Gott war es, der in Christus die Welt mit sich versöhnt hat … und uns das Wort von der Versöhnung (zur Verkündigung) anvertraute. Wir sind also Gesandte an Christi Statt, und Gott ist es, der durch uns mahnt. Wir bitten an Christi Statt: Laßt euch mit Gott versöhnen!« (2 Kor 5,19 f.)

Bischof Franz Kamphaus in seinem Fastenhirtenbrief 1984 »Vergebung der Sünden«.

Firmung – verantwortlich leben

Vielleicht war bisher vieles fraglos.
Allmählich aber tauchen Fragen auf:

- **Wer bin ich?**
- **Wer hat mich gern?**
- **Wozu bin ich da?**
- **Was soll ich werden?**
- **Wohin soll ich gehen?**

Vieles habe ich,
manches möchte ich noch gerne haben,
doch je mehr ich habe,
um so größer wird mein Verlangen.
Warum werde ich nicht zufrieden?
Und wenn ich alles habe,

- einen Menschen, der mich mag
- einen Beruf, der mir gefällt
- etwas Zeit, die mir gehört
- genügend Geld, daß ich mir etwas leisten kann?

Manche sagen: Es muß im Leben
mehr als alles geben.
Aber ist dies nicht eine Täuschung?

Ein Berufsschüler schreibt:

Ich bin eine billige Arbeitskraft,
ich werde ausgenutzt,
meine Arbeit kotzt mich oft an.
Meine Eltern, meine Lehrer,
die Geistlichen in der Kirche,
der Meister;
keiner versteht mich richtig.
Sie alle meckern an mir herum
und lassen mich nicht tun,
was ich will.
Es müßte eigentlich einen geben
der mich nicht ausnutzt,
einen,
der mich versteht,
einen,
der mich ernst nimmt,
einen,
der mir meine Freiheit läßt,
einen,
der mich froh macht...

Als Christ glaube ich an ein Leben, in
dem es mehr gibt als Disco, Sex und Auto.
Aber *glaube* ich wirklich?
Warum *glaube* ich eigentlich?
Vielleicht
aus alter Gewohnheit –
oder
weil ich mich vor dem Tod fürchte –
oder
nur so für alle Fälle?
oder
glaube ich,
weil meine Eltern mich zwingen –
oder
weil Predigten mir Angst einjagen?
oder
glaube ich,
um meine Seele zu retten –
oder
weil ich besser sein will als die anderen?

Andreij M. Sinjawskij

Deine Fragen sind auch meine Fragen

Auch wir Eltern haben keine fertigen Antworten.
Auch wir Eltern haben Ängste, Sorgen und Sehnsüchte:
Wie geht es weiter mit den Kindern?
Haben wir in der Erziehung alles richtig gemacht?
Was machen wir, wenn die Kinder aus dem Haus sind?
Ist der Arbeitsplatz noch sicher?
Und wenn einer von uns krank wird?

Die Lebenssituationen von Eltern und ihren heranwachsenden Kindern haben viele Ähnlichkeiten.
Jugendliche in der Pubertät fragen zum erstenmal ernsthaft nach dem Wozu und Wohin des Lebens.
Eltern in der Lebensmitte fragen erneut:
Wozu mein bisheriges Leben?
Wozu all die Anstrengungen und die Bequemlichkeiten?
Wohin geht der weitere Lebensweg mit dem Partner, im Beruf, mit den Kindern...?

Zwei Generationen begegnen sich mit ähnlichen Fragen in der gleichen Familie.
Es ist gut, wenn auch Eltern sich eingestehen, daß sie Fragen und Wünsche haben.

An unsere Kinder

Jemand, der uns Eltern trösten wollte, hat einmal gesagt, Eltern, die heute vor schwerem Kummer mit ihren Kindern bewahrt bleiben, müßten eigentlich eine Art Luxussteuer zahlen, denn der Kummer gehört heute schon fast dazu.
Aber das liegt nicht nur an Euch. Denn auch wir sind es, die Euch vielleicht Kummer machen.
Aber habt Geduld mit uns! Laßt uns auch Zeit, um den weiteren Weg zu finden.
Manchmal ist es nur Angst und Sorge um Euch, die uns erregt.
Aber auch die Verantwortung, solange ihr uns anvertraut seid.

Wir wissen, daß ihr nicht unser Leben kopieren sollt.
Wir wissen auch, wie schwer es ist, Erfahrungen weiterzugeben.

Aber was uns besonders schwerfällt, ist, Abschied zu nehmen. Alles, was man für wertvoll hält, möchte man behalten. Aber ihr sollt selbständig werden. So müssen wir lernen, uns immer mehr zu lösen, um dennoch miteinander verbunden zu bleiben.

An meine Eltern

Manchmal denke ich nach und sinne und frage, warum ich da bin. – Ob Ihr wohl wißt, daß ich Euch anvertraut bin für einige Jahre, aber nicht Euer Besitz bin? Ihr habt mich nicht so, wie man sich Dinge anschafft und dann mit ihnen umgeht, solange sie einem gefallen.

Meine Eltern,
wenn ich älter werde und anders, als Ihr es gewünscht habt, wenn Ihr bemerkt, daß mit mir ein anderes Leben begann, auch ein fremdes, das Eurem Leben nicht gleicht, werdet mir Freunde, die mich begleiten, so wie ich bin. Schenkt mir die Liebe, die annimmt, vertraut und begleitet, damit ich sie lerne und mutig weiterschenke. – Mein Vater und meine Mutter, wenn Ihr mich freigebt aus Liebe, kann ich mich finden und Euch und das Leben. Sonst nicht.

Eltern und Jugendliche suchen nach Antwort ...

Viele tausend Stimmen drängen an unser Ohr. Lichter und Sterne zeigen Richtungen, leuchten oder blenden.
Sterne im Banner der USA – Roter Stern in der Fahne der UdSSR – Ein Kranz gelber Sterne in der Flagge der Vereinten Nationen – Mercedes-Sterne auf den Straßen ...
und
ein *Stern* über Bethlehem ...
Stimmen, Lichter, Sterne – tausend Straßen führen hierhin und dorthin. Alle bieten uns Leben an, machen Versprechungen, locken und werben um uns.

Wohin sollen wir gehen?
Welcher Stimme dürfen wir uns anvertrauen?
Wem sollen wir uns anschließen?

Jesus Christus sagt:

Ich bin der Weg
Ich bin die Wahrheit
Ich bin das Leben

Johannes 14,6

Ich bin gekommen, damit sie das Leben haben und es in Fülle haben.

Johannes 10,10

Endlich einer, der sagt

Endlich einer, der sagt:
›Selig die Armen!‹
und nicht:
Wer Geld hat, ist glücklich!

Endlich einer, der sagt:
›Liebe deine Feinde!‹
und nicht:
Nieder mit den Konkurrenten!

Endlich einer, der sagt:
›Selig, wenn man euch verfolgt!‹
und nicht:
Paßt euch jeder Lage an!

Endlich einer, der sagt:
›Der Erste soll der Diener aller sein!‹
und nicht:
Zeige, wer du bist!

Endlich einer, der sagt:
›Was nützt es dem Menschen, wenn er die ganze Welt gewinnt!‹
und nicht:
Hauptsache vorwärtskommen!

Endlich einer, der sagt:
›Wer an mich glaubt, wird leben in Ewigkeit!‹
und nicht:
Was tot ist, ist tot!

Martin Gutl

Jesus, einer der mich versteht . . .

- einer der mich ernst nimmt
- einer der mir Freiheit läßt
- einer der mich neu beginnen läßt
- einer, der …

Jesus Christus – wes Geistes Kind?

Jesus hat in seinem Leben gezeigt, wer Gott für uns ist, wie Gott zu uns ist. Er ist ein Gott der Beziehung. Er mag uns, er kann uns leiden, er vergibt uns, er schenkt uns Kraft, immer wieder neu zu beginnen. In seinem Geist können wir leben.

Jesus wird der »Christus« genannt, weil er **der** mit Gottes Geist Begabte ist. »Christus« heißt »gesalbt sein« oder »besiegelt sein«. Salbung oder Besiegelung bedeutete auch »Übertragung von Vollmacht«.

Der Evangelist Lukas erzählt, wie Jesus sein öffentliches Wirken beginnt. Er geht zum Gottesdienst in die Synagoge seiner Heimatstadt Nazaret. Dort hält er seine erste Predigt:

»Als er aufstand, um aus der Schrift vorzulesen, reichte man ihm das Buch des Propheten Jesaja. Er schlug das Buch auf und fand die Stelle, wo es heißt: Der Geist des Herrn ruht auf mir, denn der Herr hat mich gesalbt …

Dann schloß er das Buch, gab es dem Synagogendiener und setzte sich. Die Augen aller in der Synagoge waren auf ihn gerichtet: Da begann er, ihnen darzulegen: Heute hat sich das Schriftwort, das ihr eben gehört habt, erfüllt.«

Lukas 4, 16–21

Vier Szenen aus dem Leben Jesu

Dann ordnete er an, die Leute sollten sich ins Gras setzen. Und er nahm die fünf Brote und die zwei Fische, blickte zum Himmel auf, sprach den Lobpreis, brach die Brote und gab sie den Jüngern; die Jünger aber gaben sie den Leuten, und alle aßen und wurden satt. Als die Jünger die übriggebliebenen Brotstücke einsammelten, wurden zwölf Körbe voll. Es waren etwa fünftausend Männer, die an dem Mahl teilnahmen, dazu noch Frauen und Kinder.
Matthäus 14, 19–21

Als sie Jericho verließen, folgte ihm eine große Zahl von Menschen. An der Straße aber saßen zwei Blinde, und als sie hörten, daß Jesus vorbeikam, riefen sie laut: Herr! Sohn Davids, hab Erbarmen mit uns! Jesus blieb stehen, rief sie zu sich und sagte: Was soll ich euch tun? Sie antworteten: Herr, wir möchten, daß unsere Augen geöffnet werden. Da hatte Jesus Mitleid mit ihnen und berührte ihre Augen. Im gleichen Augenblick konnten sie wieder sehen, und sie folgten ihm.
Matthäus 20, 29–30. 32–34

Als Jesus ankam, fand er Lazarus schon vier Tage im Grab liegen. Er sagte: Wo habt ihr ihn bestattet? – Da weinte Jesus. Dann rief er mit lauter Stimme: Lazarus, komm heraus! Da kam der Verstorbene heraus, seine Füße und Hände waren mit Binden umwickelt. Jesus sagte zu ihnen: Löst ihm die Binden und laßt ihn weggehen!
Johannes 11, 17. 34–35. 43–44

Da brachte man einen Gelähmten zu Jesus, der von vier Männern getragen wurde. Als Jesus ihren Glauben sah, sagte er zu dem Gelähmten: Mein Sohn, deine Sünden sind dir vergeben! – Steh auf, nimm deine Tragbahre und geh nach Hause. Der Mann stand sofort auf, nahm seine Tragbahre und ging vor aller Augen weg. Da waren alle außer sich; sie priesen Gott und sagten: So etwas haben wir noch nie gesehen.
Markus 2, 3. 5. 11–12

Christen – vom Geist Gottes begabt

In der Firmung werden auch wir als Christen, d. h. als Gesalbte und Besiegelte, erneut mit dem Geist Gottes bestärkt.
Was in der Taufe an uns geschehen ist, dem stimmen wir nun bewußt zu.
Die Weitergabe des Geistes Gottes begann damals an jenem jüdischen Pfingstfest, als die Jünger Jesu wieder alle versammelt waren.

Das Pfingstereignis:

Als der Pfingsttag gekommen war, befanden sich alle am gleichen Ort. Da kam plötzlich vom Himmel her ein Brausen, wie wenn ein heftiger Sturm daherfährt, und erfüllte das ganze Haus, in dem sie waren. Und es erschienen ihnen Zungen wie von Feuer, die sich verteilten; auf jeden von ihnen ließ sich eine nieder. Alle wurden mit dem Heiligen Geist erfüllt und begannen, in fremden Sprachen zu reden, wie es der Geist ihnen eingab.
In Jerusalem aber wohnten Juden, fromme Männer aus allen Völkern unter dem Himmel. Als sich das Getöse erhob, strömte die Menge zusammen und war ganz bestürzt; denn jeder hörte sie in seiner Sprache reden. Sie gerieten außer sich vor Staunen und sagten: Sind das nicht alles Galiläer, die hier reden? Wieso kann sie jeder von uns in seiner Muttersprache hören: Parther, Meder und Elamiter, Bewohner von Mesopotamien, Judäa und Kappadozien, von Pontus und der Provinz Asien, von Phrygien und Pamphylien, von Ägypten und dem Gebiet Libyens nach Zyrene hin, auch die Römer, die sich hier aufhalten, Juden und Proselyten, Kreter und Araber, wir hören sie in unseren Sprachen Gottes große Taten verkünden. Alle gerieten außer sich und waren ratlos. Die einen sagten zueinander: Was hat das zu bedeuten? Andere aber spotteten: Sie sind vom süßen Wein betrunken.

Apostelgeschichte 2, 1–13

Zum Verständnis des Textes:

Wind wird in der Bibel als Symbol für die Erfahrung der Gegenwart Gottes gebraucht.

Feuer wird in der biblischen Bildaussage als lebenspendendes Element gesehen, das verzehrt und umwandelt.

Pfingsten ist das jüdische Fest der Frühernte. Die Juden feierten an diesem Feste auch die Gesetzesverkündigung am Sinai.

Süßer Wein war ein besonders starkes Rauschgetränk. Oft war er mit Gewürzen vermischt und mit Honig versetzt.

In fremden Zungen reden ist ein Reden in religiöser Ekstase, das als ein Sprechen nicht menschlichen, sondern himmlischen Ursprungs angesehen wird. Anstatt Worte werden Laute gebraucht, die verstanden und gedeutet werden können.

Gefirmt mit Gottes Kraft – dem Heiligen Geist . . .

Wir haben das Versprechen Jesu Christi:

Und ich werde den Vater bitten, und er wird euch einen anderen Beistand geben, der für immer bei euch bleiben soll. Es ist der Geist der Wahrheit . . . ich werde euch nicht als Waisen zurücklassen.

Johannes 14, 16–18

Der Beistand aber, der Heilige Geist, den der Vater in meinem Namen senden wird, der wird euch alles lehren und euch an alles erinnern, was ich euch gesagt habe.

Johannes 14, 26

Ihr werdet die Kraft des Heiligen Geistes empfangen, der auf euch herabkommen wird.

Apostelgeschichte 1, 8

Die Frucht des Geistes aber ist Liebe, Freude, Friede, Langmut, Freundlichkeit, Güte, Treue, Sanftmut und Selbstbeherrschung.

Galaterbrief 5, 22–23

Ich glaube an den Heiligen Geist

Ich glaube,
daß er meine Vorurteile abbauen kann.
Ich glaube,
daß er meine Gewohnheiten ändern kann.
Ich glaube,
daß er meine Gleichgültigkeit überwinden kann.
Ich glaube,
daß er mir Phantasie zur Liebe geben kann.
Ich glaube,
daß er mir Warnung vor dem Bösen geben kann.
Ich glaube,
daß er mir Mut für das Gute geben kann.
Ich glaube,
daß er meine Traurigkeit besiegen kann.
Ich glaube,
daß er mir Liebe zu Gottes Wort geben kann.
Ich glaube,
daß er mir Minderwertigkeitsgefühle nehmen kann.
Ich glaube,
daß er mir Kraft in meinem Leiden geben kann.
Ich glaube,
daß er mir einen Bruder an die Seite geben kann.
Ich glaube,
daß er mein Wesen durchdringen kann.

Karl Rahner

Firmvorbereitung

Mit diesem Brief laden wir Dich ein. Eine Einladung kann man annehmen oder ablehnen. Eine Einladung wozu? wirst Du fragen.

Zur Firmung

Firmung hat etwas mit Deinem Glauben zu tun, mit Deinem Leben in der Kirche. Damals bei Deiner Taufe haben Deine Eltern und Paten gesagt: Wir glauben, und auch unser Kind soll ein Christ werden. Jetzt bist Du so alt, daß Du selbst sagen kannst: Ich glaube, ich will als Christ leben.
Es soll Dein eigener Wunsch sein, die Firmung zu empfangen.
Die Vorbereitung dazu erfolgt in Gruppen mit Jugendlichen Deines Alters und erwachsenen Gesprächspartnern.

Dein Pfarrer

Firmung

Das *neue Leben,* das der Christ in der Taufe empfängt, soll wachsen und sich entfalten. Für ein Kind geschieht das zunächst, indem es am Glaubensleben in Familie und Gemeinde teilnimmt und »mitglaubt«.
Eines Tages genügt es dem jungen Menschen nicht mehr zu sagen: Das machen meine Eltern auch so. Je älter er wird, um so mehr soll er eigene Glaubensschritte tun. Er muß selbst *entscheiden,* welchen *Weg* er einschlägt, welches Lebensprogramm er wählt, welches Ziel er sich setzt.

Die Firmvorbereitung

Einübung und Übernahme christlichen Lebens geschehen heute kaum noch selbstverständlich in einem christlich geprägten Elternhaus. Oft kommen Jugendliche erst wieder aus Anlaß der Firmung in Kontakt mit Kirche und glaubenden Menschen. Die unmittelbare Vorbereitung auf die Firmung in der Gemeinde sammelt Heranwachsende, die sich firmen lassen *wollen*, in Gruppen. Zusammen mit erwachsenen Christen aus der Gemeinde treffen sich diese Gruppen regelmäßig über einen längeren Zeitraum. Gespräche und gemeinsames Tun sollen helfen, Fragen und Probleme des eigenen Lebens besser zu erkennen, sie aus dem Glauben des eigenen Lebens verstehen und bewältigen zu lernen. Gleichzeitig soll so ein engerer Kontakt mit glaubenden Christen und mit der Gemeinde entstehen. Christ sein kann keiner allein, sondern nur in Gemeinschaft.
»Ein Stück Zukunftsmusik« wäre dies: Nicht der Firmtermin wird vorgegeben und mit ihm der zeitliche Rahmen der Firmvorbereitung, sondern: Die Firmgruppen – Bewerber und Begleiter – entscheiden sich für einen Termin, nachdem sie der Auffassung sind, jetzt hinreichend als Firmbewerber auf den Empfang des Sakramentes vorbereitet zu sein.

Die Firmgruppenleiter/innen

Im Auftrag und stellvertretend für die Gemeinde stellen sich glaubwürdige Frauen und Männer oder auch ältere Jugendliche, die bereits gefirmt worden sind, als Gesprächspartner und Begleiter für die Firmbewerber zur Verfügung. An und mit ihnen sollen die Heranwachsenden erfahren, wie christliches Leben heute verwirklicht werden kann. Vielleicht entdekken sie schon in der Gruppe: »Hier ist jemand, der mich mag. Christsein kann so oder so aussehen. Meine bisherigen Vorstellungen und Vorurteile muß ich korrigieren . . .« Dabei kommt diesen

»normalen Alltagschristen« oft eine größere Glaubwürdigkeit zu als dem Pfarrer. Denn von ihm erwarten Jugendliche ganz selbstverständlich, daß er von Berufs wegen »fromm reden muß«.
Die Firmgruppenleiter/innen treffen sich regelmäßig, um gemeinsam den Weg der Firmvorbereitung zu planen, um die nächsten Gruppentreffen vorzubereiten, um sich in Fragen der Gruppenarbeit *und* des eigenen Glaubens auszutauschen und gegenseitig zu stützen. So führt ihr Weg mit den Jugendlichen zur eigenen Firmerneuerung.

Das Firmalter

Unendlich viel ist in den vergangenen Jahren über das geeignetste Firmalter diskutiert und gestritten worden. Entscheidender als eine bestimmte Altersangabe dürfte aber die Beantwortung folgender Fragen sein:

- Wie ist die Lebens- und Glaubenssituation des Heranwachsenden?
- Kann in der Anmeldung/Bewerbung zur Firmung auch eine bewußte Zustimmung zu einem christlichen Leben vermutet werden?
- Wie selbständig und verantwortlich entscheiden die Jugendlichen in anderen Lebenssituationen (mit)?

Diese Fragen ehrlich beantworten heißt, das Firmalter eher höher als heute üblich anzusetzen und von der Firmung geschlossener Jahrgänge Abstand zu nehmen. Die untere Grenze »nicht vor dem 12. Lebensjahr« dürfte dann meist zu niedrig sein.

Der Firmpate/die Firmpatin

Der Pate oder die Patin ist persönlicher Begleiter und Helfer des Firmlings. Der Jugendliche soll deshalb den Paten selbst auswählen. Es kann durchaus der eigene Taufpate sein. Aber auch jeder andere erwachsene Christ, der selbst gefirmt ist. Dem Gefirmten ist der Pate weiterhin Helfer und Gesprächspartner. Das Patenamt kann auch von einer Gruppe wahrgenommen werden, die dann bei der Firmung selbst von einem Mitglied der Gruppe vertreten wird.

Der Spender der Firmung

Mit der Spendung der Firmung sind in erster Linie die Bischöfe beauftragt. Die Firmspendung durch den Bischof macht die Zugehörigkeit des einzelnen Christen zur Gesamtkirche deutlich und zeigt, daß er in ihr Verantwortung trägt. Da die Bischöfe aber wegen der Größe der Diözesen nicht häufig genug in die einzelnen Pfarreien kommen können, werden auch andere Priester des Bistums mit der Firmspendung beauftragt.

Die Firmfeier mit der Gemeinde

Weil Taufe, Firmung und Eucharistie als Einführungssakramente zusammengehören, sollte die Firmung innerhalb einer Eucharistiefeier gespendet werden. Firmung bedeutet auch endgültige Aufnahme in die Gemeinde.
Sie ist nicht nur ein Fest der Jugendlichen und ihrer Eltern und Paten. Durch die Beteiligung der Gemeinde soll deutlich werden, daß die Firmung den Christen in neuer Weise mit der Kirche verbindet. Vor der Gemeinde bekennt der Firmbewerber seine Bereitschaft zur Mitarbeit in der Kirche und verspricht, sich um ein christliches Leben zu bemühen. Diesen Auftrag kann er um so besser erfüllen, je mehr die Gemeinschaft der Gläubigen ihn trägt und stützt.

Spendung der Firmung

Die Firmung wird innerhalb einer Meßfeier gespendet, und zwar nach dem Evangelium. Die Firmlinge bekennen feierlich vor dem Bischof und der ganzen Gemeinde ihren Glauben.

Der Bischof (B) fragt die Firmlinge:
Widersagt ihr dem Satan und all seiner Verführung?
Die Firmlinge (F) antworten:
Wir widersagen.
B: *Glaubt ihr an Gott, den Vater, den Allmächtigen, den Schöpfer des Himmels und der Erde?*
F: *Wir glauben.*
B: *Glaubt ihr an Jesus Christus, seinen eingeborenen Sohn, unseren Herrn, der geboren ist von der Jungfrau Maria, der gelitten hat und begraben wurde, von den Toten auferstand und zur Rechten des Vaters sitzt?*
F: *Wir glauben.*
B: *Glaubt ihr an den Heiligen Geist, die heilige katholische Kirche, die Gemeinschaft der Heiligen, die Vergebung der Sünden, die Auferstehung der Toten und das ewige Leben?*
F: *Wir glauben.*
B: *Das ist unser Glaube, der Glaube der Kirche, zu dem wir uns in Jesus Christus bekennen.*

Nach der Erneuerung des Taufbekenntnisses betet der Bischof:

Lasset uns beten, Brüder und Schwestern, zu Gott, dem allmächtigen Vater, daß er den Heiligen Geist herabsende auf diese jungen Christen, die in der Taufe wiedergeboren sind zu ewigem Leben. Der Heilige Geist stärke sie durch die Fülle seiner Gaben und mache sie durch seine Salbung Christus, dem Sohne Gottes, ähnlich.

Nach einer kurzen Stille streckt der Bischof die Hände über die Firmlinge aus und betet:

Allmächtiger Gott, Vater unseres Herrn Jesus Christus, du hast diese jungen Christen in der Taufe von der Schuld Adams befreit, du hast ihnen aus dem Wasser und dem Heiligen Geist neues Leben geschenkt. Wir bitten dich, Herr, sende ihnen den Heiligen Geist, den Beistand. Gib ihnen den Geist der Weisheit und der Einsicht, des Rates, der Erkenntnis und der Stärke, den Geist der Frömmigkeit und der Gottesfurcht. Durch Christus, unsern Herrn.
A: Amen.

Jeder Firmling tritt nun, begleitet von seinem Paten, kurz vor den Bischof und nennt ihm seinen Namen. Der Bischof legt ihm die Hand auf den Kopf und zeichnet mit Chrisam ein Kreuz auf seine Stirn.
Dabei spricht er:

N., sei besiegelt durch die Gabe Gottes, den Heiligen Geist.

Der Firmling antwortet:

Amen.

Darauf verabschiedet ihn der Bischof mit dem Gruß:

Der Friede sei mit dir.

Zeichen der Firmung

Die Worte und Handlungen bei der Spendung eines Sakramentes sind sichtbare äußere Zeichen. Sie sind Zeichen für das, was Gott an uns und mit uns tut. Was die Worte und Handlungen bei der Firmung bezeichnen, das geschieht auch in uns. Die wichtigsten Zeichen bei der Firmung sind:

- *Handauflegung*
- *Salbung*
- *Besiegelung*

Handauflegung

Wenn ich jemandem die Hand auf die Schulter lege, möchte ich ihm zeigen, daß ich zu ihm stehe, daß er mit mir rechnen kann. Wenn ein Vater seinem Kind die Hand auflegt, so zeigt er damit an, daß er sein Kind annimmt und beschützt.
Im Alten Testament bedeutet das Auflegen der Hände darüber hinaus, den Segen Gottes weitergeben. Im Neuen Testament lesen wir, wie Jesus den Kindern die Hände auflegt und sie segnet (Mk 10, 16). Durch das Auflegen der Hände wurde auch die Vollmacht zu wichtigen Diensten in der alten Kirche weitergegeben. Dies geschieht heute noch z. B. bei der Weihe zum Diakon oder Priester.
Die Handauflegung durch den Bischof bei der Firmung will ausdrücken:

- *Gott schützt dich*
- *Gott segnet dich und steht zu dir*
- *Gott beauftragt dich als Christ zu leben*

Salbung

Ein weiteres Zeichen der Firmung ist die Salbung mit Chrisam. Chrisam ist eine Mischung aus Olivenöl und Balsam und wird am Gründonnerstag vom Bischof geweiht. Die Salbung ist zunächst ein Zeichen der Heiligung und Kräftigung. So werden Wunden gesalbt, damit sie besser heilen. Schon im Alten Testament ist die Salbung Zeichen für die Mitteilung des Geistes Gottes. Könige, Priester und Propheten wurden deshalb gesalbt. Gottes Geist sollte ihnen die Kraft geben, das Volk nach dem Willen Gottes zu führen. So wird auch Jesus im Neuen Testament der »Christos«, d. h. der Gesalbte genannt. »Gesalbter« heißt im Griechischen »Christos«, im Hebräischen »Messias«. Mit der Zeit wurde der Ehrentitel »Christos« für Jesus zum Eigennamen: »Jesus Christus«.
Bei der Taufe wird jeder durch die Salbung zu einem Christen. Die Salbung bei der Firmung macht deutlich, daß die erste Salbung zum Christen bei der Taufe nun selbstverantwortlich bestätigt und übernommen wird.

Gott aber, der uns und euch in der Treue zu Christus festigt und der uns alle gesalbt hat, er ist es auch, der uns sein Siegel aufgedrückt und als ersten Anteil (am verheißenen Heil) den Geist in unser Herz gegeben hat. 2 Korinther 1, 21–22

Besiegelung

Bei der Firmung spricht der Bischof: »Sei besiegelt durch die Gabe Gottes, den Heiligen Geist«.

Dabei macht er ein Kreuzzeichen auf die Stirn. Dieses Kreuz haben bei der Taufe neben dem Priester auch die Eltern und Paten zum erstenmal auf die Stirn des Kindes gezeichnet. Sie wollten damit zum Ausdruck bringen, daß sie durch ihr persönliches Leben den Segen Gottes weitergeben wollen. Viele Eltern machen auch später ihrem Kind ein Kreuzzeichen auf die Stirn, wenn es zur Schule geht oder für längere Zeit verreist.
In der Besiegelung soll die unverbrüchliche Treue Gottes zum Ausdruck kommen. So wie ein Siegel das Geschriebene beglaubigen, vor Fälschung schützen, seine Echtheit garantieren und die Unversehrtheit bewahren soll, so schützt und bewahrt uns Gott selber durch seinen Geist, den Christus uns gegeben hat.
So schreibt Paulus im Brief an die Epheser:
Durch Christus habt ihr das Siegel des verheißenen Heiligen Geistes empfangen, als ihr den Glauben annahmt.

Epheser 1, 13

Das christliche Leben, das wir mit der Taufe übernommen haben, wird also durch die Firmung noch einmal besiegelt und beglaubigt. Gott nimmt seine Zusage nicht zurück. So sagt man auch, die Firmung prägt uns ein »unauslöschliches Merkmal« ein. Deshalb kann die Firmung – wie auch die Taufe – nur einmal im Leben empfangen werden.

Gestaltung des Firmtages zu Hause

Hierfür ist vor allem der gefirmte Jugendliche selbst verantwortlich. Es ist schließlich sein Fest. Er hat sich zur Firmung entschieden.
Er sollte deshalb rechtzeitig mit seinen Eltern und Geschwistern überlegen:

- Wen laden wir zur Firmung ein? (persönliche Freunde, Verwandte . . .)
- Wie können wir ein gemeinsames Essen gestalten? (lieber einfach und beengt zu Hause als in einer anonymen Gaststätte)
- Was können wir nach dem Essen tun?
- Wie halte ich es mit den Geschenken? Vielleicht könnte in der Firmgruppe abgesprochen werden, sich zur Firmung einen Geldbetrag schenken zu lassen, mit dem die Firmgruppe ein entsprechendes Projekt in der Pfarrei oder in der Dritten Welt unterstützt. Andere sinnvolle Geschenke wären: ein Kreuz, eine Heilige Schrift, ein Bild bzw. ein Buch des Namenspatrons.

Jugendgruppe

Vielleicht können die Treffen mit den Firmgruppenleitern auch nach der Firmung fortgesetzt werden. In jedem Falle sollte die Gemeinde in Kontakt mit den jungen Christen bleiben. Dies gelingt am besten über Jugendgruppen, Treffpunkte und Freizeiten. Hier können die Jugendlichen ihr Leben mit anderen teilen, bedenken, besprechen und feiern. Aus solchen Begegnungen entstehen oft Freundschaften für ein gutes Stück des Lebens.

Nach der Firmung ist nicht Schluß

Vielleicht fragst du dich, was denn die Firmung eigentlich in deinem Leben bewirkt hat. Du spürst nicht, daß sich bei dir etwas geändert hat. Nach der Firmung fühlst du dich nicht anders als vorher. Dabei hast du manchmal das Gefühl, etwas Besonderes leisten zu müssen. Irgendwie müßte es doch anders werden in der Schule, im Betrieb, mit dem Freund oder der Freundin, mit dem ewigen Krach zu Hause, mit den Kriegen in der Welt ...

Auch Christus hat nicht die ganze Welt bewegt. Er hat nicht einmal Volksmassen begeistern können.
Nur eine kleine Schar von Leuten hörte ihm zu und ging mit ihm.
Aber er war aufmerksam für die Not, das Leid und die Sorge jedes einzelnen Menschen, den er zufällig traf: unterwegs einen Kranken, eine Frau beim Wasserschöpfen, eine Sünderin, einen unzufriedenen Zollbeamten, Kinder. Es waren nicht große Dinge, keine großen Taten.

Die kleinen Taten
verändern die Welt.
Was der Sekundenzeiger
leistet, macht den Wert
der Stunde aus,
und die Zahlen
hinter dem Komma
werden in der Endrechnung
nicht vergessen.

Rudolf Otto Wiemer

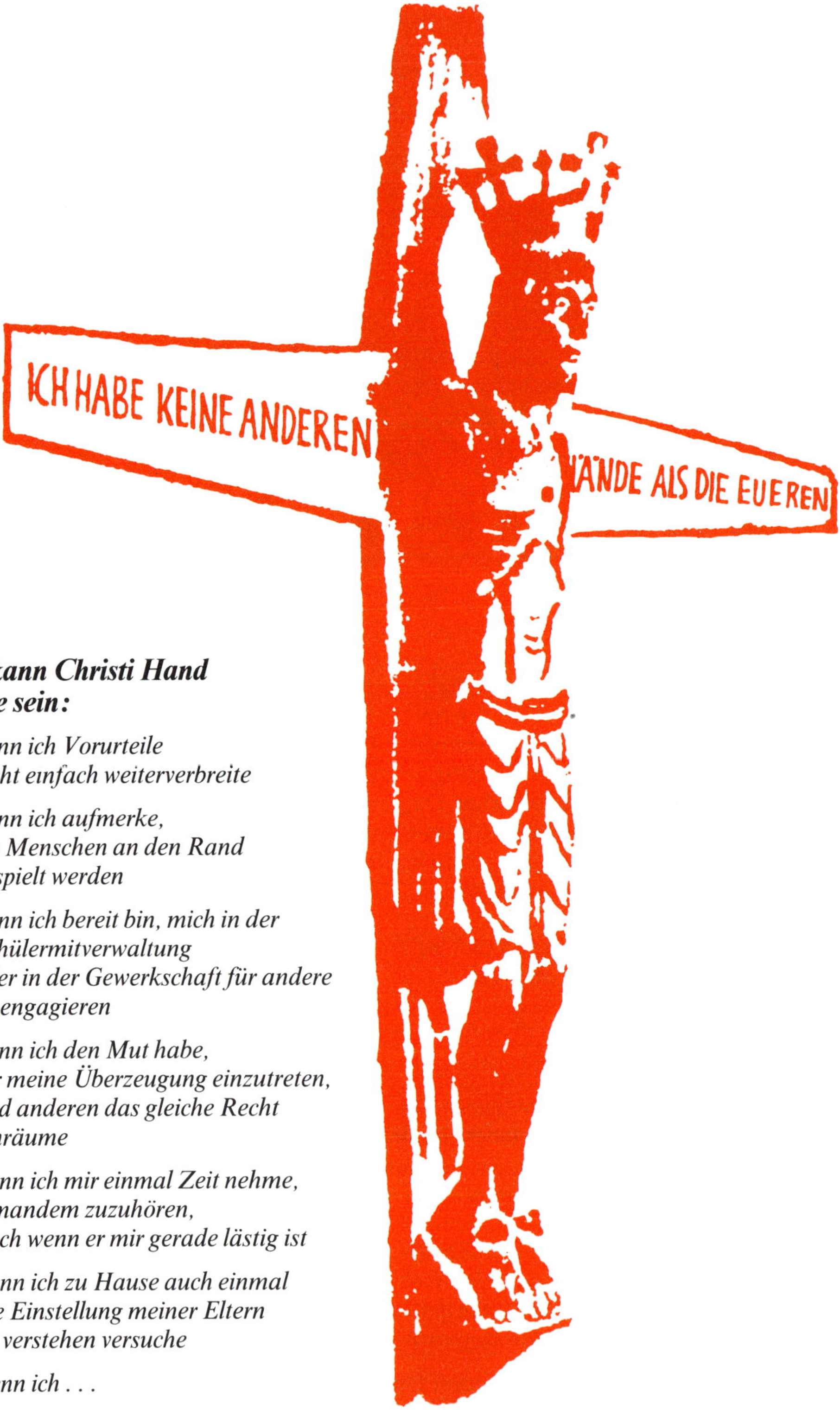

Ich kann Christi Hand heute sein:

- *wenn ich Vorurteile nicht einfach weiterverbreite*
- *wenn ich aufmerke, wo Menschen an den Rand gespielt werden*
- *wenn ich bereit bin, mich in der Schülermitverwaltung oder in der Gewerkschaft für andere zu engagieren*
- *wenn ich den Mut habe, für meine Überzeugung einzutreten, und anderen das gleiche Recht einräume*
- *wenn ich mir einmal Zeit nehme, jemandem zuzuhören, auch wenn er mir gerade lästig ist*
- *wenn ich zu Hause auch einmal die Einstellung meiner Eltern zu verstehen versuche*
- *wenn ich . . .*

Abschied vom kindlichen Glauben

Den Jugendlichen fällt es schwer, angesichts des Elends in der Welt einfach an den ›lieben Gott‹ zu glauben, ›der alles so herrlich regieret‹. Sie erfahren, daß der biblische Bericht von der Erschaffung der Welt nicht mit den naturwissenschaftlichen Erkenntnissen der Weltentstehung zu vereinbaren ist...
Sie hören so vieles, wissen manches, und immer wieder tauchen neue Fragen auf. Unglaube? – vielleicht eher eine Krise, ähnlich dem Stimmbruch in der Pubertät. Aber zu schnell sollte man die Probleme nicht abtun. Haben nicht viele Eltern ähnliche Fragen gehabt und haben sie noch heute – vielleicht verdrängt oder zumindest nicht geäußert aus Angst oder Unsicherheit?
Könnten die Fragen der Jugendlichen nicht Anlaß sein, sich auch über den eigenen Glauben wieder einmal neu Rechenschaft zu geben, miteinander zu reden und sich gemeinsam zu informieren?

Unglaube aus Protest

Macht und Einfluß der Kirche – das Auftreten von Papst und Bischöfen – Unglaubwürdigkeit des Pfarrers oder einzelner Christen oder auch der ›fromme Kirchgänger‹ können mißtrauisch machen. Ist das wirklich die Kirche und der Glaube, den Christus gewollt hat? Pauschale und allgemeine Kritik sind nicht gerechtfertigt. Doch sachlich begründete Kritik dient dem eigenen Glauben und dem Leben der Kirche.

Leben ohne Gott

Jugendliche und Erwachsene begegnen heute anderen, oft guten Bekannten und Freunden, denen Gott nichts bedeutet. Sie sind zufrieden mit dem, was sie haben, mit dem, was sie sind.
Solche Menschen fordern den Glauben in besonderer Weise heraus:
Christentum ist nicht mehr konkurrenzlos.
Mehr denn je müssen Christen heute ihren Glauben vor sich und anderen rechtfertigen.

Hilft der Glaube leben?

Das Gespräch zwischen Eltern und Jugendlichen kann beiden Seiten helfen. Wichtig für ein solches Gespräch ist

bei den Eltern:
- Vertrauen in die eigenen guten Erziehungsabsichten haben
- Freisein von vorschnellen Schuldgefühlen, etwas falsch gemacht zu haben
- eigene Fragen zulassen
- sich der eigenen Jugend erinnern
- Fragen der Jugendlichen ernst nehmen
- günstige Gesprächsgelegenheiten wahrnehmen
- Mut haben, auch eigene Enttäuschungen und Freuden mitzuteilen.

bei den Jugendlichen:
- zu den eigenen Fragen und Problemen stehen
- nicht vorschnell Antworten übernehmen, sondern selbst ernsthaft suchen
- sich in die Lebenssituation der Eltern versetzen

- Verhalten und Einstellungen der Eltern und Erwachsenen gerecht beurteilen
- im Gespräch zur Information bereit sein
- Rechenschaft über die Absicht der eigenen Fragen geben.

Langmut – Güte – Treue
sind Gaben des Heiligen Geistes. Sie helfen zum guten Umgang miteinander.

Ein Gramm Beispiel gilt mehr als ein Zentner guter Worte.

Franz von Sales

Wie man einen Menschen bekehrt

Martin Buber überliefert in den »Erzählungen der Chassídim« folgende Geschichte:
Ein Vater brachte seinen Sohn zum Rabbi und klagte, daß der im Lernen keine Ausdauer habe. »Laß ihn mir eine Weile hier«, sagte der Rabbi. Als er mit dem Jungen allein war, legte er sich hin und bettete das Kind an sein Herz. Schweigend hielt er es am Herzen, bis der Vater kam. »Ich habe ihm ins Gewissen geredet«, sagte er, »hinfort wird es ihm an Ausdauer nicht fehlen.«
Der Junge wurde Rabbi – und wenn er diese Begebenheit erzählte, fügte er hinzu: »Damals habe ich gelernt, wie man einen Menschen bekehrt.«

So können die sich ändern

Zu Mark Twain kam einmal ein 17jähriger und erklärte: »Ich verstehe mich mit meinem Vater nicht mehr. Jeden Tag Streit. Er ist so rückständig, hat keinen Sinn für moderne Ideen. Was soll ich machen? Ich laufe aus dem Haus.«
Mark Twain antwortete: »Junger Freund, ich kann Sie gut verstehen. Als ich 17 Jahre alt war, war mein Vater genauso ungebildet. Es war kein Aushalten. Aber haben Sie Geduld mit so alten Leuten. Sie entwickeln sich langsamer. Nach 10 Jahren, als ich 27 war, da hatte er so viel dazu gelernt, daß man sich schon ganz vernünftig mit ihm unterhalten konnte. Und was soll ich Ihnen sagen? Heute, wo ich 37 bin – ob Sie es glauben oder nicht – wenn ich keinen Rat weiß, dann frage ich meinen alten Vater. So können die sich ändern!«

Was bleibt?

Was bleibt, wenn Kinder beginnen, ihre eigenen Wege zu gehen?
Unser Wort bleibt: Du hast immer eine offene Tür, wenn du heimkommst, in jedem Zustand.
Unser Vertrauen, das sie am dringendsten brauchen, wenn wir meinen, es sei unterbrochen, bleibt. Das Gebet, das noch Brükken baut, wo alle Brücken abgebrochen scheinen.
Und die zuverlässige Güte Gottes, der sie führt, wie er uns geführt hat.
»Himmel und Erde vergehen. Mein Wort bleibt in Ewigkeit«, sagt Jesus Christus.
Wer sich um Kinder sorgt, findet hier, wenn alles auseinanderbricht, den festen Boden, auf dem er mit ihnen zusammen bleiben kann.

Jörg Zink

Regeln für den Umgang –

von Eltern zusammengestellt, die ihre Erfahrungen gemacht haben.

Dein Kind wird 14 ...
Wenn du bisher keine Zeit für dein Kind hattest, wird die nächste Zeit schwierig!

Wundere dich nicht, wenn Konflikte jetzt häufiger werden, – sie sind notwendig.

Glaube nicht, nur deine Kinder sind schwierig, auch andere Eltern haben solche Probleme!

Sorge dafür, daß deine Pfarrei Gesprächsmöglichkeiten über solche Probleme schafft!

Bleibe gelassen, religiöse Widerborstigkeit richtet sich nicht gegen Gott, sondern gegen dich!

Du bist der Stein, an dem dein Kind sich abschleift, aber du bist nicht sein Feind!

Auch die größten Meinungsunterschiede werden auf einer gemeinsamen Plattform ausgetragen: Zusammengehörigkeit, Liebe, Vertrauen, Offenheit.

Auch deine Kinder äußern manchmal vernünftige Meinungen und Wertvorstellungen, die du übernehmen kannst.

Streiten schließt Für-einander-Beten nicht aus.

Interessiere dich für die Interessen, Moden, Freunde deiner Kinder, aber motze nicht an allem herum! – Und laß das Tagebuch deiner Kinder zu!

Erkaufe dir nicht eine harmonische Beziehung zu deinem Kind!

Kinder sind oft wie ein Spiegel. Sie gehen mit dir um, wie du mit deinem Partner umgehst.

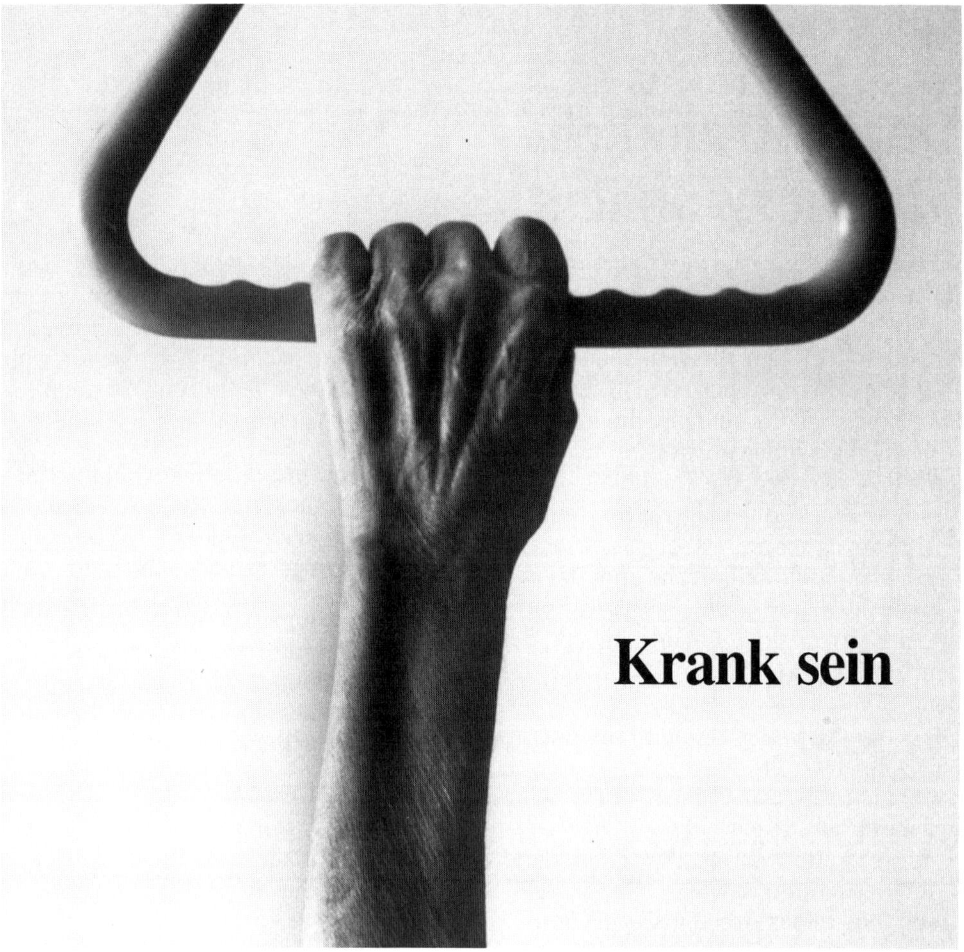

Krank sein

Wer gelitten hat
wird verstehen können
Wer verwundet ist
wird heilen können
Wer geführt ist
wird weisen können
Wer getragen ist
wird tragen können

Martin Gutl

Jeder Mensch will leben, will glücklich leben. Unbeschwerte Lebensfreude – das ist sein größter Wunsch. Wir wehren uns gegen alles, was dem entgegensteht. Gott will unsere Freude. Er hat seinen Sohn gesandt, daß er uns das Leben verspricht und die Botschaft der Freude verkündet:

Er zog in ganz Galiläa umher, lehrte in den Synagogen, verkündete das Evangelium vom Reich und heilte im Volk alle Krankheiten und Leiden. Und sein Ruf verbreitete sich in ganz Syrien. Man brachte Kranke mit den verschiedensten Gebrechen und Leiden zu ihm . . . und er heilte sie alle.

Matthäus 4, 23–24

Dennoch kennt das Leben nicht nur frohe Stunden. Das Glück des Lebens wird spürbar bedroht, wenn sich Krankheiten einstellen, vor allem lang dauernde oder gar unheilbare Krankheiten.

Durch Krankheit wird vieles anders

Wenn einer krank ist, spürt er mehr als sonst, wie sehr er auf Hilfe anderer angewiesen ist. Mehr als medizinische Betreuung braucht er die Erfahrung menschlicher Nähe. Er sehnt sich nach Menschen, die einfach bei ihm sind, die ihn in der Angst nicht allein lassen, die seine Schmerzen lindern, die ihm helfen, seine Krankheit nicht nur zu ertragen, sondern positiv anzunehmen.

In solch menschlicher Nähe ahnt der Kranke etwas von Gottes Liebe, wächst in ihm das Vertrauen, daß Gott ihn hält, gewinnt er neue Kräfte, sein Leben zu bejahen.

Die Krankheit versetzt den Menschen in eine ganz neue Situation:

- herausgerissen aus der gewohnten Umgebung
- abgeschnitten vom täglichen Umgang mit den Mitmenschen
- unfähig, seiner Arbeit nachzugehen
- verurteilt zum Nichtstun
- angewiesen auf die Hilfe anderer
- erfahren müssen, wie brüchig und anfällig das Leben ist.

Die Krankheit kann aber auch zu tieferer Einsicht führen. Sie kann dem Menschen helfen, das Wesentliche und Bleibende in seinem Leben zu entdecken und zu bedenken. Sie kann zu bewußterem Leben führen oder dem Leben eine neue Richtung geben. Die Frage nach Gott erhält neue Antworten.

Aus Gesprächen mit Kranken

- Daß ich hier liege, das hat mich ganz aus der Bahn geworfen. Ich bin ja noch nie krank gewesen. Eigentlich wehre ich mich sogar dagegen. Ich bin ständig bemüht, mir nichts anmerken zu lassen. Aber dann spüre ich, es geht einfach nicht. Und ich denke mir, vielleicht ist diese Erfahrung für mich sogar ganz wichtig . . .

- Wie lange liege ich hier wohl noch? Wenn so gar kein Ende abzusehen ist, verliert man die Geduld. Ich bin es leid, ich mag einfach nicht mehr . . .

- Das schlimmste für mich ist, daß ich dauernd Hilfe brauche. Für jede Kleinigkeit muß ich jemanden bitten. Das kommt mir ganz schwer an. Ausgerechnet ich, die nie einen anderen nötig hatte . . .

- Ich freue mich, daß mich so viele besuchen kommen. Bei manchem geht mir ja die Rederei auf die Nerven. Aber andere kommen, mit denen hatte ich gar nicht gerechnet. Da lernt man Menschen auch mal von einer ganz anderen Seite kennen . . .

- Ich habe erfahren müssen, das Leben geht auch ohne mich weiter. Erst dachte ich, die Welt müßte stehenbleiben. Aber ich habe gelernt, auch anderen mal Verantwortung zu überlassen. Das macht mich inzwischen ruhig und gelassen . . .

- Ich glaube, es sieht ernst aus. Sie reden mir zwar alle gut zu und sie tun hier, was sie können. Aber ich spüre selbst, was los ist . . . Irgendwie muß ich jetzt alleine damit fertig werden, und doch habe ich Angst vor der Wahrheit . . .

- Wenn mir das einer vorher gesagt hätte ... Ich kann es nicht ertragen, hier zu liegen, während andere das Leben genießen. Ich hatte so viele Pläne. Soll das jetzt alles vorbei sein? Und welchen Sinn hat das alles? Ich verstehe das nicht. Warum muß gerade mich das treffen?
- Seit meiner Kindheit habe ich mich nie mehr so intensiv mit Gott beschäftigt. Ich hatte ja auch sonst kaum Zeit dazu, oder habe mir auch eingebildet, es ginge auch so. Und dann war plötzlich alles anders ... Ich habe wieder beten gelernt.

Die aber, die dem Herrn vertrauen, schöpfen neue Kraft, sie bekommen Flügel wie Adler. Sie laufen und werden nicht müde, sie gehen und werden nicht matt.

Jesaja 40, 31

»Die Last hat mich stark gemacht.«

Durch eine Oase ging ein finsterer Mann, Ben Sadok. Er war so gallig in seinem Charakter, daß er nichts Gesundes und Schönes sehen konnte, ohne es zu verderben.
Am Rande der Oase stand ein junger Palmbaum im besten Wachstum. Der stach dem finsteren Araber in die Augen. Da nahm er einen schweren Stein und legte ihn der jungen Palme mitten in die Krone. Mit einem bösen Lachen ging er nach dieser Heldentat weiter.
Die junge Palme schüttelte sich und bog sich und suchte, die Last abzuschütteln. Vergebens. Zu fest saß der Stein in ihrer Krone.
Da krallte sich der junge Baum tiefer in den Boden und stemmte sich gegen die steinerne Last. Er senkte seine Wurzeln so tief, daß sie die verborgene Wasserader der Oase erreichten, und stemmte den Stein so hoch, daß die Krone über jeden Schatten hinausreichte. Wasser aus der Tiefe und Sonnenglut aus der Höhe machten eine königliche Palme aus dem jungen Baum.
Nach Jahren kam Ben Sadok wieder, um sich an dem Krüppelbaum zu freuen, den er verdorben. Er suchte vergebens. Da senkte die stolzeste Palme ihre Krone, zeigte den Stein und sagte: »Ben Sadok, ich muß dir danken. Deine Last hat mich stark gemacht.«

Aus Afrika

Jesus begegnet Kranken

Die Hl. Schrift sieht in der Krankheit ein Zeichen dafür, daß wir in einer Welt leben, die unvollkommen ist. Diese Welt ist kein Paradies.
Auch Christus machte aus der Welt kein Paradies. Aber er wollte den Menschen helfen und sie zum Heil führen.
Jesus begegnet dem Menschen, einem kranken Menschen. Er, der von oben kommt, ist bei ihm, ganz unten, in den Niederungen der Angst, der Schmerzen, der Trauer, des Alleinseins, getrennt von den ungetrübten Freuden des Lebens, vom unbeschwerten Glück menschlichen Miteinanderseins.
Der Kranke hebt die Hände, Ausdruck der Hoffnung, Geste des Vertrauens. Jesus ist ihm ganz nahe, berührt ihn mit der Hand, legt sie ihm auf die Stirn – Zeichen der Liebe und Annahme, Geste der Heilung.
Jesus will Menschen heil machen, daß sie sehen, hören, sprechen können, gehen, leben können ...
Doch Jesus schenkt durch seine Nähe mehr als das:
Jesus will Mut machen, Kraft und Gelassenheit geben. Er nimmt nicht jedes Leid, aber er hilft, daß wir es tragen können. Sich von ihm heilen lassen heißt, daß wir uns von ihm erneuern lassen, ein neuer Mensch werden, an der Wurzel, in unserer Mitte: »Dein Glaube hat dich heil gemacht!«

Heilung eines Aussätzigen

Ein Jugendlicher hat in seinem Kranksein so gebetet:

O Herr, hilf mir.
Ich bin wie in einer Schachtel,
die mit Seilen verschnürt ist.
Hilf mir, diese Seile zu durchschneiden,
so daß sie herabfallen.
Hilf mir dann, den Deckel zu heben,
und wirf ihn weg,
so daß ich hinaussteigen kann.

Wenn in unserer Familie jemand krank wird

– Dabei sein

Nicht jede Krankheit ist gleich ernst. Oft ist es darum schon gut, wenn wir dem Kranken helfen, daß ihm die Zeit nicht zu lang wird: Mit ihm sprechen, Neuigkeiten erzählen von dem, was »draußen« geschieht oder ihm etwas vorlesen. Vor allem für ein krankes Kind müssen wir uns Zeit nehmen, um mit ihm zu spielen oder ihm Geschichten zu erzählen.
Wer krank ist, hat vor allem Angst vor dem Alleinsein. Deshalb ist das wichtigste, was wir für ihn tun können, bei ihm zu sein, seine Hand zu halten, Gesicht und Haare zu streicheln, ihm ein gutes Wort zu sagen. Kleine Aufmerksamkeiten sind da oft eine große Hilfe. Wir können ihm die Kissen zurechtrücken, Stirn und Lippen kühlen, die Füße wärmen; das tun, was nötig ist, oder was die Liebe uns zu tun rät.

– Zuhören können

Dem Kranken tut es gut, über seine Schmerzen und seine Ängste zu sprechen und Verständnis zu finden. Da ist Zuhören zunächst wichtiger als Reden! Wenn wir aber mit ihm sprechen, sollten wir ihm Dinge sagen, die ihm gut tun und ihm Mut machen. Wir sollten ihm sagen, daß wir bei ihm sind und ihm helfen; ihn wissen lassen, was er uns bedeutet, was er für uns und für andere getan hat; ihn an wichtige und frohe Ereignisse erinnern und ihm dafür danken.

– Die Wahrheit sagen

Am schwersten ist die Frage zu beantworten, ob und wann wir dem Kranken die Wahrheit über seinen ernst gewordenen Zustand sagen sollen. Es gibt dafür wohl auch keine allgemeine Regel. Rücksicht und menschliches Einfühlungsvermögen sind entscheidend. Der Kranke spürt meistens selbst, wie es um ihn steht. Mit ihm über seinen ernsten Zustand sprechen, heißt ja nicht, alle Hoffnung zu zerschlagen. Vielmehr können wir ihm helfen, daß die Angst vor dem Sterben durch das Vertrauen auf Gottes Liebe leichter wird.

– Das »Zuhause« erhalten

Bei schwerer Krankheit wird der Aufenthalt im Krankenhaus oft unvermeidlich sein. Dann ist es wichtig, daß wir ihn unserer Nähe vergewissern und alles tun, um ihm eine möglichst gewohnte Umgebung zu schaffen. Vor allem, wenn es zum Sterben kommt, dürfen wir ihn nicht mehr allein lassen. Wenn es die äußeren Voraussetzungen eben möglich machen, sollte er zu Hause sterben dürfen. Häufig sind wir dabei mit der erforderlichen Pflege allein überfordert. Vielerorts kann dies aber mit der Hilfe der Gemeindeschwester oder der Gemeindepflegestation (Sozialstation) möglich gemacht werden.
Nicht nur für den Kranken, auch für uns selbst sind Krankheit und Sterben schwere, aber auch reiche Erfahrungen für das Leben.

auslegung von lukas 8, 26ff.

wußten sie schon
daß die nähe eines menschen
gesund machen
krank machen
tot und lebendig machen kann
wußten sie schon
daß die nähe eines menschen
gut machen
böse machen
traurig und froh machen kann
wußten sie schon
daß das wegbleiben eines menschen
sterben lassen kann
daß das kommen eines menschen
wieder leben läßt
wußten sie schon
daß die stimme eines menschen
einen anderen menschen
wieder aufhorchen läßt
der für alles taub war
wußten sie schon
daß das wort
oder das tun eines menschen
wieder sehend machen kann
einen
der für alles blind war
der nichts mehr sah
der keinen sinn mehr sah in dieser welt
und in seinem leben
wußten sie schon
daß das zeithaben für einen menschen
mehr ist als geld
mehr als medikamente
unter umständen mehr
als eine geniale operation
wußten sie schon
daß das anhören eines menschen
wunder wirkt
daß das wohlwollen zinsen trägt
daß ein vorschuß an vertrauen
hundertfach auf uns zurückkommt
wußten sie schon
daß tun mehr ist als reden
wußten sie das alles schon
wußten sie auch schon
daß der weg vom wissen über das reden
zum tun
interplanetarisch weit ist

Wilhelm Willms

Krankensalbung – Sakrament des Lebens

Ist einer von euch krank? Dann rufe er die Ältesten der Gemeinde zu sich; sie sollen Gebete über ihn sprechen und ihn im Namen des Herrn mit Öl salben.
Das gläubige Gebet wird den Kranken retten, und der Herr wird ihn aufrichten; wenn er Sünden begangen hat, werden sie ihm vergeben. Jakobus 5, 14–15

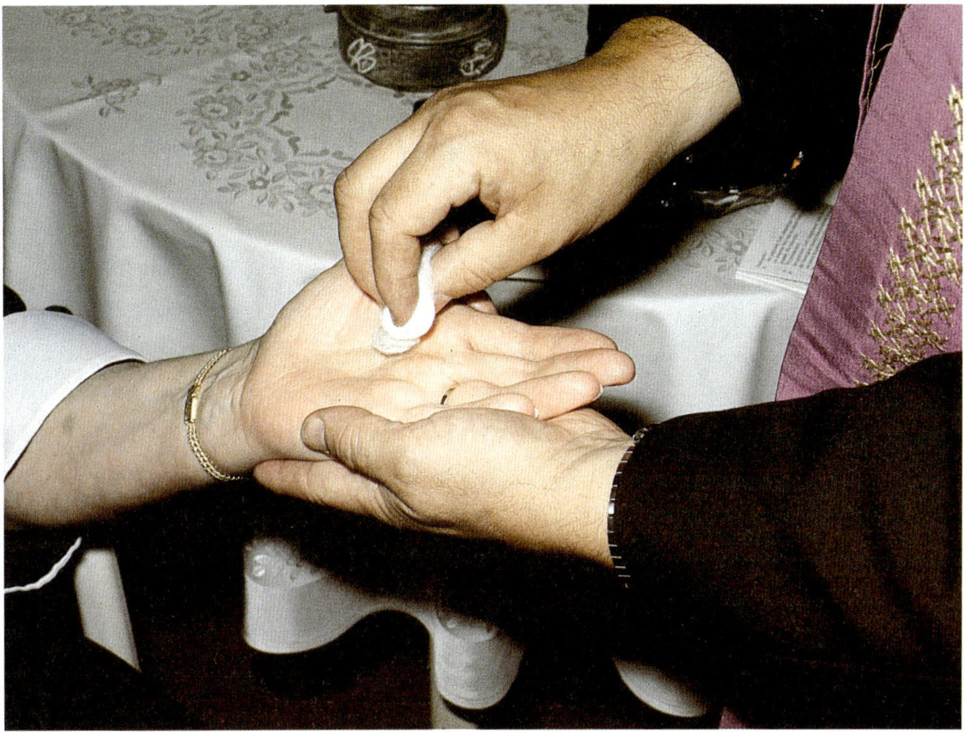

Die Krankensalbung hilft uns, Krankheit, Altersgebrechlichkeit und Sterben in Gemeinschaft mit Gott und Gottes Hilfe gut zu bestehen. Auch junge Menschen werden krank und brauchen Stärkung und Ermutigung.

Vielleicht ist uns die Bezeichnung »Letzte Ölung« noch vertraut, zumal der Priester früher oft erst im *letzten* Moment gerufen wurde. Aber sie ist irreführend, denn die Krankensalbung ist ein Sakrament des Lebens und nicht des Todes. Sie kann darum auch mehrfach gespendet werden. Nicht nur in akuter Lebensgefahr, sondern zum Beispiel auch vor einer schweren Operation soll die Krankensalbung die Lebenshoffnung stärken und das Vertrauen zu Gott festigen.

In manchen Gemeinden ist es schon zu einer guten Gewohnheit geworden, an bestimmten Senioren- oder Krankentagen alte oder kranke Menschen zum Empfang der Krankensalbung in einer gemeinsamen Feier einzuladen.

Wie leicht ist es für mich,
mit dir zu leben, Herr!
An dich zu glauben,
wie leicht ist das für mich!
Wenn ich zweifelnd nicht mehr weiter weiß
und meine Vernunft aufgibt,
wenn die klügsten Leute nicht weitersehen
als bis zum heutigen Abend
und nicht wissen,
was man morgen tun muß –
dann sendest du mir
eine unumstößliche Gewißheit,
daß du da bist
und dafür sorgen wirst,
daß nicht alle Wege zum Guten gesperrt
werden.

Alexander Solschenizyn

Die häusliche Feier der Krankensakramente

Auf einem Tisch im Zimmer des Kranken, der von ihm gut zu sehen ist, werden bereitgestellt:

- das Kreuz als Zeichen der Erlösung
- eine oder mehrere Kerzen, Symbol des auferstandenen Herrn, der das »Licht des Lebens« ist
- Weihwasser, das an die Taufe und die Christusgemeinschaft erinnert
- etwas Watte (bei der Krankensalbung)

Auch wenn die *Krankensalbung* im Krankenhaus gespendet wird, sollten die Angehörigen dabei sein und mit dem Personal die Vorbereitungen besprechen. Schon bevor der Priester kommt, wird man den Kranken nicht allein lassen, je nach Schwere der Krankheit bei ihm sein, mit ihm sprechen und mit ihm beten.

Wenn es möglich ist, sollten Angehörige, Freunde oder Hausbewohner zur Teilnahme an der Feier der Krankensalbung eingeladen werden.

Bei längerer Krankheit ist es gut, den Seelsorger oder einen Beauftragten der Gemeinde zur wiederholten Spendung der *Krankenkommunion* einzuladen. Es ist besonders sinnvoll, wenn Familienangehörige dem Kranken die Kommunion nach der Feier der heiligen Messe mit nach Hause bringen.

Texte und Gebete zur Krankenkommunion

Priester: *Friede sei mit diesem Haus und mit allen, die darin wohnen.*

Der Priester besprengt das Zimmer und den Kranken mit Weihwasser:

Dieses geweihte Wasser erinnert uns an den Empfang der Taufe und an Christus, der uns durch sein Leiden und seine Auferstehung erlöst hat.

Der Priester begrüßt den Kranken und alle, die bei ihm sind. Er lädt sie ein, mit ihm zu beten, daß der Kranke Erleichterung und Heil finde durch die Gnade und die Kraft Christi.

Wenn keine sakramentale Beichte abgelegt wird, folgt das gemeinsame Schuldbekenntnis.

Alle: *Ich bekenne Gott, dem Allmächtigen,*
und allen Brüdern und Schwestern,
daß ich Gutes unterlassen und Böses getan habe;
ich habe gesündigt in Gedanken, Worten und Werken
durch meine Schuld, durch meine Schuld,
durch meine große Schuld.
Darum bitte ich die selige Jungfrau Maria,
alle Engel und Heiligen
und euch, Brüder und Schwestern,
für mich zu beten bei Gott, unserem Herrn.

Priester: *Der allmächtige Gott erbarme sich unser. Er lasse uns die Sünden nach und führe uns zum ewigen Leben.*

Alle: *Amen.*

Lesung aus der Heiligen Schrift

Als Jesus nach Kafarnaum kam, trat ein Hauptmann an ihn heran und bat ihn: Herr, mein Diener liegt gelähmt zu Hause und hat große Schmerzen. Jesus sagte zu ihm: Ich will kommen und ihn gesund machen. Da antwortete der Hauptmann: Herr, ich bin nicht wert, daß du mein Haus betrittst; sprich nur ein Wort, und mein Diener wird gesund. Auch ich muß Befehlen gehorchen und habe Soldaten unter mir; sage ich nun zu einem: Geh!, so geht er, und zu einem andern: Komm!, so kommt er und zu meinem Diener: Tu das!, so tut er es.
Jesus war erstaunt, als er das hörte, und sagte zu denen, die ihm nachfolgten: Amen, ich sage euch: Einen solchen Glauben habe ich in Israel noch bei niemandem gefunden.
Und zum Hauptmann sagte Jesus: Geh! Es soll geschehen, wie du geglaubt hast. Und in derselben Stunde wurde der Diener gesund.

Matthäus 8, 5–13

Fürbitten

(Die Fürbitten wie auch die Lesung aus Matthäus 8 sind nur als Beispiele zu betrachten.)

Wir wenden uns in vertrauensvollem Gebet aus der Kraft unseres Glaubens an den Herrn und bitten inständig für unsere(n) Bruder (Schwester) N.

Herr komme mit deinem Erbarmen und stärke unsere(n) Bruder (Schwester) mit der heiligen Salbung.

Alle: *Wir bitten dich, erhöre uns.*

Mache ihn (sie) frei von allem Übel und allem Bösen.
Alle: *Wir bitten dich, erhöre uns.*

Stehe allen denen bei, die sich in dienender Sorge des (der) Kranken annehmen.
Alle: *Wir bitten dich, erhöre uns.*

Bewahre diese(n) Kranke(n) vor aller Sünde und Anfechtung.
Alle: *Wir bitten dich, erhöre uns.*

Laßt uns nun alle zusammen zu Gott dem Vater beten, wie unser Herr Jesus Christus uns zu beten gelehrt hat:
Alle: *Vater unser im Himmel ...*

Danach empfängt der Kranke die heilige Kommunion.

Jesus Christus hat uns beim Abendmahl die Speise seines Leibes und Blutes geschenkt, damit wir im Leben mit ihm vereint sind und im Sterben die Verheißung seiner Auferstehung empfangen: *Wer mein Fleisch ißt und mein Blut trinkt, hat das ewige Leben, und ich werde ihn auferwecken am letzten Tag.*

Johannes 6, 54

Priester: *Seht das Lamm Gottes, das hinwegnimmt die Sünde der Welt.*
Alle: *Herr, ich bin nicht würdig, daß du eingehst unter mein Dach, aber sprich nur ein Wort, so wird meine Seele gesund.*
Priester: *Christus bewahre dich und führe dich zum ewigen Leben.*

(Außer dem Kranken können auch die Angehörigen die hl. Kommunion empfangen.
In dem einen Herrn sind sie so dem Kranken noch tiefer verbunden.
Nach der Kommunion bleibt noch Gelegenheit zu stillem Gebet.)

Priester: *Laßt uns beten:*
Gott, dein Sohn ist für uns der Weg, die Wahrheit und das Leben.
Schaue gnädig her auf deinen Diener N. (deine Dienerin N.).
Er (sie) hat sich deinen Verheißungen anvertraut und ist gestärkt
durch den Leib und das Blut deines Sohnes. Laß seine (ihre) Hoffnung nicht zuschanden werden. Gib ihm (ihr) die sichere Zuversicht, einmal in dein Reich zu gelangen, wo alles Licht und Leben ist.
Durch Christus, unseren Herrn.
Alle: *Amen.*

Priester: *Es segne euch der allmächtige Gott,*
der Vater und der Sohn
und der Heilige Geist.
Alle: *Amen.*

Texte und Gebete zur Krankensalbung

Sie beginnt wie die Feier der Krankenkommunion. Nach den Fürbitten legt der Priester dem Kranken schweigend die Hände auf. Dies ist ein Zeichen, daß der Herr bei ihm ist, ihm seine Kraft und seinen Schutz schenkt.
Dann salbt der Priester die Stirn des Kranken:
Durch diese heilige Salbung helfe dir der Herr in seinem reichen Erbarmen, er stehe dir bei mit der Kraft des Heiligen Geistes.
Alle: *Amen.*
Der Priester salbt dann die Hände des Kranken:
Der Herr, der dich von Sünden befreit, rette dich, in seiner Gnade richte er dich auf.
Alle: *Amen.*
Priester: *Laßt uns beten:*
Wir bitten dich, Herr unser Erlöser: durch die Kraft des Heiligen Geistes hilf diesem (dieser) Kranken in seiner (ihrer) Schwachheit. Heile seine (ihre) Wunden und verzeih ihm (ihr) die Sünden. Nimm von ihm (ihr) alle geistigen und körperlichen Schmerzen. In deinem Erbarmen richte ihn (sie) auf und mache ihn (sie) gesund an Leib und Seele.
Der du lebst und herrschest in alle Ewigkeit.
Alle: *Amen.*

In Tagen der Krankheit

Gott, du kennst mein Leben
und schaust auf mich in den Tagen meiner Krankheit.
Dir vertraue ich alles an:
meine Sorgen,
meine Lieben daheim
und mein eigenes Schicksal.
Laß mich bald gesund werden,
wenn es zu meinem Heile ist.
Gib mir Kraft, alles zu tragen,
was mir auferlegt wird.
Dein Wille geschehe in meinem Leben.

Unser Kind ist krank

Herr, wir machen uns große Sorgen. Sonst ist es so lebhaft, daß es uns fast zuviel wird. Jetzt vermissen wir das Laufen durch die Wohnung, die Unordnung im Kinderzimmer, das laute Lachen, sein wißbegieriges Fragen.
Herr, laß es nicht zu lange dauern mit der Krankheit.
Zeig uns, wie wir helfen können.
Gib ihm und uns Geduld.
Herr, du hast die Kinder gesegnet und die Kranken geheilt. Schenke auch unserem kranken Kind deine Liebe.

Mein Partner ist krank

Herr, du lehrst uns beten:
Dein Wille geschehe.
Gerade weil wir uns lieben, ist es für uns
in dieser Stunde schwer zu begreifen,
daß du gut bist.
Mein Partner ist krank, schwer krank,
vielleicht unheilbar krank.
Ich bitte dich, laß ihn gesund werden.
Wenn seine Krankheit noch lange andauert,
schenke ihm Geduld und mir die Kraft,
ihm Mut zu machen.
Herr, wir wollen uns nicht wehren gegen das Kreuz,
das du uns tragen läßt.
Aber du weißt, wie schwer das sein kann.
Wir brauchen deine Kraft, damit wir auch
im Kreuz noch deine Liebe erkennen.

Alt werden

Was ein Alter
im Sitzen sieht,
kann
ein Junger
nicht
einmal
im Stehen
erblicken.

Aus Nigeria

Zwischen »Großen-Eltern« und »Kleinen-Kindern«

Menschen in der Mitte des Lebens stehen zwischen Jung und Alt. Wir haben eigene Kinder, kleinere und große, um die wir uns sorgen. Wir haben alte Eltern, die sich um uns gesorgt haben, und denen nun unsere Sorge gilt. Als ich neulich mit meinem zweieinhalbjährigen Sohn und meiner alten Mutter zur Kirche ging – beide an der Hand führend, damit die Unebenheiten des Weges sie nicht verunsicherten –, da wurde mir schlagartig bewußt: In keiner Lebensphase stehen wir noch einmal so sehr zwischen den Generationen, zwischen alt und jung. Wir wissen uns für beide verantwortlich. Gelegentlich bedrücken uns ihre Fragen und Probleme, manchmal schenken sie uns Freude und Glück.

Meine Mutter ist nicht nur die Oma. Mein Vater ist nicht nur der Opa. So sehr sie sich über die Enkel freuen, gilt ihre Sorge doch vor allem mir: ihrem Kind. Sie hören es gerne, wenn ich ›Mutter‹ und ›Vater‹ zu ihnen sage. Sie freuen sich, wenn ich Zeit für sie habe, sie anrufe oder gar ihnen einen Brief schreibe. Auch mir bedeuten sie viel. Ich weiß nicht, wie lange ich sie noch bei mir habe. Sie verlangen keinen Dank. Und ich weiß, daß ich ihnen nur wenig wiedergeben kann für alles, was ich von ihnen erfahren habe.

Miteinander wohnen ...?

Schönes Gesicht

Ich blicke so gern
das Gesicht meiner Mutter an.
Ein Gesicht,
umrahmt von dünnem,
fast weißem Haar;
ein Gesicht,
in dem man lesen kann,
daß ihr Leben schwer,
aber nicht ohne Freude war.

Ein Gesicht
von Furchen des Leids
und Fältchen des Lachens
durchgraben,
noch immer
von wachen Augen erhellt,
die so oft durchschaut
und getröstet haben.

Ich blicke so gern
das Gesicht meiner Mutter an,
das die scheidende Jugend
nicht künstlich
an sich band;
das so selbstverständlich
Reifen und Altern gewann,
als hätten wir's niemals
anders gekannt.

Christa Peikert-Flaspöhler

Von Jahr zu Jahr säst du die Menschen aus; sie gleichen dem sprossenden Gras. Am Morgen grünt es und blüht, am Abend wird es geschnitten und welkt.

Psalm 90, 5–6

Bei meinen Kindern wohnen
»Bei meinen Kindern zu wohnen, ist ja sehr schön. Meine Enkel kommen mich oft besuchen, immer ist jemand da – Langeweile kenne ich kaum. Manchmal wird's mir aber sehr schwer, wenn ich sehe, was die jungen Leute so machen. Da muß ich schon aufpassen, daß mir keine böse Bemerkung entweicht, sonst gibt's zu leicht Ärger.«

Im Altenheim wohnen
»Anfangs fiel mir das Leben im Heim nur unter alten Leuten schwer, ich war viel allein. Inzwischen habe ich hier Freunde gefunden, mit denen ich viel unternehmen kann. Jetzt fahre ich auch gelegentlich zu meinen Kindern. Das Zusammensein verläuft viel harmonischer als früher, wo wir uns täglich sahen.«

Allein wohnen
»Ich bin froh, daß ich meine eigene Wohnung noch halten kann. Zum Putzen kommt meine Tochter vorbei, sie wohnt ja gleich um die Ecke. Dort gehe ich auch wenigstens einmal täglich hin, um noch mal unter Menschen zu sein und mit jemandem zu reden.«

Nicht immer gestaltet sich das Zusammenleben zwischen alten Menschen und jungen Familien problemlos. Äußere Lebensbedingungen und Wohnsituationen sind häufig Ursache für eine gespannte Beziehung zwischen alten Eltern und erwachsenen Kindern.

Geht es ohne Mutter?

Am Anfang, als sie heirateten, war es ganz einfach gewesen. Die Mutter hatte sie zu sich in ihr Haus genommen. »Macht euch keine Sorgen, ich brauche nur ein kleines Zimmer, und ihr habt die ganze Wohnung für euch«, hatte sie ihren Kindern gesagt.
Dann war es so geblieben, die ersten Jahre. Die Mutter kochte für sie, die Mutter wusch die Wäsche, die Mutter gab ihnen auch das Geld für ihren ersten Wagen. Mit der Zeit wuchs das Einkommen, wuchsen die Ansprüche. Die alte Wohnung der Mutter wurde den jungen Leuten zu eng und unmodern, die Kochkunst der Mutter zu wenig abwechslungsreich. Da besprachen sich die jungen Eheleute, die sieben Jahre verheiratet waren und mittlerweile gut verdienten, und als sie eines Abends mit der Mutter um den Tisch saßen, sagte Wilhelm: »Mutter, wir haben Aussicht auf eine eigene Wohnung.« Die Mutter veränderte ihre Gesichtsfarbe und zitterte am ganzen Körper, sagte aber kein Wort.
»Versteh mich recht, Mutter, es ist nicht die Wohnung allein. Aber allmählich wird es zu viel für dich. Wir sehen, wie dir manchmal abends die Augen vor Müdigkeit zufallen. Oder wenn wir Gäste haben und du nebenan schläfst, schicken wir sie manchmal früher fort, damit sie dich nicht stören. Nun brauchst du auf niemanden mehr Rücksicht zu nehmen und kannst dich hinlegen, wann und wo du willst.«
»Nun ja«, sagte die Mutter und holte das Abendbrot herein. Sie aß an diesem Abend nur wenig, das Brot blieb ihr im Hals stecken. Aber sie tat sehr vergnügt und ließ sich von den Kindern erzählen, wie sie sich ihre neue Wohnung einrichten wollten: ein Arbeitszimmer, ein Schlafzimmer und ein kleines Zimmer, falls einmal jemand über Nacht blieb.
»Wenn du einmal abends nicht heimgehen willst, Mutter!« sagten sie. »Du siehst, für alles ist gesorgt.« Die Mutter lächelte und ließ ihnen die Freude, sie wollte keine Last, sie wollte umgänglich und taktvoll sein.

Großeltern als Miterzieher

Viele Großeltern haben Zeit und Ruhe, sich um ihre Enkelkinder zu sorgen. Manche versichern, für ihre eigenen Kinder nicht so viel Zeit gehabt zu haben wie für ihre Enkelkinder. Für die Kinder ist diese Erfahrung von unschätzbarem Wert. Ihre sonstige Umgebung, Eltern und andere Erwachsene, sind oft zu sehr von der Hektik des Berufs und Alltags bestimmt, sie haben nicht selten zu wenig Zeit für die Kinder, um mit ihnen zu spielen, ihnen zuzuhören, für sie dazusein. Großeltern sind oft schon von den Zwängen des Alltags befreit. Sie bieten dem Kind einen geschützten Lebensraum, in dem es sich entfalten kann. Dieser Lebensraum, gefüllt mit Geduld, Liebe und Gewährenlassen, ist für die Erziehung des Kindes höher einzuschätzen als die mögliche Gefahr einer Verwöhnung durch die Großeltern.

Darüber hinaus ver-›körpern‹ Großeltern geradezu die Familientradition. Sie können den Kindern erzählen, wer Tante Inge war und wo Onkel Hans wohnt, was er früher gemacht hat und warum er in der Familie solches Ansehen genießt. Sie können alte Fotos aus der Familiensammlung erklären und alles in bunt ausgeschmückten Erzählungen zum Leben erwecken. Sie sind es, die den Kindern Märchen und alte Lebensweisheiten erschließen, die ihnen biblische Geschichten erzählen und mit ihnen alte Volkslieder singen. Sie führen sie ein in alte Bräuche des Jahreskreises.
Die Beziehung der Großeltern zu Kindern und Enkeln stellt sich jedoch nicht immer so problemlos dar. Oft genug kommt es auch zu Spannungen – vor allem zwischen den Eltern und Großeltern. Da gibt es unterschiedliche Auffassungen über die Art der Erziehung. Eltern reagieren verärgert, wenn die Großeltern durch eine übermäßige Großzügigkeit den Enkeln gegenüber dem Verhalten der Eltern in den Rücken fallen. Unterschiedliche Lebensgewohnheiten in Kleidung oder bei den Mahlzeiten können zu Spannungen führen. Vor allem auch die religiöse Einstellung, das persönliche Glaubensleben in Gebet und Gottesdienstbesuch ist oft Grund zur Auseinandersetzung oder zur schweigend übergangenen Spannung, wenn Großeltern gegenüber gleichgültigen Eltern (oder umgekehrt) die Enkel zu Gebet und Gottesdienstbesuch anhalten.
Solche Spannungen wirken sich heute um so härter aus, da die Großeltern mit ca. 50 oder 60 Jahren anders als in früheren Generationen oft noch mitten im Leben stehen. Dies erschwert ihnen andererseits aber auch, in Ruhe und Gelassenheit des Rentenalters mit ihren Enkeln Beziehungen aufzunehmen. Oft wohnen sie dann noch weit von Kindern und Enkeln entfernt. Trotz all dieser Schwierigkeiten kann die positive Bedeutung der Großeltern als Miterzieher nicht überschätzt werden.

Ich gelangte zum Unglauben, nicht durch die Konflikte der Dogmen, sondern durch die Gleichgültigkeit meiner Großeltern.
Jean Paul Sartre

Briefe eines Enkelkindes

Liebe Omi!
Du warst vor einigen Tagen sehr lieb zu mir, das bist du ja nicht immer. Aber Du hast es Sonntag zugelassen, daß ich Coca trinken durfte und keine Kinderlimonade. Endlich wirst Du modern, und darüber freue ich mich. Küßchen
Deine Susi

Liebe Omi!
Endlich hast Du geschrieben. Du siehst, daß Du es auch in Deinem Alter noch kannst, Du brauchst es nur zu wollen.
Deine Susi

Liebe Omi!
Schade, daß Opa nicht mehr lebt. Er schickte mir ab und zu ein kleines Päckchen mit bunten Lutschern. Das durfte ich Dir nie sagen, aber jetzt schreibe ich es Dir, denn er merkt es ja nicht.
Deine Susi

Liebe Omi!
Mein Freund Otto hat heute die Lehrerin gefragt, was »Scheiße« ist. »Dreck«, hat die Lehrerin gesagt. Ich hatte mir da was viel Schlimmeres darunter vorgestellt. Vater kehrt nämlich im Augenblick die Scheiße vor unserem Haus. Hast Du inzwischen den Brief mit den Lutschern bekommen, wo ich Dir das von Opa geschrieben habe?
Deine Susi

Liebe Omi!
Vielen Dank für das Päckchen mit den Lutschern. Ich habe mich riesig gefreut. Aber so hatte ich es nicht gemeint. Was wird Opa jetzt denken? Ich glaube doch, daß er noch alles sehen kann, aber vielleicht ist er genauso froh wie ich, daß Du endlich auf seinen Einfall gekommen bist. Kinder wie ich essen gerne Kaugummi, Bonbons, Kinderschokolade und natürlich Lutscher. Das schreibe ich nur, weil ich das weiß.
Viele Küßchen für die Lutscher
Deine Susi

Vater im Himmel,
du hast uns beschenkt mit den Enkelkindern.
Unser Leben ist durch sie reicher geworden, unsere Freude größer.
Wir danken dir dafür.
Wir wollen den Weg unserer Enkelkinder mit Geduld begleiten.
Im Gebet empfehlen wir sie deinem besonderen Segen.
Hilf du ihnen, daß sie im Glauben an dich ihr Leben gestalten.
Amen.

Für ein besseres Verhältnis zwischen Jung und Alt

Das Bild unserer Gesellschaft ist geprägt vom dynamischen Stil der Jugend. Werbung und Reklame sind eindrucksvolle Spiegel dieser Verhältnisse. ›Alt‹ kommt nicht an, läßt sich nicht verkaufen.

Jung bedeutet so viel wie . . .
- dynamisch
- gewandt
- aufgeschlossen
- beweglich
- modern
- . . .

Alt bedeutet so viel wie . . .
- verkalkt
- von gestern
- starrsinnig
- schwerhörig
- eigensinnig
- . . .

Fragen an die jüngere Generation

- Kenne ich ältere Menschen in meiner Umgebung?
  Welche Kontakte habe ich zu ihnen?
  Wie spreche ich mit ihnen?
- Was weiß ich vom Leben meiner Eltern?
  Wie denken sie im nachhinein über ihre Kindheit und Jugend?
- Was lese ich über alte Menschen in Zeitungen und Zeitschriften?
- Was geht in mir vor, wenn ich alte Menschen sehe?
- Möchte ich so im Alter leben wie meine Eltern/Großeltern?
- Wie stelle ich mir mein Alter vor?

Fragen an die ältere Generation

- Was denke ich von der heutigen Jugend? Wie spreche ich über sie?
- Welchen Eindruck macht mein Leben auf die jüngere Generation?
- Was lese ich in Zeitungen und Zeitschriften von der Jugend?
- Was weiß ich vom Leben der Kinder in den Schulen heute, was von den Jugendlichen in der Ausbildung oder von den jugendlichen Arbeitslosen?
- Wie offen bin ich jungen Leuten gegenüber? Gebe ich mir Mühe, mit ihnen ins Gespräch zu kommen?
- Wie habe ich mir früher als junger Mensch mein Alter vorgestellt?

Wir werden auch mal alt . . .

Wann habe ich gemerkt, daß ich älter werde?

- als wir bei den gelegentlichen Treffen mit Freunden immer wieder die alten Geschichten erzählten
- als ich beim Ballspielen spürte, wie mir die Luft ausging
- als ich beim Geburtstag feststellte, daß die Jahre immer schneller vergehen
- als ich beim Einkaufen nach Hosen aus der vorigen Saison suchte
- als ich im Garten meiner Eltern den Nußbaum sah, den ich selbst gepflanzt hatte
- als ich bei den Todesanzeigen auf das Alter geachtet habe
- als ich …

Heinrich Böll an seine Enkelin Samay

Für Samay

Wir kommen weit her
liebes Kind
und müssen weit gehen
keine Angst
alle sind bei Dir
die vor dir waren
Deine Mutter, dein Vater
und alle, die vor ihnen waren
Weit weit zurück
alle sind bei Dir
keine Angst
wir kommen weit her
und müssen weit gehen
liebes Kind

Dein Großvater
8. Mai 1985

Vom Ruhestand zum Un-Ruhestand

Wünsche vor dem Rentenalter . . .

- Endlich das ganze Jahr über Urlaub!
- Mein eigener Herr sein . . .
- Nach hartem Arbeitsleben in den wohlverdienten Ruhestand gehen.
- Viel Zeit für die Enkelkinder haben!
- Reisen in alle Welt!
- Nochmal was Neues anfangen . . .
- . . . .

Ängste vor dem Ruhestand . . .

- Was wird aus meiner Arbeit?
- Ich verliere mein geregeltes Leben.
- Viele sterben bald nach ihrer Pensionierung . . .
- Nur noch zu Hause herumsitzen . . .!
- Ohne Kontakt zu Arbeitskollegen.
- Dann gehöre ich zum »alten Eisen«.
- . . . .

Und wenn's dann soweit ist . . .

»Ich weiß mit meiner Zeit nichts mehr anzufangen.«

Ich weiß nicht so recht, was ich mit meiner vielen Freizeit machen soll. In meinem bisherigen Leben war der Zeitablauf total bestimmt vom Beruf: Aufstehen, Haus verlassen, Mittagspause, Feierabend, Schlafengehen.

»Ich verliere meine Freunde!«

Seit ich nicht mehr zur Arbeit gehe, fehlt mir das Gespräch mit den vertrauten Kollegen.
Sie haben so manche schwere Sorge in den letzten Jahren mitgetragen. Wen hab ich jetzt noch?

»Mir fällt die Decke auf den Kopf«

Jetzt sitze ich tagelang zu Hause rum und habe nichts Rechtes zu tun. Ich möchte mal wieder raus. Mit den Kollegen reden, über Politik und Sport diskutieren, überhaupt mal wieder andere »Luft schnuppern«.

»Ich habe jetzt weniger Zeit als vorher!«

Jeden Tag nur ins Blaue zu leben und auf die Gunst der Stunde zu hoffen, hat mich anfangs krank gemacht. Darum habe ich begonnen, mir immer etwas vorzunehmen für die nächste Woche. So kann ich mich auf etwas freuen.

»Ich habe neue/alte Bekannte gefunden«

Plötzlich hatte ich Zeit, alte Bekanntschaften aufzufrischen. Ich konnte Besuche machen und auch mal länger als »übers Wochenende« bleiben. Aus alten Bekannten sind inzwischen neue Freunde geworden.

»Ich kann jetzt mehr unternehmen«

Endlich habe ich auch tagsüber in der Woche Zeit, etwas zu unternehmen: Radfahren, Museum besuchen, ins Kino gehen . . . Dieser regelmäßige »Ausflug« tut mir sehr gut, er läßt mich meinen Ruhestand genießen.

»Was bin ich noch wert«

Jahrelang fand ich Anerkennung in meinem Beruf. Da konnte ich etwas leisten, das wurde mir bestätigt – und nicht nur in Form des Monatslohns. Wer sagt mir jetzt, was ich wert bin? Was wird aus mir?

»Ich werde noch gebraucht«

Neulich habe ich für den Altenclub unserer Pfarrei einen Tagesausflug organisiert. Alle haben mir nachher bestätigt, daß es eine gelungene Sache war. Das tut mir so richtig gut.

Gebet einer Schnecke

Du weißt, Herr,
ich bin nicht eine der Schnellsten,
ich trage mein Haus,
habe Stummelfüße,
muß lange nachdenken über den Weg,
die Augen sehn bis zum nächsten Grashalm,
vielleicht bin ich
manchmal an dir vorübergekrochen
und habe dich nicht erkannt –
vergib, Herr,
der du zählst die Schleimspuren im Schotter,
und laß, wenn auch spät,
die Lastenträger, die langsamen,
ankommen bei dir.

Rudolf Otto Wiemer

Sein Testament machen –

Es gibt drei verschiedene Testamentsarten:
- das eigenhändige Testament,
- das öffentliche Testament und
- das Nottestament.

Man kann das eigenhändige Testament amtlich verwahren lassen. Zuständig ist hierfür jedes Amtsgericht. Durch die amtliche Verwahrung ändert sich jedoch nichts am Inhalt und an der Gültigkeit des Testaments.

Das eigenhändige Testament

Das eigenhändige Testament, das den Regelfall darstellt, muß vom Erblasser selbst geschrieben oder unterschrieben sein und in verständlicher Sprache und Schrift die Erben bezeichnen. Es muß *handschriftlich* verfaßt sein.
Ein Testament sollte folgenden Inhalt aufweisen:

- Kennzeichnung als Testament.
- Genaue Beschreibung, welche Personen welche Gegenstände und Werte erben sollen. Sowohl die Person wie auch das zu vererbende Gut sollen eindeutig und zweifelsfrei benannt werden. Es empfiehlt sich, die Erbberechtigten mit vollem Namen zu benennen und nicht nur mit dem Grad ihrer Verwandtschaftszugehörigkeit.
- Es können Bedingungen an die Erbverfügung geknüpft werden, jedoch nur, wenn diese nicht gegen ein gesetzliches Verbot oder die guten Sitten verstoßen.
- Ort und Datum.
- Unterschrift

Das öffentliche Testament

Wer ein eigenhändiges Testament nicht mehr verfassen kann, sollte mit einem Notar die Errichtung eines sogenannten öffentlichen Testaments besprechen. Man unterscheidet zwei unterschiedliche Formen:

1. Das Testament wird mit seinem vollen Inhalt mündlich zu Protokoll des Notars gegeben, das heißt, es wird die Erklärung des Letzten Willens zu Protokoll genommen.
2. Der Erblasser übergibt bereits ein fertiges Schreiben mit der mündlichen Erklärung, daß dieses Schreiben den Letzten Willen enthält.

Ist man sich nicht sicher, wie man ein Testament verfassen soll, so ist das öffentliche Testament zu Protokoll des Notars zu empfehlen.

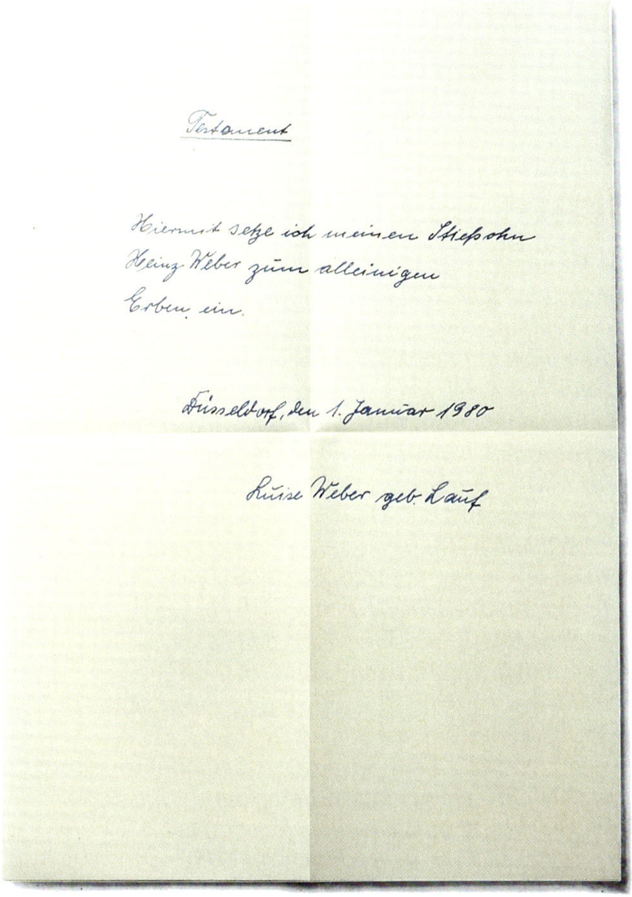
Testament

Hiermit setze ich meinen Stiefsohn Heinz Weber zum alleinigen Erben ein.

Düsseldorf, den 1. Januar 1980

Luise Weber geb. Lauf

Nottestamente

Nun kann auch der Notfall eintreten, so daß die Testamentsniederlegung nur mit Einschränkungen möglich ist.

Bürgermeister-Testament
Kann ein Notar nicht mehr geholt werden, da der Erblasser zu sterben droht, so kann der Bürgermeister der Gemeinde, in der man sich gerade aufhält, die Niederschrift vornehmen. Der Bürgermeister muß zur Beurkundung zwei Zeugen hinzuziehen.

Drei-Zeugen-Testament
Ist auch kein Bürgermeister mehr zu erreichen, so genügen drei Zeugen. Diese drei Zeugen sollten im Testament jedoch nicht bedacht werden. Die drei Zeugen hören sich das Testament an, verfertigen eine Niederschrift und unterschreiben diese.

Nottestamente (Bürgermeister-Testament, Drei-Zeugen-Testament) werden automatisch ungültig, wenn der Erblasser drei Monate nach dieser Niederschrift noch lebt.

Auch ein »Testament« ...

Viel kann ich nicht mehr tun für Dich, Deine Frau und die Kinder. Vielleicht hin und wieder eine Kleinigkeit: In der Stadt eine Besorgung machen oder im Frühjahr und Sommer in Deinem Garten das Unkraut jäten oder mich mit den Kindern beschäftigen, wenn es nicht zu turbulent dabei wird. Ich weiß, daß ich Euch manchmal auf die Nerven gehe mit meinem Altwerden, meiner Krankheit, mit meinem Gerede. Du hättest mich abschieben können, damals vor drei Jahren, als Deine Mutter starb. Du hättest mich in einem Altersheim unterbringen können für 1 000 Mark im Monat. Wir hätten es spielend bezahlen können. Du hast es nicht getan, Du hast mich bei Dir aufgenommen. Du hast keine großen Worte gemacht, es war irgendwie selbstverständlich für Dich. Auch ich bin kein Mann großer Worte, aber ich möchte Dir versprechen zu versuchen, Euch so wenig wie möglich zur Last zu fallen. Ich weiß, je älter ich werde, um so schwerer wird mir dies fallen, aber durch die Bemerkung Deiner Frau, damals, als ich den ersten Abend bei Euch verbrachte, als sie sagte: »So, Opa, jetzt bleibst du für immer bei uns«, wußte ich, daß ich ein neues Zuhause hatte, daß ich angenommen war, daß ich geliebt war bis zu meinem letzten Tag.
Und wenn Du später, vielleicht aber auch schon in ganz kurzer Zeit, mein Testament öffnest und diesen Brief mit dabei findest, sollst Du wissen: Ich danke Dir, Deiner Frau und den Kindern für das neue Zuhause, für die zweite Heimat, die Ihr mir gegeben habt, für alle Liebe, auch wenn es vielleicht nicht immer einfach und ohne Sorgen war, denn was Ihr mir gegeben habt, kann ich nicht in Worten ausdrücken, aber Ihr sollt wissen, ich werde jeden Tag und ich habe jeden Tag an Eurer Seite wie ein kostbares, wunderbares Geschenk empfunden.

Danke.
Danke für alles . . .
Euer Vater.

Anlässe zur Freude

Die festlichen Ereignisse im Leben der alten Menschen bieten besondere Gelegenheiten, die gesamte Familie einmal ›mit Kind und Kegel‹ zusammenzuführen. Bei ganz wichtigen Festtagen, wie etwa ›runden Geburtstagen‹, werden neben dem engeren Kreis der Familie von Großeltern, Eltern und Kindern auch Großonkel und Tanten und sogenannte weitere ›Verwandte‹ eingeladen. Kinder erleben dabei, daß sie zu einer großen Familie gehören, die in Freud und Leid zusammenhält.

Zum Geburtstag der Großeltern

Wir haben uns viel zu erzählen

Man hat sich lange nicht gesehen. Es wird vom Umbau des Hauses berichtet, von den Schulproblemen der Kinder, was man noch von Tante ... gehört hat, die heute nicht kommen konnte, und ...

Erzählen ist sicher wichtigster »Programmpunkt« bei Opas Geburtstagsfeier.

Wir schauen uns alte Fotos an

Fotos von früher haben einen eigenartigen Reiz. Alles sieht so anders aus: die Mode, die Autos, die Gesichter.
Wir haben vor der Geburtstagsfeier in der Verwandtschaft herumgehört und alte, besonders schöne Fotos gesammelt. Einige davon haben wir beim Fotohändler als Dia anfertigen lassen. Beim gemeinsamen Ansehen der Dias hatten wir viel Spaß. Viele alte Geschichten wurden erzählt. Andere Fotos hatten wir so zusammengestellt, daß wir von jedem ein Kinderfoto und eins vom letzten Jahr hatten. Bei manchen war es ein großes Raten, welches Kindergesicht zu wem gehört.

Wir spielen alte Spiele

Wir haben Oma gefragt, was früher gerne gespielt wurde. Sie mußte sich lange erinnern, aber einiges konnte sie uns erzählen. Auch die Eltern kannten noch Spiele, die uns neu waren.
Sie erklärten uns die Spielregeln, und wir haben dann einige Spiele ausprobiert.

Wir hören ein Wunschkonzert

In der Vorbereitung auf die große Geburtstagsfeier haben wir herumgefragt, wer welche Lieder besonders gern hört. Die gängigsten haben wir dann auf Kassette zusammengestellt, so daß wir sie bei der Geburtstagsfeier vorspielen konnten.

Auch die Kleinen tragen etwas vor

In den letzten Tagen vor dem Geburtstag haben die kleinen Enkel jeden Tag ihren Spruch auswendig aufsagen müssen, damit sie vor Opa nicht ins Stottern kamen. Die kleine dreijährige Enkelin kann schon folgendes:

Gesundheit und ein langes Leben,
soll der liebe Gott Dir geben.

Der fünfjährige Bruder bekommt schon einige Verse mehr zusammen:

Dir, Großvater, gönnen wir
zu Deinem schönen Feste
Gänsebraten, Wein und Bier
von jedem nur das Beste.
Vor allem aber wünschen Dir
Gesundheit Deine Gäste.

Viele Jahre in Liebe und Treue – Goldene Hochzeit

. . . Weißt Du noch: der Krieg hatte schon begonnen, als wir uns das erste Mal sahen. Es war bei einer kleinen Festlichkeit, die ein Verwandter nach seiner Hochzeit für einige Kolleginnen und Kollegen ausgerichtet hatte.

Wir sahen uns nach dieser Begegnung noch einige wenige Male und entdeckten dabei unsere Zuneigung füreinander. Dann konnten wir uns nur noch gelegentlich schreiben und schließlich auch das nicht mehr. Acht Jahre vergingen mit Krieg und Gefangenschaft . . .

Plötzlich standest Du vor mir, heimlich von meinem Bruder Hans herbeigeholt. Wir sahen uns an . . . ein wenig forschend Du, dann aber wußten wir beide: wir gehörten einander, wir würden es miteinander wagen.

Wir verlobten uns bald, und nach 10 Monaten waren wir verheiratet und hatten sogar eine eigene kleine Wohnung.

Wir waren glücklich.

Wir bekamen vier Kinder. Sie sind inzwischen erwachsen, aber die Sorgen um sie sind mit dem Erwachsensein nicht geschwunden. Du hast große Geduld mit den Kindern gehabt und hast sie noch. Du weißt, wir haben es nicht einfach gehabt. Wir brauchten zwar nicht zu hungern und konnten uns gelegentlich auch ein kleines Vergnügen erlauben, aber zu einem Auto oder einem Pelzmantel für Dich hat es nie gereicht.

Ferienreisen waren selten. Wichtiger war uns eine ausreichend große Wohnung, und wir entschlossen uns, ein kleines Haus zu bauen, in dem wir alle Platz haben würden. Alles Ersparte wurde hierfür verwandt. Später, als wir mit unseren Kindern unser Häuschen bewohnten, mußten Zinsen und Tilgung der Schulden Vorrang haben.

Wir sind beide nicht jung. Haben wir viel versäumt? Manche Bekannten möchten uns sagen: »Warum mußtet Ihr denn auch 4 Kinder haben? Warum habt Ihr Euch statt dessen nicht mehr gegönnt?« Und insgeheim mögen sie wohl mit dem Finger an die Stirn tippen. Dann machen sie Pläne für den nächsten Urlaub und für den Kauf eines neuen Autos.

Davon erzählen sie uns.

Wir haben gelernt, ihnen geduldig zuzuhören und zu schweigen.

Womit sollten wir auch schon protzen?

Und doch, – war es nicht schön, trotz aller Einschränkungen, schöner vielleicht als bei denen mit Auto und Pelzmantel? Schön, trotz vieler Sorgen? – Schön, weil wir uns liebten und noch lieben!

Wie Gold hat die Ehe
allem standgehalten
und sich als fest und
haltbar erwiesen.

»Du bist ein *Gold*stück!« – Sicherlich hat das Ihr Ehepartner schon einmal zu Ihnen gesagt. Das bedeutet doch: Du bist für mich kostbar, du bist wertvoll. Faszination geht von dir aus, genauso wie von einem Stück *Gold*: Es funkelt und glitzert und zieht Menschen in seinen Bann.
Schon immer haben sich Menschen auf die Suche nach diesem edlen Metall gemacht und vieles dabei riskiert, nicht selten die eigene Existenz.
Wenn Sie nun auf fünfzig Jahre gemeinsamen Lebens zurückblicken, können Sie voller Dankbarkeit sagen, daß Ihre persönliche *Gold*suche »erfolgreich« war, daß die Entscheidung für den Lebenspartner *gold*richtig war. Sie haben wohl schwierige Lebensphasen als auch *goldene* Zeiten erlebt. So wie *Gold* sehr haltbar und beständig ist und daher hohen Wert besitzt, so hat sich Ihre Ehe als haltbar und beständig erwiesen. Die meisten Eheringe sind aus *Gold* angefertigt: Zeichen für Haltbarkeit und Beständigkeit. *Gold* und *goldene* Gegenstände strahlen Schönheit aus.
Auch von Menschen sagen wir, daß sie schön sind. Am schönsten ist der Mensch, den man liebt. Denn schön ist alles, was man mit Liebe betrachtet.
Auch wenn Ihr Gesicht von einem langen Leben gezeichnet ist, auch wenn sich in ihm Krankheit und Sorgen widerspiegeln: Ihr Partner wird dort dennoch Schönes entdecken. Und vielleicht in Ihren Augen so etwas wie den Glanz des *Goldes*.
Sie feiern das Fest Ihrer *Goldenen* Hochzeit. Vielfältige Erfahrungen haben Sie miteinander machen können. Die wohl wichtigste: Ihr Partner ist mit *Gold* nicht aufzuwiegen.

Das »Jubeljahr« im Alten Testament

Du sollst sieben Jahreswochen, siebenmal sieben Jahre, zählen; die Zeit von sieben Jahreswochen ergibt für sich neunundvierzig Jahre. Im siebten Monat, am zehnten Tag des Monats, sollst du das Signalhorn ertönen lassen; am Versöhnungstag sollt ihr das Horn im ganzen Land ertönen lassen. Erklärt dieses fünfzigste Jahr für heilig, und ruft Freiheit für alle Bewohner des Landes aus! Es gelte euch als Jubeljahr.
Buch Levitikus 25,8–10

Jedes fünfzigste Jahr war für die Israeliten ein heiliges Jahr; sie sollten feiern und das ganze Jahr lang nicht arbeiten. So ist auch der 50. Hochzeitstag Anlaß, ein Jubeljahr zu feiern. Und wenn von »Jubelhochzeit« gesprochen wird, und die Eheleute als »Jubelpaar« angeredet werden, dann schlagen diese Worte eine Brücke zu unseren Vorfahren im Glauben, den Israeliten. Denn das Wort »Jubel« stammt aus der Sprache des Alten Testaments und heißt im Hebräischen »jobél«. Damit war das Signalhorn gemeint, das zum 50. Jahr geblasen wurde.

Aus dem Dankgottesdienst zur Goldenen Hochzeit

Segensgebet

Vor fünfzig Jahren haben Sie sich am Traualtar für Ihr ganzes Leben Liebe und Treue versprochen. Am Tag Ihrer Goldenen Hochzeit reichen Sie sich in Dankbarkeit vor Gott die Hand, wie Sie es vor 50 Jahren getan haben, als Sie sich das Sakrament der Ehe spendeten. Heute bitten wir um Gottes Segen, damit Sie in ihm geborgen bleiben bis ans Ende Ihres Lebens:

Herr und Gott, wir preisen deinen Namen, denn du hast dieses Ehepaar in guten und in bösen Tagen mit deinem Schutz begleitet. Schenke ihm die Fülle deines Heils. Segne dieses Jubelpaar, das gekommen ist, um dir Dank zu sagen.

Wir bitten um die Gnade, daß diese Ehegatten dich in frohen Tagen loben, in der Trauer bei dir Trost finden und in der Not deine Hilfe erfahren. Gewähre ihnen ein hohes Alter in Gesundheit, schenke ihnen Weisheit des Herzens und Stärke des Glaubens. Gib ihnen einst die Vollendung in deiner Herrlichkeit.
Darum bitten wir durch Christus, unseren Herrn.
Amen.

Herr Jesus Christus,
heute ist der 50. Jahrestag unserer Hochzeit.
Wir danken Dir von Herzen für alles, was Du uns damals und seither geschenkt hast.
Wir bitten Dich auch weiterhin um Deinen Segen.
Laß Deine Liebe und Deinen Frieden immer in unseren Herzen und in unserem Heim sein.
Führe uns als treue Diener Deines Reiches einmal in Deine ewigen Wohnungen.

Ich bleibe derselbe,
so alt ihr auch werdet,
bis ihr grau werdet,
will ich euch tragen.
Ich habe es getan,
und ich werde euch
weiterhin tragen.

Jesaja 46,4

Sterben und Tod

Der Tod hat viele Namen

In früheren Zeiten wurde der Tod oft als Person dargestellt: ein menschliches Skelett mit der Sense in der Hand. Vielleicht wollte man damit sagen, daß der Tod nichts Allgemeines, nicht eine fremde Macht, nicht irgendein Schicksal ist, sondern ein Ereignis, das mich persönlich betrifft. Nicht nur der eigene Tod, auch der Tod nahestehender und geliebter Menschen berührt mich persönlich. Wir haben Angst, vom Tod berührt zu werden, mit dem Tod in Berührung zu kommen.

Der Tod aber begegnet uns in vielfältiger Gestalt. Mit verschiedenen Gesichtern und verschiedenen Namen trifft er Menschen in unterschiedlichsten Situationen:

- *Judith, 24 Jahre – gestorben nach einem Verkehrsunfall auf der Reise nach Spanien*
- *Tobias, 9 Jahre – starb an einer unheilbaren Krankheit*
- *Ursula, 36 Jahre – Selbstmord durch eine Überdosis Schlaftabletten*
- *Manfred, 46 Jahre – bricht im Büro zusammen: Herzinfarkt*
- *Sabine, 20 Jahre – tot gefunden nach einer Heroinspritze*
- *Rolf, 43 Jahre – nach langem Krankenhausaufenthalt an Krebs gestorben*
- *Maria, 81 Jahre – nach einem erfüllten Leben und kurzer Krankheit gestorben*
- *Angela, 50 Jahre – . . .*
- *Bernd, 28 Jahre – . . .*

Der Tod stellt viele Fragen

So sicher wir wissen, daß wir alle einmal sterben werden, so unsicher macht uns jedes Sterben, jeder Tod, den wir erleben. Immer drängen sich Fragen auf:

- *wie konnte Gott dies zulassen?*
- *warum mußte sie so jung und so plötzlich sterben?*
- *warum hat sie mit ihrem Leben Schluß gemacht?*
- *wie geht es jetzt weiter ohne den Vater?*
- *was hat das Leben noch für einen Sinn ohne unser Kind?*
- *gibt es ein Leben nach dem Tod?*
- *wo sind die Toten?*
- *wo finde ich Trost . . .?*

Viele Menschen haben Angst vor dem Tod, können keine Toten sehen. Sie wollen nicht einmal das Sterben eines nahen Angehörigen miterleben.
Andere spüren, daß der Tod nicht das letzte Wort im Leben des Menschen sein kann. Es kann doch nicht alles umsonst gewesen sein: alle Liebe, alle Freude, alle Mühe, alles Leid, alles Gute, alles Schwere, alle Hoffnung und alle Sehnsucht.
Christen vertrauen auf das Wort Jesu: *Ich bin die Auferstehung und das Leben: Wer an mich glaubt, wird leben, auch wenn er stirbt.*

Johannes 11,25

Buchempfehlung:

Zu allen Fragen um Sterben, Sterbebegleitung und Trauer berät Sie einfühlsam: Peter Neysters/Karl Heinz Schmitt, *Denn sie werden getröstet werden.* Das Hausbuch zu Leid und Trauer, Sterben und Tod, München 1993.

Eine gute Nachricht in der Trauer – gegen den Tod

Wir glauben an die Auferstehung der Toten. Wenn wir Christen das sagen, dann haben wir dafür einen Grund. Der Grund ist Jesus Christus. Er hat sich mit dem Tod und seinen Vorboten - mit Angst, Krankheit und Schuld - nicht abgefunden. Er ergriff Partei für das Leben; er heilte und ermutigte, wo er konnte. Er litt mit den Trauernden. Und auch ihm blieb der Tod nicht erspart. Doch Gott hat Ihn dem Tod entrissen. Gott hat Ihn auferweckt. Der Tod hat nicht mehr das letzte Wort. Gott hat das letzte Wort. Gott ist der Tod des Todes. Er ist das Leben der Toten.

Jesus hat das Schicksal der Toten geteilt. So wie er einer von uns Lebenden geworden ist, so ist er auch einer von den Toten geworden. Er ist, um es in einem Bild der alten Kirche zu sagen, »hinabgestiegen zu den Toten«. Er hat sich mit den Toten verbündet. Und Gott hat in der Auferweckung ihnen allen das Leben geschenkt. Das ist der Grund, der uns Christen an das Leben der Toten glauben läßt. Gott läßt uns im Namen Jesu Christi für die Toten hoffen.

Christus sagt: *Wer an mich glaubt, wird leben, auch wenn er stirbt.*

Johannes 11,25

Die Kirche bekennt im Glaubensbekenntnis der heiligen Messe:
Wir erwarten die Auferstehung der Toten und das Leben der kommenden Welt.

»Trost« meint ursprünglich »Vertrag« oder »Bündnis«. Es hängt zusammen mit dem Wort »trauen« und »treu«.

Kann dies ein Trost in der Trauer sein?

Wir trauern vor allem um Menschen, denen wir uns verbunden fühlen. Ihnen wollen wir über den Tod hinaus treu bleiben. Trost will nicht die Trauer nehmen. Trost will teilnehmen, mittragen. In unserem Sprachgebrauch sagen wir manchmal von einem Menschen ›er ist nicht ganz bei Trost‹ und meinen damit, daß er nicht ganz ›in Ordnung‹, nicht ganz ›heil‹ ist. Er kann erst wieder ›bei Trost‹ sein, wenn er geheilt und in Ordnung gebracht ist. Trost will heilen.

Gerade auch in der Trauer, wenn das Leben durch den Tod gestört oder zerstört wurde.

Trost will wieder in Ordnung bringen. Als Christen vertrauen wir dabei jedoch nicht nur auf unsere eigene Kraft der Treue und des Trostes. Als Christen suchen und erfahren wir Trost in der Treue und Zusage Gottes, daß wir leben werden.

Solcher Trost vertreibt nicht die Trauer, aber er läßt sie zu einem Weg der Heilung werden. So schreibt der Apostel Paulus in einem Brief an die Gemeinde der Thessalonicher:

Brüder, wir wollen euch über die Verstorbenen nicht in Unkenntnis lassen, damit ihr nicht trauert wie die anderen, die keine Hoffnung haben. Wenn Jesus – und das ist unser Glaube – gestorben und auferstanden ist, dann wird Gott durch Jesus auch die Verstorbenen zusammen mit ihm zur Herrlichkeit führen.

. . . Tröstet also einander mit diesen Worten!

1 Thessalonicher 4,13–14.18

Wie kann man Sterbende trösten?

Er hatte Schmerzen, der Mann, große Schmerzen, unerträgliche Schmerzen. Er lag auf seinem Bett und konnte sich kaum bewegen. Die Krankheit hatte ihn gepackt. Es war Krebs und er hatte Angst, Angst vor dem Sterben. Er kämpfte und setzte sich zur Wehr und wollte es nicht wahrhaben. Und er wußte doch genau: es ist alles zu Ende.
Es gibt keine Rettung mehr.
Immer näher und näher kam das, was ihn so entsetzte.
Es war wie ein großes und schwarzes Loch, in das er hineingepreßt werden sollte. Und er begann zu schreien. Er wollte nicht in das Loch.
Und er schrie und schrie und hörte nicht auf – drei Tage lang.
Seine Frau und sein Junge mußten alles mitanhören. Es war schrecklich.
Und nach drei Tagen war es plötzlich wie ein starker Stoß.
Und er stürzte ab in das Loch.
Und da wurde er ganz still.
Was war geschehen?
In seiner Verzweiflung hatte er mit den Händen um sich geschlagen. Und da war seine Hand auf den Kopf seines Jungen gefallen. Der hatte sich heimlich in das Sterbezimmer geschlichen. Und der Junge ergriff die Hand des Vaters und preßte sie an sich.
Und in diesem Augenblick sah der Sterbende seinen Jungen an – und er tat ihm leid.
Und er sah seine Frau an, die hineingetreten war. Tränen überströmten ihr Gesicht. Sie tat ihm leid.
Und er wollte es ihnen sagen: Ihr tut mir leid. Aber er konnte nicht mehr sprechen.
Und er wußte: wenn ich gestorben bin, wird alles leichter für sie.
Und er dachte: ich will es tun.
Ich will sterben.
Und da war es still geworden mit einmal und ganz ruhig. Wie gut und wie einfach, dachte er. Und der Schmerz – er hörte ja auf.
Und die Angst – wo ist sie? Er konnte sie nicht mehr finden. Und der Tod – wo war er?
Da war keine Angst mehr.
Und der Tod hatte keine Macht mehr über ihn. Zwei Stunden später war er gestorben.

Leo Tolstoi

Bei sterbenskranken Menschen lassen sich oft verschiedene Zustände beobachten. Einige davon sind auch in der Geschichte von Leo Tolstoi wiederzuerkennen. Das Wissen darum wird uns zu einem rechten Verständnis und zu entsprechendem Umgang mit Sterbenden hilfreich sein.

1. Verdrängung, Abweisung, Rückzug
Der Sterbende ahnt etwas vom bevorstehenden Tod, aber er verdrängt diesen Gedanken immer wieder. Zunehmend weist er andere Menschen ab, läßt allenfalls noch die Familie an sich heran und verschließt sich allmählich ganz in sich selbst.

2. Ärger, Protest, Mißtrauen
Dies richtet sich gegen die eigenen Angehörigen, aber auch gegen die Ärzte, die seiner Meinung nach immer ›mehr wissen, als sie sagen‹.

Er wird mißtrauisch, wenn ihm Angehörige aus Mitleid jeden Wunsch erfüllen wollen. Er wehrt sich gegen seine Krankheit, will sie nicht annehmen.

3. **Handel um das Leben**
   Oft wird der Sterbende plötzlich wieder zutraulich. In scheinbar guter Gestimmtheit, oft sogar scherzhaft, handelt er mit dem Arzt um sein Leben. Wie lange es denn noch dauern könne, wie viele Wochen er ihm denn noch gäbe . . .

4. **Depression und Widerstandslosigkeit**
   Der Sterbende gibt sich selber auf. Er hat keine Lebenskraft und keinen Lebensmut mehr. Er will nicht mehr. Folge sind oft Schlaflosigkeit und nachlassende Selbstpflege.

5. **Annahme des Sterbens, Ergebenheit, Ruhe**
   Dies geht oft bis zur Bewußtlosigkeit. Es erfolgt keine Auseinandersetzung mehr mit dem Sterben. Es wird nicht mehr als Leiden erfahren.

- Solcher Beistand kann spürbar zum Ausdruck gebracht werden, indem ich die Hand des Sterbenden halte. Vielleicht auch die Hand zum Zeichen des Segens auf den Kopf lege. Gerade der sterbende Mensch hat ein großes Bedürfnis nach spürbarer Geborgenheit und Annahme.
- Die Hörfähigkeit des Sterbenskranken bleibt oft bis in die Bewußtlosigkeit hinein erhalten. Dies ist wichtig für unsere Gespräche am Krankenbett.
- Solange der Sterbende selbst noch sprechen kann, sollten wir ihn sich aussprechen lassen: auch seinen Ärger, seine Mutlosigkeit und seine Angst. Diese gilt es nicht auszureden, sondern zu teilen.
- Einen Priester sollten wir rufen, wenn der Sterbende dies selbst wünscht oder nach aller Erfahrung wünschen würde.
- Weil der Sterbenskranke noch bis in den Tod hinein hören kann, können wir auch mit ihm und für ihn beten. Indem wir beten, bekennen wir, wir sind nicht allein. Gott ist bei uns.

Wie können wir einem Sterbenden helfen?

- Bei-stehen, vor allem den Sterbenden nicht allein lassen. Er muß die Treue, die Zuverlässigkeit Gottes konkret erfahren in Menschen, die jetzt zu ihm stehen bis in den Tod.

Gebete aus der Heiligen Schrift

Ob wir leben oder ob wir sterben, wir gehören dem Herrn. Römer 14,8

Zu dir, Herr, erhebe ich meine Seele. Psalm 25,1

Der Herr ist mein Licht und mein Heil. Psalm 27,1

Muß ich auch wandern in finsterer Schlucht, ich fürchte kein Unheil; denn du bist bei mir. Psalm 23,4

Vater, wenn du willst, nimm diesen Kelch von mir! Aber nicht mein, sondern dein Wille soll geschehen. Lukas 22,42

Herr, in deine Hände lege ich voll Vertrauen meinen Geist. Psalm 31,6

Herr Jesus, nimm meinen Geist auf.
Apostelgeschichte 7,59

Lobgesang des Simeon

Meine Augen haben das Heil gesehen,
das der Herr vor allen Völkern bereitet hat.
Nun läßt du, Herr, deinen Knecht,
wie du gesagt hast, in Frieden scheiden.
Denn meine Augen haben das Heil gesehen,
das du vor allen Völkern bereitet hast,
ein Licht, das die Heiden erleuchtet,
und Herrlichkeit für dein Volk Israel.
Ehre sei dem Vater und dem Sohn
und dem Heiligen Geist.
Wie im Anfang so auch jetzt und alle Zeit
und in Ewigkeit. Amen
Lukas 2,29–32

Allgemeine Gebete

Seele Christi heilige mich.
Leib Christi rette mich.
Blut Christi tränke mich.
Wasser der Seite Christi wasche mich.
Leiden Christi stärke mich.
Oh gütiger Jesus, erhöre mich.
Verbirg in deine Wunden mich.
Von dir laß nimmer scheiden mich.
Vor dem bösen Feind beschirme mich.
In meiner Todesstunde rufe mich
und heiße zu dir kommen mich
mit deinen Heiligen zu loben dich
in deinem Reiche ewiglich. Amen
Aus dem 14. Jahrhundert

Wir sind nur Gast auf Erden
und wandern ohne Ruh
mit mancherlei Beschwerden
der ewigen Heimat zu.

Die Wege sind verlassen,
und oft sind wir allein.
In diesen grauen Gassen
will niemand bei uns sein.

Nur einer gibt Geleite,
das ist der liebe Christ:
er wandert treu zur Seite,
wenn alles uns vergißt.

Gar manche Wege führen
aus dieser Welt hinaus.
O, daß wir nicht verlieren
den Weg zum Vaterhaus!

Und sind wir einmal müde,
dann stell ein Licht uns aus
oh Gott in Deiner Güte
dann finden wir nach Haus.
Georg Thurmair

Jesus, dir leb ich,
Jesus, dir sterb ich,
Jesus, dein bin ich
im Leben und Tod.

O, sei uns gnädig,
sei uns barmherzig,
führ uns, o Jesus, in
deine Seligkeit.

Weitere Gebete für die Sterbestunde in Gotteslob 79.

Das Sterbesakrament

Das eigentliche Sterbesakrament ist die Feier und der Empfang der Hl. Kommunion. Sie wird auch ›Wegzehrung‹ genannt, weil sie Nahrung und Stärkung auf dem Weg von diesem Leben ins ewige Leben sein soll.

Im Johannesevangelium heißt es:
Wer mein Fleisch ißt und mein Blut trinkt, hat das ewige Leben und ich werde ihn auferwecken am Letzten Tage.

Johannes 6,54

Die Wegzehrung

Der Zeitpunkt für die Wegzehrung ist die unmittelbare Todesgefahr – im Gegensatz zur Krankensalbung, die schon bei jeder schweren Krankheit eines Menschen gespendet werden soll. Sie kann auch innerhalb einer häuslichen Feier der heiligen Messe empfangen werden. Dies sollten Sie mit dem Priester ihrer Pfarrei absprechen. Er wird Ihnen dann auch sagen, was dazu an Vorbereitung evtl. nötig ist. In jedem Fall sollten beim Empfang der Wegzehrung möglichst die Angehörigen, Freunde und Nachbarn dabeisein. Im Unterschied zur einfachen Krankenkommunion erneuert der Kranke beim Empfang der Wegzehrung noch einmal das Bekenntnis des Glaubens, das schon bei seiner Taufe gesprochen wurde und das er selber bei der Erstkommunion und Firmung erneuert hat:
Glaubst du an Gott Vater . . .
an Jesus Christus . . .
an den Hl. Geist . . .
Antwort: *Ich glaube*

Bei der Spendung der Hl. Kommunion sagt der Priester: *Christus bewahre und führe dich zum ewigen Leben.*
Der Kranke antwortet: *Amen*

Zum Schluß betet der Priester:
Gott, dein Sohn ist für uns der Weg, die Wahrheit und das Leben. Schau gnädig her auf deinen Diener (Dienerin); er (sie) hat sich deinen Verheißungen anvertraut

und ist gestärkt durch den Leib und das Blut deines Sohnes. Laß seine (ihre) Hoffnung nicht zu schanden werden.
Gib, daß er (sie) in Frieden das Kommen deines Reiches erwarte.
Durch Christus unseren Herrn.
Alle: *Amen*

Der Versehgang

Wenn die Sterbesituation plötzlich eintritt, ohne daß der Kranke vorher die Krankensalbung und das Sakrament der Buße empfangen konnte, kann dies nun auch in einer gemeinsamen Feier mit dem Empfang der Hl. Kommunion geschehen.
Dies wird dann *Versehgang* genannt.
Diese Feier hat ungefähr folgenden Verlauf:
Der Priester begrüßt den Kranken und die Anwesenden und besprengt sie mit Weihwasser.
Nach einem kurzen Gebet hört er die Beichte des Kranken (dabei verlassen die Angehörigen und Freunde kurz das Zimmer) oder er lädt zu einem allgemeinen Schuldbekenntnis ein, bei dem alle dabeibleiben. Wenn es der Zustand des Kranken erlaubt, wird jetzt noch einmal das Glaubensbekenntnis erneuert, anschließend werden Fürbitten gesprochen. Diese können auch von einzelnen Anwesenden gesprochen werden.
Nach der Krankensalbung reicht der Priester dann die Hl. Kommunion mit den gleichen Worten wie bei der Wegzehrung.
Der Segen über den Sterbenden und die Anwesenden schließt die Feier ab.

Vorbereitung für Wegzehrung und Versehgang

- In der Nähe des Krankenbettes steht ein kleiner Tisch mit einem Kreuz, Kerzen und vielleicht einigen Blumen. Wenn möglich, sollte etwas Weihwasser in einem kleinen Gefäß bereitstehen, auf den ein Palmzweig zum Sprengen des Weihwassers gelegt wird. (Das Weihwasser können Sie in Ihrer Pfarrkirche bekommen.)
- Als Kerze kann auch die Taufkerze des Sterbenden genommen werden. Sie macht deutlich, daß der Sterbende in dem Glauben, in dem er getauft wurde, auch stirbt, um zum ewigen Leben zu erwachen.
- Die gleiche Hoffnung kann auch durch eine kleine Osterkerze zum Ausdruck gebracht werden, die Sie vielleicht noch von der Feier der Osternacht zu Hause haben.
- Für den Empfang der Hl. Kommunion legen Sie dem Kranken ein kleines weißes Tuch (Serviette) auf das Bett.
- Sollte auch die Krankensalbung gespendet werden, können Sie noch etwas Watte auf den Tisch stellen, mit der der Priester sich und evtl. dem Kranken die Salbe abwischen kann.
- Findet die Wegzehrung oder der Versehgang im Krankenhaus statt, so erkundigen Sie sich bei den zuständigen Stationsschwestern, ob die entsprechenden Vorbereitungen getroffen werden. Falls nicht, erbitten Sie sich die Möglichkeit, diese Vorbereitungen persönlich zu treffen. In jedem Falle sollten wir dem Sterbenden und uns

diesen Dienst nicht versagen und deshalb auch selber an dem letzten Gottesdienst im Krankenzimmer teilnehmen.

Wenn jemand gestorben ist ...

- Rufen Sie den Hausarzt des Kranken bzw. den Notarzt, der die Todesursache feststellen und den Totenschein ausstellen muß (falls dies nicht im Krankenhaus geschieht).
- Benachrichtigen Sie Ihren zuständigen Pfarrer. Vereinbaren Sie mit ihm ein Gespräch, bei dem Sie u. a. auch Termin und Gestaltung für die Begräbnismesse und die Beerdigung festlegen können.
- Nehmen Sie Kontakt mit einem Bestattungsinstitut auf. Mit diesem werden Sie alle äußeren Dinge regeln können.

Lassen Sie sich jedoch nicht alles aus der Hand nehmen. Überlegen Sie am besten mit einem Angehörigen oder mit einem guten Freund die Einzelheiten. Als gläubiger Christ wollen Sie dem Sterben eines nahen Angehörigen auch den Ausdruck geben, der seiner und Ihrer Glaubensüberzeugung entspricht. Dies geschieht nicht nur durch die Sorge um ein christliches Begräbnis, sondern zeigt sich auch in den anderen öffentlichen Bekundungen: in den Todesanzeigen, dem Sterbebild, der Danksagung, der Kranzschleife und nicht zuletzt durch die Gestaltung des Grabmales.

Todesanzeigen und Totenzettel (Totenbilder)

Es ist Brauch, den Tod eines Menschen durch persönlich adressierte Briefe oder Karten und auch öffentlich in der Zeitung anzuzeigen. Darüber hinaus gibt es oft Totenbilder bzw. Totenzettel, die bei der Begräbnismesse oder bei der Beerdigung den Anwesenden zur Erinnerung mitgegeben werden.
Solche Anzeigen sollten mit einem christlichen Symbol oder Bild gestaltet werden. Als Bilder eignen sich vor allem Auferstehungsbilder. Durch ein Symbol kann oft mehr zum Ausdruck gebracht werden als durch Worte. Andererseits bedarf das Symbol der Deutung durch das Wort. Denn Symbole sind oft mehrdeutig.

Kreuz – Grundsymbol christlichen Glaubens. Es kann auch in der Gestalt des Lebensbaumes dargestellt werden.

Ähre – Zeichen der Frucht und der Auferstehung: »Was gesät wird, ist verweslich, was auferweckt wird, unverweslich.« 1 Korinther 15,42

Lamm – Zeichen Christi, der sich geopfert hat, ein Bild für den auferstandenen Herrn, der seinem Volk Anteil an seiner Herrlichkeit gibt.

Licht – Symbol für Christus; dargestellt im Bild der Osterkerze oder der Sonne: »Ich bin das Licht der Welt, wer mir nachfolgt, wird nicht in der Finsternis umhergehen, sondern wird das Licht des Lebens haben.« Johannes 8,12

Hand – Zeichen des Schöpfers und des Vollenders: »Die Rechte des Herrn wirkt mit Macht. Ich werde nicht sterben, sondern leben.«
Psalm 118,16–17

Kranz – Zeichen des Sieges über den Tod: »Sei treu bis in den Tod; dann werde ich dir den Kranz des Lebens geben.« Offenbarung 2,1

Diese Symbole eignen sich auch zur Gestaltung des Grabsteins. Ein Text der Heiligen Schrift, Zeugnisse von Christen oder Worte aus der Liturgie der Kirche können das Symbol verdeutlichen.

Aus der Heiligen Schrift

In deine Hände lege ich voll Vertrauen meinen Geist; du hast mich erlöst, Herr, du treuer Gott. Psalm 31,6

Wer an den Sohn glaubt, hat das ewige Leben. Johannes 3,36

Ich bin gekommen, damit sie das Leben haben und es in Fülle haben.
Johannes 10,10

Ich bin die Auferstehung und das Leben: Wer an mich glaubt, wird leben, auch wenn er stirbt. Johannes 11,25

Wenn das Weizenkorn nicht in die Erde fällt und stirbt, bleibt es allein; wenn es aber stirbt, bringt es reiche Frucht.
Johannes 12,24

Das Wort ist glaubwürdig: Wenn wir mit Christus gestorben sind, werden wir auch mit ihm leben. 2 Timotheus 2,11

Was kein Auge gesehen und kein Ohr gehört hat, was keinem Menschen in den Sinn gekommen ist: das Große, das Gott denen bereitet hat, die ihn lieben.
1 Korinther 2,9

Er wird alle Tränen von ihren Augen abwischen: Der Tod wird nicht mehr sein, keine Trauer, keine Klage, keine Mühsal. Denn was früher war, ist vergangen.
Offenbarung 21,4

Selig die Toten, die im Herrn sterben.
Offenbarung 14,13

Unsere Heimat aber ist im Himmel.
Philipper 3,20

Zeugnisse von Christen

Auferstehen ist unser Glaube,
Wiedersehen unsere Hoffnung,
Gedenken unsere Liebe.

Aus Gottes Hand empfing ich mein Leben,
unter Gottes Hand gestaltete ich mein Leben,
in Gottes Hand gebe ich mein Leben zurück.

Ihr, die ihr mich so geliebt habt,
seht nicht auf das Leben,
das ich beendet habe,
sondern auf das,
welches ich beginne. Augustinus

Unruhig ist unser Herz, o Gott,
bis es ruht in dir. Augustinus

Ich sterbe nicht,
ich trete ins Leben ein.
Theresia von Lisieux

Wer Ostern kennt,
kann nie verzweifeln.
Dietrich Bonhoeffer

Mein Vater, ich verstehe dich nicht,
aber ich vertraue dir.
M. Basilea Schlink

Unsere Toten
gehören zu den Unsichtbaren,
aber nicht zu den Abwesenden.
Johannes XXIII.

Kränze und Kranzschleifen

Der Kranz ist ein Ausdruck des Glaubens.
Um eine Überfülle von Kränzen zu vermeiden, könnte man aber auch daran denken, im Sinne des Verstorbenen um eine Spende für ein bestimmtes Projekt zu bitten, z. B. für eine Missionspfarrei, für Misereor oder Adveniat, für ein Kinderdorf, für ein besonderes Anliegen des Verstorbenen.
Wenn Kränze mit Kranzschleifen versehen werden, sollten diese kurz Wesentliches aussagen.
Auf der linken Seite der Schleife könnte stehen:

IN DANKBARKEIT
IN LIEBE UND TREUE
IM VERTRAUEN AUF GOTT
LEBE IN CHRISTUS
IM GLAUBEN AN DAS EWIGE LEBEN.

Auf der rechten Schleife: der
NAME

Die Totenwache

Mit wenigen Ausnahmen – in einigen ländlichen Gebieten – erfolgt die Aufbahrung des Toten nicht mehr zu Hause und meist auch nicht mehr in der Kirche. Oft bleibt den Angehörigen nur ein kurzer Besuch in der Aufbahrungshalle des Friedhofs. Ein stilles Gebet erinnert an die früher übliche Totenwache, bei der Angehörige, Freunde und Nachbarn zwischen dem Todes- und Begräbnistag gemeinsam an der Bahre des Verstorbenen beteten.
Auch heute sollte man zwischen Todestag und Begräbnis Möglichkeiten zum fürbittenden gemeinschaftlichen Beten aufgreifen. Der Pfarrbesuchsdienst einer Gemeinde könnte z. B. die Nachbarschaft über den Tod informieren und zu einem gemeinsamen Gebet entweder im Haus des Verstorbenen (nach Rücksprache mit den Angehörigen) oder in der Pfarrkirche einladen.
Anregungen zu einer solchen Totenwache finden Sie in Gotteslob 80.

Die kirchliche Begräbnisfeier – Exsequien

Die Bezeichnung Exsequien, vor allem für die Begräbnismesse, kommt von dem lateinischen Wort exsequi – d. h. geleiten. Dem Verstorbenen wird ein letztes Geleit zum Grabe gegeben. Je nach örtlicher Situation haben sich verschiedene Bräuche erhalten, die auch in der Begräbnisliturgie berücksichtigt werden.

Eine erste Möglichkeit:
Im Trauerhaus bzw. in der Trauerhalle beginnt der Priester mit der Eröffnung, in der Kirche wird anschließend die heilige Messe miteinander gefeiert und danach folgt die Beisetzung.

Eine zweite Möglichkeit:
Sie beginnt mit der heiligen Messe in der Kirche; anschließend erfolgt ein Wortgottesdienst in der Trauerhalle bzw. Friedhofskapelle und schließlich die Beerdigung.

Eine dritte Möglichkeit:
Der Wortgottesdienst findet in der Trauerhalle bzw. Friedhofskapelle statt. Anschließend erfolgt die Beerdigung.

Eine vierte Möglichkeit bei einer Urnenbeisetzung:
Die Gemeinde versammelt sich direkt in der Friedhofskapelle oder im Krematorium. Dort erfolgt dann ein Wortgottesdienst mit der Beisetzung bzw. der Verabschiedung.

Wenn die Gemeinde **am Grab** versammelt ist, spricht der Priester oder Diakon ein Gebet zur Segnung des Grabes. Nach einem kurzen Wort aus der Hl. Schrift sagt er:
Wir übergeben den Leib der Erde. Christus, der von den Toten auferstanden ist, wird auch N. N. zum Leben erwecken.
Dann sprengt der Priester Weihwasser auf den Sarg und betet:
Im Wasser und im Hl. Geist wurdest du getauft, der Herr vollende an dir, was er in der Taufe begonnen hat.
Er wirft Erde auf den Sarg und spricht:
Von der Erde bist du genommen, und zur Erde kehrst du zurück. Der Herr aber wird dich neu gestalten.
Schließlich zeichnet er das Kreuzzeichen über den Sarg, bzw. steckt ein Kreuz in die Erde und sagt:
Im Kreuz unseres Herrn Jesus Christus sei dir und uns allen Auferstehung und Heil. Der Friede sei mit dir.
(vgl. Gotteslob 81–91)
Es folgen noch Fürbitten für den Verstorbenen und für die trauernden Angehörigen. Alle Anwesenden beten das Vaterunser. Der Priester schließt die Feier mit einem Gebet und dem Segen ab. Zum Zeichen des Gedenkens und der Anteilnahme ist es mancherorts üblich, zum Grab hinzutreten und Blumen oder Erde in das Grab zu werfen. Den Angehörigen kann man auch am Grab seine Anteilnahme bekunden.

Feuerbestattung und Urnenbeisetzung

Ursprünglich war die Feuerbestattung für Christen nicht gestattet. Sie wurde nämlich in der 2. Hälfte des 19. Jahrhunderts eingeführt, um damit gleichsam gegen den Glauben an die Auferstehung zu protestieren. Im Jahre 1964 hob die Kirche dieses Verbot auf, da die Feuerbestattung kaum noch mit einer anti-kirchlichen Einstellung verbunden ist und in den großen Städten mehr und mehr zunimmt. Daher kann auch eine kirchliche Begräbnisfeier bei einer Feuerbestattung erfolgen, entweder vor der Einäscherung oder bei der Urnenbeisetzung.

Meist findet die Feier im Zusammenhang mit der Einäscherung statt, da die Urnenbeisetzung oft sehr viel später und dann ohne weitere kirchliche Mitwirkung vollzogen wird.
Wenn die kirchliche Feier erst bei der Urnenbeisetzung am Grab gehalten wird, verläuft sie ähnlich wie bei der Beisetzung eines Sarges.

Beileidskarten

Menschen, die einem etwas bedeuten, kann man gut leiden. Jemanden leiden können heißt, ihn gern haben auch und gerade, wenn er leidet am Tod eines Menschen. Gerade jetzt braucht er Beistand – unser Bei-leid. Ein Zeichen der Verbundenheit gerade im Leid. Am besten können wir unser Mit-leiden durch einen Besuch bei den Angehörigen des Toten ausdrücken. Dies ist vor allem nach der Beerdigung wichtig. Gerade dann wird der Verlust des Verstorbenen oft schmerzlich erfahren. Unmittelbar nach dem Tod kann man den Angehörigen eine Karte oder Brief schreiben, entweder mit einem persönlichen Text oder etwa:

Im Glauben an die gemeinsame Auferstehung und mit dem Versprechen, des Verstorbenen auch in meinem Gebet zu gedenken, spreche ich Ihnen meine Teilnahme aus . . .

In unserem gemeinsamen Glauben an die Auferstehung spreche ich Ihnen meine Teilnahme aus . . .

Danksagungen

Sie sollten möglichst schlicht gestaltet sein. Ein Totenbild kann beigelegt werden. In manchen Orten ist es üblich, die Danksagungen auch als Zeitungsanzeige aufzugeben. Wo das Sechswochenamt Brauch ist, sollte man mit der Danksagung auch die Einladung zur Teilnahme an dieser Eucharistiefeier verbinden.
Die Danksagungen könnten lauten:
In diesen Tagen des Leids war es uns ein großer Trost, nicht alleingelassen zu werden. Allen, die uns persönlich, besonders durch die Teilnahme an der Hl. Messe und der Beerdigung gezeigt haben, wie sehr sie unseren Schmerz mittragen, danken wir aufrichtig . . .
In den Tagen der Trauer . . . haben Sie uns durch Ihre Anteilnahme Trost gegeben. Wir danken Ihnen dafür.

Gedächtnis der Toten

Die Gemeinschaft mit dem Toten kann für uns Lebende hilfreich sein. Sie hilft uns, falsche Maßstäbe in unserem Leben zu durchschauen und manches zurechtzurücken, was uns vielleicht allzu wichtig erscheint. Für jeden Menschen gibt es Tote, denen er besonders viel zu verdanken hat: Eltern, Großeltern, Lehrer, Priester, Nachbarn, Freunde. Es ist gut, Freunde unter den Toten zu haben; sie können uns helfen zu leben.

- Am Todestag sollte beim Gebet in der Familie immer des Verstorbenen gedacht werden. Vielleicht kann man hierzu seine Taufkerze bzw. Sterbekerze oder Osterkerze aufstellen oder auch ein Bild des Verstorbenen.

- Der Besuch auf dem Friedhof mit einem kurzen Gebet am Grab zeigt unsere Verbundenheit.
- Mancherorts ist es üblich, am Jahrestag eine heilige Messe für den Verstorbenen zu feiern, an der Angehörige und Freunde wieder teilnehmen.
- In jeder heiligen Messe gedenkt die christliche Gemeinde aller, die gestorben sind und mit denen wir uns weiterhin verbunden wissen.

In der Totenmesse beten wir:

Erbarme dich unseres Bruders N. (unserer Schwester N.), den (die) du aus dieser Welt zu dir gerufen hast. Durch die Taufe ist er (sie) Christus gleichgeworden im Tod: gib ihm (ihr) auch Anteil an der Auferstehung, wenn Christus die Toten auferweckt und unsern irdischen Leib seinem verklärten Leib ähnlich macht.
Dann wirst du alle Tränen trocknen, und wir werden dich, unsern Gott, schauen, wie du bist. Wir werden dir ähnlich sein auf ewig und dein Lob singen ohne Ende.

Durch die Trauer zu neuem Lebensmut

Gerade dann, wenn ein geliebter Mensch gestorben ist, werden wir untröstlich – scheinen wir in Trauer zu erstarren. Wir können und brauchen die Trauer nicht verdrängen, sondern dürfen sie durchleben.

Mein Leben bleibt stehen

Der Tod eines Menschen kann lähmen. Alles Leben wird plötzlich leer, alle Räume sind leblos, alles wird kalt und stumm. Dies dauert oft so lange, bis die Beerdigung vorüber ist. Dann kommt der Alltag wieder, – aber – ›wer kümmert sich um meine Wunden?‹. Sich nichts anmerken lassen? Alle Kontakte abbrechen? Jetzt brauche ich jemanden, der bei mir ist, Menschen, die mir beistehen in meiner Trauer.

Und sie saßen bei ihm auf der Erde sieben Tage und sieben Nächte; keiner sprach ein Wort zu ihm. Denn sie sahen, daß sein Schmerz sehr groß war.

Ijob 2,13

Mein Lebenswille ist erschüttert

Oft weiß ich nicht mehr, wie es weitergehen soll. Ich bin reizbar, ungerecht und auch leicht erregbar. Das Leben scheint seinen Sinn verloren zu haben. Ich bin mir selbst und anderen lästig. Oft fühle ich mich hilflos und ohnmächtig. Mache vielleicht mir und anderen Vorwürfe, daß wir nicht genug dazu beigetragen haben, daß er weiterlebt. Jetzt gilt es, die Verwirrung des Lebens neu zu ordnen. Dies gelingt am ehesten mit einem geliebten Menschen, dem ich mich anvertrauen kann. Mit ihm können weitere Lebensschritte besprochen werden.

Meinem Leben neu zustimmen

Hat meine Trauer ihre Zeit? Kommt die Freude wieder? Allmählich kehren das Leben und der Mut zum Leben zurück. Der Verstorbene ist nun auf eine neue Weise nahe. Er ist nicht weg. Er hindert mich nicht mehr, mich neu dem Leben zuzuwenden. Ich kann mein Leben wieder neu bejahen, kann Pläne schmieden.

Weinen hat seine Zeit und Lachen hat seine Zeit. Verlieren hat seine Zeit und Suchen hat seine Zeit. Kohelet 3,1

Wie Kinder sich den Tod vorstellen

Ich weiß, wie es geht, wenn man stirbt, man fliegt dann ganz hoch und dann fängt man an zu brennen.
Nein, man friert – dann ist es ganz kalt.
Gespräch zwischen Kleinkindern

Tot sein ist Schlafen, aber ohne Schnarchen ...
Werden wir alle zu Standbildern, wenn wir tot sind? Junge, 4 Jahre

Was tut Gott mit einem, wenn man tot ist, ißt er einen dann auf? Wir essen doch auch tote Hühner! Junge, 4 Jahre

Früher dachte ich immer, daß, wenn man stirbt, Gott ein Tier aus einem macht, und wenn man dann wieder stirbt, dann wird man eine Pflanze. Mädchen, 8 Jahre

Och, Menschen sterben eigentlich nicht, denn sie kriegen Kinder und die kriegen auch wieder Kinder, und so geht ihr Leben eigentlich immer weiter. Junge, 6 Jahre

Warum bist Du so traurig? Opa kommt doch in den Himmel, dort hat er keine Schmerzen mehr und ist nie mehr krank, und dort gibt es auch keinen Krieg mehr.
Mädchen, 4 Jahre

Das Kleinkind, etwa bis zum 3. Lebensjahr, hat noch keine genaue Vorstellung vom Tod eines Menschen. Es spürt nur, daß der Verstorbene nicht mehr da ist. Aber oft genug meint es, daß er irgendwann wiederkommt.
Erst im Kindergartenalter verstehen die Kinder allmählich, was es bedeutet, wenn ein Mensch stirbt, doch verbindet sich für die Kinder der Tod ganz eng mit dem Altsein. Nur alte Menschen sterben. Wenn ein Kind etwa durch einen Unfall stirbt, wird dies kaum verstanden. Kinder können geradezu gefühllos darüber reden. Eltern sind oft erschrocken, wie nüchtern Kinder in diesem Alter über den Tod sprechen.
Später, etwa mit Beginn des 6. Lebensjahres, fragen Kinder: Wo sind die Toten? Was passiert, wenn man stirbt?
Erst mit 8 oder 9 Jahren empfinden Kinder auch gefühlsmäßig mit, wenn jemand stirbt. Sie werden traurig und weinen auch, wenn sie vom Tod eines Verwandten oder eines Freundes oder Klassenkameraden erfahren.

Großmama stirbt

Abends sitzen beide Kinder bei der Mutter.
»War Großmama in dem Sarg, der mit dem Auto weggefahren ist? Wohin haben sie sie gebracht?« fragt Robert.
»In die Leichenhalle beim Friedhof. Dort steht der Sarg, bis sie begraben wird.«
»In diesem engen Sarg, Mama? Und wenn sie aufwacht, wie kommt sie da raus?«
»Sie ist tot. Der Arzt hat es festgestellt. Wir sehen sie hier nie mehr wieder.«
»Und wohin kommt sie dann?«
»In die Erde, auf den Friedhof neben Großpapa.«
»In ein Loch in die Erde?«
»Frag doch nicht so«, brummelt Otto.
»Laß ihn«, sagt Mama, »Großmama kommt in die Erde. Die Hülle des Menschen, sein Körper, löst sich auf, wenn er tot ist; sie wird wieder zu Erde.«
»Und Großmama?«
»Großmama auch. Aber das, was Großmama war, lebt weiter. Sie hat euch sehr lieb gehabt, ihr sie auch, das wird nie verloren gehen.«
»Bleibt es in der Luft?«
»Ich weiß nicht, aber ich kann mir nicht vorstellen, daß überhaupt etwas verloren geht. Wir weinen nur, weil wir den Menschen, den wir lieben, nicht mehr bei uns haben. Wir können ihn nicht mehr anrühren, nicht mehr sehen, nicht mehr hören, nicht mehr küssen.«
»Ich höre Großmama trotzdem«, sagt Otto plötzlich.
»Geht sie zum lieben Gott, so wie ein Engel?« fragt Robert.
»Das weiß ich nicht. Ich glaube, daß Gott sie aufnimmt. Wie, weiß ich nicht, aber ich weiß, daß sie für immer in den Frieden eingeht.«
»Was ist Frieden?«
»Ein Ort oder ein Zustand, wo man durch nichts mehr verwirrt oder gekränkt wird, wo man nicht mehr Angst hat.«
»So, als wenn ich schlafe?«
»Nein, das glaube ich nicht.«
»Eigentlich könnte man ja gleich tot sein, wenn alles so schön ist. Warum bin ich auf der Erde?« sagt Otto mürrisch.

»Um zu leben«, antwortet die Mutter. »Das heißt, um viele Erfahrungen zu machen, gute und schlechte, um die Welt kennen zu lernen, um Glück zu finden, zu wachsen, zu lernen, zu helfen und zu lieben. Jedes Leben führt zu einem Tod. Nur was gelebt hat, kann sterben. Der Tod gehört zu jedem Leben.«

Antoinette Becker

Wie Jugendliche über den Tod denken

Wir tun uns und den Kindern keinen Gefallen, wenn wir es vermeiden, mit den Kindern über Sterben und Tod zu sprechen. Für Kinder hat der Tod zunächst noch nichts Erschreckendes. Sie können noch selbstverständlich damit umgehen. Eltern sollten diese Chance nutzen und u. U. dabei ihre eigene Scheu und Unsicherheit überwinden. Sie helfen damit ihrem Kind für seine spätere Entwicklung. Es wird dann weniger unter falschen Ängsten und unter Ratlosigkeit leiden, wenn es dem Sterben eines Menschen begegnet.
Kinder glauben auch nicht, daß mit dem Tod alles vorbei ist. Was aber soll man sagen, wenn jemand gestorben ist?
Wenn ein junger Mensch stirbt, genügt es oft, dem Kind die Todesursache zu nennen: ›Er ist verunglückt‹ oder ›Er war so krank, und die Ärzte konnten ihn nicht mehr gesund pflegen.‹
Und was antworten, wenn Kinder fragen: ›Wo ist Opa jetzt?‹ Als Christen dürfen wir bekennen, daß der Verstorbene jetzt bei Gott ist. Dabei brauchen wir nicht zu verschweigen, daß wir uns auch als Erwachsene nur schwer eine Vorstellung davon machen können, wie das Leben nach dem Tod aussieht. Wir können und müssen nicht auf alles eine Antwort haben.

Ich stelle mir den Tod schrecklich vor. Man liegt in einem Bett oder ist sonst irgendwo und man macht plötzlich die Augen zu und lebt nicht mehr. Man weiß nicht, wie es nach dem Tod aussieht. Ob man nach dem Tod auf irgendeine Weise doch noch weiter lebt. Wenn der Körper verwest ist und wir vielleicht mit einem anderen Körper weiterleben und das Treiben der Menschen beobachten können. Man weiß auch nicht, ob die Welt, wenn ich gestorben bin, überhaupt noch existiert und wie es dann aussieht.

Silvia, 12 Jahre

Ich wäre nicht sehr erbaut davon, einmal zu sterben. Aber leider muß jeder einmal abkratzen. Ich bin aber sehr neugierig, wie es da aussehen würde. Könnte ich einmal sterben, würde ich es mal ausprobieren. Das heißt, wenn ich nachher wieder auferstehen könnte.

Ulrich, 12 Jahre

Ich selbst habe schreckliche Angst vor dem Tod. Und wenn einer stirbt, den ich kenne, dauert es immer lange, bis ich wieder ruhig schlafen kann.

Angela, 13 Jahre

Wenn der Tod nicht dasein würde, gäbe es auf der Welt bald keinen Platz für Lebewesen. Der Tod bildet für die Organe des Körpers und des Gehirns ein Ende. Viel Menschen meinen, die Seele würde noch erhalten bleiben und daß Gott der Seele des Menschen ein ewiges Leben biete. Der Mensch versucht sich durch diesen Gedanken zu trösten. Er meint, wenn er böse war, würde er keinen guten Platz im Jenseits erhalten. Das ganze Ge-

schehen ist für mich ein biologischer Vorgang. Der Körper verwandelt sich zu Aas und wird zu Erde. Er schenkt anderen Lebewesen Nahrung. An seinem Platz erhält ein anderer Mensch sein Leben.
Wenn der Mensch nach seinem Tode noch einmal leben könnte, dann würde er gewiß keinen Fehler mehr machen.

Udo, 15 Jahre

Ich habe solche Angst vor dem Tod, daß ich wohl Schlaftabletten nehmen würde, um ihn nicht zu merken.

Junge, 19 Jahre

Mein Freund sollte bei mir sein, mir die Hand halten, bis alles vorbei ist.
Bis zuletzt möchte ich an das Liebste denken, was ich besitze.

Mädchen, 17 Jahre

Viele Jugendliche wollen nicht an den Tod denken. Manchmal reden sie sogar sehr kühl und teilnahmslos von Sterben und Tod eines Familienangehörigen. Doch verbergen sich hinter dieser Sachlichkeit oft Unsicherheit und Angst.
Stirbt nämlich ein Freund oder jemand, zu dem der Jugendliche eine besonders gute Beziehung hatte, so kann er ebenso stark mit-empfinden und trauern und weinen. Manchmal kommt ihm dann sogar der Gedanke, selber nicht mehr weiterleben zu wollen. So schmerzlich kann der Tod ihn berühren.
Todessehnsucht und Weltschmerzstimmung können dann einen empfindsamen Jugendlichen überkommen. Dies kann auch schon geschehen, wenn er die große Enttäuschung einer Freundschaft erfahren mußte.
Eltern bleibt in solchen Situationen oft nicht mehr, als an solchem Leid teilzunehmen: dasein, zuhören, ernstnehmen.

Herr,
ich verstehe den Tod nicht,
auch nicht beim Anblick eines Toten.
Ich weiß,
auch ich werde sterben
irgendwann
oder demnächst . . .
aber dieser Gedanke läßt mich kalt,
denn er ist noch ohne Inhalt für mich.
Und doch fürchte ich mich vor dem Begreifen. –
Dein Wort verheißt ewiges Leben,
denen, die auf Dich hoffen.
Auch das verstehe ich nicht.
Aber ich möchte hoffen,
ich möchte vertrauen,
ich möchte glauben,
ich möchte leben! –
Herr, Dein Wille geschehe.

Sterben lernen – bewußter leben lernen!

Herr, lehre uns bedenken, daß wir sterben müssen, auf daß wir klug werden.

Psalm 90,12

Was dem Leben Sinn gibt – gibt dem Tod einen Sinn

Die Art und Weise, wie wir mit unserem Leben auf den Tod hin umgehen, ist auch ein Zeugnis für unsere Auffassung vom Tod. Betrachten wir all das Vergangene nur in Trauer als einen nicht wieder einholbaren Verlust, oder sehen wir auch die Chancen der Gegenwart und der Zukunft?

Der evangelische Theologe Jörg Zink hat einige Lebensregeln genannt, die zugleich auch Vorbereitungen auf das Sterben sein könnten:

- mit der Zeit umgehen lernen, Tage, Stunden und Augenblicke ausschöpfen
- jedem Tag sein eigenes Recht geben; dem Spiel, dem Gespräch, den Plänen, dem Werk, der Fröhlichkeit, dem Nachdenken und dem Schlaf seine eigene Schönheit und Schwere lassen
- nach Möglichkeit nichts tun, dessen Wiederholung man nicht wünschen kann
- all abendlich jeden Streit beenden und nichts Ungeordnetes durch die Tage und Wochen schleppen
- anderen ihre Schuld vergeben und Vergebung für eigene Schuld erbitten
- jede hohe Meinung über sich selbst abbauen
- Dinge, Geld und Einfluß immer gelassener weggeben
- jeden Tag, jede Woche, jedes Jahr im Rückblick prüfen. Von einem Rückblick zum anderen mit weniger Wehmut, mit mehr Genauigkeit und mehr Dankbarkeit zurücksehen

Mein großes Gebet ist, ein gutes Ende zu finden: In irgendeiner Weise mit meinem Tod das zu besiegeln, wofür ich gelebt habe.

Teilhard de Chardin

„Fest" leitet sich ab vom lateinischen „festum" und bezeichnet im Alltag der Römer den Tag der Arbeits- und Gerichtspause. Dieser Tag ist der religiösen Feier gewidmet. Eng hängt damit auch das Wort „Feier" zusammen; ebenfalls aus dem Lateinischen „feriae". „Festum" und „feriae" haben als gemeinsames Urwort „fesua", d. h. Heiligtum. Fest und Feier stehen in enger Verbindung mit dem Heiligen. Im Englischen heißt deshalb auch der Feiertag „holyday", d. h. heiliger Tag.

Feste und Feiern des Lebens – Sakramente – Feiern des Glaubens

Das muß gefeiert werden . . .

so sagen wir bei einem unverhofften Wiedersehen, nach bestandenem Examen, bei einem Jubiläum . . .

Gerne feiern wir mit anderen unseren Geburtstag oder Namenstag, den Hochzeitstag oder den Jahrestag der Priesterweihe.

Weihnachten und Ostern muß man feiern.

Die Taufe eines Kindes, die Hochzeit eines Brautpaares und auch die Beerdigung eines Menschen sollen »feierlich« sein.

Es ist menschliche Eigenart zu feiern. Bestimmte Ereignisse des Lebens, Stationen im Lebenslauf, besondere Tage und Zeiten im Jahreskreis werden in allen Menschheitskulturen gefeiert.
Hin und wieder müssen wir innehalten; wir können nicht einfach alles im Alltag des Lebens weiterlaufen lassen, wir können uns nicht gehen und treiben lassen.

Wir müssen hin und wieder unser Leben »fest« machen, ein ***Fest*** feiern.

- Fest-machen und ein Fest feiern für mich selbst, damit ich wieder spüre, woher ich komme, wo ich stehe und wohin ich gehe.
- Ein Fest feiern mit anderen, weil ich ihre Anerkennung und ihre Gemeinschaft brauche.
- Ein Fest feiern mit Gott, weil er Antwort auf die Fragen meines Lebens und Orientierung in der Geschichte der Welt geben kann.

Das Leben gemeinsam begehen

Gerne laden wir zu Familienfesten Eltern und Großeltern, Onkel, Tante und Freunde ein: Menschen, mit denen wir uns verbunden wissen. Bei solchen Festen wird von früher erzählt, die eigene Lebensgeschichte wird lebendig und gegenwärtig. »Weißt Du noch damals, als . . .?« Dabei blättern wir in Fotoalben, schauen uns Dias oder Filme aus der Vergangenheit an.

Aber auch an die Zukunft denken wir. Dem Geburtstagskind oder Brautpaar wünschen wir Glück und Segen für die kommende Zeit. So macht jedes wirkliche Fest die Vergangenheit und Zukunft des Lebens gegenwärtig, und wir erleben die Gegenwart intensiver und erfüllter.
Ein Fest begehen wir immer mit anderen, nie allein. Wir »begehen« ein Stück unseres Lebens, schreiten es sozusagen miteinander aus. Eltern und Großeltern bezeugen durch ihre Gegenwart, woher ich komme, Partner und Freunde, wo ich stehe, und Kinder, wohin ich gehe.

Miteinander feiern

- Wir feiern und ***sitzen*** zusammen und lassen so die Auseinander***setzung*** des Alltags ein Stück hinter uns.
- Wir feiern und unter-***halten*** uns und geben somit unserem Leben neuen (Unter-) ***Halt***.
- Wir feiern, essen und trinken und halten damit nicht nur ›Leib und Seele‹ zusammen, sondern auch unsere Familie, Nachbarschaft und Freundschaft.

Das setzt jedoch eine grundsätzliche Zustimmung zum Leben, eine gemeinsame Hoffnung voraus. Den Beginn einer Ehe können wir nur feiern, wenn wir die gleiche Hoffnung für diese Gemeinschaft haben.
In diesem Sinne ist auch die Trauer eine Feier: Uns verbindet die Hoffnung, daß dieser Tod nicht das Ende ist.

Wir brauchen nicht zu verzweifeln, nicht zu trauern wie solche, die keine Hoffnung haben. 1. Thessalonicher 4,13

Feste und Feiern leben von der Übereinstimmung in Fragen unserer Herkunft, unserer Aufgabe und unserer Zukunft.

Kein Fest ohne Gott

Der Philosoph Josef Pieper schreibt: »Es gibt kein Fest ohne Götter – mag es der Karneval sein oder die Hochzeitsfeier.« – Gut essen, ausreichend trinken, lautstark singen und ausgelassen tanzen gehören zu einem wirklichen Fest. Aus der Ordnung des Alltags heraustreten, vielleicht auch einmal »aus der Rolle fallen« und die üblichen Umgangsformen auf den Kopf stellen – dies können wir nur, wenn wir uns auf jemanden verlassen können, der uns hält und trägt, der den Lauf und die Zukunft des Lebens und der Welt garantiert. Sonst wäre jedes Fest eine trügerische Illusion, gerade auch angesichts von Leid und Elend in der Welt.
Als Christen glauben wir, daß unser Leben und die Geschichte dieser Welt von Gott getragen sind und zu einem guten Ende kommen.

Christus sagt: Ich will, daß sie das Leben haben und es in Fülle haben.

Johannes 10,10

Feiertag ist ›holiday‹ – ist heiliger Tag, an dem wir etwas von jener heilen, gottgewollten Welt erleben dürfen.

Sakramente – Feiern des Glaubens an wichtigen Stationen des Lebens

SAKRAMENT kommt vom Lateinischen »sacramentum«, d. h. ›unverbrüchliche Besiegelung‹. Jesus Christus wird das UR-SAKRAMENT Gottes genannt, weil in ihm die Menschenliebe Gottes unverbrüchlich spürbar und bestätigt wurde. Die Kirche wird GRUNDSAKRAMENT genannt, weil in ihrer Gemeinschaft heute diese Menschenfreundlichkeit Jesu spürbar und erlebbar bleiben soll. Dies geschieht in der Kirche vor allem durch die Feier der 7 Sakramente: Taufe, Firmung, Buße, Kommunion, Krankensalbung, Ehe, Priesterweihe. Die Zahl der 7 Sakramente ist auch symbolisch zu verstehen. Symbol für die enge Verbindung Gottes mit der Welt. Zusammengesetzt aus der 3 = der Zahl Gottes (Dreifaltigkeit) und der 4 = Zahl der Welt (z. B. 4 Elemente: Feuer, Wasser, Luft und Erde, 4 Himmelsrichtungen).

Fragen des Lebens

Geburt, Erwachsenwerden, Schuld, schwere Krankheit, Tod, Eheschließung und Priesterweihe sind Ereignisse, die Deutung verlangen, bei denen wir haltmachen und uns neu orientieren müssen. Das Leben selber gibt hier keine Antwort auf die Fragen, die sich in solchen Situationen stellen:
Lohnt es sich überhaupt, in dieser Welt groß zu werden und zu leben?
Wie gehen wir um mit unserer Schuld?
Kann ich mich einem Menschen auf Dauer anvertrauen?
Kann ich mich auf Dauer dem Dienst Gottes in seiner Kirche widmen?
Gibt es Hoffnung und Trost auch bei schwerer Krankheit, ja selbst im Tod?

Orientierung durch Jesus Christus

In solchen Situationen vertrauen wir Christen auf Gott. In Jesus Christus hat Gott für alle sichtbar seine Güte und Menschenfreundlichkeit geoffenbart.
Jesus Christus legt den Kindern die Hände auf und segnet sie.
Damit zeigt er: Ich habe euch gern!
Ich verlasse Euch nicht! Wehe denen, die euch etwas antun!
Der schuldig gewordenen Ehebrecherin streckt er die Hand der Versöhnung entgegen.
Brautpaaren sichert er zu: Ihr seid zu unwiderruflicher Liebe fähig!
Kranken legt er die tröstende Hand auf.
Tote berührt er und erweckt sie zu neuem Leben.
Sozial, politisch oder auch religiös benachteiligte Menschen führt er an einem Tisch zusammen und teilt mit ihnen das Essen. Beim letzten Abendmahl teilt er in den Zeichen von Brot und Wein sich selber mit. Es ist bis heute die Feier der liebenden Gemeinschaft Gottes mit allen Menschen. In Jesus Christus können Menschen spürbar die liebende, vergebende, heilende, mitteilende und gemeinschaftsstiftende Hand Gottes erfahren.
Deshalb nennen wir Jesus Christus das Ur-Sakrament.

Die ausgestreckten Hände der Kirche

Die Kirche als der fortlebende Christus streckt in den Sakramenten der Taufe, Firmung, Buße, Kommunion, Krankensalbung, Ehe und Priesterweihe die liebenden Hände Jesu Christi aus. Sie führt zur Begegnung mit Christus selber; sie lädt ein, sich seinen Händen anzuvertrauen. Christus hat heute keine anderen spürbaren Hände als die der Kirche und jeder Pfarrgemeinde.

In ihrer gelebten Gemeinschaft, in ihrer Spendung und Feier der Sakramente muß für Menschen in wichtigen Situationen des Lebens die Güte und Menschenliebe Gottes erfahrbar werden.

Die grenzenlose Güte Gottes

Dies heißt nicht, daß Gott mit seiner Liebe und Güte den Menschen ausschließlich in der Kirche und ihren Sakramenten begegnet. Vielmehr gilt: Die Wege Gottes sind vielfältig. So können Menschen durchaus schon etwas von jener Güte und Menschenfreundlichkeit erfahren, wo ihnen selber einmal Schuld vergeben oder neue Hoffnung geschenkt wurde.

Im Leben der Kirche und vor allen Dingen in den Feiern der einzelnen Sakramente wird diese Güte und Gnade Gottes erfahrbar. Was sonst ungestaltet, unbenannt und unsicher bleibt, gewinnt hier Gestalt und Sicherheit.

Sakramente sind Feiern des Glaubens

Jetzt verstehen wir vielleicht auch, weshalb solche Begegnungen des Menschen mit den ausgestreckten Händen der Kirche an wichtigen Stationen seines Lebens gefeiert werden. Wie bei allen Feiern des Lebens, gewinnen wir dadurch neue Sicherheit. Wir erleben und spüren, wenn wir mit anderen die Taufe oder Hochzeit in der Gemeinschaft der Kirche begehen, etwas von der gütigen und liebenden Hand Gottes. Wir erfahren hier, worauf wir uns verlassen können. Der Auftrag der Kirche ist es, die Hand Gottes ausgestreckt zu halten und erfahrbar zu machen. An jedem einzelnen liegt es, ob er diese Hand in den entsprechenden Lebenssituationen ergreift. Sakramente zeigen zwar die unverbrüchliche Treue Gottes an, der seine Hand nie zurückzieht, sie üben aber keine magische Kraft aus. Vielmehr verlangen sie ehrliche Bereitschaft, sich der Hand Gottes anzuvertrauen. Das meint »glauben«.

Deshalb setzen Sakramente den Glauben voraus. Sie sind Feiern des Glaubens.

Christus wird in Zeichen und Worten spürbar

Solche Christusbegegnungen in den Sakramenten bringt die Kirche durch elementare Dinge unseres Lebens zum Ausdruck. Es sind Wasser, Brot, Wein, Salböl, Hände-auflegen, Ja-sagen.

Durch die Worte, welche die Feier der Sakramente begleiten, werden diese Zeichen eindeutig zu Zeichen der Liebe Christi erklärt. Die Feier und die Worte verändern die Zeichen, machen sie wirksam.

So kann ein Strauß Rosen, im Blumengeschäft gekauft, zum Zeichen der Liebe oder der Versöhnung werden, wenn ich ihn mit Worten oder einer Geste der Liebe überreiche.

So kann das Wasser zum Zeichen für neues Leben werden, das Brot zum Zeichen für Jesus Christus und seine Gemeinschaft mit den Menschen wie auch der Menschen untereinander. Wirkende Zeichen der Liebe Gottes.

Feiern des Glaubens in alltäglichen Lebenssituationen: Sakramentalien

Wir feiern als Glaubende aber nicht nur so entscheidende Lebenssituationen wie Geburt, Heirat oder auch den Tod. Auch in alltäglicheren Situationen vergewissern wir uns gerne der Güte und des Beistandes Jesu Christi und seiner Kirche: wenn wir eine Wohnung oder ein Haus segnen, wenn die Früchte der Erde gesegnet werden, wenn wir Bilder oder Kreuze, Autos oder Felder segnen oder auch eine Kirche weihen. Auch hier wollen wir uns der schützenden Hand Jesu Christi feiernd bewußt werden. Solch zeichenhafte Feiern nennen wir Sakramentalien. Sie sind so etwas wie das »Kleingeld der Sakramentalität«, so etwas wie die Ranken der großen sakramentalen Feiern. Sie sind deshalb auch verschieden je nach Bräuchen und Sitten des Lebens in den verschiedenen Regionen des Landes.

Damit es ein Fest wird . . .

Viele Familien tun sich heute schwer bei der Gestaltung von Festen. Sie sind keine gute Gewohnheit mehr. Denn aufgrund der geringen Kinderzahl bleiben Feste wie Taufe, Erstkommunion, Hochzeit usw. oft einmalige Ereignisse in der Familie. Einzelkinder erleben die Feste nicht bei Geschwistern. Auch fehlen in vielen Familien die Großeltern, die durch ihre Gegenwart und Erzählung die Tradition der Feste garantieren könnten. »Die Feste feiern wie sie fallen«, sagt man. Gerade auch in der Familie, wo wir noch am ehesten aus einer gemeinsamen Hoffnung leben und daran hin und wieder das Leben fest-machen können.

Den Raum und die Wohnung gestalten

Alle unsere Sinne wollen angesprochen werden. Ein schön gedeckter Tisch, Blumen, Girlanden und Kerzen laden zum Verweilen ein. Die Art der Zimmergestaltung prägt schon den Charakter der Feier. So spüren wir im Kerzenschein und Duft des Tannenbaumes an Weihnachten etwas von Wärme und Geborgenheit bei unserem Zusammensein.
Die Girlanden und bunten Lichter des Karnevals regen an, sich einmal ›gehen zu lassen‹ in aller Ausgelassenheit.

Sich schön kleiden

Manche halten die Art der Kleidung für nebensächlich. Und doch spüren wir, daß Kleidung auch eine bestimmte Einstellung zum Ausdruck bringen kann. Die lässige Kleidung, in der man sich einmal gehen lassen kann, oder die Verkleidung beim Spiel der Kinder, durch die sie einmal in eine andere Rolle schlüpfen können. So macht auch die Kleidung sichtbar, daß wir einmal Abstand nehmen von der Routine des Alltags.

Gemeinsam essen

Nichts verbindet so sehr wie das gemeinsame Essen. Das Essen soll uns an einem Tisch zusammenführen, wo wir uns Zeit lassen, wo wir miteinander genießen, schmecken und reden können. Vielleicht klingt manchen Eltern noch die Mahnung im Ohr: »Beim Essen wird nicht geredet«! Gerade zum Gegenteil sollten wir uns beim Essen ermuntern: Erzählt bei Tisch, was euch freut oder bedrückt! Die Tischgemeinschaft ist keine Schweigegemeinschaft, sondern eine Erzählgemeinschaft.

Geschichten des Lebens und Glaubens erzählen

Jedes Fest lebt von der Erzählung. Im Erzählen wird das Leben weitergegeben. In den Erzählungen der Großeltern und Eltern spüren Kinder, woher sie kommen, und was ihr Leben mitgeprägt hat. Im Erzählen von Märchen und Geschichten werden Träume und Hoffnungen anderer Menschen lebendig gehalten. Die Erzählungen des Glaubens in den biblischen Geschichten und Legenden der Heiligen können Orientierung im Leben geben.

Singen und tanzen

Das Leben wird nicht nur mit Worten gefeiert und begangen. Unser ganzer Körper mit all seinen Sinnen kann Freude und Trauer zum Ausdruck bringen. Im gemeinsamen Lied und in der Bewegung des Tanzes fühlen wir uns miteinander verbunden. Auch dies ist eine Sprache unserer Hoffnung und unseres Glaubens.

Miteinander spielen

Im Spiel werden Eltern und Kinder Partner. Sie verlassen ihre Rollen der Über- und Unterordnung. Nur noch den Regeln des Spiels unterworfen, lösen sie sich zeitweise aus den oft anstrengenden Verpflichtungen des Alltags.

Über die Familie hinaus

Zu vielen Familienfesten werden wir Gäste einladen: die Kinder ihre Freunde und Freundinnen an ihrem Geburtstag oder Namenstag oder auch zum Fest ihrer Erstkommunion, die Eltern ihre Bekannten und Freunde zu ihrem Hochzeitstag. Feste und Feiern verbinden uns auch über die Familie hinaus. Dies gilt in besonderer Weise für uns Christen. Hier wird die »kleine Kirche« der Familie immer wieder sich auch verbunden wissen mit der großen Kirche, der Pfarrgemeinde. In dem Maße, wie in den Familien wirklich gefeiert wird, werden auch Familien in der Gemeinde Feste mitfeiern und gestalten können. Die größeren Feste der Pfarrgemeinde lassen erleben, daß wir in der Familie nicht auf einer Insel mit unseren Hoffnungen, Sehnsüchten und Ängsten allein sind. Die Feiern der Kirche sind Ausdruck des Glaubens und der Hoffnung, die uns mit allen Christen verbindet.

Durch den Tag – durch die Woche

Zu Hause sein

Papst Johannes XXIII. an seine Eltern

»Nachdem ich Euer Haus mit ungefähr zehn Jahren verlassen habe, habe ich viele Bücher gelesen und viele Dinge gelernt, die Ihr mich nicht lehren konntet. Aber die wenigen Dinge, die ich bei euch zu Hause gelernt habe, sind die köstlichsten und wichtigsten geblieben und beleben mit ihrer Wärme die vielen anderen, die ich später in so langen Studien- und Lehrjahren gelernt habe.«

Erinnerungen

Wenn ich an mein Zuhause denke, sehe ich mehr als Wände und Räume. Erinnerungen werden wach:

- die sorgenden Hände meiner Eltern spüren
- ein Bett haben
- meine Füße ausstrecken
- am Tisch Platz finden
- einen Ort haben zu lieben
- die Vorratskammer kennen
- einen Weihnachtsbaum aufstellen
- gestreichelt werden

Aber auch . . .

- weinen dürfen
- schmutzige Wäsche waschen
- ohne Maske rumlaufen
- aus dem Fenster gucken
- . . .

Je älter ich werde, um so häufiger denke ich an **ein** Zuhause. Mein Aufbruch zum Erwachsenwerden hat manches in Auflehnung verkehrt. Das Haus meiner Eltern wurde mir zu eng; ich suchte nach eigenen Wegen, suchte Freunde, Menschen, mit denen ich leben wollte; baute mir meine eigene Zukunft in Familie, Beruf, Wohnung . . ., ich schuf mir **mein** Zuhause.

Warum es keinen Krieg geben kann

Als der Krieg zwischen den beiden benachbarten Völkern unvermeidlich war, schickten die feindlichen Feldherrn Späher aus, um zu erkunden, wo man am leichtesten in das Nachbarland einfallen könnte. Und die Kundschafter kehrten zurück und berichteten ungefähr mit den gleichen Worten ihren Vorgesetzten: es gäbe nur eine Stelle an der Grenze, um in das andere Land einzubrechen.
»Dort aber«, sagten sie, »wohnt ein braver kleiner Bauer in einem kleinen Haus mit seiner anmutigen Frau. Sie haben einander lieb, und es heißt, sie seien die glücklichsten Menschen auf der Welt. Sie haben ein Kind. Wenn wir nun über das kleine Grundstück in Feindesland einmarschieren, dann würden wir das Glück zerstören. Also kann es keinen Krieg geben.«
Das sahen die Feldherrn denn auch wohl oder übel ein, und der Krieg unterblieb, wie jeder Mensch begreifen wird.

Ernst Penzoldt

Mauern schützen . . .
Türen und Fenster öffnen . . .
der Tisch versammelt . . .

Zwei Dinge sind bei uns zu Hause besonders wichtig: das Zusammensein mit Gästen und der Tisch, an dem alle Platz haben. Der gemeinsame Tisch führt unsere Familie täglich zusammen. An ihm geschieht weit mehr als nur Essen. An ihm wird gelacht, geweint, gestritten, geschwiegen, erzählt . . . Der Tisch hat vielfältige Bedeutungen:

Tischgemeinschaft	–	*Trennung von Tisch und Bett*
Tischlein-deck-dich	–	*Gabentisch*
Tischsitten	–	*Tisch des Herrn*
Tischspiele	–	*Nachtisch*
Familientisch	–	*Klapptisch*
Tischgespräche	–	*Rauchtisch*

Die Eltern haben eine kleinere Wohnung bezogen – alle Kinder sind aus dem Haus. Alles haben sie verkleinert: kleinere Schränke und Regale, weniger Zimmer, weniger Betten. Aber der alte große Tisch ist geblieben, ihn haben sie mitgenommen. »Er ist für uns so wichtig geworden! An ihm ist viel geschehen!«
Er bleibt eine Einladung an alle Kinder, noch mal nach Hause zu kommen.

Vergeßt die Gastfreundschaft nicht

Die Bruderliebe soll bleiben. Vergeßt die Gastfreundschaft nicht; denn durch sie haben einige, ohne es zu ahnen, Engel beherbergt.

Hebräerbrief 13, 1–2

Die Segnung des Hauses oder der Wohnung

Wie eine Ordensgemeinschaft in Frankreich ihre Gäste begrüßt:
Du kommst jetzt zu uns herein – sei willkommen.
Die Communität von St. Maur freut sich, dir eine Rast auf deiner Reise anbieten zu können.
Gib dich aber nicht damit zufrieden,
nur von uns zu nehmen,
die hier in der Abtei zusammen sind.
Laß uns auch Anteil haben an dem, was du lebst,
was du weißt und was du hoffst.
Schenke uns die Gemeinschaft mit dir als Gegengabe für dein Zusammensein mit uns.
Daß unser Zusammentreffen an diesem Ort dazu führt, miteinander zu sprechen und miteinander zu teilen – das wünschen wir und nichts anderes.
Die Abtei von St. Maur wird das sein,
was wir hier gemeinsam tun.

Die Segnung eines Hauses oder einer Wohnung soll zum Fest der ganzen Familie werden.
Bei der Vorbereitung kann überlegt werden, wie die Haussegnung mit Gesang oder Musik verschönert werden kann.
Auch gemeinsames Essen und Trinken gehört dazu. Es kann überlegt werden, ob mit dieser Haussegnung eine Meßfeier zu Hause verbunden wird.

Freunde suchen aus Anlaß der Haussegnung oft nach einem geeigneten Geschenk. Viele freuen sich über

- ein schönes Kreuz
- Bilder der Namenspatrone
- ein Weihwasserbecken oder -krug
- eine gut gestaltete Bibel
- einen Hausspruch, den man selbst schreiben kann.

Es ist auch üblich, Salz und Brot mitzubringen als Zeichen für die lebensnotwendigen Dinge im Haus. Der Hausherr gibt gern einen Schnaps aus, um an seinem Überfluß Anteil zu geben.
Die Haussegnung (Segnung einer Wohnung) entspricht alter christlicher Sitte. Jesus gebot seinen Jüngern, beim Betreten eines Hauses diesem und seinen Bewohnern den Frieden zu wünschen (Lukas 10,5).
Um diesen Frieden des Herrn bitten wir, wenn das Haus gesegnet wird.

Eröffnung

V.: *Im Namen des Vaters und des Sohnes und des Heiligen Geistes. Amen. Der Friede sei mit diesem Haus und mit allen, die darin wohnen.*
A.: *Und mit deinem Geiste.*
V.: *Herr Jesus Christus, du hast verheißen: Wo zwei oder drei in meinem Namen versammelt sind, da bin ich mitten unter ihnen.*
Herr, erbarme dich.
A.: *Herr, erbarme dich.*
V.: *Du hast versprochen, daß der Vater jedes Gebet erhört, das wir in deinem Namen an ihn richten.*
Christus, erbarme dich.
A.: *Christus, erbarme dich.*
V.: *Du hast uns durch deinen Tod und deine Auferstehung zu Mitbürgern der Heiligen und zu Hausgenossen Gottes gemacht.*
Herr, erbarme dich.
A.: *Herr, erbarme dich.*
V.: *Lasset uns beten.*
Herr Jesus Christus, du bist in das Haus des Zachäus eingekehrt. Komme auch zu uns mit deinem Segen, der du lebst und herrschest in alle Ewigkeit.
A.: *Amen.*

Worte aus der Heiligen Schrift

Halte deine Augen offen über diesem Haus bei Nacht und bei Tag, über der Stätte, von der du gesagt hast, daß dein Name hier wohnen soll. *1 Könige 8,29a*

Wenn nicht der Herr das Haus baut, müht sich jeder umsonst, der daran baut. Wenn nicht der Herr die Stadt bewacht, wacht der Wächter umsonst. *Psalm 127,1*

Das Haus der Stolzen reißt der Herr nieder, den Grenzstein der Witwe aber macht er fest. *Sprichwörter 15,25*

Wir wissen: wenn unser irdisches Zelt abgebrochen wird, dann haben wir eine Wohnung von Gott, ein nicht von Menschenhand errichtetes ewiges Haus im Himmel. *2 Korinther 5,1*

Wenn ihr in ein Haus kommt, dann wünscht ihm Frieden. Wenn das Haus es wert ist, soll der Friede, den ihr ihm wünscht, bei ihm einkehren.
Matthäus 10,12.13a

Kurze Ansprache des Priesters oder von Vater und Mutter

Segensgebet:

V.: *Lasset uns beten:*
Gepriesen bist du, Vater, weil dein Sohn Jesus Christus zu unserem Heil Mensch geworden ist und uns durch Wort und Beispiel gelehrt hat, deinen Willen zu tun.
Blicke in Güte auf dieses Haus und verleihe ihm deinen Segen. Erhöre die Bitten, die wir, vereint mit seinen Bewohnern, an dich richten, und schenke ihnen Frieden und Freude im Heiligen Geist, Erfolg in ihren Unternehmungen und Schutz vor allen Gefahren.
Bewahre sie vor falschem Vertrauen auf vergängliche Güter und lehre sie, daß du selbst das Ziel unseres Lebens bist.
Darum bitten wir durch Christus, unseren Herrn,

A. *Amen.*

Der Priester oder Vater bzw. Mutter besprengt die einzelnen Räume mit Weihwasser.
Unterdessen können die übrigen Anwesenden beten oder singen.

Lieder zur Auswahl aus »Gotteslob«
Wer unterm Schutz des Höchsten steht 291
Herr, unser Herr, wie bist du zugegen 298
Solange es Menschen gibt auf Erden 300
Nahe wollt der Herr uns sein 617

Fürbitten

V.: *Lasset uns jetzt beten zu Gott, in dessen Liebe wir geborgen sind:*
Himmlischer Vater, wir haben nun dieses Haus/diese Wohnung gesegnet, damit du bei den Menschen bist, die hier wohnen. Geleite sie auf ihrem Lebensweg in schweren und frohen Tagen.

A.: *Wir bitten dich, erhöre uns*

V.: *In diesem Haus/dieser Wohnung sind Gäste stets willkommen. Sie werden Freude und Glück in dieses Haus/diese Wohnung tragen. Wir bitten dich Herr, schenke den Menschen, die hier wohnen, auch die Kraft, die Tür denen zu öffnen, die Hilfe und Trost suchen.*

A.: *Wir bitten dich, erhöre uns.*

V.: *Wir bitten dich auch für alle, die in diesen Wänden von Krankheit und Leid bedrängt werden. Laß sie nicht mutlos werden und Heilung finden.*

A.: *Wir bitten dich, erhöre uns.*

V.: *Lasset uns beten, wie der Herr uns zu beten gelehrt hat:*

A.: *Vater unser . . . Denn dein ist das Reich . . .*

V.: *Als die Apostel hinter verschlossenen Türen versammelt waren, trat der Herr in ihre Mitte und sprach: Frieden hinterlasse ich euch, meinen Frieden gebe ich euch. Dieser Friede des auferstandenen Herrn soll auch die Mitte dieses Hauses/dieser Wohnung sein. Der Friede des Herrn sei alle Zeit mit euch.*

A.: *Und mit deinem Geiste.*

Schlußsegen

V.: *Heut ist diesem Haus Heil widerfahren. Der Friede und der Segen mögen auf ihm ruhen und seine Bewohner erfüllen. Das gewähre euch der dreieinige Gott, der Vater und der Sohn und der Heilige Geist.*

A.: *Amen.*

ALTER HAUSSEGEN

HERR · CHRIST
nun breit die Arme aus
und segne unser Haus.
Laß alle guten Geister ein
tritt selbst so oft Du magst herein.
Und segne Brot und Salz und Flachs
und auch das goldne Lichterwachs.
Bewahre uns vor Brand und Flut
beschirm des Herdes heilige Glut.
Halt klar und rein die Wasserquelle
und wehr der Sünde diese Schwelle.
Dies Haus weiß um des Kreuzes Last
die Du für uns getragen hast.

HERR · CHRIST
nun breit die Arme aus
und segne unser liebes Haus.

Grundgebete des Glaubens

Zum Kreuzzeichen

Im Namen des Vaters und des Sohnes und des Heiligen Geistes. Amen

Ehre sei dem Vater

Ehre sei dem Vater und dem Sohn und dem Heiligen Geist,
wie im Anfang, so auch jetzt und alle Zeit und in Ewigkeit. Amen.

Das Gebet des Herrn

Vater unser im Himmel,
Geheiligt werde dein Name.
Dein Reich komme.
Dein Wille geschehe, wie im Himmel so auf Erden.
Unser tägliches Brot gib uns heute.
Und vergib uns unsere Schuld,
wie auch wir vergeben unsern Schuldigern.
Und führe uns nicht in Versuchung,
sondern erlöse uns von dem Bösen.
Denn dein ist das Reich und die Kraft und die Herrlichkeit in Ewigkeit. Amen.

Ave Maria

Gegrüßet seist du, Maria, voll der Gnade, der Herr ist mit dir. Du bist gebenedeit unter den Frauen, und gebenedeit ist die Frucht deines Leibes, Jesus.
Heilige Maria, Mutter Gottes, bitte für uns Sünder jetzt und in der Stunde unseres Todes. Amen.

Das Apostolische Glaubensbekenntnis

Ich glaube an Gott, / den Vater, den Allmächtigen, / den Schöpfer des Himmels und der Erde, /
und an Jesus Christus, / seinen eingeborenen Sohn, unsern Herrn, / empfangen durch den Heiligen Geist, / geboren von der Jungfrau Maria, / gelitten unter Pontius Pilatus, / gekreuzigt, gestorben und begraben, / hinabgestiegen in das Reich des Todes, / am dritten Tage auferstanden von den Toten, / aufgefahren in den Himmel; / er sitzt zur Rechten Gottes, des allmächtigen Vaters; / von dort wird er kommen, zu richten die Lebenden und die Toten. / Ich glaube an den Heiligen Geist, / die heilige katholische Kirche, / Gemeinschaft der Heiligen, / Vergebung der Sünden, / Auferstehung der Toten / und das ewige Leben. / Amen.

Durch den Tag

»Ein Tag ist wie der andere.« – »Kein Tag ist wie der andere.« Beides stimmt. So unterschiedlich erleben wir den Lauf des Tages. Erlebnisse, Stimmungen, Gesundheit oder Krankheit, Arbeit oder Freizeit prägen die Stunden und Zeiten des Tages. In vielen Familien werden nur noch wenige Stunden des Tages gemeinsam verbracht. Oft ergibt sich erst am Abend ein wenig Zeit füreinander. Kostbare, lebensnotwendige Zeit. Freie Tage am Wochenende oder im Urlaub lassen die Tageszeiten bewußter erleben.
Dennoch: zu jeder Tageszeit können wir wertvolle Erfahrungen machen.

... den Geräuschen
des Tages lauschen,
als wären es
Akkorde der Ewigkeit.
Karl Kraus

Guten Morgen

Ein neuer Tag beginnt. Wir empfinden ihn unterschiedlich. Nach einer guten Nacht fällt es manchmal schwer aufzustehen. Nach einer schlaflosen Nacht, in der uns Krankheit oder Sorgen quälten, ist der Morgen wie eine Erlösung.
Ein neuer Tag liegt vor uns. Ein neuer Anfang ist möglich: *Morgen* – Zeit des Aufstehens – Sinnbild auch der Auferstehung – Neues Leben erwacht. Ich kann bei anderen neues Leben wecken, durch mein Lächeln, mein gutes Wort, meinen freundlichen Gruß ...

Herr, allmächtiger Gott,
am Beginn dieses neuen Tages bitten wir dich:
Schütze uns heute durch deine Kraft.
Bewahre uns vor Verwirrung und Sünde.
Laß uns denken, reden und tun,
was recht ist vor dir.
Durch Christus, unsern Herrn. Amen
Gotteslob 14/2

Alles meinem Gott zu Ehren
in der Arbeit, in der Ruh!
Gottes Lob und Ehr zu mehren,
ich verlang und alles tu.
Meinem Gott nur will ich geben
Leib und Seel, mein ganzes Leben.
Gib, o Jesus, Gnad dazu.
Duderstadt 1724

Von guten Mächten wunderbar geborgen,
erwarten wir getrost, was kommen mag.
Gott ist mit uns am Abend und am Morgen
und ganz gewiß an jedem neuen Tag.
Dietrich Bonhoeffer

Ich bitte dich, Herr, um die große
Kraft, diesen kleinen Tag zu bestehen,
um auf dem großen Wege zu dir einen
kleinen Schritt weiterzugehen.
Ernst Ginsberg

Morgengebete mit Kindern

Lieber Gott, ich bitte dich
schau auch diesen Tag auf mich.
Was ich denke, red' und tu',
gib deinen Segen mir dazu.

O Gott, du hast in dieser Nacht
so väterlich für mich gewacht.
Ich lob' und preise dich dafür
und dank' für alles Gute dir.
Bewahre mich auch diesen Tag
vor Sünde, Tod und jeder Plag'.
Und was ich denke, red' und tu',
das segne, liebster Vater, du.
Beschütze auch, ich bitte dich,
o heil'ger Engel Gottes, mich.
Maria, bitt' an Gottes Thron
für mich bei Jesus, deinem Sohn,
der hochgelobt sei allezeit
von nun an bis in Ewigkeit. Amen.

Wir können auch selber ein Gebet für den Tag formulieren, indem wir »Danke« sagen für die vergangene Nacht und für den Tag bitten, etwa so:

Guter Gott,
wir danken dir für die
vergangene Nacht.
Nun hat ein neuer Tag
angefangen.
Du schenkst uns diesen Tag.
Zeige uns heute, was gut
und was nicht gut ist.
Hilf du uns heute,
gut zueinander zu sein
und gut zu allen Menschen,
denen wir heute begegnen. Amen.

Lieber Vater im Himmel,
wir haben gut geschlafen.
Wir danken dir.
Wir können laufen und springen.
Wir danken dir.
Wir können sehen und hören.
Wir danken dir.
Wir können spielen und lustig sein.
Wir danken dir.
Wir haben zu essen und zu trinken.
Wir danken dir.
Wir sind gesund und lebendig.
Wir danken dir. Amen.

Lieber Gott, ich danke dir,
daß ich so gut geschlafen hab.
Manches Schöne habe ich geträumt.
Aber ich habe auch ein bißchen Angst gehabt.
Bleibe du heute bei mir, wenn ich jetzt
in die Schule gehe. Hilf auch Vater und
Mutter heute bei ihrer Arbeit. Amen.

Ein schönes Zeichen des Gebetes kann auch das Kreuzzeichen sein, das Mutter oder Vater sich gegenseitig und auch den Kindern auf die Stirn zeichnen, wenn sie das Haus verlassen.

Mitte des Tages

Wende des Tages. Die Sonne hat ihren Höhepunkt erreicht. Mittagspause – Zeit der Unterbrechung – Mahlzeit – Pause im Tageslauf. Vielerorts läuten die Glocken um 12.00 Uhr. Sie rufen zur Einkehr, zum Gebet, zu Tisch. Nach alter Tradition wird der »Engel des Herrn« gebetet.

Engel des Herrn

V *Der Engel des Herrn brachte Maria die Botschaft,*
A *und sie empfing vom Heiligen Geist.*
Gegrüßet seist du, Maria ...
V *Maria sprach: Siehe, ich bin die Magd des Herrn;*
A *mir geschehe nach deinem Wort.*
Gegrüßet seist du, Maria ...
V *Und das Wort ist Fleisch geworden*
A *und hat unter uns gewohnt.*
Gegrüßet seist du, Maria ...
V *Bitte für uns, heilige Gottesmutter,*
A *daß wir würdig werden der Verheißung Christi.*
V *Lasset uns beten. – Allmächtiger Gott, gieße deine Gnade in unsere Herzen ein. Durch die Botschaft des Engels haben wir die Menschwerdung Christi, deines Sohnes, erkannt. Laß uns durch sein Leiden und Kreuz zur Herrlichkeit der Auferstehung gelangen. Darum bitten wir durch Christus, unsern Herrn.*
A *Amen.*

Tischgebete

Vor dem Essen

Komm, Herr Jesus, sei unser Gast,
und segne, was du uns bescheret hast.

O Gott, von dem wir alles haben,
wir danken dir für diese Gaben.
Du speisest uns, weil du uns liebst.
O segne auch, was du uns gibst. Amen.

Aller Augen warten auf dich, o Herr;
du gibst ihnen Speise zur rechten Zeit.
Du öffnest deine Hand
und erfüllst alles, was lebt, mit Segen.

Herr, segne uns und diese deine Gaben,
die wir von deiner Güte nun empfangen,
durch Christus, unsern Herrn. Amen.

Vater, wir leben von deinen Gaben.
Segne das Haus, segne das Brot.
Gib uns die Kraft, von dem, was wir haben,
denen zu geben in Hunger und Not.

Nach dem Essen

Wir danken dir, allmächtiger Gott, für alle deine Wohltaten, der du lebst und herrschest in Ewigkeit.
Amen.

Dir sei, o Gott, für Speis und Trank,
für alles Gute Lob und Dank.
Du gabst, du willst auch künftig geben.
Dich preise unser ganzes Leben.
Amen

Wir wollen danken für unser Brot,
wir wollen helfen in aller Not.
Wir wollen schaffen; die Kraft gibst du.
Wir wollen lieben; Herr, hilf dazu.

Gotteslob 16 und 17

Gebete mit Kindern

Alle guten Gaben, alles, was wir haben,
kommt, o Gott, von dir!
Dank sei dir dafür.

Wir danken dir, du treuer Gott,
für unser gutes täglich Brot.
Laß uns in dem, was du uns gibst,
erkennen, Herr, daß du uns liebst.

Oder ein frei formuliertes Gebet:

Lieber Gott, wir haben wieder genug zu essen. Manchmal nehmen wir es als selbstverständlich hin.
Wir wollen danken all denen, die dieses Essen zubereitet haben.
Wir wollen auch an alle denken, die nicht so viel haben.
Schenke uns immer die Bereitschaft zu teilen.
Laß alle Menschen satt werden. Amen.

Guten Abend

Abend ist die Zeit, in der wir heimkommen. Zeit des Wiedersehens der Kinder mit ihren Eltern, der Ehegatten, der Freunde . . . Feierabend.
Der Abend führt zusammen. In vielen Ländern sitzen, spielen und reden die Menschen in den Abendstunden lange miteinander.
Am Abend können wir in Ruhe auch zu uns selbst kommen. Zeit der Sammlung, nicht nur der Zerstreuung durch Lärm und Fernsehen. Zeit des Rückblicks vor Gott im Gebet. Allein – mit dem Partner – mit den Kindern.
Der Abend ist auch Sinnbild für den Abschied, für das Sterben und für den Tod. Wieder ein Tag vergangen – doch mit der Hoffnung auf einen neuen Morgen. Jeder neue Tag ist ein Geschenk.

Abend-gebete

Herr, in deine Hände lege ich voll Vertrauen meinen Geist.
Es segne und behüte mich der allmächtige und barmherzige Gott, der Vater, der Sohn und der Heilige Geist.

Danke für alles, was heute schön war, was andere für mich getan haben, was ich erleben und erfahren durfte, für alle Menschen, die mir begegnet sind ... Verzeih mir alles, was ich nicht recht gemacht habe, wenn ich andern geschadet habe, wenn andere vergebens von mir Hilfe erwartet haben ...
Ich bitte dich für Eltern, Geschwister und für alle, die unglücklich sind, die in Sorgen leben, für alle, die nie satt werden.
Sei du mit den Einsamen und Sterbenden und zeige mir jeden Tag, wie ich helfen kann. Segne uns alle und schenke eine ruhige Nacht.

Müde bin ich, geh zur Ruh,
schließe beide Augen zu.
Vater, laß die Augen dein
über meinem Bette sein!

Hab ich Unrecht heut getan,
sieh es, lieber Gott, nicht an!
Deine Gnad' und Jesu Blut
macht ja allen Schaden gut.

Alle, die mir sind verwandt,
Gott, laß ruhn in deiner Hand.
Alle Menschen, groß und klein,
sollen dir befohlen sein.

Kranken Herzen sende Ruh,
nasse Augen schließe zu.
Laß den Mond am Himmel stehn
und die stille Welt besehn.

Luise Hensel (1798–1876)

Wir bitten dich, gütiger Vater, schenk uns in dieser Nacht das Licht deiner Gegenwart; laß uns, deine Diener, in Frieden schlafen und wecke uns morgen in deinem Namen, damit wir gesund und froh einen neuen, von deinem Licht erfüllten Tag beginnen.

Aus dem Abendgebet der Kirche

Bleibe bei uns, Herr, denn es will Abend werden,
und der Tag hat sich geneigt.
Bleibe bei uns und bei deiner ganzen Kirche.
Bleibe bei uns am Abend des Tages,
am Abend des Lebens, am Abend der Welt.
Bleibe bei uns mit deiner Gnade und Güte,
mit deinem heiligen Wort und Sakrament,
mit deinem Trost und Segen.
Bleibe bei uns, wenn über uns kommt
die Nacht der Trübsal und Angst,
die Nacht des Zweifels und der Anfechtung,
die Nacht des bitteren Todes.
Bleibe bei uns und bei allen deinen Gläubigen
in Zeit und Ewigkeit. Amen.

Gotteslob 18/7

Abendgebete mit Kindern

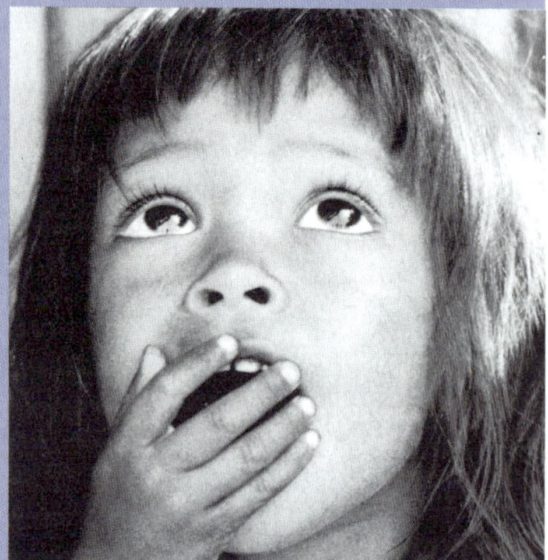

Guter Gott,
wir danken dir für den vergangenen Tag.
Wir haben so viel erlebt heute ...
Wir haben gespielt, und wir haben gelacht.
Wir haben geweint, und wir haben gezankt.
Wir haben uns gefreut, und wir waren traurig.
Wir haben uns lieb gehabt heute.
Wenn wir uns lieb haben, dann hast du uns besonders gern.
Wenn wir anderen verzeihen, dann verzeihst du uns.
Segne uns alle
und gib uns allen eine gute Nacht.
Segne auch alle die,
die es nicht so gut haben wie wir,
die krank sind oder hungrig,
die traurig sind oder einsam. Amen.

Lieber Vater im Himmel,
das war ein schöner Tag heute.
Wir danken dir.
Wir sind gesund geblieben, uns ist nichts passiert.
Wir danken dir.
Andere waren freundlich und gut zu uns.
Wir danken dir.
Du bleibst gut zu uns,
auch wenn wir nicht alles gut gemacht haben.
Wir danken dir.
Wenn wir heute anderen weh getan haben,
dann wollen wir morgen gut zu ihnen sein.
Schütze du uns in dieser Nacht
und laß uns alle gut schlafen. Amen.

Am Abend ist am ehesten Zeit für ein persönliches Gebet. Gerade mit Kindern kann das Abendgebet auch eine kleine Rückschau auf den Tag sein:

Worüber habe ich mich heute gefreut?
Was ist mir heute schwergefallen?
Wem habe ich heute Unrecht getan?
Für wen möchte ich beten?

Aus den Erinnerungen, die von diesen Fragen geweckt werden, können dann Eltern oder Kinder ein persönliches Gebet formulieren. Dieses Gebet kann abschließen mit einem kleinen Vorsatz für den kommenden Tag:

Wem möchte ich morgen eine kleine Freude machen, ein gutes Wort sagen, ein wenig helfen, wen zum Spielen oder zu den Hausaufgaben einladen?

Gute Nacht

Nacht – Zeit des Schlafens; Zeit der Dunkelheit. Manchmal auch Zeit der Sorge und des Wachens. In der Nacht bin ich mit mir und meinem Leben allein.
Ich bin nicht von der Umwelt beansprucht und gefordert. Ich kann zu mir selbst finden. Zeit der Freiheit für meine Gefühle: Zeit der Liebe und Zärtlichkeit – aber auch der Ängste; Zeit des Unterbewußten, der Träume; auch durch sie komme ich zu mir selbst.
Vertraut geworden mit dem, was mich in der Tiefe bewegt, kann ich Kraft sammeln für einen neuen Aufstieg:
Die Mitte der Nacht ist der Anfang des Tages.

Gebet in schlafloser Nacht

Mein Gott,
ich kann nicht einschlafen.
So viele Gedanken gehen mir durch den Kopf.
Es war zu viel, was in den letzten Tagen auf mich zukam.
Ich mache mir Sorgen darüber, was morgen sein wird.
Herr, laß mich ruhig werden.
Schenke mir jetzt den Schlaf,
den ich brauche, um morgen den Tag bestehen zu können.

Ich hoffe auf dich,
Herr!
Meine Seele wartet auf dich
wie ein Wächter auf den Morgen,
sehnlicher, ja,
als ein Wächter
auf den Morgen wartet.

Nach Psalm 130,6

Durch die Woche

Wenn ich Zeit hätte ...

»Guten Tag«, sagte der Kleine Prinz.
»Guten Tag«, sagte der Händler.
Er handelte mit höchst wirksamen, durststillenden Pillen. Man schluckt jede Woche eine und spürt überhaupt kein Bedürfnis mehr zu trinken.
»Warum verkaufst du das?« sagte der Kleine Prinz.
»Das ist eine große Zeitersparnis«, sagte der Händler. »Die Sachverständigen haben Berechnungen angestellt. Man erspart dreiundfünfzig Minuten in der Woche.«
»Und was macht man mit diesen dreiundfünfzig Minuten?«
»Man macht damit, was man will ...«
»Wenn ich dreiundfünfzig Minuten übrig hätte«, sagte der Kleine Prinz, »würde ich ganz gemächlich zu einem Brunnen laufen ...«

Antoine de Saint-Exupéry

Ich hab' keine Zeit ...

Zu keiner Zeit hatten die Menschen so viel Freizeit, aber haben sie auch mehr Zeit?

- Ich muß weiter – ich hab' keine Zeit
- Ich muß jetzt diesen Brief schließen – ich hab' keine Zeit
- Ich wollte dich immer schon anrufen – ich hab' keine Zeit
- Ich möchte ja gerne das Buch lesen – ich hab' keine Zeit
- Darüber reden wir morgen – ich hab' keine Zeit
- Sonntags zur Kirche? – ich hab' keine Zeit

Mutmaßliche Arbeitszeit im Jahr 2000:

1100 Arbeitsstunden pro Jahr; 7,5 Arbeitsstunden pro Tag; 4 Arbeitstage pro Woche; 39 Arbeitswochen pro Jahr; 13 Urlaubswochen jährlich

Sind die Menschen genügend darauf vorbereitet, wenn
- der Arbeitstag kürzer wird
- das Wochenende sich verlängert
- die Urlaubszeit zunimmt
- das Pensionsalter sinkt?

Wir werden dann noch mehr Freizeit haben, aber ob wir dann endlich mehr Zeit haben?
- mehr Zeit für uns selbst?
- mehr Zeit für den Ehepartner?
- mehr Zeit für die Kinder?
- mehr Zeit für andere Menschen?
- mehr Zeit für Gott?

Oder heißt es auch dann immer noch: »Ich hab' keine Zeit.«?

Ach, du liebe Zeit

Die Zeit heilt Wunden · alles hat seine Zeit · Zeit ist Geld · die Zeit totschlagen · die gute, alte Zeit · mit der Zeit gehen · die Zeit läuft davon · sich die Zeit vertreiben · sich Zeit lassen · mit der Zeit gewöhnt man sich an alles · der verlorenen Zeit nachtrauern · jemandem die Zeit stehlen · seine Zeit ist gekommen · man muß die Zeit nutzen · es braucht seine Zeit · dem Zeitgeist widerstehen · es ist höchste Zeit · die Zeit vergeuden · wer nicht kommt zur rechten Zeit . . . · Ach, du liebe Zeit!

Alles hat seine Zeit

Alles hat seine Stunde. Für jedes Geschehen unter dem Himmel gibt es eine bestimmte Zeit:
eine Zeit zum Gebären und eine Zeit zum Sterben, eine Zeit zum Pflanzen und eine Zeit zum Abernten der Pflanzen, eine Zeit zum Töten und eine Zeit zum Heilen, eine Zeit zum Niederreißen und eine Zeit zum Bauen, eine Zeit zum Weinen, eine Zeit für die Klage und eine Zeit für den Tanz;
eine Zeit zum Steinewerfen und eine Zeit zum Steinesammeln, eine Zeit zum Umarmen und eine Zeit, die Umarmung zu lösen, eine Zeit zum Suchen und eine Zeit zum Verlieren, eine Zeit zum Behalten und eine Zeit zum Wegwerfen, eine Zeit zum Zerreißen und eine Zeit zum Zusammennähen, eine Zeit zum Schweigen und eine Zeit zum Reden, eine Zeit zum Lieben und eine Zeit zum Hassen, eine Zeit für den Krieg und eine Zeit für den Frieden.

Kohelet 3, 1–8

Zweimal Alltag

1. Der Wecker rasselt – früh aufstehen – schnell frühstücken – die Tasche packen – Auto aus der Garage – verstopfte Straßen – Parkplatzsuche – so eben pünktlich im Büro – immer die gleichen Akten; immer die gleichen Kollegen; immer der gleiche Betrieb – das vorgeschriebene Pensum leisten – Essen in der Kantine – wieder über Akten sitzen – die Kollegen als Nervensägen – das gleiche Gerede von Autos, Fußball, Frauen – pünktlich Feierabend machen – mit dem Auto nach Hause – bleierne Müdigkeit – an der Tür die Frau mit den neuesten Hiobsbotschaften – Abendessen – Fernsehen, zu nichts anderem mehr fähig – rechtzeitig zu Bett gehen – in den neuen (All-) Tag schlafen.

2. **Tik tak**

»Alles geht nach der Uhr«, sagt Frau Ureburegurli. »Um ein Uhr haben die Kinder gegessen, bis zwei Uhr arbeiten sie an den Schulaufgaben, bis fünf Uhr dürfen sie spielen, um halb sechs essen sie Abendbrot, danach lernt die Großmutter noch mit den Kindern, und von abends sieben bis morgens sieben schlafen sie. Um acht gehen sie zur Schule, und um zwölf Uhr dreißig sind sie wieder zu Haus.« »Ich bin gespannt«, sagt Frau Lustibustigiero, die Nachbarin, »wie lange es dauert, bis ihre Kinder nur noch tik tak sagen.« *Irmela Wendt*

Wider den Alltagstrott

ein Steckenpferd reiten
Sport treiben
ein »Haus der offenen Tür« haben
Freunde und Kollegen besuchen
einen Tanzkurs mitmachen
ins Kino gehen
eine Kinder- oder Jugendgruppe leiten
das Gespräch am Arbeitsplatz suchen
in Eltern- oder Bürgerinitiativen mitmachen
Überstunden abbauen
an Weiterbildungsmaßnahmen teilnehmen
Theater besuchen
Abendwanderung machen
das Fernsehen einmal abschalten
Gäste einladen
....
....
....

Arbeiten, um zu leben – leben, um zu arbeiten

Die Arbeit ist so alt wie der Mensch: Steinbeile schleifen, Pyramiden bauen, Felder bepflanzen, Autos konstruieren, Raketen zünden. Die Arbeit hat heute viele Gesichter: Schichtarbeit, Forschungsarbeit, Büroarbeit, Hausarbeit, Schularbeit, Fließbandarbeit...
Menschen müssen arbeiten, um leben zu können. Sie müssen ihren Lebensunterhalt verdienen. Arbeit und Beruf bedeuten aber mehr! In ihnen soll der einzelne seine Begabungen und Fähigkeiten – seine »Talente« – einbringen und verwirklichen können – zum eigenen Wohl, aber auch zum Wohl der Gemeinschaft.
Viele können ihre Arbeit nur als Broterwerb oder als »Job« verstehen, der die notwendigen Mittel für das »eigentliche Leben« in Familie, Freizeit und Urlaub verschafft. Die Zahl der Menschen wächst, denen es heute schwerfällt, in ihrer täglichen Arbeit Lebenssinn zu erfahren. Die Arbeitsbedingungen lassen es vielerorts kaum zu: einseitige Leistungsanforderungen mit starken körperlichen und geistig-seelischen Belastungen, Begrenzung der eigenen Gestaltungsmöglichkeiten im Arbeitsvollzug, fehlende oder geringe Kontakte zu Arbeitskollegen, Routine und Langeweile im Arbeitsprozeß...

Menschen ohne Arbeit

- »Seit 30 Jahre habe ich auf der Hütte die Knochen hingehalten – und nun die Kündigung!«
  Ein Stahlarbeiter an der Ruhr
- »Ich habe schon 20 Bewerbungen geschrieben, aber immer nur Absagen bekommen – ich bin ein Nichts.«
  Ein arbeitsloser Jugendlicher
- »Seit die Kinder mich nicht mehr so sehr brauchen, versuche ich verzweifelt, wieder in meinen alten Beruf zurückzukehren – aber ich bin wohl schon zu alt.«
  Eine Hausfrau und Mutter

An die Arbeitslosigkeit von Millionen von Menschen scheinen wir uns gewöhnt zu haben. Aber hinter den millionenfach ausgewiesenen Zahlen in den Statistiken der Arbeitsämter steht das persönliche Schicksal von Männern und Frauen, von Jugendlichen und Erwachsenen, von Arbeitern und Akademikern, von Deutschen und Ausländern. Und viele von ihnen haben eine Familie, so daß noch weitere Millionen von der Arbeitslosigkeit getroffen und »betroffen« sind.

Solidarität – nicht mehr als:

- eine Parole auf Kundgebungen?
- ein Motto für den 1. Mai?
- ein Lippenbekenntnis ohne Konsequenzen?

Oder doch noch: eine Aufforderung an uns alle

- an Politiker, Unternehmer, Gewerkschafter, Arbeitgeber, Arbeitnehmer, Bürger, Christen ...
- an jeden einzelnen von uns!

Aus den biblischen Schöpfungsberichten

Gott segnete sie, und Gott sprach zu ihnen: Seid fruchtbar, und vermehrt euch, bevölkert die Erde, unterwerft sie euch, und herrscht über die Fische des Meeres, über die Vögel des Himmels und über alle Tiere, die sich auf dem Land regen. Dann sprach Gott: Hiermit übergebe ich euch alle Pflanzen auf der ganzen Erde, die Samen tragen, und alle Bäume mit samenhaltigen Früchten. Euch sollen sie zur Nahrung dienen. Genesis 1,28–29

»Wegen dieser grundlegenden Bedeutung darf die Arbeit nicht das Privileg nur eines Teiles der Menschheit sein. Gott hat allen Menschen seine Schöpfung als Auftrag anvertraut. Somit ist jede Situation, die den Menschen von der Arbeit und von ihrem Ertrag ausschließt, seiner unwürdig; denn – wie der Apostel Paulus sagt – der Pflüger wie der Drescher, das heißt alle, »sollen ihre Arbeit in der Erwartung tun, ihren Teil zu erhalten« (1 Korinther 9,10). Unverschuldete Arbeitslosigkeit wird zum gesellschaftlichen Skandal, wenn die zur Verfügung stehende Arbeit nicht gerecht verteilt und der Ertrag der Arbeit nicht auch dazu verwandt wird, neue Arbeit für möglichst alle zu schaffen. Damit ist die Solidarität aller gefordert, derjenigen, die über Kapital und Produktionsmittel verfügen, wie auch aller, die bereits Arbeit haben. Das biblische Wort »Wer zwei Gewänder hat, der gebe eines davon dem, der keines hat« (Lukas 3,11) gilt auch für die Arbeit. Ohne Opfer und Kompromisse kann die Arbeitslosigkeit wohl kaum wirksam bekämpft werden.«

Papst Johannes Paul II. am 2. Mai 1987 auf der Schachtanlage Prosper-Haniel in Bottrop

Das gleiche tun – und doch nicht dasselbe

Drei Bauarbeiter waren dabei, Steine zu behauen, als ein Fremder zu ihnen trat und den ersten Arbeiter fragte:
»Was tun Sie da?«
»Sehen Sie das denn nicht?«, meinte der und sah nicht einmal auf. »Ich behaue Steine!«
»Und was tun Sie da?«, fragte der Fremde den zweiten.
Seufzend antwortete der: »Ich muß Geld verdienen, um für meine Familie Brot zu beschaffen. Meine Familie ist groß.«
Der Fremde fragte auch einen dritten:
»Was tun Sie da?«
Dieser blickte hinauf in die Höhe und antwortete leise und stolz:
»Ich baue einen Dom!«

Sonntag – freier Tag oder Feiertag

Aus dem Tagebuch eines Siebzehnjährigen:

»Dann geht das Wochenende – vor allem der Sonntag – an einem vorbei. Es ist furchtbar: Wenn nun 'mal die Zeitfreßmaschine nicht da ist, dann fühlt man sich überflüssig! Alltags wird man angefangen, aber sonntags fängt einen niemand an, und darum weiß man nicht, was man anfangen soll. Das ist ein wirklicher Mißstand!«

- Wie verbringen wir das Wochenende/den Sonntag?
- Wie unterscheidet sich bei uns der Sonntag vom Alltag?
- Was gefällt uns an unseren Wochenenden, was möchten wir gerne anders haben?

Dazu ein Vorschlag: Die Rückseite einer Tapetenrolle oder ein großes Blatt Papier wird quer über den Tisch gelegt. Eltern und Kinder sagen möglichst spontan ihre Wünsche und Ideen für ein »Familienwochenende« und schreiben sie mit einem Stift auf, ohne daß die anderen ihren Kommentar dazu abgeben. Wenn alles »schwarz auf weiß« dasteht, wird über die einzelnen Vorschläge gesprochen. Jedes Familienmitglied hat aus seinen Ideen einen Wunsch »frei«.

Unser »Familiensonntag«

- Zoo besuchen
- durch den Wald streifen und ausgefallene Dinge sammeln
- Gesellschaftsspiele machen
- zusammen singen und musizieren
- abends essen gehen
- Fahrradtour machen
- mit Vater raufen
- Museum besichtigen
- zu Freunden fahren
- Geschichten erzählen
- Nachtwanderung
- ....?

Der »Was-Du-Willst«-Sonntag

Jeder in der Familie darf einmal einen Sonntag nach seinen Wünschen und Vorstellungen planen und gestalten. Es ist sein »Was-Du-willst«-Sonntag. Alle anderen in der Familie machen mit. Klar ist, daß jeder zunächst den Plan für »seinen« Sonntag den anderen vorlegt und mit ihnen abspricht. Schließlich müssen alle zustimmen können. Niemand darf überfahren werden. Das ist zu berücksichtigen. Es wird gar nicht so leicht sein, die zwölf Stunden des Sonntags auszufüllen.

Der »Einladungs-Sonntag«

Alle sind reihum sonntags bei einem Familienmitglied zu Gast. Dieses Mal geht es also nicht um die eigenen Wünsche, sondern vielmehr um die der anderen. Der Gastgeber erhält pro Person eine bestimmte Summe Geld, die vorher für alle »Einladungs-Sonntage« vereinbart wird. Damit muß er den ganzen Tag haushalten. Das fängt »schon« mit dem Frühstück an und endet »erst« mit dem Abendessen. »Dazwischen« wollen die Gäste unterhalten werden. Zoo, Schwimmbad, Museum oder Kino kosten Geld. Ganz zu schweigen vom Mittagessen, auch wenn nur Butterbrote in den Rucksack kommen oder im Schnellrestaurant höchstens Kartoffelsalat mit Würstchen zugebilligt wird. Viele Kinder werden vielleicht zum ersten Mal erfahren: Ein Tag ist ganz schön lang. Wir können viel machen.

Der »Was-Du-Willst-Sonntag«

Der »Einladungs-Sonntag«

Der »________________-Sonntag«

Der »________________-Sonntag«

Es wurde unter ihnen kein Sonntag

Eines Tages kamen unter einem großen Baum die Tiere zusammen, weil auch sie einen Sonntag haben wollten, wie die Menschen. Der König der Tiere, der Löwe, erklärte: Das ist ganz einfach. Wenn ich eine Gazelle verspeise, dann ist für mich Sonntag. Das Pferd meinte: Mir genügt schon eine weite Koppel, daß ich stundenlang austraben kann, dann ist für mich Sonntag. Das Schwein grunzte:

Eine richtige Dreckmulde und ein Sack Eicheln müssen her, dann ist für mich Sonntag. Das Faultier gähnte und bettelte: Ich brauche einen dicken Ast, um zu schlafen, wenn es bei mir Sonntag werden soll. Der Pfau stolzierte einmal um den Kreis, zeigte sein prächtiges Federkleid und stellte höflich, aber bestimmt fest: nur ein Satz neuer Schwanzfedern, er genügt für meinen Sonntag.
So erzählten und erklärten die Tiere stundenlang, und alle Wünsche wurden erfüllt. Aber es wurde unter ihnen kein Sonntag. Da kamen die Menschen vorbei und lachten die Tiere aus:
Ja, wißt ihr denn nicht, daß es nur Sonntag wird, wenn man mit Gott wie mit einem Freund spricht?

Nach einer afrikanischen Sage

Wenn wir von »Sonntag« sprechen, ist oft ganz allgemein das Wochenende gemeint. Der Sonntag selbst wird von vielen nicht mehr als »Feier-tag« begangen, nicht mehr als »Tag des Herrn« gefeiert. Verliert der Sonntag nicht dadurch sein Profil? Am Sonntag ist bei uns zu Hause nichts los, sagen viele. Wie heißt es in der Fabel: *Aber es wurde unter ihnen kein Sonntag.*

Kleine Geschichte des Sonntags

Von Anfang an haben Christen den Sonntag als »Tag des Herrn« gefeiert. Nach dem jüdischen Kalender war der Tag der Auferstehung Jesu der Tag nach dem Sabbat, also der erste (Arbeits-) Tag der Woche. Bei Markus heißt es: »*Am ersten Tag der Woche* kamen sie in aller Frühe zum Grab, als eben die Sonne aufging« (Mk 16,2). Selbstverständlich war der Sonntag noch kein öffentlicher Feiertag. Er war ein Werktag wie jeder andere auch. Die Christen versammelten sich am frühen Morgen vor Arbeitsbeginn.
Die wöchentliche Versammlung war schon bald das entscheidende Erkennungszeichen der Christen. Von den ersten Christengemeinden heißt es in der Apostelgeschichte: »Sie hielten an der Lehre der Apostel fest und an der Gemeinschaft, am Brechen des Brotes und an den Gebeten« (Apg 2,42). Nicht zufällig heißt das griechische Wort für Kirche »ekklesia«, d.h. *Versammlung*. Wegen der sonntäglichen Zusammenkunft waren die Christen schon frühzeitig und in manchen Ländern bis heute Benachteiligung und Verfolgung ausgesetzt. So wurden bereits im Jahre 304 in der Nähe von Karthago neunundvierzig Personen zum Tode verurteilt, weil sie sich gegen den Befehl des Kaisers zum Gottesdienst versammelten. Nach den Beweggründen ihres Handelns befragt, gaben sie zur Antwort: »Weil die Herrenfeier nicht ausgelassen werden darf; weil es so geboten ist; wir können nicht leben, ohne den Herrentag zu feiern.«
Der Sonntag als arbeitsfreier Tag wurde im Jahre 321 vom römischen Kaiser Konstantin durch Gesetz vorgeschrieben. Aber erst im Mittelalter setzte sich die sonntägliche Arbeitsruhe durch. Seit dieser Zeit gibt es auch erst das Doppelgebot von Arbeitsruhe und Gottesdienstversammlung. In den ersten drei Jahrhunderten war wohl eine eigene Vorschrift zur Mitfeier des sonntäglichen Gottesdienstes überflüssig. Wer als Christ leben wollte, versammelte sich mit den anderen in aller Frühe zum Gottesdienst. Das war später nicht mehr so selbstverständlich. Seit dem Hochmittelalter gibt es das Kirchengebot, das den katholischen Christen verpflichtet, an der sonntäglichen Eucharistiefeier teilzunehmen. Der sonntägliche Kirchgang ist nach wie vor ein ganz wichtiges (wenn auch nicht das einzige!) Zeichen, mit dem Christen ihre Zugehörigkeit zur christlichen Gemeinde voreinander und für andere sichtbar machen. Die Eucharistiefeier ist Höhepunkt und Mitte der christlichen Gemeinde.
Das Wort »Sonntag« leitet sich ab vom lat. »dies solis«, d.h. »Tag der Sonne«. Die Römer weihten diesen Tag ihrem Sonnengott. Die Christen übernahmen die Bezeichnung, deuteten sie aber in ihrem Sinne: Christus, »die Sonne der Gerechtigkeit«, Christus, »das Licht der Welt«. Am Sonntag, dem »Tag des Herrn« (it. domenica, frz. dimanche), feiern die Christen in besonderer Weise Tod und Auferstehung ihres Herrn Jesus Christus.

Ja, du bist heilig, großer Gott,
du bist der Quell aller Heiligkeit.
Darum kommen wir vor dein Angesicht
und feiern in Gemeinschaft mit der ganzen Kirche
den ersten Tag der Woche als den Tag,
an dem Christus von den Toten erstanden ist.

Aus dem Zweiten Hochgebet der heiligen Messe

Muß man jeden Sonntag zur Kirche?

Nicht dem Druck des Gebotes gebeugt

Ihr sollt nicht kommen,
dem Trott der Gewohnheit folgend,
dem Zwang der Verhältnisse
dienend,
dem Druck des Gebotes gebeugt:
ohne Wunsch,
ohne Willen,
ohne Freiheit,
ohne Freude.
Mit der Liebe,
die nichts für sich behält,
lade ich euch ein.
Als Bruder,
als Freund,
als der,
dem ihr alles bringen dürft,
was euch freut,
was euch quält,
was euch ängstigt,
was euch zornig macht,
warte ich auf euch.
Als der,
der eure Hingabe fordert,
euren Einsatz verlangt,
euer Ja zum Bruder will,
rufe ich euch her.
Damit ihr gesättigt
sättigen könnt,
damit ihr getröstet
Trost verschenkt,
damit ihr geliebt
zu Liebenden werdet.

Christa Peikert-Flaspöhler

Sieben Einwände – Versuch einer Antwort

Die meisten gehen ja doch nur aus Gewohnheit

Das ist richtig. Aber das gilt für den größten Teil unserer Handlungen; denn wir können nicht Zähneputzen, Zeitung lesen oder »guten Tag!« sagen jedesmal mit vollem Bewußtsein. Zu echten, großen persönlichen Entscheidungen kommt es im Leben eines Menschen nicht allzu oft (Berufswahl, Ehepartner und anderes). Die Entscheidung für oder gegen den Glauben fällt in der Regel in den kleinen Schritten, die wir tun oder nicht tun. Zudem: Um gute Gewohnheiten muß oft hart gerungen werden.

Ich habe kein Bedürfnis

Wollen wir die öffentliche Proklamation von Tod und Auferstehung Jesu (von dem wir unsere und der Welt Rettung erhoffen) davon abhängig machen, wie wir am Wochenende gelaunt sind oder von Samstag auf Sonntag geschlafen haben? Im Gleichnis vom Festmahl (Lk 14,15–24) stellt der Evangelist nüchtern fest: »Ein Mann veranstaltete ein großes Festmahl und lud viele dazu ein. ... Aber einer nach dem andern ließ sich entschuldigen.«

Ich bete lieber zu Hause (oder im Wald)

Nehmen wir an, das stimmt. Aber Christ ist man nicht für sich allein. Das klare Gebot des Herrn: »Tuet dies zu meinem Gedächtnis!« gilt für alle. Nirgendwo sonst kommt die Einheit der Gemeinde so zum Ausdruck. Der Priester sagt nicht »Ich bringe dar«, sondern »wir bringen dar ... dieses lebendige Opfer«. Dieser Gedanke ist verbunden mit der Bitte: »Er mache uns zu einer Gabe, wie sie dir wohlgefällt.« Der Gedanke des Opfers ist uns zur Zeit nicht sympathisch, aber von der Feier des Todes Jesu nicht zu trennen.

Ich gehe nur noch, damit es zu Hause keinen Streit gibt

Viele Eltern nehmen das Sonntagsgebot sehr ernst, weil sie ohne die Meßfeier nicht leben können. Diese Erfahrung wollen sie auch ihren Kindern vermitteln. Jugendliche aber begehren auf, besonders gegen das Religiöse und Kirchliche. Sie machen häufig fast eine »atheistische Phase« durch. Sie wollen und müssen selbständig werden und meinen, im Gegensatz zu den Eltern zu entscheiden, sei ein Zeichen eigenständiger und freier Entscheidung. Daran müssen sich Jugendliche und Eltern erinnern: Solche Phasen müssen durchgestanden und dürfen nicht zu ernst genommen werden. Eltern sollten sich von ihrem guten Beispiel nicht abbringen lassen. Auf Dauer hat die gelebte Überzeugung des Glaubens die stärkere Kraft in den Entscheidungen der jungen Menschen.

Ich finde in der Kirche keine Gemeinschaft

Die Frage ist, welche Gemeinschaft gesucht wird. Eine Gemeinschaft, wie sie eine Jugendgruppe, eine Klasse oder ein Club bildet, kann hier nicht erwartet werden. Sicher werden die Meinungen unter den Gläubigen oft auseinanderliegen. Aber wenn sie die heilige Eucharistie zusammen feiern, dann heißt das, daß jeder seine Existenz – auf Leben und Tod – auf diesen Jesus Christus und keinen anderen gründet, von dem jetzt und hier gesprochen wird. Wir gehen zu leichtsinnig mit der Tatsache um, daß mein Platz, mein Gebet und mein »Amen« in der Gottesdienstgemeinde vor Gott von niemandem eingenommen werden kann. In der Meßfeier sind die Gläubigen um den Tisch des Herrn versammelt. Das Bild der Tischgemeinschaft kann verdeutlichen: Wer fernbleibt, hinterläßt einen leeren Platz; das widerspricht dem Sinn der christlichen Mahlgemeinschaft.

Der Gottesdienst in der heutigen Form gibt mir nichts

Um seine Neugestaltung machen sich viele Leute Gedanken. Inzwischen gibt es gute Anregungen oder Richtlinien. Aber wer den Gottesdienst – den Dienst vor Gott – in der Erwartung besucht: »Mal sehen, was heute geboten wird oder was die sich für ein Programm ausgedacht haben«, wird sehr schnell Gründe finden, zu Hause zu bleiben. Wer die Bitte um das Erbarmen Gottes für überflüssig hält, wer mit Lob Gottes, Dank und Bitte für sich und andere nichts mehr anfangen kann, wer Lesung und Evangelium nur daran mißt, ob ihm die Texte etwas sagen, wird durch keine noch so moderne Form auf die Dauer zufriedenzustellen sein.

Thomas Zacharias: Abendmahl

». . . auf daß Sonntag wird«

1. Alle Tage ist kein Sonntag

Der Sonntag ist mehr als ein beliebiger Werktag. Er ragt aus dem Alltag heraus. Wir können den Sonntag als »Ruhe-tag« neu entdecken: Wenn wir uns Zeit lassen, wenn wir ausgiebig frühstücken und dabei erzählen, zu Mittag den Tisch etwas festlicher schmücken und »gut« essen, am Nachmittag gemeinsam etwas unternehmen oder miteinander spielen und singen, am Abend die »Gute-Nacht-Zeremonie« (Geschichte, Gebet, Geschmuse) bei den Kleinen ausdehnen oder mit Großen das längst fällige Gespräch führen. Der Sonntag will gestaltet sein, seine Form finden, ohne daß er in ein starres Konzept gepreßt wird.

2. Der Sonntag (»Tag der Sonne«) ist ein froher Tag

Die Juden sagen: »Es ist Sünde, am Sabbat traurig zu sein; und wenn man Traurige kennt, sollte man wenigstens *einem* Traurigen helfen, daß er froher werde.« Eltern und Kinder sollen planen und tun, was gemeinsam Freude macht. Das heißt nicht, Probleme und Schwierigkeiten einfach beiseite schieben; das heißt aber wohl, darüber die Sonnenseiten des Lebens nicht zu vergessen, ja sie an diesem Tag besonders erfahrbar zu machen. Vielleicht gelingt es Eltern und Kindern, an diesem Tag weniger zu kritisieren und aneinander herumzunörgeln, mehr die guten Seiten im anderen zu sehen und ihn durch anerkennende Worte zu ermutigen. Am Sonntag hat die Freude ihren Platz, damit wir erfahren: Leben ist nicht nur Aufgabe, sondern auch und zuerst Gabe, Geschenk.

3. Der Sonntag ist der »Tag der offenen Tür«

Die Familie lebt nicht für sich allein. Da sind die nahen und »etwas weiteren« Verwandten, da gibt es Freunde, Nachbarn, Kollegen. Es bringt Leben ins Haus, wenn verwandte oder befreundete Familien mit etwa gleichaltrigen Kindern zu Besuch kommen. Die Gespräche, aber auch die Spiele werden reizvoller. Es gibt neue Gedanken und Ideen! Und wenn die Familie selbst anderswo zu Gast ist, erlebt sie, wie andere miteinander leben und ihren Sonntag gestalten.

4. Der Sonntag ist ein arbeitsfreier Tag

Einsichtig ist, daß in vielen Betrieben, z. B. im Gaststättengewerbe, in Verkehrsbetrieben, in der Energieversorgung, in Krankenhäusern, auch sonntags gearbeitet werden muß. Daneben zeigt sich jedoch heute ein anderer gefährlicher Trend: Immer mehr Unternehmen gehen, vorwiegend aus wirtschaftlichen und technischen Gründen, zur Sonntagsarbeit über. Das Wort von der »flexiblen Arbeitszeit« macht die Runde. Samstag und Sonntag werden zunehmend zu Regelarbeitstagen, die »gleitende Sieben-Tage-Woche« breitet sich aus. Für eine Familie kann das konkret bedeuten, daß der Vater am Dienstag, die Mutter am Donnerstag und die Kinder am Sonntag ihren »Sonntag« haben. Aber dann gibt es keinen gemeinsamen Sonntag mehr, weder in der Familie noch in der Gesellschaft.
Damit steht der Sonntag auf dem Spiel. Und wir stehen vor der Frage: Lassen wir uns in unserer Arbeit durch den Sonntag unterbrechen, oder wollen wir zu einer ununterbrochen tätigen Produktions-Gesellschaft verkommen?

Der Sonntag – Tag unserer Lebenshoffnung

Christen bezeichnen den Sonntag als »Tag des Herrn«. Gerade deshalb dürfen sie sich erinnern lassen, was Jesus selbst dazu gesagt hat: »Der Sabbat ist für den Menschen da, nicht der Mensch für den Sabbat« (Mk 2,27). Der Sonntag ist ein »menschenfreundlicher« Tag. Es geht um den einzelnen in und außerhalb der Familie, daß er sich freuen kann und froh sein darf. Im Holländischen Katechismus heißt es: »Nicht arbeiten zu brauchen, ist ein göttliches Gefühl. So ist der Sonntag gedacht: als Tag der Festlichkeit, des Etwas-Mehr-Mensch-Seins ... Er ist der Tag des Aufatmens in der Atmosphäre Gottes.« Dieses Bild drückt aus: der Sonntag ist nicht da für das Auto, für Geschäfte, für langweilige Parties – auch nicht für das »In die Kirche gehen müssen«. Wer den Sonntag richtig feiert, wird Gott ungezwungen danken und in diesem Sinne Eucharistie feiern wollen. Im Judentum gibt es den Satz: »Der Sabbat hat Israel mehr gehalten als Israel den Sabbat.« Das gilt wohl auch für die Christen. Sie müssen erst wieder den Sonntag als *Feiertag* entdecken, als den Tag, an dem Christus von den Toten auferstanden ist. Sonntag feiern heißt dann, den Tag unserer Lebenshoffnung festlich begehen.

Der Denkzettel

Ein Jude ging durch seinen Weinberg, traf auf eine schadhafte Stelle der Umzäunung und überlegte lange, wie er sie ausbessern könne. Dann kam ihm zu Bewußtsein, daß so etwas gegen den Sabbat war. Um sich einen Denkzettel zu geben, beschloß er: an dieser Stelle werde ich den Zaun *nie* ausbessern.

Aus den Geschichten der Chassidim

Buchempfehlung:

Viele Tips für eine humane Sonntagsgestaltung gibt:
Hubert Rüenauver/Heribert Zingel, *Den Sonntag feiern*, München 1992

Durch das Jahr

Januar hat Eis und Schnee.
Februar tut auch noch weh.
März läßt erste Veilchen blühn,
im April die Wolken ziehn.
Mai bringt hellen Sonnenschein,
Juni lädt zur Heumahd ein.
Juli schenkt uns Urlaubsfreud,
im August ist Erntezeit.
Im September: Herbstbeginn!
Der Oktober stürmt dahin.
November ist naß und kalt,
Dezember bringt die Weihnacht bald.

Bruno Horst Bull

Namensfeste und Bräuche im Jahreskreis

Unsere Erde dreht sich alle 24 Stunden einmal um sich selber –
das ist unser Tag.
Unsere Erde bewegt sich in 365 Tagen, 5 Stunden, 48 Minuten
und 46 Sekunden einmal um die Sonne –
das ist unser Jahr.
Jahr und Tag sind unsere Zeit.
Und wer diese Zeit messen will, muß zum Himmel hinaufschauen,
das ist heute so wie vor vielen Tausenden von Jahren.

Frühlingsanfang	21. März, Tag und Nacht sind gleich lang
Sommeranfang	21. Juni, der längste Tag und die kürzeste Nacht
Herbstanfang	23. September, Tag und Nacht sind gleich lang
Winteranfang	21. Dezember, der kürzeste Tag und die längste Nacht.

Am 21. März und am 23. September fallen die Strahlen der Sonne senkrecht auf den Äquator, der wie ein Gürtel um die Mitte unserer Erdkugel läuft. An diesen beiden Tagen ist das Sonnenlicht gleichmäßig über die Erde verteilt; Tag und Nacht sind überall gleich lang. Am 21. März beginnt auf der nördlichen Erdhälfte der Frühling, auf der südlichen Erdhälfte der Herbst. An diesem Tag geht am Nordpol eine lange Nacht zu Ende, während am Südpol eine ebenso lange Nacht beginnt. An diesen beiden äußersten Punkten der Erde im Norden und im Süden gibt es nur einen einzigen Tag, den Polartag, und eine einzige Nacht, die Polarnacht – beide dauern ein halbes Jahr.

Unser Gregorianischer Kalender

Im Märchen von »Dornröschen« schlafen alle Menschen hundert Jahre, bevor sie wieder aufwachen ... So ähnlich muß es den Römern gegangen sein, als sie am Donnerstag, dem 4. Oktober 1582, abends einschliefen und am anderen Morgen aufwachten und feststellten, daß Freitag, der 15. Oktober 1582, angebrochen war. Im Märchen waren eine böse Fee und ein guter Prinz Ursache für das seltsame Geschehen. – Im Jahre 1582 war Papst Gregor XIII. der »Zauberer«. Und sein »Zauber« war nichts anderes als die Neuordnung des Julianischen Kalenders, der seit Cäsars Zeiten langsam aber unaufhaltsam ins Rutschen gekommen war. Das Julianische Jahr dauerte um elf Minuten und vierzehn Sekunden länger als das Sonnenjahr. Nicht viel, aber in sechzehn Jahrhunderten häufen sich Minuten und Sekunden zu Stunden und Tagen. So war im Jahre 1582 der Frühlingsanfang statt am 21. März bereits am 11. März, also zehn Tage zu früh.
Verständlich, daß zunächst die Men-

schen verwirrt waren. Denn niemand hatte ihnen erklärt, wozu das alles gut sein sollte. Es dauerte dann auch noch Jahrhunderte, bis die neue Ordnung als Kalender für die ganze Welt anerkannt wurde. – Die protestantischen Länder wollten sich natürlich nicht vom Papst die Zeit vorschreiben lassen. Schließlich aber mußten auch sie einsehen, daß der neue Kalender weder katholisch noch protestantisch war. Er entsprach dem Sonnenjahr so genau, wie noch kein Kalender vorher.

Der Hundertjährige Kalender

Die Geschichte mit dem »Hundertjährigen Kalender« beginnt in einem fränkischen Kloster bei Bamberg nach dem Dreißigjährigen Krieg (1648).

Die großen Entdecker dieser Zeit hatten bereits herausgefunden, daß der Mond um die Erde und die Erde mit anderen Planeten um die Sonne kreist. Aber die meisten Menschen kannten diese Wahrheit noch nicht und hielten sich immer noch an das, was sie täglich mit den Augen sehen konnten: Die Erde ist der Mittelpunkt, um den sich die Planeten drehen.

»Planeten« nannte man die sieben sichtbaren Gestirne, die am Tageshimmel aufund untergehen oder nachts an den Sternbildern vorüberwandern: Sonne, Mond, Merkur, Venus, Jupiter, Saturn und Mars. Jeder von diesen sieben »Planeten« beherrschte nach Meinung der Menschen ein Jahr lang die Erde und das Leben der Pflanzen, Tiere und Menschen und vor allem auch das Klima.

Hierüber machte der Abt Mauritius Knauer in dem Kloster bei Bamberg sich so seine eigenen Gedanken: Wenn alle sieben Jahre derselbe Planet die Erde beeinflußt, dann mußten sich die jeweiligen Planetenjahre gleich oder ähnlich sein. Dann müßte sich auch das Wetter alle sieben Jahre wiederholen.

So dachte er, baute sich einen hohen Beobachtungsturm und begann 1652, sieben Jahre lang Tag für Tag alles zu beobachten und aufzuschreiben. Nach seinen Beobachtungen verfaßte er einen »Beständigen Hauskalender«, der »Sommer-

bau, Herbstsaat, Winterbau, Obst, Hopfen, Weinbau, Wind, Güsse, Ungewitter, Ungeziefer, Fische, Krankheiten und besondere Witterung unter den herrschenden Planeten« enthielt.
Der Abt muß sehr enttäuscht gewesen sein, als im Frühjahr 1659 die nächsten sieben Jahre begannen und das Wetter sich ganz und gar nicht nach seinem Sternenplan richtete.
Etwa 50 Jahre später fiel eine Abschrift dieser Wetterbeschreibungen einem schlauen Geschäftsmann aus Erfurt in die Hände. Für ihn spielte es keine Rolle, daß seine Vorlage eine unsichere Abschrift war, daß Seitenund Daten durcheinander geraten waren, daß bereits der Abt Knauer seinen Irrtum eingesehen hatte. Er witterte und machte sein Geschäft; 1701 erschien die »Wettervorhersage« unter dem Titel:

»Auf Hundert Jahr gestellter
Curioser Calender
Nemlich von 1701 bis 1801.
Darinnen zu finden,
Wie ein jeder Hauss-Vatter,
hohes und niedriges Standes,
solche ganze Zeit über
nach der sieben Planeten Einfluss
sein Hauswesen mit Nutzen
einrichten möge.«

Dieser Kalender wurde ein Bestseller. Der »Hundertjährige Kalender« war geboren. – Manchmal stimmte das Wetter auch zufällig mit den Angaben im »Hundertjährigen Kalender« überein. Allerdings soll es auch heute noch Leute geben, die dem »Hundertjährigen Kalender« mehr trauen als der Wetterkarte im Fernsehen …

Ein neues Jahr nimmt seinen Lauf

Ein neues Jahr nimmt seinen Lauf.
Die junge Sonne steigt herauf.
Bald schmilzt der Schnee,
bald taut das Eis.
Bald schwillt die Knospe schon am Reis.
Bald werden die Wiesen voll Blumen sein,
die Äcker voll Korn, die Hügel voll Wein.
Und Gott, der ewig mit uns war,
behüt uns auch im neuen Jahr.
Und ob wir nicht bis morgen schaun,
wir wollen hoffen und vertraun.

Volksgut

Winter

Schneeflocken

Es schneit, hurra, es schneit!
Schneeflocken weit und breit!
Ein lustiges Gewimmel
kommt aus dem grauen Himmel.

Was ist das für ein Leben!
Sie tanzen und sie schweben.
Sie jagen sich und fliegen,
der Wind bläst vor Vergnügen.

Und nach der langen Reise,
da setzen sie sich leise
aufs Dach und auf die Straße
und frech dir auf die Nase.

Warum die Eiche im Winter ihre Blätter behält

Der mächtigste und festeste Baum ist bei uns die Eiche. Eichen werden nicht nur sehr groß und dick und alt. Sie werden auch nie ganz kahl. Erst wenn im Frühjahr das neue Laub zu sprießen beginnt, fallen die letzten Blätter des Vorjahres ab. – Warum das so ist, erzählt eine alte Legende:

Einst bat der Teufel den lieben Gott, er möge ihm die Herrschaft über die Wälder überlassen, damit er auch irgendwo auf der Erde Herr sei. In seiner Güte schlug es ihm Gott nicht ab. Doch sollte Satans Herrschaft erst beginnen, wenn alle Bäume ohne Laub wären.

Voll Sorge hörten die Bäume von dieser Abmachung, die sie dem Bösen ausliefern sollte. Und die starke Eiche beschloß, des Teufels Anliegen zu durchkreuzen. Mit aller Kraft hielt sie ihre welken Blätter im Herbst und im Winter fest, bis das neue Grün des Frühlings sproß. So machen es die Eichen seither Jahr für Jahr; und der dumme Teufel wartet noch immer vergeblich auf den Tag, an dem er seine Herrschaft über die Wälder antreten kann.

Futterhäuschen

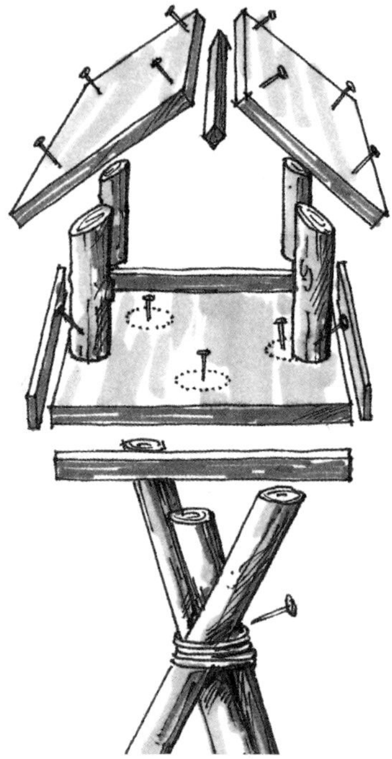

Vogelfutter-Topf

Wir bauen ein Futterhäuschen

Viele Vögel haben uns jetzt verlassen. Sie waren uns Freunde im Sommer mit ihrem munteren Gesang. Nur wenige sind bei uns geblieben, wollen uns auch im Winter nicht allein lassen: Meisen und Spatzen, Rotkehlchen und Goldhähnchen.
Viel brauchen wir nicht. Nur eine Bodenplatte, zwei Bretter für das Dach und vier Haltestäbe. Die Boden- und Dachbretter können wir uns in einem Heimwerkerladen oder in einer Schreinerei zuschneiden lassen. Am besten aus einer Tischlerplatte, etwa 12 Millimeter stark und in einer Größe von 30 × 40 Zentimetern. Vielleicht finden wir aber auch in unserem Keller Bretter, die wir uns passend zurechtschneiden können. Zwei Bretter vernageln oder verleimen wir zu einem Schrägdach. Wir können das Dach noch stärker befestigen, wenn wir in den Winkel eine Rund- oder Vierkantleiste einschrauben. Je nach Dachneigung schneiden wir die vier Eckpfosten zurecht. Von der Länge dieser Eckpfosten ist es abhängig, wie weit das Dach über die Bodenplatte hinausragt. Wir schneiden die Eckstäbe entsprechend zu und befestigen sie mit Nägeln oder Schrauben an der Bodenplatte und dann am Dach.
Damit der Wind später das Vogelfutter nicht von der Bodenplatte wegfegt, nageln wir rund um die Platte oder außen um die Eckpfosten noch vier etwa 3 Zentimeter breite Latten.
Das Dach können wir auch noch verschönern. Entweder flechten wir aus Stroh eine Matte, die wir auf das Dach kleben. Oder wir suchen Schilfrohr und belegen damit das Dach. Mit ganz dünnen Holzplättchen läßt sich das Dach auch »verschiefern«; allerdings müssen wir dann das Holz mit wetterfestem Holzschutz-Lack streichen.
Unser Futterhäuschen ist nun fertig. Aufstellen können wir es auf dem Balkon oder auf der Fensterbank oder in einem Baum mit Draht befestigen.
Den Vögeln streuen wir regelmäßig fetthaltiges Futter – Sonnenblumenkerne, Hirse oder Getreidekörner – in ihr Haus.

Vogelfutter-Mischung im Vogelfutter-Topf

Um Vogelfutter selbst zu machen, brauchen wir zunächst einmal als Zutaten: Rindertalg (aus der Schlachterei), Sonnenblumenkerne und Getreidekörner. Für die Zubereitung: einen Kochtopf, einen Blumentopf, einen Kochlöffel aus Holz, eine Schnur und einen Löffel.
Wir wärmen den Rindertalg im Topf an, lassen ihn aber nicht zu heiß werden. Dazu schütten wir Sonnenblumenkerne und Getreidekörner und vermischen sie mit dem Talg.
Um den Kochlöffel binden wir eine Schnur und stecken ihn durch das Loch im Blumentopf, mit dem Löffelende nach unten. Dann stellen wir den Blumentopf aufrecht und füllen ihn mit der Vogelfutter-Mischung. Damit wir die Masse gut festdrücken können, darf sie nicht mehr flüssig sein. Vom Rest der Mischung können wir eine Kugel machen, in die wir eine Schnur zum Aufhängen mit hinein kneten.
Den Vogelfuttertopf hängen wir mit der Öffnung nach unten in einen Baum oder an eine andere – möglichst windgeschützte – Befestigung; ebenso die Futterkugel. Wann werden sich die ersten Vögel rantrauen?

Spiele im Schnee

Viele Spiele im Schnee und auf dem Eis sind ganz selbstverständlich und brauchen gar nicht beschrieben zu werden: Schlitten fahren, Schneeballschlacht, Schneemann bauen, Ski laufen, Schlittschuh fahren, Eishockey spielen, Schlittern (ohne Schlittschuhe) … Nur eine kurze Eisbahn, und schon gibt es in den verschiedensten Gegenden ganz unterschiedliche Ausdrücke für das, was man auf diesem Eis tun kann: Schlittern, Schleifen, Schlindern, Schindern, Schorren, Schnurren, Schüsseln, Schlickern, Schleistern, Glitschen, Glennern, Hötschen …, eben: Schlittern.

Alles mögliche können wir allein, miteinander oder gegeneinander im Schnee spielen.

Einen Adler bauen

Jeder legt sich rücklings in eine unberührte Schneefläche und streckt die Arme seitwärts aus. Nun werden die Arme gehoben und immer wieder in den Schnee geschlagen, möglichst hoch über den Kopf hinaus und allmählich unten zum Körper hin. So entstehen ausgebreitete Schwingen. – Wer nun ganz vorsichtig aufsteht, hat einen schönen Vogel (gebaut).

Schneeball-Zielwurf

Nachdem ein Schneemann gebaut worden ist, wird ihm ein Marmeladeneimer oder auch ein alter Hut auf den Kopf gesetzt. Aus einer Entfernung von 10–20 Metern zielen wir mit Schneebällen auf die Kopfbedeckung. Jeder Treffer gibt einen Punkt. Wer den Eimer oder Hut herunterwirft, erhält zwei Punkte. Zum Trost: Sollten wir den Schneemann versehentlich mal mitten ins Gesicht treffen, ihm tut das wirklich nicht weh – und es ist auch schnell wieder ausgebessert!

Wir stellen mehrere Konservendosen oder kleine Eimer mit der Öffnung nach oben hintereinander. Jeder darf – aus einer vorher vereinbarten Entfernung – zehn harte Schneebälle werfen. Wer landet mit möglichst vielen in den Dosen?

Spurenjagd im Schnee

Dieses Spiel entwickelt sich ähnlich wie die bekannte Schnitzeljagd. Wenn wir ein unberührtes Gelände zum Spielen zur Verfügung haben, können wir die Sägespäne oder Papierschnitzel durch Tritt- oder Skispuren ersetzen. Blinde Spuren als Irrwege sind erlaubt. Geschickte Spieler versuchen nach Anlegen einer Blindspur rückwärts in den eigenen Trittspuren bis zur Hauptspur zurück zu tappen.
In ihrem Versteck verbarrikadieren sich die »Füchse« in einer Schneeburg oder in einer Vertiefung und empfangen die »Jäger« mit Schneebällen.

Ringrodeln

Quer zu einer nicht zu steilen Rodelbahn werden gut einen halben Meter über den Köpfen der Rodelnden in größeren Abständen Schnüre gespannt. Sie dürfen auf keinen Fall so weit durchhängen, daß sie die Schlittenfahrer gefährden können.
An diesen Schnüren werden mitten über die Bahn an dünnen Nähgarnfäden mehrere Ringe mit einem Durchmesser von etwa 5 Zentimetern aufgehängt.
Jeder Fahrer muß nun versuchen, möglichst viele Ringe mit der Hand abzureißen oder mit einem Bambus- oder Haselnußstab aufzuspießen. Nur wer dabei nicht aus der Bahn gerät (und vorher nicht bremst), erhält einen Pluspunkt.

Schlittschuhlaufen mit Hindernissen

Wer hüpft während der Fahrt über ein Hindernis oder überwindet gar zwei Hindernisse?
Wer schlägt mit einem Stock eine Büchse vom Pfahl?
Wer kann während der Fahrt ein Taschentuch vom Eis aufnehmen?
Wer kann unter einem Seil, das allmählich immer tiefer gespannt wird, am längsten – und am tiefsten natürlich – hindurchfahren und sich dann auch wieder aufrichten?

Schlittschuhstafette

Wie beim herkömmlichen Stafettenlauf werden Mannschaften gebildet. Sie stellen sich an einer Startlinie auf. In größerer Entfernung werden Wendemarken gekennzeichnet. Auf ein Startkommando laufen die ersten Stafettenläufer los, umrunden die Wendemarke, laufen zurück und geben dem nächsten Läufer mit Handschlag das Startzeichen.
Dieses Spiel läßt sich auch als Pendelstafette durchführen, bei der sich jeweils die Hälfte der Mannschaften gegenüberstehen.

Die Natur erleben

Sicher ist es einmal möglich, einen Spaziergang durch einen tiefverschneiten Winterwald zu machen. Vielleicht begegnen wir Tierspuren im Schnee. Wenn wir genau hinschauen, entdecken wir Unterschiede. Wir können uns die Spuren merken oder aufmalen und zu Hause in einem Buch nachschauen, von welchem Tier welche Spuren sind. –
Auch im Winter gibt es Blüten zu bewundern! – Schneeflocken und Eisgebilde stellen sich als Sterne und Blüten dar. Wir brauchen nur ein Vergrößerungsglas zu nehmen und einzelne Flocken genau zu betrachten. –
Der Winter ist die Zeit des Holzschlages. Die Bäume, die von den Waldarbeitern gefällt werden sollen, sind vom Förster gekennzeichnet. Aus den herausgeschlagenen »Fällkeilen« können wir eine Holzsammlung anlegen. – An frischen Baumstümpfen lassen sich durch Abzählen der Jahresringe das Alter und gute und schlechte Wachstumsjahre des Baumes bestimmen.

Besondere Tage und Feste

2. Februar – Mariä Lichtmeß

Der 2. Februar war schon im 5. Jahrhundert vor Christus in Rom ein hoher Feiertag, der mit einem Umzug mit Kerzen und Fackeln begangen wurde. Seit über 1 000 Jahren feiert die katholische Kirche an diesem Tag das Fest der »Darstellung des Herrn« im Tempel. Aber schon Jahrhunderte vorher hatte sich an diesem 40. Tag nach Weihnachten eine Lichterprozession herausgebildet, die die alte römisch-heidnische Sühneprozession ablösen sollte.

Das Fest Mariä Lichtmeß hat seinen Namen von der Kerzenweihe an diesem Tage. In katholischen Gegenden werden alle Kerzen geweiht, die im Laufe des Jahres in der Kirche oder in der Familie gebraucht werden. Wir können für jedes Familienmitglied oder für jede Jahreszeit eine Kerze aus flüssigem Wachs selbst ziehen. Wir können auch Kerzen mit Zierwachs schmücken, etwa mit Symbolen oder Bildern der Jahreszeiten.

Wir besuchen einen Lichtmeß-Gottesdienst und lassen dort unsere Kerzen segnen.

14. Februar – Valentinstag

Der alte Brauch, am Valentinstag Blumen zu schenken, geht bis in die Römerzeit zurück, genauer auf die Feier der Göttin Juno (Göttin der Ehe und Geburt und Gattin des Göttervaters Jupiter) am 14. Februar. Dieser Feiertag wurde von den Christen schon früh übernommen und mit dem hl. Valentin, der am 14. Februar des Jahres 269 wegen seines Glaubens hingerichtet wurde, in Verbindung gebracht. Valentin soll junge Paare nach christlicher Sitte getauft und der Tochter des Gefängnisaufsehers das Augenlicht wiedergeschenkt haben. – Jedenfalls blieb das allgemein gültige Symbol der Liebe – ob nun im christlichen oder im weltlichen Sinne – das Symbol des Valentinstages: das rote Herz. – Es müssen ja nicht unbedingt gekaufte Blumen sein, die wir an Menschen, die uns wichtig sind, verschenken. Es kann viel reizvoller sein, jemandem etwas zu schenken, was ich mir sehr gut überlegt habe oder was ich selbst hergestellt habe …

6. Januar Erscheinung des Herrn – Heilige Drei Könige

»Der Mensch im Widerspruch«

Herkunft und Bedeutung

Für die Römer begann bereits ein halbes Jahrhundert vor Christi Geburt das Jahr mit diesem Monat. – Für uns ist dies erst aufgrund einer Bestimmung des Papstes Innozenz XII. seit 1691 der Fall.
Benannt ist der Januar nach dem Gott Janus: Er war der Hüter und Schützer der Türen und Tore. Janus wird mit zwei Gesichtern dargestellt; das eine sieht, was drinnen, das andere, was draußen geschieht. Janus wurde bei den Römern zu dem Gott allen Anfangs: Das eine alte Gesicht sieht in die Vergangenheit, das andere junge Gesicht sieht in die Zukunft.

Alte Namen

Hartung = kältester Monat
Wolfsmond = Paarungszeit der Wölfe
Eismond oder Schneemond

Sternzeichen

Vom 22. Dezember bis 20. Januar:
der Steinbock
Den unter diesem Sternzeichen Geborenen sagt man nach, sie seien langsame, aber gründliche Menschen. – Ihr Stein ist der apfelgrüne Chrysopras, der die Angst besiegt und die Hoffnung lebendig hält.
Es folgt der Wassermann.

Bauernregeln

- Ist der Jänner kalt und weiß,
  wird der Sommer sicher heiß.
- Januar muß vor Kälte knacken,
  wenn die Ernte gut soll sacken.
- Wenn Gras wächst im Januar,
  wächst es schlecht das ganze Jahr.
- Im Januar viel Regen wenig Schnee,
  tut Bergen, Tälern und Bäumen weh.

Rotwein-Punsch

1 Flasche Rotwein, 2–3 Eßl. Zucker, 2–3 Tassen Wasser, Saft von ½ Orange und ½ Zitrone, 1–2 Nelken, Zimt, 1 Schuß Rum

Den Wein mit Wasser, Zucker, Zimt und Nelken mischen, vorsichtig erhitzen, aber nicht kochen. Dann durchsieben, Rum und Saft zugeben und in feuerfesten Gläsern servieren.

Gebet

Gott, vor dir ist alle Finsternis Licht,
und tausend Jahre sind dir wie ein Tag.
Du weißt Anfang, Dauer und Ende unseres Lebens
und leitest uns alle durch die Zeit zur Ewigkeit.
Wir wissen nicht,
was in diesem Jahr mit uns geschehen wird.
Aber wir wissen:
Denen, die dich lieben, wird alles zum Guten.
Wenn wir dich lieben,
wird uns alle Arbeit zur Ruhe,
aller Kummer wird Freude,
der Fluch zum Segen,
Tränen werden zu Quellen des Trostes.
So laß mich dieses Jahr mit deiner Liebe anfangen
und alle Stunden dieses Jahres
deiner Liebe treu bleiben.
Ich liebe dich, Vater, laß mich durch nichts
von deiner Liebe geschieden werden.

Johann Michael Sailer, 1789

Januar

1	Neujahr/Namensgebung des Herrn · Hochfest der Gottesmutter Maria		
	Wilhelm	Benediktiner in Cluny, Abt in Dijon, 10./11. Jh.	Willensstarker Schützer
2	Basilius	(der Große) aus Kapadozien, Bischof von Cäsarea, Kirchenlehrer 4. Jh.	Der Königliche
	Gregor	von Nazianz, Bischof, Kirchenlehrer 4. Jh.	Der Wachsame
	Dietmar	Erster Bischof von Prag, 10. Jh.	Im Volk berühmt
3	Genovefa	aus Nonterre, Büßerin 5./6. Jh.	Schicksalsweberin
	Odilo	aus der Auvergne, Abt in Cluny 10./11. Jh.	Der Glückliche
	Irmina	(Hermine) Ehefrau, dann Äbtissin in Trier 7./8. Jh.	Die Erhabene
4	Angela	von Foligno, Büßerin u. Mystikerin 13./14. Jh.	Die Engelhafte
	Maro	(Marius) Bischof von Lausanne 6. Jh.	Der Seemann
	Roger	Zisterzienser-Mönch u. Abt in Ellant 12. Jh.	Stark wie ein Speer
5	Emilie	Jungfrau, Büßerin 6. Jh.	Die Eifrige
6	Erscheinung des Herrn (Fest seit dem 4. Jh.)		
	Kaspar	Die 3 Magier (»Könige«) aus dem Morgenland, die	Der Schatzbewahrer
	Melchior	dem Stern nach Bethlehem folgten. Weder die	Mein König ist Licht
	Balthasar	Dreizahl noch die Namen sind biblisch bezeugt.	Gott schützt mich
	Pia	Nonne in Quedlinburg 12. Jh.	Die Fromme
	Wiltrud	Herzogstochter aus Lothringen, Ehefrau, dann Äbtissin an der Donau 10. Jh.	Die willensstarke Frau
7	Valentin	Abt und Bischof in Rätien, Missionar im Alpengebiet 5. Jh. *(Patron des Bistums Passau, Helfer gegen Epilepsie)*	Der Starke
	Raimund	von Peñafort, Dominikaner-Mönch in Barcelona, Rechtsgelehrter und Schriftsteller 12./13. Jh.	Durch Rat schützend
	Reinold	Mönch, Abt in Köln 10. Jh. *(Patron von Dortmund)*	Der im Rat Waltende
	Sigrid	Schafhirtin bei Poitiers 5. Jh.	Sieghafte Beraterin
8	Severin	Pilger u. Mönch 5. Jh. *(Patron von Bayern; zweiter Diözesanpatron von Linz)*	Der Strenge
	Erhard	aus Südfrankreich, Bischof von Regensburg 7./8. Jh. *(Zweiter Patron des Bistums; Patron der Bauern und Schuhmacher)*	An Ehre stark
	Gudula	belgische Nonne 7./8. Jh. *(Patronin von Brüssel)*	Die Gute, die Gütige
9	Julian	Ehemann, Krankenpfleger aus Ägypten, Martyrer 3./4. Jh. *(Patron der Gastlichkeit)*	Der Jugendliche
	Eberhard	Prämonstratenser u. Propst in Schäftlarn 12. Jh.	Stark wie ein Eber
	Alice	aus Remiremont, Ordensgründerin 16./17. Jh.	Von edlem Stand
10	Gregor X.	Papst 13. Jh.	Der Wachsame
	Paulus	von Theben, Einsiedler 3./4. Jh.	Der Geringe
	Wilhelm	aus Donjeon, Zisterzienser-Mönch, Bischof von Bourges 12./13. Jh.	Willensstarker Schützer
11	Paulin	aus Aquileja, Patriarch dort 8./9. Jh.	Der Geringe
12	Tatiana	Martyrerin in Rom (?)	(?)
13	Hilarius	Bischof von Poitiers, Kirchenlehrer 4. Jh.	Der Heitere
	Gottfried	Graf von Cappenberg, Prämonstratenser 11./12. Jh.	Friede in Gott
	Jutta	aus Huy bei Lüttich, Ehefrau u. Mutter, dann Einsiedlerin 12./13. Jh.	Die Gottesbekennerin
14	Reiner	Prämonstratenser-Propst in Arnsberg 12. Jh.	Der mächtige Krieger
	Berno	Zisterzienser, dann Bischof von Schwerin 12. Jh.	Der Bär
15	Arnold	(Jansen) 1837–1909, Gründer des Steyler Missionsordens, Seligsprechung am 19. 10. 1975	Herrscher, adlergleich
16	Marzellus I.	Papst 3./4. Jh.	Gott (mars) geweiht
	Tillo	(Tillmann) aus Westfalen, Mönch 7./8. Jh.	Ein brauchbarer Mann
	Theobald	von Geisling, Franziskaner-Mönch in Österreich *(»Apostel Österreichs«)*	Der Tapfere im Volk
17	Antonius	aus Ägypten, Mönchsvater u. Einsiedler 3./4. Jh. *(Patron der Bauern)*	Der vorn Stehende

Januar

18 Priska	junges Mädchen, Martyrerin 1. oder 3. Jh.	Nach alter Sitte
Odilo	Herzog v. Bayern, stiftet Niederalteich, 8. Jh.	Reichtum, Glück
19 Marius	Martyrer in Rom 3./4. Jh. (?)	Der Seemann
Ratmund	Abt in Niederalteich 11. Jh.	Schützer des Rates
Heinrich	von Staufen, Mönch in Clairveaux 12./13. Jh.	Geschickter Herrscher
20 Fabian	Papst 3. Jh. *(Patron der Töpfer u. Zinngießer)*	Fabier von Geburt
Sebastian	aus Mailand, Martyrer in Rom 3. Jh. *(Helfer der Sterbenden, Patron gegen Seuchen)*	Der Erhabene
21 Agnes	jugendliche Martyrerin in Rom 3. Jh. *(Patronin der Kinder u. Gärtner)*	Die Keusche, Reine
Meinrad	aus Rottenburg, Mönch auf der Reichenau, dann Einsiedler, Martyrer 9. Jh.	Im Rate mächtig Ruhm des Vaters
Patroklus	von Troyes, Martyrer 3. Jh.	
22 Vinzenz	Diakon in Saragossa, Martyrer 3./4. Jh. *(Patron Portugals; Patron der Weinbauern u. Holzarbeiter)*	Der Siegreiche
Vinzenz	(Pallotti) 1795–1850, Ital. Gründer der »Gesellschaft des katholischen Apostolates« (Pallottiner/innen), Heiligsprechung am 20. 1.1965	
23 Heinrich	(Seuse) aus Konstanz, Dominikaner, Mystiker u. Prediger 13./14. Jh.	Geschickter Herrscher
Ildefons	Mönch in Toledo, Bischof von Toledo 7. Jh.	Bereit zum Kampf
Hartmut	Abt von St. Gallen, dann Einsiedler 9./10. Jh.	Mit starkem Mut
24 Franz	von Sales, Bischof von Genf, Ordensgründer, Kirchenlehrer 16./17. Jh.	Der Freie
Eberhard	Graf Nellenburg, Mönch in Schaffhausen 11. Jh.	Stark wie ein Eber
Vera	Vornehme Frau aus Clermont 4./5. Jh.	russisch: Glaube
25 Bekehrung des Apostels Paulus		
Wolfram	Prämonstratenser, Abt von Wadgassen 12. Jh.	Wolf und Rabe
26 Timotheus	Begleiter des Paulus, Bischof von Ephesus	Der Gottesfürchtige
Titus	Begleiter des Apostels Paulus, Bischof auf Kreta	Ruhm, Verdienst
Paula	Ehefrau u. Mutter in Rom, dann Pilgerin 4./5. Jh.	Die Bescheidene
27 Angela	(Merici) vom Gardasee, Gründerin des Ordens der Ursulinen 15./16. Jh.	Die Engelhafte, die Botin Gottes
Julian	erster Bischof von Le Mans *(Patron d. Bistums)*	Julier von Geburt
28 Thomas	von Aquin, Dominikaner, Kirchenlehrer 13. Jh. *(Patron der kath. Schulen)*	Der Zwilling
Manfred	Priester und Einsiedler am Comersee 15. Jh.	Schützender Mann
29 Valerius	zweiter (bekannter) Bischof von Trier 3. Jh.	Starken Geschlechts
30 Adelgund	Nonne u. Äbtissin in Maubeuge a.d. Sambre 7. Jh.	Die edle Kämpferin
Martina	Martyrerin in Rom 3. Jh.	Die Kämpferin
Diethild	Äbtissin in Freckenhorst (b. Münster) 9. Jh.	Kämpferin des Volkes
31 Johannes	(Bosco) aus Becchi, Priester, Ordensgründer (Salesianer) 19. Jh. *(Patron der Jugend)*	Gott ist gnädig
Eusebius	irischer Mönch in St. Gallen, Einsiedler 9. Jh.	Der Gottesfürchtige

2. Februar Darstellung des Herrn – Mariä Lichtmeß

Bauernregeln

- Fällt viel Regen im Februar,
  gibt's viel Regen das ganze Jahr.
- Wer Hornung's in der Sonne liegt,
  Lenzing's hintern Ofen kriecht.
- Wenn's an Lichtmeß stürmt und schneit,
  ist der Frühling nicht mehr weit.
  Ist es aber klar und hell,
  kommt der Frühling nicht so schnell.

Matjes, Hausfrauenart

8 Matjesfilets, wenn nötig, über Nacht in Milch oder Wasser einlegen. Dann in Stücke schneiden und in einen Steintopf legen. 4 kleine Äpfel schälen, entkernen und in feine Stücke schneiden. 2 Zwiebeln schälen, vierteln und in Scheiben schneiden. ¼ l süße Sahne mit Zucker, 1 Teelöffel Senf und 1 Teelöffel Essig verrühren, Äpfel und Zwiebeln zugeben und alles über die Matjes gießen.

Februar

»Leben ist Läuterung«

Herkunft und Bedeutung

Im altrömischen Kalender war der Februar der zwölfte Monat im Jahresablauf. Das Jahr wurde begonnen mit dem Frühling. Deshalb war der Februar der Monat der Sühne, der Besinnung, Läuterung und Reinigung. Februar kommt von februare = reinigen. Die Natur, die bald neu erwachen wird, braucht zuvor eine Zeit der Ruhe und der Kräftigung. Dieser Ruhe im Sinne der Läuterung und Reinigung sollte sich auch der Mensch unterwerfen. Meist liegen im Februar Karneval und Aschermittwoch.

Alte Namen

Hornung = Schmutzmonat
auch Taumond, Schmelzmond, Narrenmond

Sternzeichen

Vom 21. Januar bis 19. Februar:
der Wassermann
Den unter diesem Sternzeichen Geborenen sagt man nach, sie seien Menschen mit guten Ideen, die diese sogar ausführten, manchmal zwar etwas sprunghaft seien, sonst aber freundlich, interessiert und zu guten Taten fähig. – Ihr Stein ist der Bergkristall, ein Symbol der Klarheit und Wahrheit.
Es folgt der Fisch.

Februar

1	Brigitte	irische Nonne und Äbtissin 5./6. Jh. *(Patronin von Irland)*	Die Strahlende, die Schützerin
	Sigibert III.	König von Austrasien 7. Jh. *(Patron Lothringens)*	Durch Sieg bekannt
2	Darstellung	des Herrn (Mariä Lichtmeß), Fest seit dem 5. Jh.	Im Volk mächtig
	Dietrich	Bischof von Minden 9. Jh.	Grenzlandwächter
	Markward	Bischof von Hildesheim 9. Jh.	Der Gebieter
	Bodo	Gefolgsmann des sächsischen Königs 9. Jh.	Elfenfürst
	Alfred	(Delp) 1907–1945, Jesuit, Mitgl. des Kreisauer Kreises, am 2. 2.45 in Berlin Plötzensee hingerichtet	
	Maria	(Katharina Kasper) 1820–1998, Gründerin der Dernbacher Schw. (»Arme Dienstmägde Jesu Christi«) Seligspr. am 16. 4.1978	Die von Gott Geliebte
3	Blasius	Bischof von Sebaste in Armenien, Martyrer 3./4. Jh. *(Patron der Ärzte, Musikanten und Windmüller, Helfer gegen Halsleiden; einer der 14 Nothelfer)*	Der Königliche (?)
	Ansgar	Benediktiner aus Corbie, Bischof von Hamburg, Glaubensbote 9. Jh. *(Apostel des Nordens)*	Gottesspeer
4	Rabanus Maurus	fränkischer Benediktiner-Mönch, Bischof von Mainz *(Lehrer Germaniens)* 8./9. Jh.	Der Gottgeweihte
	Veronika	Jüngerin Jesu (Kreuzweg)	Die Siegbringerin
	Gilbert	angelsächsischer Ordensgründer 11./12. Jh.	Kind edler Abkunft
	Christian	Zisterzienser in Himmerod, Eifel 12./13. Jh.	Ich bin ein Christ
5	Agatha	Jungfrau, Martyrerin in Catania, Sizilien 3. Jh. *(Helferin bei Feuergefahr)*	Die Gute
	Adelheid	Gräfin, Äbtissin in Vilich u. Köln 10./11. Jh.	Von edlem Stand
6	Dorothea	Jungfrau, Martyrerin in Kappadozien 3./4. Jh. *(Eine der 14 Nothelfer)*	Gottesgeschenk
	Paul	(Miki) japanischer Jesuit, Martyrer 16. Jh.	Der Geringe
	Reinhild	Nonne, Äbtissin in Aldeneyk an der Maas 8. Jh.	Mächtig im Rat
	Hildegund	Gräfin, dann Prämonstratenser-Nonne und Äbtissin in Neuß 12. Jh.	Kämpferin, Schützerin des Glaubens
7	Richard	angelsächsischer König aus Wessex 7./8. Jh.	Der mächtige Fürst
8	Hieronymus	(Ämiliani) aus Venedig, Ordensbruder 15./16. Jh.	Mit heiligem Namen
9	Apollonia	Jungfrau, Martyrerin aus Alexandrien 3. Jh. *(Patronin der Zahnärzte)*	Dem Apollo geweiht
10	Scholastika	Benediktiner-Nonne u. Äbtissin in Subiaco, Schwester des heiligen Benedikt 5./6. Jh.	Die Gebildete
	Bruno	Bischof von Minden 11. Jh.	Der Gepanzerte
11	Dietbert	Benediktiner-Mönch in Tholey, Bistum Trier (?)	Bekannt im Volk
	Anselm	Prämonstratenser-Mönch in Rot bei Memmingen, Abt 12. Jh.	Gottesstreiter
12	Gregor II.	Papst 7./8. Jh.	Der Wachsame
	Benedikt	westgotischer Adeliger, Benediktiner-Mönch, Abt aller Klöster in Frankreich 8./9. Jh.	Der Gesegnete
13	Adolf	aus Tecklenburg, Bischof v. Osnabrück 12./13. Jh.	Edler Wolf
	Irmhild	angelsächsische Königin, dann Benediktiner-Nonne u. Äbtissin 7. Jh.	Groß im Kampf
14	Cyrill	aus Thessalonike, Missionar bei den Slaven 9. Jh.	Der Herr
	Methodius	aus Thessalonike, Glaubensbote bei den Slaven, Bischof von Mähren 9. Jh.	Der Verfechter seiner Sache
	Valentin	Bischof von Terni, Martyrer 3. Jh. *(Patron der Liebenden)*	Der Starke
15	Siegfried	angelsächsischer Mönch, Glaubensbote in Skandinavien, Bischof 10./11. Jh. *(Patron Schwedens)*	Der durch Sieg Frieden schafft
	Drutmar	Mönch in Lorsch, Abt von Corvey 10./11. Jh.	Wegen Kraft berühmt

Februar

16	Juliana	Jungfrau, Martyrerin in Nikomedien 3./4. Jh.	Die Jugendliche
17	Benignus	Glaubensbote in Burgund, Martyrer (?)	Der Wohltätige
18	Simon Konstantia	Apostel, Martyrer Verwandte Kaiser Konstantins 3./4. Jh.	Gott hat erhört Die Standhafte
19	Irmgard Hadwig	Gräfin von Aspel 11. Jh. Prämonstratenser-Äbtissin in Cappenberg 12. Jh.	Von Gott Beschützte Die Kämpferin
20	Falko Amata	Bischof von Maastricht 5./6. Jh. Klarissen-Nonne (Nichte Klaras von Assisi) 13. Jh.	Der Falke Die Geliebte
21	Petrus Gunthild	Damianus, aus Ravenna, Mönch, Kardinal 11. Jh. Benediktiner-Nonne im Elsaß 12. Jh.	Der Fels Die Kämpferin
22	Isabella Margareta	aus Frankreich, Klarissin, Einsiedlerin 13. Jh. von Cortona, Büßerin 13. Jh.	Gott hat geschworen Die Perle
23	Polykarp	Schüler des Apostels Johannes, Bischof von Smyrna, Martyrer 1./2. Jh.	Reich an Früchten
	Romana	römische Einsiedlerin 3./4. Jh.	Die Römerin
24	Matthias	Apostel, Martyrer *(Patron der Diözese Trier, Patron der Metzger u. Schmiede, der Bauhandwerker, Bäcker und Schneider)*	Geschenk Gottes
	Irmengard	Markgräfin von Baden, Gründerin der Abtei Lichtental bei Baden-Baden 13. Jh.	Allumfassender Schutz, von Gott Beschützte
25	Walburga	angelsächsische Adlige, Glaubensbotin in Deutschland, Äbtissin in Heidenheim 8. Jh. *(Patronin des Bistums Eichstätt, Patronin der Landwirtschaft)*	Waltende Schützerin
	Adeltrud	Äbtissin in Maubeuge 7. Jh.	Edle Frau
26	Dionysius Mechthild	erster Bischof von Augsburg (Martyrer?)? Einsiedlerin in Sponheim 12. Jh.	Sohn Gottes Mächtige Kämpferin
27	Markward	Mönch in Ferrières, Abt in Prüm 9. Jh.	Grenzlandwächter
28	Romanus Silvana	Mönch und Abt in Burgund 4./5. Jh. Jungfrau, Martyrerin 4./5. Jh.	Der Römer Waldschützerin
29	Oswald	Bischof von Worcester und York 10. Jh.	Gottes Kraft waltet

Frühling

Ein Aufatmen bei den meisten Menschen – endlich werden die Tage länger und wärmer. Die Erde bricht auf, erstes Grün scheint hervor, es drängt uns nach draußen.

In allen Gegenden fand in der Vergangenheit das große Winteraustreiben statt. In verschiedensten Abwandlungen wird ein Kampf zwischen Winter und Sommer gespielt. Nach langem Hin und Her siegt am Schluß natürlich der Sommer, der Winter wird verjagt, Frühlingsfeste werden gefeiert.
Neues Leben beginnt.

Erster Bote des Frühlings ist das Schneeglöckchen, das durch den Schnee hervorbricht.

Jetzt fängt das schöne Frühjahr an

Fränkische Volksweise

2. Es blühen Blümlein auf dem Feld,
sie blühen weiß, blau, rot und gelb,
es gibt nichts Schöners auf der Welt.

3. Jetzt geh ich über Berg und Tal,
da hört man schon die Nachtigall
auf grüner Heid und überall.

Legende vom Schneeglöckchen

Als Gott sein Schöpfungswerk vollendet hatte, als Gras, Bäume und Blumen in ihren üppigen Farben prangten, da schuf er zuletzt den Schnee. Aber er ließ ihn ohne Farbe. Seine Farbe sollte der Schnee sich selbst aussuchen und von irgendeinem anderen Geschöpf erbitten.
Da ging der Schnee zum Gras, zum Veilchen, zur Rose, zur Sonnenblume und zu zahllosen anderen bunten Gewächsen und bat jeden: »Gib mir etwas von deiner Farbe!« Aber niemand wollte die Bitte erfüllen. Sie lachten den Schnee obendrein noch aus.
Traurig setzte sich der Schnee an den Weg und klagte: »Wenn mir niemand seine Farbe gibt, werde ich unsichtbar bleiben wie der Wind, den auch niemand sieht. Und ich werde so böse und gehaßt sein wie er!«
Der Schnee hatte geglaubt, niemand höre seine Klage. Aber ein kleines, unscheinbares Schneeglöckchen, das neben ihm aus der Erde sproß, hatte ihn doch gehört. Es sprach zum Schnee: »Wenn dir mein bescheidenes Mäntelchen gefällt, magst du es gerne nehmen.«
Dankbar nahm es der Schnee an und seither ist er weiß. Das Schneeglöckchen aber ist die einzige Blume, die er in seiner Nähe duldet, alle anderen haßt er und tötet sie mit seiner eisig kalten Berührung.

Wir säen und wir pflanzen

Nach einer alten Bauernregel geht am Tag der heiligen Gertrud, am 17. März, die erste Gärtnerin in den Garten. Nach dem langen »Winterschlaf« beginnt nun wieder die Garten- und Feldarbeit.
Wenn wir ein Stückchen Garten haben, ist es ganz selbstverständlich, daß wir ihn gemeinsam entrümpeln, graben, besäen und bepflanzen können. – Ein ganz kleines Gartenbeet können wir aber auch erhalten, wenn wir uns einen Kübel oder eine große Blumenschale besorgen, sie mit guter Erde füllen und einiges säen oder pflanzen.

Die ersten Saaten: Möhren, Petersilie, Lauch (Porree), Sellerie, Spinat
Im April und Mai: Verschiedene Kohlsorten, Erbsen, Salat …

Es macht nicht nur Freude, den Boden vorzubereiten, zu säen und zu pflanzen; spannend ist vor allem zu beobachten, wie die ersten Keime aus dem Boden kommen und wachsen.

Wir sehen uns in der Natur um

Zugvögel kehren zurück: Wir können eine Liste anfertigen, an welchem Tag wir welchen Vogel zum erstenmal sehen.

Blumen beginnen zu blühen: Wir beobachten, in welcher Reihenfolge die verschiedenen Farben in der Natur auftauchen.

Vögel fangen an zu singen: Wir versuchen, Vogelstimmen zu unterscheiden.

Nester werden gebaut: Wir können Nistkästen bauen. Wir beobachten, wo welche Vögel brüten.

Frühlingsspiele

Wolf und Hase

Auf einer großen Wiese oder auf einem Platz stehen sich ein Wolf auf der einen und eine ganze Reihe Hasen auf der anderen Seite gegenüber. Nun wird gerufen:

»Hase, Hase, aus dem Busch!
Wolf, Wolf, drein!«

Nach dem letzten Wort versuchen die Hasen, die Seite des Wolfes zu erreichen. Wer aber von dem Wolf abgeschlagen wird, muß ihm die restlichen Hasen fangen helfen. Wenn alle Hasen gefangen sind, wird der zum Wolf, der zuerst oder zuletzt gefangen wurde.

Hase im Kohl

Auf dem Boden werden Kreise gezeichnet, und zwar zwei weniger als Spieler mitmachen. In jeden dieser »Kohlköpfe« setzt sich ein »Hase«. Von den beiden übrig gebliebenen Spielern ist der eine ebenfalls ein Hase, der andere der »Fuchs«. Auf der Flucht vor dem bösen Fuchs springt der Hase in einen Kohlkopf hinein. Es kann sich aber jeweils nur ein Hase in einem Kohlkopf verstekken, so daß der dort bisher sitzende Hase hinaus muß und vom Fuchs gejagt wird. Ein gefangener Hase wird zum Fuchs, der Fuchs wird zum Hasen und muß sofort einen sicheren Kohlkopf suchen.

Futtersuche

Vier oder mehr Spieler bilden eine Gruppe. Jede Gruppe wählt sich ein Tier, dessen Laut (»Wau-Wau«, »Piep-Piep« ...) der Gruppe als Verständigungsmittel dient, sowie einen Gruppenführer. Vor Spielbeginn hat der Spielleiter in einem abgegrenzten Spielfeld möglichst viele Dinge verteilt (z. B. Erbsen oder Büroklammern ...), die nicht leicht aufzuheben sind. – Eine Spielzeit wird vereinbart. Auf ein Signal des Spielleiters beginnen alle Spieler, die Dinge zu suchen. Hat ein Spieler etwas gefunden, so muß er mit seiner Tierstimme laut seinen Gruppenführer herbeirufen, denn nur dieser darf die Dinge einsammeln, und zwar mit der linken Hand aufnehmen und in der rechten

Hand verwahren. Je lauter er von allen Seiten gerufen wird, um so ungeschickter wird er werden. Gesiegt hat die Gruppe, die bei Spielende den größten »Futter«-Vorrat hat.

Besondere Tage und Feste

19. März, Fest des heiligen Josef

Es ist nicht viel, was wir von der Lebensgeschichte des hl. Josef wissen. Er war Zimmermann, stammte aus dem Geschlechte Davids und war mit Maria, der späteren Mutter Jesu, verlobt. Die Heilige Schrift nennt ihn gerecht und treu. Er wird einbezogen in das Geheimnis der Menschwerdung Jesu und sorgt als »Nährvater« für das Kind und den heranwachsenden Jesus.
Die Volksfrömmigkeit hat den heiligen Josef erst verhältnismäßig spät entdeckt. Dann aber – im frühen Mittelalter – breitet sich seine Verehrung schnell aus.
Das Zeichen der Lilie, das vor allem auf alten Bildern des heiligen Josef zu sehen ist, geht zurück auf eine Legende:
Josef sei durch ein Wunder der Ehemann Marias geworden. Man habe Stäbe für alle unverheirateten Männer aus dem Geschlecht Davids in den Tempel gebracht. Auf diese Weise sollte der von Gott vorherbestimmte Mann für Maria gefunden werden. Nur der Stab Josefs sei zur Lilie erblüht.
Sichtbar wird an dieser wie auch an anderen Legenden, daß Josef ein von Gott Erwählter ist, der sich nicht in den Vordergrund drängt, sondern bescheiden und unauffällig im Hintergrund des ganzen Christus-Geschehens bleibt.

Der heilige Josef gilt als Patron der Handwerker und Arbeiter.
Als solchen feiert ihn die Kirche am 1. Mai.

1. Mai – Tag der Arbeit

Es scheint seltsam, daß wir den »Tag der Arbeit« feiern, indem wir nicht arbeiten. Darin liegt aber ein Sinn: Arbeit wird menschlich, wenn wir die Möglichkeit haben, von ihr zu lassen, Pause zu machen, Abstand von ihr zu nehmen.

»In der Mitte aller Überlegungen in der Welt der Arbeit muß immer der Mensch stehen. Bei aller geforderten Sachgerechtigkeit muß doch stets die Achtung vor der unantastbaren Würde des Menschen bestimmend sein, nicht nur des einzelnen Arbeiters, sondern auch ihrer Familien, nicht nur der Menschen von heute, sondern auch der kommenden Generationen ... Strukturelle Umgruppierungen mögen sich nach genauester Prüfung als notwendig erweisen. Niemals jedoch dürfen dabei Arbeiter, die viele Jahre ihr Bestes gegeben haben, die allein Leidtragenden sein! Steht solidarisch zusammen und helft ihnen, wieder eine sinnerfüllte Tätigkeit zu finden. Dafür habt ihr schon ermutigende Beispiele gegeben.«

Papst Johannes Paul II.
am 16. November 1980 in Mainz

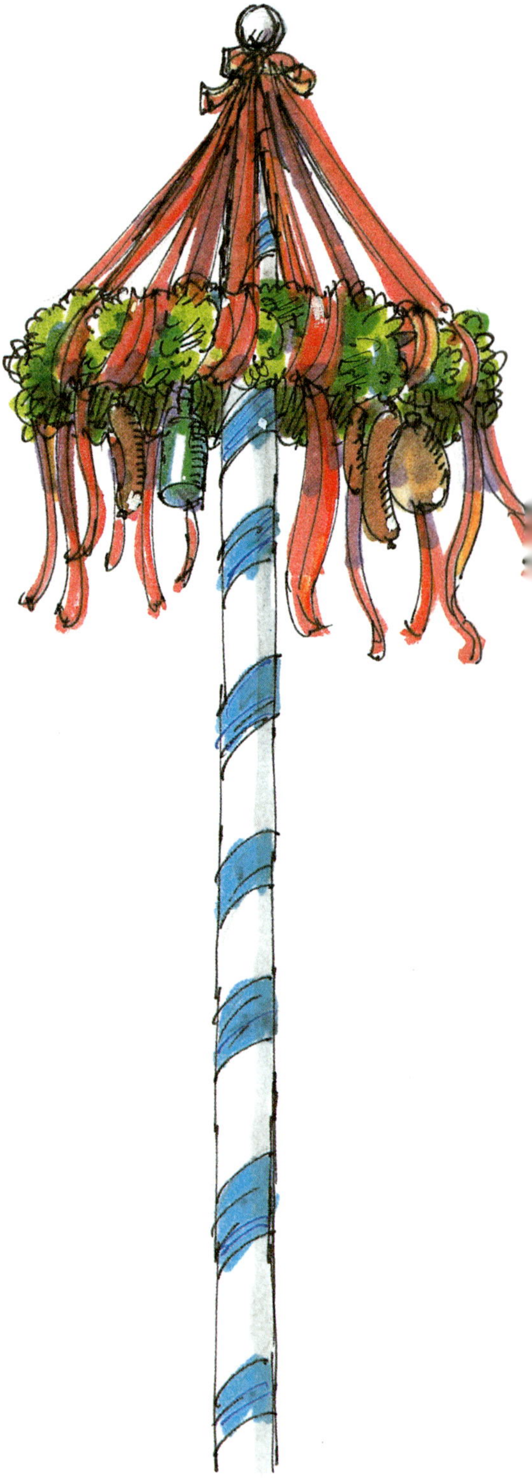

Zweiter Sonntag im Mai: Muttertag

Weil Gott nicht überall sein konnte,
schuf er die Mütter.
Arabisches Sprichwort

Der Muttertag wurde erst 1907 von einer Lehrerin aus Philadelphia, Miß Anna Garris, »erfunden«. Die Idee hat sich schnell verbreitet und wurde 1922 auch in Deutschland als Brauch übernommen. In den Vereinigten Staaten von Amerika kam es 1914 sogar zu einem Kongreßbeschluß, den Präsident Wilson mit den Worten verkündete, »den zweiten Sonntag im Mai als öffentlichen Ausdruck für die Liebe und Dankbarkeit zu feiern, die wir den Müttern unseres Landes entgegenbringen«.

Wir wären nie gewaschen
und meistens nicht gekämmt,
die Strümpfe hätten Löcher
und schmutzig wär das Hemd,
wir äßen Fisch mit Honig
und Blumenkohl mit Zimt,
wenn du nicht täglich sorgtest,
daß alles klappt und stimmt.
Wir hätten nasse Füße
und Zähne schwarz wie Ruß
und bis zu beiden Ohren
die Haut voll Pflaumenmus.
Wir könnten auch nicht schlafen,
wenn du nicht noch mal kämst
und uns, bevor wir träumen,
in deine Arme nähmst.
Und trotzdem! Sind wir alle
auch manchmal eine Last:
Was wärst du ohne Kinder?
Sei froh, daß du uns hast.

Eva Rechlin

25. März Verkündigung des Herrn

Bauernregeln

- März nicht zu trocken
  und nicht zu naß,
  füllet den Bauern die
  Kisten und Faß.
- Lang Schnee im März
  bricht dem Korn das Herz.
- Im Märzen kalt und Sonnenschein,
  wird's eine gute Ernte sein.
- Soviel Nebel im Märzen steigen,
  soviel Wetter im Sommer sich zeigen.

Im Märzen der Bauer

1. Im Märzen der Bauer die Rößlein einspannt; er setzt seine Felder und Wiesen instand, er pflüget den Boden, er egget und sät und rührt seine Hände frühmorgens und spät.
2. Die Bäurin, die Mägde, sie dürfen nicht ruhn, sie haben im Haus und im Garten zu tun; sie graben und rechen und singen ein Lied; sie freun sich, wenn alles schön grünet und blüht.
3. So geht unter Arbeit das Frühjahr vorbei; da erntet der Bauer das duftende Heu; er mäht das Getreide, dann drischt er es aus. Im Winter, da gibt es manch fröhlichen Schmaus.

Lied aus Mähren

»Die Welt im Umbruch«

Herkunft und Bedeutung

Bei den Römern war dieser Monat nach dem Kriegs- und Wettergott Martius benannt, von dem auch der Planet Mars mit dem düsteren Rot seinen Namen hat. Im altrömischen Kalender war der März der erste Monat des Jahres. Zunächst ist der März ein Monat des Kampfes und des Umbruchs: Der Winter wird besiegt, der Frühling hält seinen Einzug. So nehmen in diesem Monat die Tage um eine Stunde zu. Der März gilt damit auch als heiterer Monat.

Alte Namen

Lenzing, Lenz-Monat, Frühlings-Mond, alles Namen, die auf den beginnenden Frühling hinweisen.

Sternzeichen

Vom 20. Februar bis 20. März:
der Fisch
Den unter diesem Sternzeichen Geborenen sagt man nach, sie seien empfindsam und beeinflußbar, oft auch künstlerisch begabt. Sie seien selbstlos und hilfsbereit, könnten aber auch ablehnend und hart sein, also beweglich wie ein Fisch im Wasser. – Ihr Stein ist der strahlend blaue Saphir, ein Symbol des klaren Himmels. Es folgt der Widder.

März

1	Albin Roger	Mönch, Bischof von Angers 5./6. Jh. aus Frankreich, Bischof von Bourges 13./14. Jh.	Der edle Freund Stark wie ein Speer
2	Karl Agnes	(der Gute) von Flandern 11./12. Jh. von Böhmen, Klarissen-Äbtissin in Prag 13. Jh.	Freier Mann Die Keusche, Reine
3	Kunigunde	Ehefrau Kaiser Heinrichs II., dann Nonne in Kaufungen 10./11. Jh. (auch am 13. Juli) *(Mitpatronin des Bistums Bamberg, Patronin der Kinder und der Schwangeren)*	Die für ihre Sippe Kämpfende
	Friedrich	Pfarrer in Friesland, dann Prämonstratenser-Mönch und Abt in Mariengaarde 12. Jh.	Friedensfürst, schützender Herrscher
4	Rupert	Benediktiner-Mönch in Lüttich, Abt in Köln-Deutz, Schriftsteller, 11./12. Jh.	Der von Ruhm Glänzende
	Kasimir	polnischer Königssohn 15. Jh. *(Patron von Polen und Litauen, Patron der Jugend)*	Der Friedensstifter
5	Dietmar Oliva	aus Bayern, Bischof von Minden 12./13. Jh. Jungfrau, Martyrerin in Brescia 2. Jh.	Aus berühmtem Volk Ölbaum
6	Fridolin	von Säckingen, Mönch, Glaubensbote 6./7. Jh. *(Patron der Schneider, Patron des Viehs, Patron für gutes Wetter)*	Der Friede
	Mechthild Coletta	Einsiedlerin in Hochsal bei Waldshut 11. Jh. (?) 14./15. Jh. von Corbie, Ordensfrau, Reformerin des Klarissenordens	Mächtige Kämpferin (?)
7	Perpetua Felizitas Volker	vornehme Frau aus Karthago, Martyrerin 2./3. Jh. Sklavin aus Karthago, Martyrerin 2./3. Jh. Mönch und Glaubensbote bei den Wenden, Martyrer 12. Jh.	Die Ewige Die Glückliche Held im Heeresvolk
	Reinhard	Benediktiner-Mönch, Abt in Stablo 11./12. Jh.	Der kluge Berater
8	Johannes	(von Gott) aus Portugal, Gründer eines Krankenpflegeordens 15./16. Jh.	Gott ist gnädig
9	Bruno	von Querfurt, Bischof von Magdeburg, Glaubensbote bei den Preußen 10./11. Jh.	Der Gepanzerte
	Franziska	römische Adelige, Ehefrau und Mutter, dann Ordensgründerin 14./15. Jh.	Die Freie
10	Gustav	schwedischer Einsiedler 9. Jh.	Stab Gottes
11	Rosina	Jungfrau, Martyrerin (Bistum Augsburg)?	Die Rose
12	Almud Beatrix	Nonne und Äbtissin bei Marburg 10./11. Jh. Prämonstratenser-Nonne bei Treis/Mosel 13. Jh.	Von edler Gesinnung Die Glücksbringerin
13	Paulina Leander Judith	Ehefrau, dann Nonne im Thüringer Wald 11./12. Jh. aus Cartagena, Mönch, Bischof von Sevilla 6. Jh. Nonne und Äbtissin in Ringelheim 11. Jh.	Die Geringe Der Volksmann Die Frau aus Juda
14	Mathilde Einhard	Königin, gründet Kloster Quedlinburg 9./10. Jh. Mainfranke, Künstler am Kaiserhof, Laienabt 9. Jh.	Mächtige Kämpferin Der Furchterregende
15	Klemens	(Maria Hofbauer) aus Mähren, Redemptorist, Seelsorger in Wien *(Apostel von Wien)* † 1820	Der Milde, der Gütige
	Zacharias Luise	Grieche, Papst 8. Jh. (de Marillac) aus Paris, Ehefrau u. Mutter, dann Mitgründerin der Vinzentinerinnen 16./17. Jh.	Gott hat sich erinnert Ruhmvolle Kämpferin
16	Gummar	aus Belgien, Adeliger am Hofe des Königs Pippin, dann Einsiedler 8. Jh.	Der im Kampf Berühmte
17	Gertrud	Königstochter, Äbtissin von Nivelles 7. Jh. *(Patronin der Armen, der Gärtner u. Reisenden)*	Die Speerstarke
	Patrick	Glaubensbote, Bischof von Irland 4./5. Jh. *(Patron Irlands, Patron der Bergleute u. Schmiede)*	Der Adelige
18	Cyrill Eduard	Bischof von Jerusalem, Kirchenlehrer 4. Jh. König von England, Martyrer 10. Jh.	Der Herr Schützer des Besitzes

März

19	Josef	Bräutigam der Gottesmutter Maria *(Patron Böhmens, Bayerns u. Österreichs, Patron des Bistums Osnabrück, Zweiter Patron des Bistums Münster, Patron der Kirche, der Handwerker, der Sterbenden)*	Gott möge vermehren
20	Wolfram	Bischof von Sens, Missionar in Friesland 7. Jh.	Wolf und Rabe
	Irmgard	deutsche Kaiserin (Lothar I.), Gründerin des Klosters Erstein 9. Jh.	Allumfassender Schutz, die von Gott Beschützte
21	Christian	Abt in Köln 10./11. Jh.	Ich bin Christ
22	Lea	begüterte römische Witwe 4. Jh.	Die Kuhäugige
	Elmar	(Elke) Prämonstratenser-Abt in Lidlum, Friesland, Martyrer 14. Jh.	Durch Adel glänzend
	Clemens	(August Graf von Galen) 1820–1946 Kardinal u. Bischof von Münster, Unerbittlicher Gegner des Nationalsozialismus	Der Milde, Gütige
23	Turibio	(Mongrovejo), Bischof von Lima, Peru, 16./17. Jh.	(?)
	Rebekka	Frau des Patriarchen Isaak (s. Gen 24)	Die Kuhäugige
24	Katharina	schwedische Adelige, Ehefrau, Nonne 14. Jh.	Die Reine
25	Fest der Verkündigung des Herrn (Fest seit der Mitte des 6. Jh.)	(Annunziata, Emanuel, Manuela, Ancilla, Manuel)	
	Jutta	Einsiedlerin in Bernried 12. Jh.	Die Gottesbekennerin
26	Ludger	(Lindger), friesischer Adeliger, Glaubensbote bei den Friesen u. Sachsen, erster Bischof von Münster 8./9. Jh. *(Zweiter Patron des Bistums Essen)*	Weithin bekannt durch seinen Eifer
27	Frowin	Mönch in St. Blasien, Abt in Engelberg 12. Jh.	Der weise Freund
28	Guntram	fränkischer König 6. Jh.	Der kluge Kämpfer
29	Helmut	Bischof von Winchester 9. Jh.	Der mutige Schützer
	Ludolf	aus Sachsen, Prämonstratenser-Mönch, Bischof von Ratzeburg, Martyrer 13. Jh.	Kämpft wie ein Wolf
30	Diemut	Einsiedlerin in Wessobrunn 11./12. Jh.	Aus mutigem Volk
	Dodo	Mönch in Mariengaarde, dann Einsiedler 13. Jh.	Den Eltern gehörend
31	Cornelia	Jungfrau, Martyrerin in Nordafrika?	Die Starke
	Benjamin	Diakon, Glaubensbote in Persien, Martyrer 5. Jh.	Sohn des Südens

Der früheste Ostertermin kann am 22. März, der späteste am 25. April sein. (Näheres siehe unter »Kleine Geschichte des Osterfestes«, Seite 376, und unter »Kirchliche Feiertage«, Seite 436.)

Leiden, Tod und Auferstehung

Osterhasen aus Hefeteig

600 g Mehl, 40 g Hefe, $\frac{1}{4}$ l lauwarme Milch, 100 g Butter, 2 Eier, 1 Prise Salz, 60 g Zucker, abgeriebene Schale von $\frac{1}{2}$ Zitrone, 1 Eigelb, 1 Eiweiß, 40 g Puderzucker, (rote Lebensmittelfarbe, Mandeln, Zuckerwerk). - Für das Backblech Butter.

Hefeteig ansetzen und gehen lassen. Aus starker Pappe Schablonen für die Osterhasen schneiden. Den Teig 1 cm dick ausrollen, Osterhasen ausschneiden und auf das gefettete Backblech legen. Die Hasen mit dem verquirlten Eigelb bestreichen und weitere 15 Minuten gehen lassen. Backofen auf 210° vorheizen, auf der mittleren Schiebeleiste 10-15 Minuten backen. Das Eiweiß mit dem Puderzucker verrühren, nach Belieben mit Lebensmittelfarbe färben, die Osterhasen damit bestreichen und mit den Mandeln und dem Zuckerwerk verzieren.

April

»In der Entscheidung«

Herkunft und Bedeutung

Im altrömischen Kalender war der April der zweite Monat des Jahres. Seinen Namen hat er von dem lateinischen Wort aperire = öffnen. Vom römischen Dichter Ovid wurde er als der Monat besungen, der die Erde, die Knospen und die Blüten ebenso öffnet wie die Herzen der Menschen.

Alte Namen

Launing, weil das wechselhafte launische »Aprilwetter« nicht genau wissen läßt, ob dieser Monat noch zum Winter oder schon zum Frühling oder gar zum Sommer gehört.
Ostermond, weil im April meist die Passions- und Osterzeit liegt.

Sternzeichen

Vom 21. März bis 20. April:
der Widder
Den unter diesem Sternzeichen Geborenen sagt man nach, sie seien oft draufgängerisch, sagten ehrlich ihre Meinung und könnten sich schlecht zu einer Sache entschließen - also mit dem Kopf durch die Wand!? - Ihr Stein ist der rot-braun und weißgestreifte Sardonyx.
Es folgt der Stier.

Bauernregeln

- Wenn der April Spektakel macht,
  gibt's Heu und Korn in voller Pracht.
- Wenn der April wie ein Löwe kommt,
  so geht er wie ein Lamm.
- Der April die Blume macht,
  der Mai gibt ihr die Farbenpracht.

April

1	Irene	Martyrerin in Thessalonike 3./4. Jh.	Friedensbringerin
	Hugo	Bischof von Grenoble 11./12. Jh.	Der Geistvolle
2	Franz	von Paula, Einsiedler u. Ordensgründer 15./16. Jh.	Der Freie
	Sandrina	aus Sulmona in Italien, Klarissin 14./15. Jh.	Aus Sanderein
3	Liutbirg	vom Sulzgau, Einsiedlerin bei Wendhausen 9. Jh.	Schutz für das Volk
4	Isidor	Bischof von Sevilla, Kirchenlehrer 6./7. Jh. *(Nationalheiliger Spaniens)*	Geschenk Gottes
5	Vinzenz	(Ferrer) aus Valencia, Volksprediger 14./15. Jh.	Der Siegreiche
	Juliana	aus Lüttich, Augustiner-Nonne (Einführung des Fronleichnamsfestes) 12./13. Jh.	Die Jugendliche
6	Wilhelm	von Aebelholt, Augustiner-Mönch u. Abt 12./13. Jh.	Willensstarker Schutz
7	Johannes	(Bapt. de la Salle) Priester und Ordensgründer, Begründer des franz. Volksschulwesens 17./18. Jh.	Gott ist gnädig
	Hermann Josef	aus Köln, Prämonstratensermönch in der Eifel, Mystiker, 12./13. Jh. *(Patron der Schulkinder)* auch am 21. 5. gefeiert	Der Mann im Heer
8	Walter	franz. Benediktiner, Abt in Pontoise 11. Jh.	Waltender Herr
	Beate	aus Mecklenburg, Äbtissin in Ribnitz 14. Jh.	Die Glückselige
9	Waltrud	Ehefrau u. Mutter, dann Äbtissin im Hennegau 7. Jh.	Waltende Göttliche
10	Hulda	Prophetin im Alten Testament 7. Jh.v. Chr.	Maulwurf (hebräisch)
	Engelbert	Mönch in Admont, Abt, Schriftsteller 13./14. Jh.	Glänzend wie ein Engel
11	Stanislaus	Bischof von Krakau, Martyrer 11. Jh. *(Patron Polens)*	Als standhaft berühmt
	Reiner	aus Friesland, Einsiedler in Osnabrück 12./13. Jh.	Berater des Volkes
	Gemma	(Galgani) aus Lucca, Mystikerin 1878–1903	Edelstein, Schmuck
12	Zeno	aus Mauretanien, Bischof von Verona 4. Jh.	Gott (Zeus) gehörend
	Herta	römische Jungfrau, Martyrerin 3./4. Jh.	Die starke Kämpferin
13	Martin I.	Papst, Martyrer 7. Jh.	Der Kriegerische
	Hermenegild	König von Austrasien, Martyrer 6. Jh.	Opfergabe für Gott
	Ida	von Boulogne, Gräfin 11./12. Jh.	Die (göttliche) Frau
14	Hadwig	Gräfin von Meer (bei Neuß), Prämonstratenser-Nonne u. Äbtissin 12. Jh.	Die Kämpferin
	Lidwina	aus Rotterdam, Mystikerin 14./15. Jh.	Die vor Leid Weinende
	Ernestine	Gräfin von Rheinhessen, dann Karmeliter-Nonne zu Neuburg a.d. Donau 18. Jh.	Die ernste Kämpferin
15	Huna	Ehefrau aus dem Elsaß, Wäscherin 7. Jh.	Die Junge
	Nidker	Bischof von Augsburg 8./9. Jh.	Der Kampfspeer
16	Benedikt	(Josef Labre) Französ. Pilger 18. Jh.	Der Gesegnete
	Bernadette	(Soubirous) aus Lourdes, Nonne 1844–1879	Die Bärenstarke
17	Eberhard	Prämonstratenser-Mönch in Rot bei Memmingen, Abt in Obermarchtal 12. Jh.	Stark wie ein Eber
	Rudolf	Knabe aus Bern, Martyrer 13. Jh.	Ruhmeswolf
18	Aya	(Agia) fränkische Ehefrau, dann Nonne 7./8. Jh.	Schreckenerregende
19	Leo IX.	aus dem Elsaß, Papst 11. Jh.	Der Löwe
	Gerold	(Holger) Einsiedler im Groß-Walsertal 10. Jh.	Mit dem Speer waltend
	Autbert	Mönch von Corvey 9. Jh.	Berühmter Erbe (?)
	Werner	Knabe aus dem Hunsrück, Martyrer 13. Jh.	Wehrmann
20	Odette	aus Brabant, Nonne 12. Jh.	Reichtum, Glück
	Hildegund	aus Neuß, Pilgerin 12. Jh.	Glaubenskämpferin
21	Konrad	aus Parzham, Kapuziner in Altötting 1818–1891	Der kühne Ratgeber
	Anselm	lombardischer Adeliger, Mönch u. Abt, Bischof von Canterbury, Kirchenlehrer 11./12. Jh.	Gott schützt, Gottesstreiter

22	Kajus	Papst (aus Dalmatien) 3. Jh.	aus Caieta (?)
	Wolfhelm	aus rheinischem Adel, Mönch, Abt 11. Jh.	Der Schützer
23	Adalbert	Bischof von Prag, Glaubensbote in Preußen, Martyrer 10. Jh. *(Apostel der Preußen)*	Durch Adel glänzend
	Georg	römischer Soldat, Martyrer 3./4. Jh. *(Einer der 14 Nothelfer, Patron Englands, Patron des Bistums Limburg, der Bauern)*	Bauer, Landmann
	Gerhard	aus Köln, Bischof von Toul 10. Jh.	Starker Speer
24	Fidelis	von Sigmaringen, Kapuziner-Mönch in der Schweiz, Martyrer 16./17. Jh. *(Zweiter Patron Vorarlbergs u. der Bistümer Freiburg u. Feldkirch)*	Der Getreue, der Zuverlässige
	Wilfrid	angelsächsischer Benediktiner-Mönch, Bischof von York, Glaubensbote 7./8. Jh.	Der den Frieden will
	Egbert	angelsächsischer Mönch, Bischof 7./8. Jh.	Der Schwertberühmte
25	Markus	Evangelist, Begleiter des Apostels Paulus *(Patron von Venedig, Patron der Glasmaler und Bauarbeiter, Helfer gegen Blitz und Hagel)*	Gott (Mars) geweiht
	Erwin	fränkischer Mönch, Bischof in Lobbes 8. Jh.	Freund des Volkes
	Hermann	Markgraf von Baden, dann Bruder in Cluny 11. Jh.	Der Mann im Heer
26	Trudbert	iroschottischer Glaubensbote, Einsiedler im Breisgau, Martyrer 7. Jh.	Berühmt durch seine Kraft
	Kletus	zweiter Nachfolger des Petrus, Martyrer 1. Jh.	?
	Ratbert	aus Soissons, Mönch in Corbie, Lehrer 8./9. Jh.	Glänzender Ratgeber
27	Petrus	(Kanisius) aus Nimwegen, Jesuit, Kirchenlehrer 16. Jh. *(Patron des Bistums Innsbruck)*	Der Fels
	Zita	Magd in Lucca 13. Jh.	Die Fruchtbare
28	Peter	(Chanel) franz. Missionar in Australien 19. Jh.	Der Fels
	Hugo	aus Burgund, Abt in Cluny 11./12. Jh.	Der Geistvolle
29	Katharina	von Siena, Dominikanerin, Kirchenlehrerin 14. Jh. *(Patronin Italiens, Patronin der Sterbenden)*	Die Reine
	Irmtrud	Kaisertochter, Äbtissin des Klosters Hasnon 9. Jh.	Die große Frau
	Dietrich	von Theoreida, Zisterzienser-Mönch, Glaubensbote im Baltikum, Bischof, Martyrer 12./13. Jh.	Im Volk mächtig
30	Pius V.	aus Alessandria, Papst 16. Jh.	Der Fromme
	Rosamunde	Ehefrau, dann Einsiedlerin bei Vernon 11. Jh.	Ruhmvolle Schützerin
	Pauline	(von Mallinckrodt) 1817–1881, Gründerin der Kongr. der »Schw. der Christl. Liebe« zur Betreuung Blinder, Seligspr. am 14. 4.1985	Die Geringe

Samstag nach dem 4. Sonntag der Osterzeit: Maria, Trösterin der Betrübten *(Patronin von Land und Bistum Luxemburg)*

Der früheste Ostertermin kann am 22. März, der späteste am 25. April sein. (Näheres siehe unter »Kleine Geschichte des Osterfestes«, Seite 376, und unter »Kirchliche Feiertage«, Seite 436).

Bittage – Prozessionen – Wallfahrten

Maria, Maienkönigin

Maria Maienkönigin,
dich will der Mai begrüßen.
O segne seinen Anbeginn
und uns zu deinen Füßen.
Maria, dir befehlen wir,
was grünt und blüht auf Erden.
O laß es eine Himmelszier
in Gottes Garten werden.

Behüte uns mit treuem Fleiß,
o Königin der Frauen,
die Herzensblüten lilienweiß
auf grünen Maies Auen!
Die Seelen kalt und glaubensarm,
die mit Verzweiflung ringen,
o mach sie hell und liebewarm,
damit sie freudig singen.

O laß sie gleich der Nachtigall
im Liede sich erschwingen
und mit der Freude hellstem Schall
die Maienlieder singen.
Zu dir sich wenden froh empor,
wie Blumen zu der Sonne
und preisen mit dem Engelchor
dich einst in ewiger Wonne!

Nach Guido M. Görres (1842)

»Das Fest der Augen«

Herkunft und Bedeutung

Der Mai hat seinen Namen von der Erd- und Wachstumsgöttin Maia. Sie wurde von den Griechen auch Mütterchen oder Amme genannt. Der zweite Namens-Pate ist der Göttervater Jupiter Maius, der Gebieter über Blitz, Donner, Regen und Sonnenschein.

Alte Namen

Weidemonat (Winnemond), später umgedeutet zu Wonnemond = Monat der Liebe und der Blüten. Auch Marienmonat

Sternzeichen

Vom 21. April bis 20. Mai:
der Stier
Den unter diesem Sternzeichen Geborenen sagt man nach, sie seien geduldig, vorsichtig und zufrieden. Sie liebten die Ruhe, äßen gern und wohnten gut. Sie sollen zwar nicht leicht in Wut geraten, aber wenn, dann ... – Ihr Stein ist der blutrote Karneol. Er soll die Liebe erhalten, – wie es sich für den Mai gehört.
Es folgt der Zwilling.

Bauernregeln

- Mairegen auf die Saaten,
  dann regnet's Dukaten.
- Mai kühl und naß,
  füllt dem Bauern Scheuer und Faß.
- Stehend Wasser im Mai
  bringt die Wiesen ums Heu.
- Viel Gewitter im Mai,
  singt der Bauer Juchhei.

Mai

1	Josef	der Arbeiter (seit 1955)	
	Arnold	von Hiltensweiler, Gründer eines Klosters 12. Jh.	Herrscher, adlergleich
2	Athanasius	Patriarch von Alexandrien, Kirchenlehrer 3./4. Jh.	Der Unsterbliche
	Sigismund	König der Burgunder, Martyrer 6. Jh.	Schützer des Sieges
	Boris	Fürst der Bulgaren, dann Mönch 9./10. Jh. *(Nationalheiliger der Bulgaren)*	Stark wie ein Bär, der Kämpfer
3	Jakobus	(der Jüngere) Apostel, Martyrer	Der Fersenhalter (hebr.)
	Philippus	Apostel, Martyrer *(Patron der Hutmacher u. Bäcker)*	Der Pferdefreund
	Alexander I.	Papst 2. Jh.	Verteidiger, Helfer
	Viola	Jungfrau aus Südtirol, Martyrerin 3./4. Jh.	Das Veilchen
4	Florian	römischer Beamter, Martyrer 3./4. Jh. *(Helfer in Feuersnot und Wassergefahr; Patron von Oberösterreich, Patron des Bistums Linz)*	Der Blumenreiche
	Guido	aus Ravenna, Benediktiner-Abt in Pomposa 11. Jh.	Der Mann aus dem Wald
	Valeria	Frau aus Lorch 3./4. Jh.	Stark von Geschlecht
5	Godehard	(Gotthard) aus Niederbayern, Mönch u. Abt in Niederalteich, Bischof von Hildesheim 10./11. Jh.	Stark durch Gott
	Jutta	von Sangerhausen, Ehefrau, dann Einsiedlerin bei Kulmsee 13. Jh.	Die Gottesbekennerin
6	Antonia	Martyrerin in Cirta 3. Jh.	Die vorn Stehende
	Gundula	Martyrerin aus Mailand 3. Jh.	Die Kämpferin
	Markward	aus Pruntrud in der Schweiz, Prämonstratenser-Mönch u. Abt von Wilten 12. Jh.	Grenzlandwächter
7	Gisela	von Bayern, Königin von Ungarn, dann Äbtissin in Niedernburg 10./11. Jh.	Von edler Abkunft
	Notker	(der Stammler) aus St. Gallen, Mönch und Dichter 9./10. Jh.	Der Speerschleuderer
8	Desideratus	(Desiré) aus Soissons, Bischof von Bourges 6. Jh.	Der Begehrte
	Friedrich	aus Schwaben, Abt in Hirsau 11. Jh.	Friedensfürst
	Wolfhild	von Bayern, Gräfin von Bregenz, dann Nonne in Wessobrunn 12. Jh.	Die wie ein Wolf kämpft
9	Beatus	Einsiedler am Thuner See 1./2. Jh. (?) *(Patron der Schweiz, Helfer gegen Krebs)*	Der Selige
	Ottokar	Markgraf von Traungau 12. Jh.	Schützer des Besitzes
	Volkmar	Mönch u. Abt in Niederalteich, Martyrer 13. Jh.	Berühmt im Volk
10	Gordian	römischer Martyrer (?)	Aus der Stadt Gordian
11	Gangolf	aus Burgund, Ritter, Martyrer 8. Jh.	Der Mutige
	Mamertus	Bischof von Vienne (Einführung der Bittage) 5. Jh.	Sohn des Mars
12	Pankratius	römischer Martyrer 3. Jh. *(Patron der Erstkommunionkinder; »Eisheiliger«)*	Allherrscher
13	Servatius	Bischof von Tongern 4. Jh. *(»Eisheiliger«)*	Erhalter, Erretter
14	Christian	jugendlicher Martyrer in Galatien 3./4. Jh.	Ich bin ein Christ
15	Rupert	von Bingen, Einsiedler 8. Jh.	Von Ruhm beglänzt
	Sophia	Jungfrau, Martyrerin 3./4. Jh. *(»Eisheilige«)*	Weisheit
	Isidor	Bauer bei Madrid 11./12. Jh. *(Patron d. Bauern)*	Geschenk Gottes
16	Johannes	(Nepomuk) Generalvikar des Erzbischofs von Prag, Martyrer 14. Jh. *(Patron Böhmens, Mitpatron des Bistums Salzburg, Patron der Beichtväter, der Brücken, Helfer gegen Verleumdung)*	Gott ist gnädig
17	Walter	Mönch von Mondsee 12. Jh.	Waltender Herr
	Paschalis	(Baylon) aus Aragonien, Franziskaner-Bruder 16. Jh.	Am Osterfest Geborener
18	Johannes I.	Papst 6. Jh.	Gott ist gnädig
	Erich IX.	König von Schweden 12. Jh.	An Ehre reich

Mai

	Burkhard	Pfarrer von Beinwil im Aargau 12. Jh.	Der starke Schützer
	Dietmar	Glaubensbote in Holstein 12. Jh.	Im Volk berühmt
	Felix	aus Contalice in Umbrien, Kapuziner 16. Jh.	Der Glückliche
19	Alkuin	aus York, Gelehrter, Abt in Tours 8./9. Jh.	Der edle Freund
	Kuno	(Konrad) aus der Oberpfalz, Mönch, Abt in Siegburg, Bischof von Regensburg 11./12. Jh.	Der kühne Ratgeber
	Ivo	(Hélory) aus der Bretagne, Einsiedler 13./14. Jh.	Der (Bogen)Kämpfer
20	Bernhardin	von Siena, Franziskaner, Volksprediger 14./15. Jh., *(Patron der Wollweber)*	Stark wie ein Bär
	Valeria	römische Martyrerin (?)	Aus starkem Geschlecht
	Elfriede	angelsächsische Königin, dann Einsiedlerin 8. Jh.	Von den Elfen behütet
21	Erenfried	Pfalzgraf von Lothringen 10./11. Jh.	Schützer der Ehre
	Wiltrud	Gräfin von Ardei, Prämonstratenser-Nonne 12. Jh.	Willensstarke Frau
22	Julia	Sklavin in Karthago, Martyrerin 3. Jh. *(Patronin von Korsika)*	Die Glänzende
	Emil	Martyrer in Karthago 3. Jh.	Der Eifrige
	Rita	von Cascia, Ehefrau, Nonne, Mystikerin 14./15. Jh.	Die Perle
	Renate	Herzogin von Bayern 16./17. Jh.	Die Wiedergeborene
23	Desiderius	Bischof von Langres, Martyrer 4./5. Jh.	Der Begehrte
24	Esther	Perserkönigin (Altes Testament)	Stern
	Dagmar	Königin von Dänemark 12./13. Jh.	Der helle Tag
25	Beda	Benediktiner in Wearmouth, Gelehrter 7/8. Jh.	Der Beter
	Gregor VII.	Papst (Investiturstreit) 11. Jh.	Der Wachsame
	Heribert	Prämonstratenser-Abt in Knechtsteden 12. Jh.	Der im Volk Berühmte
	Urban I.	Papst 3. Jh. *(Patron der Winzer)*	Städter, Gebildeter
26	Philipp	(Neri) aus Florenz, Priester, gründet die Vereinigung der Oratorianer 16. Jh. *(Volksheiliger Roms)*	Der Pferdefreund
	Alwin	Benediktiner, Bischof von Elmham 10./11. Jh.	Der edle Freund
27	Augustinus	Mönch in Rom, Glaubensbote in England, Bischof von Canterbury 6./7. Jh.	Der Erhabene
28	Wilhelm	von Aquitanien, Feldherr, dann Mönch 8./9. Jh.	Willensstarker Schutz
	Germanus	aus Autun, Einsiedler, dann Mönch u. Abt, Bischof von Paris 5./6. Jh.	Der Brüderliche
29	Maximin	aus Poitiers, Bischof von Trier 4. Jh.	Der Größte
	Irmtrud	von Millendonk, Äbtissin in Dietkirchen 13. Jh.	Die große Frau
30	Johanna	von Orleans, Kriegerin u. Mystikerin, Martyrerin *(Nationalheilige Frankreichs)*	Gott ist gnädig
	Reinhild	aus Westfalen, Martyrerin 12./13. Jh.	Die Mächtige im Kampf
	Ferdinand III.	Spanischer König (Kastilien) 12./13. Jh.	Der den Frieden wagt
31	Helmtrud	(Hiltrud), Einsiedlerin in Neuenheerse 10. Jh.	Die schützende Frau
	Petronilla	Martyrerin 1./2. Jh. (?)	Der Fels, der Stein
	Mechthild	aus Andechs, Nonne u. Äbtissin in Dießen u. Edelstetten (Schwaben) 12. Jh.	Mächtige Kämpferin

Erster Sonntag nach Pfingsten: Heiligste Dreifaltigkeit
Donnerstag nach Dreifaltigkeitssonntag: Fronleichnam
Freitag nach dem zweiten Sonntag nach Pfingsten: Herz-Jesu-Fest

Sommer

Sommer – Sonnenzeit – Reifezeit – Reisezeit
Sommer – Sich erholen – Das Weite suchen – Die Tage genießen
Sommer – für die meisten von uns Urlaubs-, Ferienzeit.
Urlaub, auf den wir gewartet haben …

Urlaub
so oder so

»Wir machen Ihre Urlaubsfreuden sicher«

»Wo Ferien noch Ferien sind«

»Buchen Sie ein rundes Erlebnis«

»Hier finden Sie noch echte Urlaubsqualität«

»… und man spricht deutsch«

»Einen Hauch der großen weiten Welt spüren«

»So muß der Garten Eden ausgesehen haben«

»Wir, die Urlaubsexperten«

»Unser Rundum-Sorglos-Paket«

»Mehr erleben: Sonne, Strand und Palmen«

Menschen ansehen
Wolken nachsehen
Gräser, Blumen, Bäume betrachten
Vogelstimmen erkennen
salzige Luft schmecken
sich dem Wind aussetzen
mit Wasser spielen
Steine fühlen
Leben und Bräuche entdecken
Gedanken austauschen
Füße gebrauchen
Wege nachgehen

Zeit haben –
Zeit zum Verweilen
Zeit zum Träumen
Zeit zum Sprechen
Zeit zum Schweigen
Zeit zum Hören
Zeit zum Schauen
Zeit zum Vergessen
Zeit zum Vergeben
Zeit zum Glücklichsein
Zeit zum Spielen
Zeit zum Lesen
Zeit zum Beten

Reisen heißt im Althochdeutschen »sinnan«

Das deutsche Wort »Sinn« kommt von dem althochdeutschen »sinnan« und heißt »reisen, streben, wandern«. Sinn heißt bei uns: »Auf dem Weg sein, unterwegs sein«. Unser ganzes Leben ist ein langer Weg, eine große Reise. Die Zeichen am Weg entdecken, sich an diesen Zeichen orientieren, das heißt nach dem Sinn zu fragen und zu suchen.

Der kleine Nachtwächter

Einmal, in einer Nacht voller Blütenduft und Sternengeflimmer, ging der kleine Nachtwächter mit seiner Laterne am Rande der Wiesen entlang. Da sah er plötzlich, genau vor seinem rechten Fuß, ein vierblättriges Kleeblatt. »Oh«, sagte der kleine Nachtwächter erfreut. Er bückte sich und pflückte es ab.

Weil ein vierblättriges Kleeblatt Glück bringt, beschloß er, die Leute zu wecken. Denn das Glück ist schöner, wenn man es mit anderen teilt.

»Steht auf!« rief er. »Ich habe ein vierblättriges Kleeblatt gefunden!« Da kamen die Leute zu ihm heraus: Die Blumenfrau, der Dichter, der Drehorgelmann, das Luftballonmädchen und der Bauer. Sie setzten sich vor ihre Häuser und hielten Ausschau nach dem Glück. Ob es von links kommen würde, von rechts oder gar von oben? Sie ließen die Blicke wandern und lauschten in die Nacht.

Am Waldrand spielten die Rehe, und die Fuchsmutter balgte sich mit ihren Kindern herum. Ganz in der Nähe geigte eine Grille, und der sanfte Nachtwind pflückte Blütenflocken von den Bäumen und ließ sie über die Dächer rieseln.

Da spazierten fünfzehn Mäuschen die Dorfstraße entlang. Immer eines ein bißchen kleiner als das andere.

Der Mond spiegelte sich im Dorfteich. Das sah so hübsch aus, daß die Frösche einen Kreis um ihn bildeten und ihm ein Froschlied sangen. Das Bächlein murmelte. In der uralten Kastanie saßen die Eulen und träumten mit leuchtenden Augen in die Nacht.

Die Leute waren ganz still. Sie schauten den Hasen zu, die auf der Wiese Männchen machten, und hörten die Glockenblumen läuten. »Wann kommt denn endlich das Glück?« fragte da plötzlich das Luftballonmädchen.
»Pst«, antwortete der kleine Nachtwächter und legte den Finger an den Mund. »Es ist längst da. Die ganze Nacht ist angefüllt mit Glück. Spürt ihr es nicht?«

Gina Ruck-Pauquèt

Geh zu den Menschen,
lebe mit ihnen zusammen,
liebe sie,
diene ihnen,
lerne von ihnen,
fang an mit dem,
was sie wissen
und bau auf dem,
was sie haben.

Aus Afrika

»Kleine Münzen – Große Hilfe«

Unter diesem Motto läuft seit Jahren eine Aktion des Caritas-Verbandes.
Wenn Millionen von Urlaubern aus dem Ausland zurückkommen, dann bringen sie außer Erinnerungen, Souvenirs und Eindrücken meist auch eine Menge Kleingeld mit nach Hause. Mit diesen »Groschen« anderer Länder wissen sie daheim nichts mehr anzufangen. Durch die Sammlung solcher »Restdevisen« sind in der Vergangenheit bereits Millionenbeträge zusammengekommen, die für vielfältige Aufgaben genutzt werden konnten.
Abgegeben werden können diese Kleingeld-Beträge in jedem Pfarramt oder bei Caritas-Dienststellen oder bei einer Sonntagskollekte nach dem Urlaub.

Zu Hause Urlaub machen

- **Unsere eigene Heimat entdecken**

- Was gibt es alles in unserer Stadt, in den Dörfern ringsum, in der näheren Umgebung?
  Eine Wanderkarte kaufen, jeden Tag oder jeden Sonntag in eine andere Himmelsrichtung laufen, Radfahren; Markante Gebäude – Kirchen, Rathäuser, Fachwerkhäuser, Denkmäler – »untersuchen«
- Was ist bei uns anders als anderswo?
  Redensarten, Lieder, Trachten, Koch- und Backrezepte, Feiertage und Bräuche, Landschaftsformen, Pflanzen entdecken und entschlüsseln
- Wie war es früher hier?
  Mit älteren Menschen sprechen, Heimat- und Freilichtmuseen besuchen, in alten Büchern stöbern

- **Mit einer oder mehreren anderen Familien etwas unternehmen**

- Was läßt sich alles draußen finden, und was könnten wir damit machen? Aus Steinen lassen sich Steinmännchen kleben und bemalen – Stöcke können wir schnitzen und verzieren – Blumen lassen sich pressen und mit ihnen Glückwunschkarten gestalten.
- Wie wäre es mit einem gemeinsamen großen Sommerfest? – Das Fest wird sicher um so besser gelingen, je mehr Personen möglichst viel vorbereiten und gestalten – vom Schmuck bis zum Programmablauf, von der Beleuchtung bis zum Essen und Trinken. Und wenn das ganze Fest noch unter ein Motto gestellt wird, etwa »Zirkus ...« oder »Auf der Ritterburg ...« oder »Auf der Arche Noah« ..., dann ist die Vorbereitung schon ein halbes Fest.

- **Einfach mal etwas ganz anderes tun**

Unter freiem Himmel schlafen – Den Sonnenaufgang erleben – Lagerfeuer machen und Stockbrot backen – Einen Blumenstrauß pflücken – Barfuß gehen – Eine Nachtwanderung machen – Im Regen wandern – Ein besonderes Buch lesen – Malen, basteln, spielen – Einen Tag nur das essen, was die Natur bietet – Jemanden besuchen – Eine Quelle suchen – Einen

Tag ohne Auto auskommen – Aufmerksam hören, schmecken, riechen.

Sommer-Spiele

- **Luftballon-Laufen**

Das bekannte »Eierlaufen« können wir abändern, wenn wir statt eines Eies einen Luftballon auf einen Eßlöffel legen und damit Einzel- oder Stafetten-Rennen durchführen. Das ist viel spannender!

- **Wenn es einmal richtig knallen soll ...**

dann können wir die Brötchentüten-Stafette machen.
Wir bilden Gruppen zu je 3–5 Spielern und kennzeichnen eine Strecke von etwa 5 Metern. Am Ziel stehen möglichst ein Tisch, Stühle oder ein anderes »Podest«. – Vom Start läuft die Nr. 1 jeder Gruppe mit einer Papiertüte zum Ziel, klettert auf das »Podest«, bläst stehend die Tüte auf und läßt sie zwischen den Händen platzen. Schnell zurück und die Nr. 2 ist dran ...

- **Teppiche und Girlanden**

Ein Spiel für den Wald, denn hierzu brauchen wir Blätter von Bäumen und Sträuchern und Tannennadeln. Wir teilen uns in zwei Gruppen auf und kennzeichnen eine Strecke von etwa 2 Metern, z. B. zwischen zwei Bäumen. Jede Gruppe soll nun eine Girlande aus Blättern und Tannennadeln herstellen in der Länge der vereinbarten Strecke.

Die Aufgabe kann erschwert werden, wenn nur Blätter bestimmter Bäume genommen werden dürfen.

- **Je länger je lieber**

Wir bilden zwei oder mehr Gruppen. Auf ein Startsignal versucht jede Gruppe, eine möglichst lange Schlange aus allem verfügbaren Material zu knüpfen, z. B. Taschentücher, Hemden, Gürtel, Bindfaden ... – Im Freien können Naturmaterialien bestimmt werden, z. B. werden Blätter mit Tannennadeln zu einer Schlange zusammengesteckt (s. o.) oder Grashalme werden verknotet. Wer hat nach einer gewissen Zeit die längste Schlange?

- **Eine Sonnenuhr bauen**

Das wissen wir alle: Die Sonne zieht ewig ihren Kreis. Aber haben wir schon einmal daran gedacht, daß wir die Sonnenstrahlen »ausnutzen« und eine Sonnenuhr bauen können?
Wir benötigen einen dünnen Holzstab, der im Winkel von 45°, mit der Spitze nach Norden zeigend, in den Boden gesteckt wird. Nun können wir mit Hilfe einer normalen Uhr jede Stunde dort markieren, wohin die Spitze des Schattens jeweils fällt. Die Stunden-Markierungen können wir noch besonders gestalten und schmücken ...

15. August – Kräuterweihe an »Mariä Himmelfahrt«

Die Kirche feiert das Fest »Mariä Himmelfahrt« am Ende des Sommers und trägt zu Ehren Marias, »der Blume auf dem Felde und der Lilie der Täler«, mit der Kräuterweihe die Gaben der Natur in ihren Gottesdienst hinein.
Der alte Brauch der Kräuterweihe hat sich aus Legenden um Maria entwickelt. Nach einer dieser Legenden ließen die Apostel das Grab der Gottesmutter noch einmal öffnen, aber sie fanden darin nicht mehr den Leichnam, sondern Blumen. Eine andere Legende erzählt, daß dem Grab in dem Augenblick, in dem Maria in den Himmel aufgenommen wurde, ein wunderbarer Duft wie von Kräutern und Blumen entstiegen sein soll.

Zur Segnung der Kräuter

Allmächtiger Gott,
du hast Himmel und Erde erschaffen.
Wir Menschen brauchen zum Leben,
was die Erde hervorbringt.
Ihre Gaben und Kräfte
dienen uns auch zur Heilung.
Viele ihrer Pflanzen sind uns Arznei.
Segne daher diese Kräuter und Früchte,
die wir zum Fest der Aufnahme Mariens
gesammelt haben.
Heile, was krank ist.
Richte, was darniederliegt.
Schenke uns die Vollendung,
die du Maria gegeben hast.
Darum bitten wir dich
durch Jesus Christus, unseren Herrn.
Amen.

Das Krautbund

Für das Krautbund werden verschiedene Blumen und Kräuter gesammelt. Was alles zu diesem Bund gehört, unterscheidet sich jeweils nach Landschaft. Viele Pflanzen sind nur aus dem Dialekt dem Namen nach bekannt, so daß uns heute das Finden und Bestimmen der Kräuter schwerfällt.
Zum Kräuterbund gehören von alters her: Wermut, Kamille, Schafgarbe, Tausendgüldenkraut, Johanniskraut, Pfefferminze, Holunder, Königskerze und Getreide. – In manchen Gegenden wird in die Mitte des Krautbundes ein dicker Apfel gesteckt, der nach der Weihe unter den Familienmitgliedern verteilt und gegessen wird.
Das Kräuterbund kann zu Hause an einen besonderen Platz gestellt oder gehängt und so auch getrocknet aufbewahrt werden.

24. Juni Johannes der Täufer

Rhabarberkuchen

300 g Mehl, 100 g Zucker, 1 P. Vanillin-Zucker, 1 Prise Salz, 1 Ei, 200 g Butter oder Margarine
Belag: 1 kg Rhabarber, 2 Eier, 65 g Zukker, ¼ l saure Sahne

Das Mehl auf ein Backblech geben, eine Mulde machen und Zucker, Vanillin-Zucker, Salz und Eier hineingeben und alles mit einem Pfannenmesser verhakken. Erst dann die grob zerteilte Butter oder Margarine daraufgeben, nochmals alles verhacken und zum Schluß rasch verkneten.
Den Mürbeteig ausrollen, in eine Springform legen, mit einer Gabel mehrmals einstechen und bei 220° 10 Minuten vorbacken. Den geputzten, geschnittenen Rhabarber darauf verteilen, 15 Min. bei gleicher Hitze weiterbacken. Eier und Zucker schaumig schlagen, die Sahne unterrühren, die Masse über den Kuchen verteilen und bei leicht gedrosselter Hitze etwa 15 Minuten stocken lassen.

Juni

»Öffnen aller Sinne«

Herkunft und Bedeutung

Der Juni ist bei den Römern nach der Göttin Juno, der Gattin des Göttervaters Jupiter, benannt worden. Sie galt als die »jugendlich blühende«, war die Göttin der Gestirne und Stifterin und Hüterin der Ehe unter den Menschen.

Alte Namen

Brachmond. Dieser Name stammt aus der Zeit der Dreifelderwirtschaft. Im Juni ging man daran, das dritte, das Brachfeld zu bearbeiten.
Rosenmonat = Zeit des Blühens und Duftens

Sternzeichen

Vom 21. Mai bis 21. Juni:
die Zwillinge
Den unter diesem Sternzeichen Geborenen sagt man nach, sie seien sehr gesellig, hätten gern »viel um die Ohren«, seien geschickt und intelligent. Der einzige Feind sei die Langeweile. – Ihr Stein ist der weinfarbene Topas, der die wilden Begierden stillen und die Phantasie zügeln solle. Es folgt der Krebs.

Bauernregeln

- Soll gedeihen Korn und Wein,
  muß im Juni warm es sein.
- Reif in der Juninacht
  den Bauern Beschwerde macht.
- Wenn kalt und naß der Juni war,
  verdarb er meist das ganze Jahr.
- Der Rosenmond feucht und warm,
  kommt zugute reich und arm.

Juni

1	Justin	aus Neapel, Philosoph, Martyrer 1./2. Jh.	Der Gerechte
	Roman	irischer Missionsbischof in der Bretagne 6. Jh.	Der Römer
	Liutgard	aus Sachsen, Gründerin des Klosters Bassum 9. Jh.	Schützerin des Volkes
2	Marzelinus	Priester, Martyrer in Rom 3./4. Jh.	Dem Mars geweiht
	Petrus	römischer Martyrer 3./4. Jh.	Der Fels
	Armin	Martyrer in Ägypten oder Abessinien (?)	Der Anstürmende
	Erasmus	Bischof von Antiochien/Syrien, Martyrer 3./4. Jh. *(Einer der 14 Nothelfer)*	Der Liebenswürdige
	Eugen I.	Papst 7. Jh.	Der Hochgeborene
3	Karl	(Lwanga) Martyrer in Uganda (1865–1886)	Freier Mann
	Hildburg	Ehefrau, dann Einsiedlerin in Pontoise 11./12. Jh.	Schützerin im Kampf
	Johannes	(XXIII. Angelo Guiseppe Roncalli) 1881–1963, kündigte schon 3 Monate nach seiner Papst-Ernennung (1958) das (1962 beginnende) Zweite Vatikan. Konzil an	Gott ist gnädig
4	Klothilde	Frankenkönigin 5./6. Jh.	Berühmte Kämpferin
	Werner	von Ellerbach, Benediktiner in St. Blasien, Abt in Wiblingen bei Ulm 11./12. Jh.	Wehrmann
	Christa	Jungfrau, Martyrerin in Kilikien (?)	Die Christin
5	Bonifatius	(Winfrid) angelsächsischer Mönch, Glaubensbote in Deutschland, Bischof, Martyrer 7./8. Jh. *(»Apostel Deutschlands«, Patron des Bistums Fulda)*	Der Wohltäter (Winfried: Freund des Friedens)
	Meinwerk	Der Wohltäter	Mutiger Wirker
6	Norbert	aus Xanten, Prämonstratenser-Mönch,	Nordglanz
	Kevin	Wanderprediger, Bischof von Magdeburg 11./12. Jh.	(?)
	Klaudius	irischer Mönch 6./7. Jh. *(Patron von Dublin)*	Der Lahme
		Abt von Condat, Bischof von Besançon 7./8. Jh.	
7	Dietger	Mönch in Fulda, Abt von Herrieden 8./9. Jh.	Aus speerstarkem Volk
	Robert	Angelsachse, Mönch, Abt von Newminster 12. Jh.	Glänzend von Ruhm
8	Helga	Einsiedlerin im Bregenzer Wald 11./12. Jh.	Die Gesunde, Heile
	Engelbert	Prämonstratenser in Ursberg u. Schäftlarn 12. Jh.	Glänzend wie ein Engel
9	Ephräm	(der Syrer) Diakon, Kirchenlehrer 4. Jh.	Fruchtland (?)
10	Bardo	aus der Wetterau, Bischof von Mainz 10./11. Jh.	Der Bärtige
	Heinrich	von Bozen, Tagelöhner 13./14. Jh.	Geschickter Herrscher
	Maurin	Abt in Köln, Martyrer 9./10. Jh.	Der Mohr, der Schwarze
	Diana	(Andalò) Dominikaner-Nonne in Bologna 13. Jh.	Römische Jagdgöttin
11	Barnabas	Begleiter des Apostels Paulus, Martyrer	Sohn des Trostes
	Adelheid	von Schaerbeek, Zisterzienserin, Brüssel 13. Jh.	Von edlem Stande
12	Leo III.	Papst 8./9. Jh.	Der Löwe
	Odulf	aus Brabant, Priester, dann Mönch 9. Jh.	Herr des Besitzes
	Eskil	englischer Missionar in Schweden, Martyrer 11. Jh.	(?)
13	Antonius	von Padua, Franziskaner, Prediger, Kirchenlehrer 12./13. Jh. *(Patron der Liebenden, Bergleute u. Reisenden, Helfer beim Suchen verlorener Sachen)*	Der vorn Stehende
14	Burchard	Mönch in Regensburg, Bischof von Meißen 10. Jh.	Der starke Schützer
	Gottschalk	Fürst der Wenden, Martyrer 11. Jh.	Der Knecht Gottes
15	Vitus	jugendl. Martyrer in Sizilien 3./4. Jh. *(Einer der 14 Nothelfer, Patron von Pommern, Sachsen, Böhmen, Niedersachsen und Sizilien)*	Der Lebensstarke
	Lothar	aus dem Moselgau, Bischof von Sées (Orne) 8. Jh.	Ruhmreicher Held
	Gebhard	Bischof von Salzburg 11. Jh.	Der Freigebige
16	Benno	aus Sachsen, Bischof von Meißen 11./12. Jh. *(Patron d. Bistümer Dresden-Meißen u. München, Patron der Stadt München, Fischer u. Tuchmacher)*	Der Bärenstarke
	Luitgard	aus Tongern, Zisterzienserin, Brüssel 12./13. Jh.	Schützerin des Volkes

Juni

17 Fulko	Mönch, Bischof von Reims, Martyrer 9. Jh.	Mann aus dem Volk
Euphemia	aus Andechs, Äbtissin 12. Jh.	Gute Vorbedeutung
18 Felicius	aus Aquitanien, Einsiedler an der Mosel 4. Jh.	Der Glückliche
19 Romuald	aus Ravenna, Benediktiner-Mönch, dann Einsiedler, Ordensgründer 10./11. Jh.	Der Ruhmreiche
Rasso	Graf von Dießen-Andechs 10. Jh.	Der Ratgeber
20 Adalbert	aus Lothringen, Mönch in Trier, Missionsbischof in Rußland, erster Bischof von Magdeburg 10. Jh.	Durch Adel glänzend
Benigna	Zisterzienserin in Trebnitz, Martyrerin 13. Jh.	Die Wohltätige
21 Aloysius	(Gonzaga) Jesuit, Rom 16. Jh. *(Patron der Jugend, Helfer bei Augenleiden)*	Der ganz Weise
Radulf	von Chors, Bischof von Bourges 9. Jh.	Der Ratwolf
22 Paulinus	aus Bordeaux, Ehemann u. Vater, dann Bischof von Nala (Kampanien) 4./5. Jh.	Der Geringe
John	(Fisher) aus Yorkshire, Bischof von Rochester, Martyrer 15./16. Jh.	Gott ist gnädig
Thomas	(Morus) aus London, Martyrer 15./16. Jh.	Der Zwilling
Eberhard	Mönch in Bamberg, Bischof von Salzburg 11./12. Jh.	Stark wie ein Eber
Achatius	Soldat, Martyrer 2. Jh. *(Einer der 14 Nothelfer)*	Der Gute
23 Edeltraud	angelsächsische Königin, dann Nonne und Äbtissin in Essex 7. Jh. *(Helfer bei Augen- u. Halsleiden)*	Adelige Treue
24 Johannes	der Täufer, Bußprediger, »Der Vorläufer Jesu« *(Patron der Mönche, Gastwirte, Maurer, Zimmerleute u. Bauern; Patron des Bistums Gurk-Klagenfurt)*	Gott ist gnädig
Theodulf	Abtbischof von Lobbes 8. Jh.	Aus kriegerischem Volk
25 Gohard	Bischof von Nates, Martyrer 9. Jh.	Stark durch Gott
Eleonore	Königin von England, dann Benediktinerin 13. Jh.	Gott ist mein Licht
Dorothea	von Montau, Ehefrau u. Mutter, dann Einsiedlerin, Mystikerin 14. Jh.	Gottesgeschenk
26 Anthelm	von Chignin, Kartäuser, Bischof von Belley 12. Jh.	Schützer des Hauses
Johannes	römischer Beamter, Martyrer 4. Jh.	Gott ist gnädig
Paulus	römischer Beamter, Martyrer 4. Jh.	Der Geringe
27 Cyrill	Bischof von Alexandrien, Kirchenlehre 4./5. Jh.	Der Herr
Hemma	Gräfin von Gurk, Benediktinerin 10./11. Jh. *(Patronin von Kärnten, Helfer bei Augenleiden)*	Die starke Kämpferin
28 Irenäus	aus Kleinasien, Bischof von Lyon, Mart. 2./3. Jh.	Der Friedfertige
Ekkehard	von Halberstadt, Abt, Gründer der Huysburg 11. Jh.	Der Schwertstarke
29 Petrus	Apostel Martyrer *(Patron der Maurer, Fischer, Schlosser, Uhrmacher, Schmiede; Patron der Diözese Berlin; Wetterpatron)*	Der Fels
Paulus	Apostel, Martyrer *(Patron der Diözese Münster; Patron der Weber, Seiler, der Theologen, der kath. Presse, der Mission)*	Der Kleine, Geringe
Gero	aus Thüringen, Bischof von Köln 10. Jh.	Gebieter des Speeres
Judith	Einsiedlerin bei Niederalteich 11. Jh.	Die Frau aus Juda
30 Otto	aus Schwaben, Bischof von Bamberg, Glaubensbote in Pommern 11./12. Jh. *(»Apostel der Pommern«, Mitpatron der Bistümer Berlin u. Bamberg)*	Besitz, Glück
Ehrentrud	aus Worms, Äbtissin in Salzburg 7./8. Jh.	Die ehrenwerte Frau
Bertram	aus Paris, Bischof von Le Mans 6./7. Jh.	Glänzend wie ein Rabe
Theobald	aus der Champagne, Einsiedler in Luxemburg und Salanigo 11. Jh. *(Patron der Bauern u. Schuster)*	Der Tapfere im Volk
Ernst	von Pardubitz, Bischof von Prag 14. Jh.	Der ernste Kämpfer

2. Juli Mariä Heimsuchung

Juli

»Sehnsucht unter der Sonne«

Herkunft und Bedeutung

Benannt nach Gajus Julius Cäsar, der 46 vor Christus im Römischen Reich die Kalenderreform durchführte. Der Kalender wurde endgültig auf 365 Tage festgesetzt. Der Monat hieß bis dahin Quintilis (der Fünfte) und wurde Cäsar zu Ehren in Julius umbenannt, da es der Monat seines Geburtstages war.

Alte Namen

Heumond = Heuernte-Monat

Sternzeichen

Vom 22. Juni bis 22. Juli:
der Krebs
Den unter diesem Sternzeichen Geborenen sagt man nach, sie seien freundliche, gefühlvolle Menschen, auch wenn sie dies nicht immer zeigten. Sie hätten viel Phantasie und träumten gerne. Für ihre Mitmenschen sollen sie manchmal recht anstrengend sein. – Ihr Stein ist der bläulichgraue oder auch gelblichbraune Chalzedon, der Gram und Sorgen abwehrt. Es folgt der Löwe.

Bauernregeln

- Was im Herbste soll geraten,
  das muß die Julisonne braten.
- Wenn's im Juli
  nicht donnert und blitzt,
  wenn im Juli
  der Schnitter nicht schwitzt,
  der Juli dem Bauern nicht nützt.
- Einer Reb' und einer Geiß
  ist's im Juli nie zu heiß.

Schön ist die Welt

Volkslied aus Hessen

Aus: Willi Gohl, »Der Singkreis«, Musikverlag zum Pelikan, Zürich

Juli

1	Theoderich	(Dietrich), Abt in der Nähe von Reims 5./6. Jh.	Im Volk mächtig
2	Mariä Heimsuchung	(Fest seit dem 14. Jh.)	
	Wiltrud	Äbtissin in Hohenwart (Oberbayern), 11. Jh.	Die willensstarke Frau
3	Thomas	Apostel und Martyrer *(Patron von Ostindien, Patron der Schreiner und Zimmerleute)*	Zwilling
4	Ulrich	Bischof von Augsburg 9./10. Jh. *(Patron von Stadt und Bistum Augsburg, Patron der Winzer u. Fischer, der Reisenden u. Sterbenden)*	Der Glänzende, der Prächtige
	Berta	Ehefrau, dann Äbtissin von Blangy 7./8. Jh.	Die Glänzende
	Elisabeth	Königin von Portugal, später Nonne 13./14. Jh.	Gott hat geschworen
	Hatto	Mönch und Einsiedler in Ottobeuren 10. Jh.	Der Kampf
5	Antonius	(Maria Zaccaria) ital. Arzt, dann Priester 16. Jh.	Der vorn Stehende
	Kyrilla	lybische Jungfrau, Martyrerin 3./4. Jh.	Die Herrin
6	Maria	(Goretti) ital. Bauernmädchen, Martyrerin 1890–1902 *(Patronin der Jugend)*	Die von Gott Geliebte
	Goar	aus Aquitanien, Einsiedler bei St. Goar 5./6. Jh.	Der Krieger, Kämpfer
7	Willibald	angelsächsischer Glaubensbote, Bischof von Eichstätt 8. Jh. *(Patron des Bistums Eichstätt)*	Willensstark, kühn
	Edelburg	Königstochter von Essex, Nonne u. Äbtissin 7. Jh.	Edle Schützerin
8	Kilian	irischer Mönch, Bischof von Würzburg, Martyrer 7. Jh. *(Patron von Stadt u. Bistum Würzburg, von Süd-Thüringen; Patron der Winzer)*	Der Einsiedler, der Kirchliche
	Edgar	(Der Friedfertige) König in Angelsachsen 10. Jh.	Schützer des Erbes
9	Agilolf	Bischof von Köln 8. Jh.	Der Schreckenswolf
10	Alexander	römischer Martyrer 2. Jh.	Verteidiger, Helfer
	Knud	König von Dänemark, Martyrer 11. Jh. *(Patron von Dänemark)*	Der Waghalsige
	Erich	König von Schweden, Martyrer 12. Jh. *(Nationalheiliger Schwedens)*	An Ehre reich
11	Benedikt	von Nursia, Ordensgründer 5./6. Jh. *(»Vater des abendl. Mönchtums«, Patron Europas, der Schulkinder u. Sterbenden)*	Der Gesegnete
	Ludwig	Landgraf von Thüringen, Gemahl Elisabeths 13. Jh.	Der berühmte Kämpfer
	Olga	(Helga) Gemahlin des Großfürsten von Kiew 10. Jh.	Die Gesunde, Heile
	Oliver	Bischof in Irland, Martyrer 17. Jh.	Der Ölbaumpflanzer
	Rachel	zweite Frau Jakobs (AT)	Mutter
	Sigisbert	Mönch, Einsiedler in der Schweiz 7./8. Jh.	Durch Sieg bekannt
12	Felix	Soldat aus Afrika, Martyrer 3./4. Jh.	Der Glückliche
13	Heinrich II.	Deutscher Kaiser, Gemahl der hl. Kunigunde (3. März) 10./11. Jh. *(Patron des Bistums Bamberg)*	Geschickter Herrscher
	Arno	Bischof von Würzburg 9. Jh.	Herrscht wie ein Adler
	Mildred	englische Königstochter, Nonne 7./8. Jh.	Die milde Frau
	Sara	Einsiedlerin in der Lybischen Wüste 4. Jh.	Fürstin
	Silas	(Silvan) Begleiter des Apostel Paulus	Der Waldbewohner
14	Goswin	Mönch, Martyrer 9. Jh.	Gottes Freund
	Kamillus	ital. Priester, Gründer eines Ordens (Kamillianer) 16./17. Jh. *(Patron d. Krankenpflege)*	Diener Gottes (?)
	Roland	von Chézery bei Genf, Zisterzienser-Abt 12. Jh.	Der Siegesmutige
	Ulrich	aus Regensburg, Mönch in Cluny 11. Jh.	Der Glänzende
15	Bonaventura	Franziskaner, Ordensgeneral, Bischof von Albano, 13. Jh. *(Patron von Lyon, der Arbeiter u. Kinder)*	Gute Zukunft
	Bernhard	von Baden, Feldherr Kaiser Friedrich III. 15. Jh.	Stark wie ein Bär
	Egon	(Egino) Mönch und Abt in Augsburg 11./12. Jh.	Der Schwertstreiter
	Gumbert	von Ansbach, Abt, Bischof von Würzburg 8. Jh.	Der berühmte Kämpfer
	Waldemar	(Wladimir) Großfürst von Kiew 10./11. Jh.	Berühmter Herrscher
16	Elvira	Äbtissin in Trier 11./12. Jh.	Schützerin

Juli

	Irmgard	Tochter König Ludwigs des Deutschen, Nonne und Äbtissin am Chiemsee 9. Jh.	Allumfassender Schutz, von Gott Beschützte
	Reinhild	(Reineldis) Jungfrau in Brabant, Martyrerin 7. Jh.	Mächtig im Kampf
	Carmen	Marienfest »Gedächtnis Unserer Lieben Frau vom Berge Karmel«	Die Sängerin
17	Alexius	römischer Patrizier, Einsiedler 4./5. Jh. (?)	Hilfe, Schutz, Abwehr
	Charlotte	Karmeliter-Nonne in Frankreich, Martyrerin 18. Jh.	Die freie Frau
	Gabriele	Karmeliter-Nonne in Frankreich, Martyrerin 18. Jh.	Streiterin Gottes
	Donata	eine der ersten Martyrerinnen aus Afrika 2. Jh.	(Gottes) Geschenk
18	Arnold	Lautenspieler Karls des Großen, Freund der Armen 8./9. Jh. *(Patron der Sänger u. Musiker)*	Der Adlergleiche
	Arnulf	fränk. Ehemann, Mönch, Bischof von Metz 6./7. Jh.	Adler und Wolf
	Friedrich	Bischof von Utrecht 9. Jh.	Friedensfürst
19	Bernulf	(Bernold) Bischof von Utrecht 11. Jh.	Stark wie Bär u. Wolf
20	Margareta	Jungfrau, Martyrerin in Antiochien 3./4. Jh. *(Eine der 14 Nothelfer, Patronin d. Schwangeren)*	Die Perle
	Bernward	Bischof von Hildesheim 12. Jh.	Stark wie ein Bär
21	Laurentius	von Brindisi, Kapuziner, Kirchenlehrer 16./17. Jh.	Der Lorbeerbekränzte
	Daniel	Prophet 7./6. Jh. v. Chr. *(Patron der Bergleute)*	Gott ist Richter
22	Maria	(Magdalena) Jüngerin Jesu *(Patronin der Frauen, Gärtner und Winzer)*	Von Gott Geliebte
	Eberhard	Kapuziner-Abt in Georgenthal bei Gotha 12. Jh.	Stark wie ein Eber
	Verena	Gefährtin Ursulas 3. Jh. (?) (s. 21. Okt.)	Die Ehrfürchtige
23	Birgitta	schwedische Adelige, Ehefrau, dann Nonne 14. Jh. *(Patronin Schwedens, Helferin in Todesnot)*	Die Strahlende
	Liborius	Bischof von Le Mans 4. Jh. *(Patron des Bistums Paderborn)*	Der Freie (?)
24	Christophorus	Sein Leben nur Legende (Martyrer?) *(Nothelfer bei Unwetter, Patron der Kraftfahrer, Reisenden)*	Christusträger
	Christina	italienische Martyrerin (?) *(Patronin der Müller)*	Die Christin
	Luise	franz. Adelige, Ehefrau, dann Klarissin 15./16. Jh.	Ruhmvolle Kämpferin
	Siglind	Ehefrau, dann Nonne, Äbtissin in Italien 7. Jh.	Sieg durch den Schild
25	Jakobus	(d. Ältere) Apostel und Martyrer *(Patron von Spanien u. Portugal, der Pilger, Winzer u. Apotheker)*	Der Fersenhalter
	Thea	Martyrerin in Palästina, 3./4. Jh.	Von der Insel Thera
	Thomas	von Kempen, Priester und Schriftsteller 14./15. Jh.	Zwilling
26	Joachim	Vater Marias	Gott richtet auf
	Anna	Mutter Marias *(Patronin der Bergleute, der Ehe; Patronin von Westfrankreich)*	Gott hat sich erbarmt, die Anmutige
	Christiane	Tochter eines engl. Königs 8. Jh. (?)	Die Christin
27	Berthold	Mönch in St. Blasien, Abt in Garsten 11./12. Jh.	Berühmter Herrscher
	Natalie	Ehefrau und Martyrerin in Cordoba, Spanien, 9. Jh.	Weihnachten Geborene
28	Beatus	Priester und Einsiedler in Trier 7. Jh.	Der Glückselige
	Innozenz I.	Papst 4./5. Jh.	Der Unschuldige
29	Martha	von Bethanien *(Patronin der Hausfrauen)*	Herrin
	Flora	römische Sklavin, Martyrerin 3. Jh.	Die Blume, Blühende
	Luzilla	römische Sklavin, Martyrerin 3. Jh.	Die Leuchtende
	Olaf II.	König von Norwegen 10./11. Jh. (auch am 10. Juli)	Nachfahre des Urahns
30	Petrus	(Chrysologus) Bischof von Ravenna 4./5. Jh.	Der Fels
	Beatrix	römische Martyrerin 3./4. Jh.	Die Glücksbringerin
	Ingeborg	dänische Prinzessin, franz. Königin 12./13. Jh.	Gott möge schützen
31	Ignatius	von Loyola, Offizier, Priester, Gründer des Jesuitenordens 15./16. Jh. *(Patron d. Exerzitien)*	Der Feurige
	Germanus	Bischof von Auxerre 4./5. Jh.	Der Brüderliche

15. August Mariä Aufnahme in den Himmel

Auf der Wiese

Mitten auf der Wiese
sitzt die kleine Liese
im grünen, grünen Gras.
Sie träumt sich sacht in Schlummer,
da kommt ein großer Brummer
und fliegt ihr auf die Nas'.

»Weg, weg, du dummer Brummer!
Störst mich in meinem Schlummer!
Willst weg! Was soll denn das?«
Der Brummer brummt gemütlich:
»Ach, Lieschen, sei doch friedlich,
ich mache ja nur Spaß!«

Emil Weber

Eis-Schokolade

Wir brauchen: Milch, Kakao (Fertigpulver), Nuß- oder Sahneeis, Schlagsahne, Vanille-Zucker, Schokoladenstreusel. Einen richtig gut schmeckenden Kakao zubereiten, in den Kühlschrank stellen, bis er gut kalt ist. Den Kakao in ein großes Glas gießen, eine große Kugel Eis hineingeben, die Sahne mit dem Zucker steif schlagen und einen großen Löffel voll auf den Kakao geben, obenauf Schokoladenstreusel streuen.

August

»Maß des vollen Lebens«

Herkunft und Bedeutung

Benannt nach dem römischen Kaiser Augustus (63 vor bis 14 nach Christus). Er hatte in diesem Monat die meisten seiner Siege errungen und änderte den früheren Monatsnamen Sixtilius (= der Sechste) in seinen eigenen Namen.

Alte Namen

Ernting, Erntemond

Sternzeichen

Vom 23. Juli bis 23. August:
der Löwe
Den unter diesem Sternzeichen Geborenen sagt man nach, sie seien sehr großzügig, aber auch ein bißchen eitel. Sie liebten Reichtum und Pracht, regten sich über Kleinigkeiten nicht auf. – Ihr Stein ist der Jaspis, den es in rötlicher, grünlicher oder auch bläulicher Färbung gibt. Es folgt die Jungfrau.

Bauernregeln

- Ist's in den ersten Wochen heiß,
  so bleibt der Winter lange weiß.
- Im August der Morgenregen
  wird vor Mittag sich nicht legen.
- Ist der August recht trocken und heiß,
  so lacht der Bauer im vollen Schweiß.

August

1	Alfons	(Maria) von Liguori, Priester, Gründer des Redemptoristenordens, Bischof 17./18. Jh.	Der Edelwillige
	Petrus Faber	franz. Jesuit, Gefährte des Ignatius 16. Jh.	Der Fels
2	Eusebius	ital. Bischof 3./4. Jh.	Der Gottesfürchtige
3	Benno	Gründer von Einsiedeln, Bischof von Metz 10. Jh.	Der Bärenstarke
	Burchard	Propst des Stiftes Rot an der Rot 12. Jh.	Der starke Schützer
	Lydia	wohlhabende Frau in Lydien (s. Apg 16,14–40) 1. Jh.	Die Frau aus Lydien
4	Johannes	(Maria) Vianney, Pfarrer von Ars 18./19. Jh. *(Patron der Beichtväter)*	Gott ist gnädig
5	Dominika	Frau aus Florenz, Mystikerin 15./16. Jh.	Dem Herrn gehörig
	Oswald	englischer König 7. Jh.	Gottes Kraft waltet
6	Gilbert	Mönch, erster Abt von Maria Laach 12. Jh.	Kind edler Herkunft
	Hermann	von Köln, Prämonstratenser in Cappenberg 12. Jh.	Der Mann im Heer
	Praxedis	(Adelheid) zweite Gemahlin Heinrichs IV. 11. Jh.	Die Wohltätige(?)
7	Afra	Jungfrau, Martyrerin in Augsburg 3./4. Jh. *(Mitpatronin der Bistümer Augsburg u. Dresden-Meißen, Patronin der Büßerinnen)*	Die Afrikanerin
	Sixtus II.	Papst, Martyrer 3. Jh. *(Patron der Winzer u. der schwangeren Frauen)*	Der Feine
	Kajetan	von Tiene, Mitgründer der Theatiner 15./16. Jh.	Der aus Caieta
	Janusz	(Korczack) 1878–1942, Arzt und Pädagoge, Leiter des jüd. Waisenhauses in Warschau. Starb mit 200 Waisenkindern im Konzentrationslager Treblinka	(?)
8	Cyriakus	Diakon, Martyrer in Rom 3./4. Jh.	Dem Herrn gehörig
	Dominikus	spanischer Priester, Gründer der Dominikaner 12./13. Jh. *(Patron von Cordoba, Madrid u. Palermo, Patron d. Schneider u. Näherinnen)*	Dem Herrn gehörig
9	Altmann	von Paderborn, Bischof von Passau 11. Jh.	Der erfahrene Mann
	Edith	(Stein) 1891–1942, Karmelitin, Philosophin, Martyrerin in Auschwitz, Seligspr. am 1. 5.1987	Um Besitz Kämpfende
10	Asteria	(Astrid) Jungfrau, Martyr. in Bergamo 3./4. Jh.	Heller Stern
	Laurentius	Diakon in Rom, Martyrer 3. Jh. *(Patron von Rom, Spanien, Merseburg, Nürnberg, Helfer der Armen, in Feuersnot)*	Der Lorbeerbekränzte
11	Klara	von Assisi, Klarissen-Nonne 12./13. Jh. *(Patronin gegen Fieber u. Augenleiden)*	Die Helle, die Lautere
	Nikolaus	von Kues, Bischof von Brixen, Gelehrter 15. Jh.	Der Volksbesieger
	Philomena	Jungfrau, Martyrerin 2./3. Jh.(?)	Die Geliebte
	Susanna	römische Martyrerin 6. Jh.	Lilie
	Henry	(John Newman) 1801–1890, Engl. Kardinal, einer der bedeutendsten ökumenischen Theologen	Geschickter Herrscher
12	Radegund	Frankenkönigin, dann Nonne 6. Jh.	Schützerin des Rates
13	Gerold	Bischof von Oldenburg (später Lübeck) 12. Jh.	Mit dem Speer waltend
	Ludolf	Abt von Corvey 10. Jh.	Kämpft wie ein Wolf
	Wigbert	angelsächsischer Missionar, Abt in Fritzlar 8. Jh.	Der berühmte Kämpfer
	Pontianus	Papst 2./3. Jh.	Von der Insel Pontia
	Hippolyt	Gelehrter u. Schriftsteller in Rom 2./3. Jh. *(Patron von Stadt u. Bistum St. Pölten)*	Der das Pferd losläßt
14	Eberhard	Abt, Gründer des Klosters Einsiedeln 10. Jh.	Stark wie ein Eber
	Maximilian	(Kolbe) Priester, Martyrer 1894–1941	Der größte Nacheiferer
	Meinhard	Mönch, Glaubensbote, Bischof in Livland 12. Jh.	Der Starke und Mächtige
	Werenfrid	angelsächsischer Mönch u. Glaubensbote 8. Jh.	Schützer des Friedens
15	Mariä Aufnahme in den Himmel (Fest seit dem 7. Jh.)	*(Patronin der Bistümer Hildesheim, Aachen, Speyer, Freiburg)*	

August

	Mechtild	von Magdeburg, Mystikerin, Zisterzienserin 13. Jh.	Mächtige Kämpferin
	Tarsitius	römischer Diakon, Martyrer 3. Jh.	Der Kühne, Mutige
16	Altfrid	Bischof von Hildesheim, Gründer des Frauenstiftes Essen 8./9. Jh.	Im Frieden erfahren
	Rochus	von Montpellier, Pfleger von Pestkranken 14. Jh. *(Patron gegen Pest und Seuchen)*	Der Sorgende
	Stephan I.	König von Ungarn 10./11. Jh. *(Patron von Ungarn)*	Der Kranz, die Krone
17	Hyazinth	aus Oppeln, Dominikaner, Glaubensbote 13. Jh.	Die Hyazinthe (Blume)
	Jutta	(Guda) Gräfin von Arnstein, Einsiedlerin 12. Jh.	Die Gottesbekennerin
18	Helene	Mutter Kaiser Konstantins (Kreuzauffindung?) 3./4. Jh. *(Patronin der Schmiede und Färber)*	Die Leuchtende
	Klaudia	Klarissen-Nonne und Äbtissin in Genf 15. Jh.	Die Hinkende
19	Johannes	(Eudes) Volksmissionar in Frankreich 17. Jh.	Gott ist gnädig
	Sebald	Einsiedler und Glaubensbote in Nürnberg 8. oder 10./11. Jh. *(Patron von Nürnberg)*	Kühner Sieger
20	Bernhard	von Clairvaux, (»Zweiter Gründer« der Zisterzienser), Kirchenlehrer 11./12. Jh. *(Patron von Burgund, der Bienenzüchter, Helfer bei Unwetter)*	Stark wie ein Bär
	Hugo	Zisterzienser-Mönch in Tennenbach 13. Jh.	Der Geistvolle
	Oswin	angelsächsischer König, Martyrer 7. Jh.	Freund Gottes
21	Balduin	von Rieti, Zisterzienser in Clairvaux 12. Jh.	Der tapfere Freund
	Gratia	spanische Klosterfrau, Martyrerin 12. Jh.	Die Liebliche
	Pius X.	Papst 1835–1914	Der Fromme
22	Sigfrid	von Wearmouth, Benediktiner-Mönch und Abt 7. Jh.	Frieden durch Sieg
23	Rosa	von Lima/Peru, Dominikanerin, Mystikerin 16./17. Jh. *(Patronin von Lateinamerika)*	Die Rose
24	Bartholomäus	Apostel, Martyrer *(Patron der Bauern u. Hirten)*	Furchenziehersohn
	Isolde	Nonne in Mauberge 11. Jh.	Die Schwertwaltende(?)
25	Elvira	französische Jungfrau, Martyrerin (?)	Schützerin des Heiligen
	Josef	von Calasanza (Spanien), Priester 16./17. Jh.	Gott möge vermehren
	Ludwig IX.	französischer König 13. Jh. *(Patron der Bäcker, Bauarbeiter, Buchdrucker, Pilger)*	Berühmter Kämpfer
26	Gregor	Glaubensbote, Abt in Utrecht 8. Jh.	Der Wachsame
27	Gebhard	Bischof von Konstanz 10. Jh. *(Patron des Bistums Feldkirch)*	Der Freigebige
	Monika	aus Tagaste in Numidien, Ehefrau, Mutter des hl. Augustinus 4. Jh. *(Patronin der Mütter)*	Die Einsame
28	Augustinus	aus Tagaste, Bischof von Hippo, Kirchenvater 4./5. Jh. *(»Lehrer des Abendlandes«, Patron der Theologen u. Buchdrucker, Helfer bei Augenleiden)*	Der Ehrwürdige
	Elmar	Glaubensbote, Bischof von Lüttich 7./8. Jh.	Durch Adel glänzend
29	Beatrix	Zisterzienser-Nonne, Priorin in Lier 13. Jh.	Die Glücksbringerin
	Sabine	römische Martyrerin 2. Jh.	Sabinerin (Stamm)
	Theodora	aus Ägina, Ehefrau, dann Nonne 9. Jh.	Gottesgeschenk
30	Amadeus	Zisterzienser-Abt, Bischof von Lausanne 12. Jh.	Liebe Gott!
	Heribert	von Worms, Bischof von Köln 10./11. Jh.	Der im Volk Berühmte
31	Paulin	Bischof von Trier 4. Jh.	Der Geringe
	Raimund	von Katalanien, Priester 13. Jh. *(Patron werdender Mütter)*	Durch Rat schützend

Herbst

Herbst –
Bunt mit seinen Farben
Reich mit seinen Früchten
Lustig mit seinen Festen
Traurig mit seinem Abschied

Bunt sind schon die Wälder

Melodie: Joh. Fr. Reichardt (1799)
Text: J. G. von Salis-Seewis (1782)

2. Wie die volle Traube
aus dem Rosenlaube
purpurfarbig strahlt!
Am Geländer reifen
Pfirsiche, mit Streifen
rot und weiß bemalt.

3. Flinke Träger springen,
und die Mädchen singen,
alles jubelt froh.
Bunte Bänder schweben
zwischen hohen Reben
auf dem Hut von Stroh.

4. Geige tönt und Flöte
bei der Abendröte
und im Mondesglanz;
junge Winzerinnen
winken und beginnen
lust'gen Ringeltanz.

»Altweibersommer«

Im September gibt es häufig ganz unverhofft ein paar warme Tage, den »Altweibersommer«.
Der Name »Altweibersommer« kommt von den feinen, silbern glänzenden Fäden, die an solchen Sonnentagen im Herbst an den Zweigen hängen und durch die Lüfte schweben wie seidig glänzendes Greisenhaar. Für diese Fäden gibt es eine ganz natürliche Erklärung: Es sind die feinen Fäden von unzähligen Zwergspinnen, die damit durch die Luft segeln. Als die Großeltern von den Großeltern unserer Großeltern noch Kinder waren, da hatten sie für manches, was um sie herum auf der Erde und in der Luft geschah, keine Erklärungen wie wir sie heute haben. Aber sie hatten für alles eine Geschichte und einen Namen ...

Der Herbstwind und seine Großmutter

Der Herbstwind jagt in jedem Jahr abends und nachts seine Großmutter so wild durch den Wald, daß ihr Haarschopf aufgelöst nach allen Seiten flattert. Bricht dann am anderen Tag die Sonne durch, dann schimmern unzählige zarte weiße Großmutterhaare an den Bäumen und Sträuchern, wo sie hängengeblieben sind.
Deswegen können die Menschen den Herbstwind nicht leiden, sie fliehen davor und schließen sich in ihre Häuser ein.
Der Herbstwind rächt sich dafür und rüttelt an Türen und Fenstern. Und er heult und brüllt, die Geschichte mit seiner Großmutter sei ganz und gar erlogen. Die Elfen seien es gewesen, sie hätten die ganze Nacht getanzt, bis der Tag anbrach, dann seien sie beim ersten Strahl ihrer Todfeindin Sonne voller Entsetzen davongehuscht und ihre hauchfeinen Kleider hätten sich im Gestrüpp verfangen.
Der Herbstwind brüllt: »Elfengespinnst ist es, was da herumschwebt, und nicht die Haare von meiner Großmutter, ich hab nämlich keine«, und schon heult er aufbrausend um die nächste Ecke ...

Herbst, das ist auch Zeit, Dank zu sagen für die Ernte dieses Jahres.

Erntedank, da denke ich an ...

E infahren der Ernte
R attern der Mähdrescher
N ahrung
T ischschmuck zum Erntedankfest
E rntekranz
D rachen steigen lassen
A rbeiten im Garten
N otleidende in der Dritten Welt
K ornfelder

Heute noch Erntedank feiern?

Kornfelder fressende Mähdrescher, schwerlastige Traktoren und andere Maschinen haben stimmungsvolle Bilder von Schnittern und goldenen Garben zur Erntezeit verdrängt. Industrie und Chemie produzieren in unserer Landwirtschaft immer höhere Erträge. Butterberge und Überproduktion von Obst und Gemüse haben jeden Gedanken an Not und Sorge um eine gute Ernte weit verdrängt. Früheren Generationen war die Notwendigkeit zum Danken aufgrund vielfältiger Abhängigkeiten nur zu offensichtlich. Die Angst um ein gutes Wetter wurde hineingenommen in das Bittgebet vor Christi Himmelfahrt: »Daß du die Früchte des Feldes segnen und erhalten wollest! Wir bitten dich, erhöre uns!« Alle Hände hatten in der Erntezeit zu tun, um das gute Wetter zu nutzen und eine Mißernte abzuwenden: Das Korn wurde gemäht, gebunden und aufgerichtet, um nach einigen Tagen des Trocknens in die Scheune gefahren zu werden. Das Einbringen der letzten Fuhre wurde so zu einem besonders wichtigen Ereignis im Ablauf des Jahres. Erntewagen und Erntewerkzeuge wurden besonders geschmückt. Alles mündete ein in ein großes Erntedankfest, bei dem mit reichlich Essen und Trinken, Spielen und Tanzen gefeiert wurde. Die Erntedankfeier wurde zum Höhepunkt der alltäglichen Lebenssorge, »sein Brot zu verdienen«.

»Liebet das Brot, den Hort des Hauses.
Achtet das Brot, den Lohn der Arbeit.
Ehret das Brot, den Segen der Scholle.
Vergeudet nicht das Brot, den Reichtum des Volkes.«

Spruch auf einer Brötchentüte

Erntedank in der Familie feiern

Unser Tischgebet überdenken

Wenn wir im Vaterunser beten »Unser tägliches Brot gib uns heute!«, dann meinen wir nicht nur das Essen, das täglich auf unseren Tisch kommt, dann beten wir auch um unser ganzes Leben, um Arbeit und Freizeit, um Kleidung und Wohnung. Im Tischgebet drücken wir aus, daß alles Geschenk ist: »Herr, segne uns und diese Gaben, die wir von deiner Güte nun empfangen, durch Christus, unsern Herrn. Amen.«
Wir könnten es mit einem Tischgebet neu versuchen, wenn es bei uns kein Brauch mehr ist.
Wir könnten ein noch gebräuchliches Tischgebet mal langsamer, »andächtiger« sprechen.
Wir könnten zwei bis drei unterschiedliche Tischgebete aussuchen.

Einen Erntegang unternehmen

Wir machen einen Spaziergang durch Wiesen und Wälder, um die »Früchte des Feldes« – Kräuter, Beeren, Pilze, Nüsse – zu ernten und zu Hause entsprechend zuzubereiten (Tee, Marmelade ...).

Für unser Erntedankfest schmücken

Machen wir – ausgestattet mit einem Korb oder einer Tasche, mit Gartenschere oder Taschenmesser – einen Spaziergang und sammeln, was wir zum Schmuck brauchen können.

- Bunte Herbstblätter eignen sich für Einladungen, zum Bekleben von Papier-Tischdecken, für Kränze, Sträuße ...
- Eicheln, Bucheckern, Kastanien, Tannen- und Kiefernzapfen, aber auch trockene Blüten, Gräser und Binsen können zu Wandschmuck oder lustigen Tieren verarbeitet werden.

Wir bauen einen Drachen

Die Ernte ist eingefahren. Auf den Stoppelfeldern ist jetzt Platz genug. Höchste Zeit, den Drachen zu bauen. Wenn dann der Oktoberwind kommt, steigt und steigt unser Drachen. Bloß nicht die Leine loslassen!

Aus den Leisten wird ein Kreuz geklebt und genagelt.

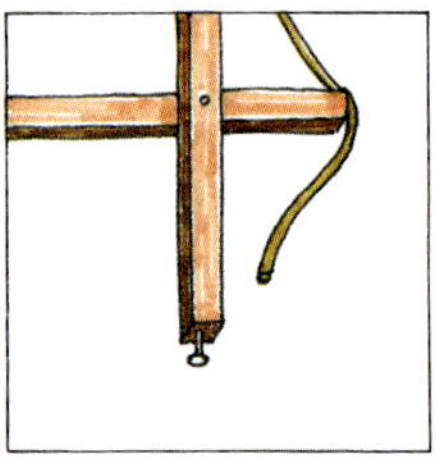

An den vier Leistenenden schlägt man kleine Nägel ein und

spannt rings um das Holzleistenkreuz den Bindfaden.

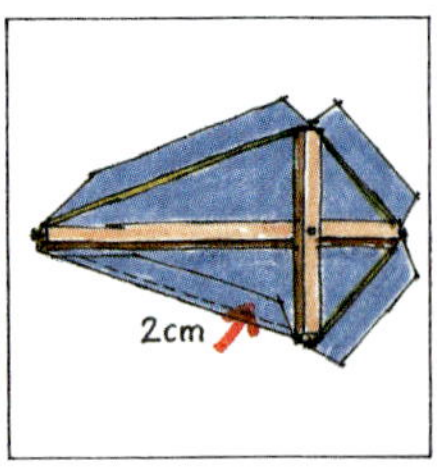

Das Drachenpapier auf die Raute kleben!

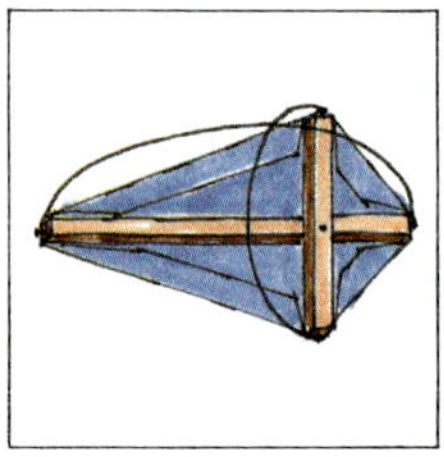

Für die Aufhängung nimmt man zwei Schnurstücke, die jeweils

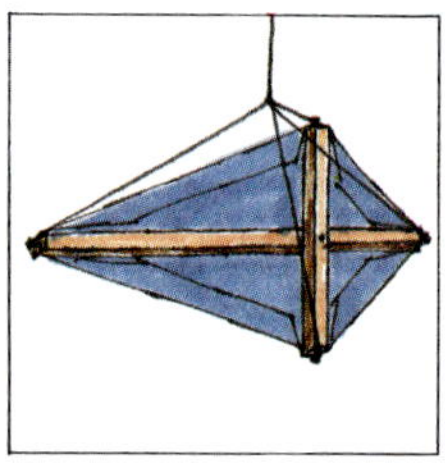

etwas länger sind als die zwei Leisten.

Der fertige Drachen bekommt noch einen bunten Schwanz: An einen 1 bis 2 Meter langen Bindfaden knüpfen wir in Abständen von ca. 10 cm bunte Papierstreifen – und fertig ist der lustige Drachenschwanz.

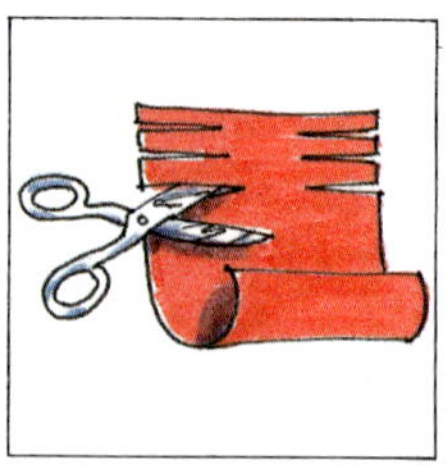

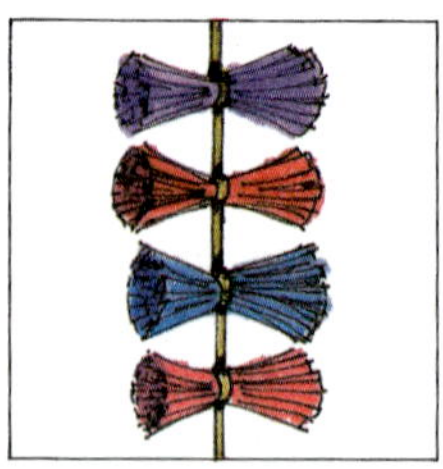

Jetzt brauchen wir nur noch den richtigen Wind …

Besondere Tage und Feste

1./2. November Allerheiligen – Allerseelen

»Der November geht auf's Gemüt.« – So sagen viele, und sie mögen diesen Monat nicht. Es gibt in diesem Monat so viele Vorboten des eigenen Sterbens: den Gang zum Friedhof, Volkstrauertag, Buß- und Bettag, Totensonntag, die fallenden Blätter, Nebel, Dunkelheit ...
Und gerade am ersten Tag des Novembers feiert die Kirche das Fest Allerheiligen. Das Gedächtnis aller Heiligen ist von Papst Gregor IV. im 9. Jahrhundert für die ganze Kirche vorgeschrieben worden. Allerheiligen ist sozusagen das »Familienfest« der Kirche. Gefeiert werden an diesem Tag alle Heiligen. Besonders auch die, die nicht offiziell zum Kreis der Heiligen gehören, jedoch durch ihr heiligmäßiges Leben Vorbild wurden. Wir dürfen uns auch daran erinnern, daß bereits der Apostel Paulus alle Christen »Heilige« nennt.
Die vielen Menschen, die im Laufe der Jahrhunderte ihren Glauben lebten und als Vorbilder verehrt wurden, sagen uns an ihrem und an unserem Fest: Unser Ende ist nicht das Grab, sondern der Himmel, die Gemeinschaft mit dem lebendigen Gott. Deshalb liegen die beiden Feste Allerheiligen und Allerseelen so eng beieinander.
Im Glaubensbekenntnis beten wir »in einem Atemzug«: »Ich glaube an die Gemeinschaft der Heiligen ..., die Auferstehung der Toten und das ewige Leben.«
Allerseelen feiern wir das Gedenken aller Verstorbenen, wir gedenken ihres und auch unseres eigenen Todes. Wir feiern aber damit zugleich unsere Hoffnung auf die Auferstehung der Toten, unseren Glauben an den Sieg des Lebens.

Aus dem Evangelium von Allerseelen:
»Jesus sagte zu seinen Jüngern: Glaubt an Gott, und glaubt an mich! Im Haus meines Vaters gibt es viele Wohnungen. Wenn es nicht so wäre, hätte ich euch dann gesagt: Ich gehe, um einen Platz für euch vorzubereiten? Wenn ich gegangen bin und einen Platz für euch vorbereitet habe, komme ich wieder und werde euch zu mir holen, damit auch ihr seid, wo ich bin.«
(Joh 14,1–3)

- Allerheiligen und Allerseelen ist es guter Brauch, daß die Familien zum Friedhof gehen, um ihre Toten zu besuchen.
- Seit dem Mittelalter ist es Brauch, auf den Friedhöfen nachts eine Kerze oder eine Laterne brennen zu lassen. Wir bringen die Gräber unserer verstorbenen Verwandten in Ordnung, schmücken sie mit einem Kranz, mit Blumen oder Zweigen und stellen Lampen auf.
- Sicher gibt es auf unserem Friedhof Gräber, die von keinem gepflegt werden. Vielleicht können wir uns um ein solches Grab kümmern.
- Wir besuchen einen Friedhof und schauen uns auf den Grabsteinen die Bilder und Inschriften an, in denen Menschen ihren Glauben und ihre Hoffnung ausgedrückt haben.

Ich komm' – weiß nit, woher.
Ich geh' – weiß nit, wohin.
Mich wundert's, daß ich fröhlich bin.

Martin von Biberach

Ich komm', weiß wohl, woher.
Ich geh', weiß wohl, wohin.
Mich wundert's, daß ich traurig bin.

Martin Luther

19. November – Heilige Elisabeth

Die heilige Elisabeth lebte im 13. Jahrhundert und war eine ungarische Königstochter. Bereits mit vier Jahren kommt sie auf die Wartburg. Sie wird Ehefrau des Landgrafen Ludwig von Thüringen und schenkt drei Kindern das Leben. Als ihr Mann auf einem Kreuzzug in Süditalien an der Pest stirbt, muß sie – erst 20 Jahre alt – mit ihren Kindern die Wartburg verlassen. In Marburg gründet sie ein Hospital und stirbt im Alter von 24 Jahren.
Elisabeth ist eine der großen Heiligen der Hingabe und Nächstenliebe. Wie weit sie in ihrer Liebe zu den Armen und Kranken ging, wird an einer Legende deutlich:
Einst war ihr Mann auf einer längeren Reise unterwegs. In seiner Abwesenheit nahm Elisabeth einen Aussätzigen im Schloß auf. Sie pflegte ihn nicht nur, sondern legte ihn sogar in das Bett ihres Gemahls. Alle im Schloß waren empört darüber.
Als der Landgraf unerwartet heimkehrte, erzählte man ihm von dem seltsamen Tun seiner Frau. Ein heftiger Groll stieg in ihm auf. Als er aber in sein Gemach trat, öffnete Gott ihm die Augen, so daß er den gekreuzigten Christus in seinem Bett liegen sah.
Ludwig blickte zärtlich auf seine Gattin und sagte: »Elisabeth, meine liebe Gattin, solche Gäste sollst du gar oft in mein Bett legen.« – Und gemeinsam pflegten sie den Kranken.
Die heilige Elisabeth wurde die Patronin der Caritas. Schon in früheren Jahrhunderten war der Elisabethtag in den Gemeinden Anlaß, etwas von den Vorräten für die Armen und Bedürftigen zur Verfügung zu stellen. Entweder wurden diese Geschenke an diesem Tag verteilt oder bis Weihnachten aufbewahrt.

Leben und Fest der heiligen Elisabeth könnten für uns heißen:

Kranke warten auf einen Besuch
Einsame, Neuzugezogene warten auf Kontakt
Aussiedler warten auf Kleidung und Möbel
Kinder warten auf Freundschaft
Jugendliche warten auf Gesprächspartner
Alte Menschen warten auf jemanden, der geduldig zuhört …

8. September Mariä Geburt

Der Herbst steht auf der Leiter

Der Herbst steht auf der Leiter
und malt die Blätter an,
ein lustiger Waldarbeiter,
ein froher Malersmann.

Er kleckst und pinselt fleißig
auf jedes Blattgewächs,
und kommt ein frecher Zeisig,
schwupp, kriegt der auch nen Klecks.

Die Tanne spricht zum Herbste:
Das ist ja fürchterlich,
die andern Bäume färbste,
was färbste nicht mal mich?

Die Blätter flattern munter
und finden sich so schön.
Sie werden immer bunter.
Am Ende falln sie runter.

Peter Hacks

September

»Zeit der Fülle und Reife«

Herkunft und Bedeutung

Mit dem September beginnt die Reihe der Monate, deren Namen auf lateinische Zahlworte zurückgehen. Daß der September der siebte (septem) und nicht der neunte Monat ist, hängt mit der Zählweise des altrömischen Kalenders vor Cäsars Kalender-Reform zusammen.

Alte Namen

Herbstmond = Herbstmonat
Scheiding = Abschiedsmonat
Holzmonat = Nach der Feldernte beginnt wieder die Arbeit im Wald

Sternzeichen

Vom 23. August bis 23. September:
die Jungfrau
Den unter diesem Sternzeichen Geborenen sagt man nach, sie seien freundliche und hilfsbereite Menschen, die immer hübsch bescheiden blieben und mit ihren – sauberen – Füßen immer auf der Erde stünden. – Ihr Stein ist der Smaragd, der Jugendfrische und Gesundheit verleiht, Einigkeit und Freundschaft erhält.
Es folgt die Waage.

Bauernregeln

- Septemberregen
  bringt dem Bauern Segen.
- Wenn im September viel Spinnen kriechen,
  sie einen harten Winter riechen.
- In viel Septembernebel seh
  ein Zeichen für viel Winterschnee.

September

1	Ägidius	Einsiedler in der Provence, Abt von Saint Gilles 7./8. Jh. *(Einer der 14 Nothelfer)*	Der Schildträger
	Ruth	Ehefrau, Ahnfrau von David und Jesus	Freundin (Gottes)
	Verena	Einsiedlerin bei Zurzach im Aargau 4. Jh. *(Patronin der Pfarrhaushälterinnen)*	Die Ehrfürchtige
2	Ingrid	Ehefrau, dann Dominikanerin in Schweden 13. Jh.	Gottesstreiterin
3	Gregor	(der Große) Papst, Kirchenlehrer 6./7. Jh. *(Patron der Wissenschaftler, der Maurer, des Chorgesangs)*	Der Wachsame
	Sophie	Martyrerin (Minden?)	Weisheit
4	Ida	von Herzfeld, Herzogin von Sachsen 8./9. Jh.	Die (göttliche) Frau
	Iris	Tochter des Apostels Philippus (Legende) 1./2. Jh.	Regenbogen
	Irmgard	Einsiedlerin in Süchteln, Pilgerin 11. Jh.	Von Gott Beschützte
	Rosa	von Viterbo, Klosterfrau 13. Jh.	Die Rose
	Rosalia	Einsiedlerin bei Palermo 13. Jh.	Die Rose
	Swidbert	(Suitbert) angelsächsischer Glaubensbote, Gründer des Klosters Kaiserwerth 7./8. Jh.	Durch Kraft glänzend
	Moses	Alttestamentlicher Prophet und Führer des Volkes Israel	»Ich habe ihn aus dem Wasser gezogen«
5	Roswitha	von Gandersheim, Chorfrau, Dichterin 10./11. Jh.	Die Hochberühmte
6	Gundolf	Bischof von Metz 10. Jh.	Der Kampfwolf
	Magnus	Mönch in St. Gallen, Glaubensbote 7./8. Jh. *(»Apostel des Allgäus«)*	Der Große
7	Dietrich	Bischof von Metz 10. Jh.	Im Volk mächtig
	Otto	Markgraf, Mönch, Bischof von Freising 12. Jh.	Besitz, Glück
	Regina	fränkische Jungfrau u. Martyrerin 3./4. Jh.	Die Königin
	Judith	Rettete im Alten Testament ihr Volk von den Assyrern	Die Frau aus Juda
8	Mariä Geburt	(seit 7. Jh., im 10./11. Jh. in der ganzen Kirche)	
	Adrian	röm. kaiserl. Offizier, Martyrer 3./4. Jh.	Aus (H)Adria stammend
	Sergius I.	Papst 7./8. Jh.	Ein Sergier
9	Gorgonius	römischer Martyrer 3./4. Jh.	(?)
	Otmar	(Audomar) fränk. Mönch, Missionsbischof 7. Jh.	Durch Besitz berühmt
10	Nikolaus	Augustiner-Eremit in Tolentino 13./14. Jh.	Der Volksbesieger
	Pulcheria	oströmische Kaiserin 4./5. Jh.	Die Schöne
11	Adelmar	(Almar) Priestermönch bei Le Mans 6. Jh.	Aus berühmtem Adel
	Maternus	erster (bezeugter) Bischof von Köln 4. Jh.	Der Mütterliche
12	Mariä Namen	(seit 1683 in der ganzen Kirche begangenes Fest)	Die von Gott Geliebte
	Gerfrid	Schüler Liudgers, Bischof von Münster 8./9. Jh.	Speerschutz
	Guido	(Wido) von Anderlecht, Pilger 10./11. Jh. *(Patron der Küster, Patron von Anderlecht)*	Der Mann aus dem Wald
	Felix u. Regula	Geschwister, Martyrer in Zürich 3./4. Jh. *(Stadtpatrone von Zürich)*	Felix: Der Glückliche Regula: glaubenstreu
13	Johannes	(Chrysostomus) aus Antiochien, Bischof von Konstantinopel	Gott ist gnädig
	Notburga	Dienstmagd in Tirol 9./10. Jh. *(Volksheilige in Tirol, Patronin der Bauern und Bediensteten)*	Die in Not schützende
	Tobias	Vater und Sohn im Buch Tobias (AT)	Gott ist gut
14	Fest Kreuzerhöhung	(Fest seit dem 7. Jh.)	
15	Dolores	Sieben Schmerzen Mariens (seit 1814 in der ganzen Kirche, seit 1423 in Köln)	Die Schmerzensreiche
	Ludmila	Herzogin, Martyrerin 9./10. Jh. *(Patronin Böhmens)*	Beim Volk Beliebte
	Melitta	bulgarische Martyrerin 2. Jh.	Die Biene
	Notburga	Einsiedlerin bei Hochhausen am Neckar 7. Jh.	Die in Not Schützende
	Roland	von Medici, Einsiedler bei Parma 14. Jh.	Der Siegesmutige
16	Cyprian	Bischof von Karthago, Martyrer 3. Jh.	Der aus Cypern
	Kornelius	Papst 3. Jh.	Der Zornige, Starke
	Edith	von Wilton, Königstochter 10. Jh.	Um Besitz Kämpfende
	Julia	Äbtissin in Trier 8. Jh.	Die Glänzende

September

17	Hildegard	von Bingen, Äbtissin, Mystikerin, Gründerin der Klöster Rupertsberg und Eibingen 11./12. Jh.	Schützerin im Kampf
	Robert	(Bellarmin), Jesuit in Löwen, Bischof von Capua, Gelehrter 16./17. Jh.	Von Ruhm glänzend
18	Lambert	Bischof von Maastricht, Martyrer 7./8. Jh. *(Patron des Bistums Lüttich, von Freiburg)*	Der im Land Glänzende
	Richardis	aus dem Elsaß, Kaiserin, dann Äbtissin 9. Jh.	Die mächtige Fürstin
19	Januarius	Bischof von Benevent, Martyrer 3./4. Jh.	Röm. Gott Janus
	Igor	Großfürst von Kiew, Mönch, Martyrer 12. Jh.	Gottesstreiter
	Theodor	aus Tarsus, Bischof von Canterbury 7. Jh.	Gottesgeschenk
20	Eustachius	römischer Offizier, Martyrer 4. Jh. *(Einer der 14 Nothelfer, Patron der Jäger)*	Der Ährenreiche, der Fruchtbare
21	Matthäus	Apostel, Martyrer	Geschenk Gottes
	Debora	Prophetin in Israel 12./11. Jh.v. Chr.	Die Biene
	Jonas	Prophet in Israel 8. Jh.v. Chr.	Die Taube
22	Mauritius	römischer Offizier in Oberägypten, Martyrer 3. Jh. *(Patron des Bistums Magdeburg)*	Der Maure, der Mohr
	Emmeram	aus Westfranken, Bischof von Regensburg 7./8. Jh.	Hausrabe
	Gunthild	Dienstmagd bei Treuchtlingen 10./11. Jh.(?) *(Patronin der Dienstboten)*	Die Kämpferin
23	Gerhild	von Konstanz, Einsiedlerin in St. Gallen 12. Jh.	Speer im Kampf
	Linus	Papst, erster Nachfolger des Petrus 1. Jh.	Der Klagende
	Thekla	Schülerin des Apostels Paulus, Martyrerin, 2. Jh. *(Patronin der Sterbenden, gegen Pest u. Feuer)*	Gottes Ruhm kündend
24	Gerhard	aus Venedig, Mönch, Bischof von Csan d in Ungarn, Martyrer *(»Apostel der Ungarn«)* 10./11. Jh.	Der Speerstarke
	Hermann	(der Lahme), Mönch auf Reichenau, Dichter 11. Jh.	Der Mann im Heer
	Rupert	Bischof von Worms, Missionar in Österreich 7./8. Jh. *(»Apostel der Bayern«, Patron der Bistümer Salzburg und Graz, der Bergleute)*	Von Ruhm glänzend
	Virgil	Mönch aus Irland, Bischof von Salzburg 8. Jh. *(Zweiter Patron der Bistümer Salzburg und Graz)*	Der Stock, die Rute(?)
25	Nikolaus	von Flüe, Ehemann, dann Einsiedler, Mystiker 15. Jh. *(Patron der Schweiz, der Landleute)*	Der Volksbesieger
26	Kosmas und Damian	Ärzte, Martyrer 3./4. Jh. *(Patrone der Kranken, Ärzte, Apotheker u. medizinischen Fakultäten)*	Der Ehrbare Der Bezwinger
27	Vinzenz	von Paul, franz. Priester, Ordensgründer 16./17. Jh.	Der Siegreiche
	Hiltrud	Einsiedlerin im Hennegau 8. Jh.	Die schützende Frau
	Dietrich	Bischof von Naumburg, Martyrer 11./12. Jh.	Im Volk mächtig
28	Lioba	angelsächsische Glaubensbotin, erste Äbtissin in Tauberbischofsheim 8. Jh.	Die liebe Kämpferin
	Wenzel	Herzog, Martyrer *(Patron Böhmens)* 10. Jh.	Ruhmgekrönt
	Dietmar	(Thiemo) Mönch in Niederalteich, Bischof von Salzburg, Martyrer 11./12. Jh.	Im Volk berühmt
29	Gabriel	Erzengel *(Patron der Glaubensboten, der Post, Helfer bei Kinderlosigkeit)*	Gott hat sich stark gezeigt
	Michael	Erzengel *(Patron Deutschlands)*	Wer ist wie Gott?
	Raphael	Erzengel *(Patron der Reisenden)*	Gott heilt
30	Hieronymus	aus Stridon, Priester u. Kirchenlehrer 4./5. Jh. *(Patron der Gelehrten, Lehrer, Schüler und Studenten; Helfer bei Augenleiden)*	Mit heiligem Namen
	Urs	römischer Soldat, Martyrer 3./4. Jh. *(Patron des Bistums Basel)*	Der Bär
	Viktor	römischer Soldat, Martyrer 3./4. *(Patron von Genf, Mitpatron des Bistums Basel)*	Der Sieger

Rosenkranzmonat – Erntedankfest

Sternzeichen

Vom 24. September bis 23. Oktober: die Waage
Den unter diesem Sternzeichen Geborenen sagt man nach, sie seien auf Harmonie und Ausgleich bedacht. Sie liebten die Musik, den Tanz und die schönen Feste. Für Arbeit sollen sie nicht unbedingt geschaffen sein. – Ihr Stein ist der wasserblaue Beryll oder Aquamarin, der als Gleichnis der Besonnenheit und Ausgeglichenheit gilt.
Es folgt der Skorpion.

Bauernregeln

- Scharren die Mäuse tief sich ein,
  wird's ein harter Winter sein,
  und viel härter wird er noch,
  bauen die Ameisen hoch.
- Bringt Oktober schon Schnee und Eis, ist's schwerlich im Januar kalt und weiß.

Oktober

»Ende des Daseins«

Herkunft und Bedeutung

Nach der altrömischen Zählung ist der Oktober der achte Monat (octo = acht).

Alte Namen

Weinmond = Monat der Weinlese
Gilhart = Monat der vergilbenden Blätter

Apfel-Gitterkuchen

300 g Mehl, 200 g Butter, 175 g Zucker, 1 Ei, abgeriebene Schale von 1 Zitrone – 1 kg säuerliche Äpfel, Saft von 1 Zitrone, 50 g Rosinen, 50 g Zucker, ½ Teel. gemahlener Zimt – 2 Eier, 3 Eßl. Mehl, 1 Eßl. Zucker, 1 Eßl. Vanille-Puddingpulver.

Das gesiebte Mehl mit der Butter, dem Zucker, dem Ei und der Zitronenschale verkneten. Den Teig zugedeckt 2 Stunden im Kühlschrank ruhen lassen.
Die Äpfel schälen, vierteln, vom Kerngehäuse befreien, in dünne Scheibchen schneiden und mit dem Zitronensaft, den Rosinen, dem Zucker und dem Zimt mischen. Den Backofen auf 200° vorheizen. Den Teig ausrollen und Boden und Rand einer Springform damit auslegen. Etwas Teig für das Gitter zurückbehalten und in schmale Streifen schneiden. Den Teigboden mit einer Gabel mehrmals einstechen. Die Äpfel darauf verteilen. Die Eier mit der Milch, dem Zucker und dem Puddingpulver verquirlen und über die Äpfel gießen. Die Teigstreifen gitterartig darüberlegen. Den Kuchen auf der mittleren Schiebeleiste 50–60 Min. backen. Den Kuchen in der Form etwas abkühlen lassen. Zum völligen Erkalten auf ein Kuchengitter legen.

Wenn das Brot, das wir teilen

Text: C. P. März
Melodie: Kurt Grahl · Rechte: bei den Autoren

2. Wenn das Leid jedes Armen uns Christus zeigt,
und die Not, die wir lindern, zur Freude wird, ...

3. Wenn die Hand, die wir halten, uns selber hält,
und das Kleid, das wir schenken, auch uns bedeckt, ...

4. Wenn der Trost, den wir geben, uns weiter trägt,
und der Schmerz, den wir teilen, zur Hoffnung wird, ...

5. Wenn das Leid, das wir tragen, den Weg uns weist,
und der Tod, den wir sterben, vom Leben singt, ...

Oktober

1	Theresia	vom Kinde Jesu, Karmeliter-Nonne in Lisieux 1873–1897 *(Zweite Patronin Frankreichs, Patronin der Missionen)*	Von der Insel Thera Die Jägerin(?)
	Emanuel	Bischof von Cremona 13. Jh.	Mit uns ist Gott
	Remigius	gallo-romanischer Adeliger, Bischof von Reims, Glaubensbote 5./6. Jh.	Der Mann am Ruder
	Werner	Prämonstratenser, Abt bei Innsbruck 13./14. Jh.	Wehrmann
2	Hermann	Zisterzienser-Mönch u. Prior in Neuzelle, Martyrer 14./15. Jh.	Der Mann im Heer
	Schutzengelfest	(Fest seit dem 17. Jh.)	
3	Ewald	angelsächsische Priesterbrüder (der schwarze u. der weiße Ewald) Glaubensboten, Martyrer 7. Jh.	Der nach Recht und Sitte Waltende
	Udo	Mönch auf der Reichenau, dann Metten 8./9. Jh.	Herr über das Erbe
4	Franziskus	von Assisi, Gründer des Franziskaner- u. des Klarissen-Ordens 12./13. Jh. *(Hauptpatron Italiens, Patron der Kaufleute, Weber u. Armen)*	Der Freie
	Aurea	Nonne u. Äbtissin in Paris 7. Jh.	Die Goldstrahlende
5	Meinolf	von Paderborn, Diakon, Gründer des Klosters Böddeken 9. Jh.	Der mächtige Wolf
	Placidus	Mönch in Subiaco, Schüler Benedikts 6. Jh.	Der Sanftmütige
6	Bruno	von Köln, Mönch und Einsiedler, Gründer des Kartäuser-Ordens 11./12. Jh.	Der Braune
	Renatus	(René) Bischof von Sorrent 4./5. Jh.	Der Wiedergeborene
7	Rosenkranzfest	(seit 1575, Sieg über die Türken)	
	Gerold	Pilger aus Köln, Martyrer 13. Jh.	Waltend mit dem Speer
	Justina	Jungfrau, Martyrerin in Padua 3./4. Jh.	Die Gerechte
8	Simon	(der Greis) frommer Israelit (vgl. Lk 2,25–35)	Gott hat erhört
	Demetrius	römischer Soldat, Martyrer 3./4. Jh.	Der Fruchtbare
9	Dionysius	Glaubensbote in Gallien, Martyrer in Paris 4. Jh. *(Einer der 14 Nothelfer, Patron Frankreichs)*	Sohn des Dionysos
	Johannes	(Leonardi) aus Lucca, Ordensgründer 16./17. Jh.	Gott ist gnädig
	Sibylle	von Gages, Zisterzienser-Nonne in Lüttich 13. Jh.	Gottes Willen kündend
	Abraham	Biblischer Stammvater	Vater eines Volkes
10	Gereon	römischer Soldat, Martyrer bei Köln 3. Jh.	Angesehen im Rat
	Viktor	Martyrer in Xanten 3./4. Jh.	Der Sieger
	Sara	Ehefrau des Abraham im Alten Testament	Fürstin
11	Bruno	Königssohn, Erzkanzler, Bischof von Köln 10. Jh.	Der Gepanzerte
	Edelburg	Nonne und Äbtissin 7. Jh.	Edle Schützerin
	Maria	Mutter vom Guten Rat *(Patronin des Bistums Essen)*	Die von Gott Geliebte
12	Maximilian	Bischof, Martyrer (?) 3. Jh. *(Patron der Bistümer Passau und Linz)*	Der größte Nacheiferer
	Edwin	angelsächsischer König, Martyrer 7. Jh.	Freund des Besitzes
	Gottfried	Mönch u. Prior in Arnstein a.d. Lahn 12. Jh.	Schützer des Guten
	Herlind	Benediktiner-Nonne, Äbtissin an der Maas 8. Jh.	Die Schildkämpferin
13	Aurelia	Jungfrau, Martyrerin?	Die Goldene
	Eduard	angelsächsischer König 11. Jh.	Schützer des Besitzes
	Koloman	irischer Pilger, Martyrer, 10./11. Jh. *(Patron Österreichs)*	Der Zellenmann(?)
14	Kalixtus I.	Papst 2./3. Jh.	Der Schönste
	Alan	aus Flandern, Zisterzienser-Mönch in Clairvaux, Bischof von Auxerre 12. Jh.	Aus dem Volk der Alanen
	Burkhard	angelsächsischer Benediktiner, Glaubensbote, Bischof von Würzburg 8. Jh.	Der starke Beschützer
	Hildegund	Gräfin von Münchaurach 11. Jh.	Glaubens-Schützerin
15	Theresia	von Avila, Karmeliter-Nonne, Mystikerin, Kirchenlehrerin 16. Jh. *(Patronin Spaniens)*	Von der Insel Thera Die Jägerin(?)
	Aurelia	Einsiedlerin in Regensburg 10./11. Jh.	Die Goldene

Oktober

16	Hedwig	von Andechs, Herzogin von Schlesien, dann Nonne 12./13. Jh. *(Patronin Schlesiens, der Brautleute)*	Schlachtenkämpferin
	Gallus	irischer Glaubensbote am Bodensee, Einsiedler 6./7. Jh. *(Patron des Bistums St. Gallen)*	Der Gallier
	Margereta	(Maria Alacoque), Ordensfrau aus Burgund (Herz-Jesu-Verehrung) 17. Jh.	Die Perle
17	Ignatius	Bischof von Antiochien, Martyrer 1./2. Jh.	Der Feurige
18	Lukas	Arzt, Gefährte des Apostels Paulus, Evangelist *(Patron der Ärzte, Künstler, Metzger u. Notare)*	Der aus Lukanien
19	Johannes	(v. Brébeuf), Jesuit aus der Normandie, Glaubensbote in Kanada, Martyrer 16./17. Jh.	Gott ist gnädig
	Paul	(vom Kreuz), Mystiker u. Ordensgründer 17./18. Jh.	Der Geringe
20	Wendelin	fränkischer Einsiedler in den Vogesen 6. Jh. *(Patron für Vieh und Feld)*	Wanderer, Pilger
	Vitalis	Bischof von Salzburg 7./8. Jh. *(Patron d. Pinzgaues)*	Mutiger Schützer
21	Ursula	Jungfrau, Martyrerin in Köln 3. Jh. (?) *(Stadtheilige von Köln, Patronin der Lehrerinnen)*	Bärenstark
22	Kordula	Gefährtin der hl. Ursula, Martyrerin 3. Jh. (?)	Das kleine Herz
	Ingbert	Einsiedler im Saargebiet 6. Jh.	Durch Gott verklärt
	Salome	Mutter der Apostel Jakobus und Johannes	Heil, Wohlergehen
23	Johannes	von Capestrano, Franziskaner, Wanderprediger in Italien, Österreich, Süddeutschland 14./15. Jh.	Gott ist gnädig
	Severin	Bischof von Köln 4./5. Jh. *(Patron von Nordwestdeutschland)*	Der Strenge
	Oda	(Ute) von Metz, Ehefrau u. Mutter 7. Jh.	Besitzerin des Erbes
24	Antonius	(Maria Claret) Ordensgründer aus Spanien, Bischof von Santiago in Kuba 19. Jh.	Der vorn Stehende
25	Chrysanthus	römischer Martyrer 3./4. Jh.	Der Goldene
	Daria	römischer Martyrerin 3./4. Jh.	Die Besitzerin(?)
	Ludwig	Graf von Arnstein, Prämonstratenser-Bruder 12. Jh.	Der berühmte Kämpfer
26	Albuin	(Witta) angelsächsischer Bischof in Hessen 8. Jh.	Der mächtige Freund
	Josephine	(Leroux) von Cambrai, Klarissin, Martyrerin 18. Jh.	Gott möge vermehren
27	Wolfhard	von Augsburg, Einsiedler in Verona 11./12. Jh.	Stark wie ein Wolf
28	Simon	Apostel, Martyrer *(Patron der Waldarbeiter, Maurer und Lederarbeiter)*	Gott hat erhört
	Judas	(Thaddäus) Apostel, Martyrer *(Helfer in Not)*	Der Gepriesene
	Alfred	König der Angelsachsen 9./10. Jh.	Elfenfürst
29	Ermelind	aus Brabant, Einsiedlerin 6. Jh.	Die große Kämpferin
30	Dietger	aus Thüringen, Glaubensbote in Norwegen 11. Jh.	Aus speerstarkem Volk
31	Wolfgang	aus Schwaben, Benediktiner, Bischof von Regensburg 10. Jh. *(Patron der Diözese Regensburg, der Hirten, Schiffer u. Holzarbeiter)*	Der zu den Wölfen (Heiden) geht
	Jutta	Prämonstratenser-Nonne in Kleve 12./13. Jh.	Die Gottesbekennerin

»Allerseelenmonat«

Herkunft und Bedeutung

Nach der altrömischen Zählung ist der November der neunte Monat (novem = neun).

Alte Namen

Nebelung = Monat des Nebels
Windmond = Monat des Windes

Sternzeichen

Vom 24. Oktober bis 22. November: der Skorpion
Den unter diesem Sternzeichen Geborenen sagt man nach, sie seien voll Unternehmungsgeist. Sie gingen alle Dinge mit Kraft an, doch seien sie auch vorsichtig und überlegten, was ihre Mitmenschen von ihnen und dem, was sie tun, halten könnten. Wenn sie neue Menschen kennerlernten, mögen sie diese entweder sofort oder nie. – Ihr Stein ist der Amethyst, ein violetter, undurchsichtiger Quarz. Der Stein soll vor Trunkenheit bewahren und Liebe und Treue miteinander vereinen. Es folgt der Schütze.

Bauernregeln

- November im Schnee
  bringt viel Korn und Klee.
- November-Donner hat die Kraft,
  daß er viel Getreide schafft.

November

»Zeit der Trauer«

November

Solchen Monat muß man loben:
Keiner kann wie dieser toben,
Keiner so verdrießlich sein
Und so ohne Sonnenschein!
Keiner so in Wolken maulen,
Keiner so mit Sturmwind graulen!
Und wie naß er alles macht!
Ja, es ist 'ne wahre Pracht.

Seht das schöne Schlackerwetter!
Und die armen welken Blätter,
Wie sie tanzen in dem Wind
Und so ganz verloren sind!
Wie der Sturm sie jagt und zwirbelt
Und sie durcheinander wirbelt
Und sie hetzt ohn Unterlaß:
Ja, das ist Novemberspaß!

Und die Scheiben, wie sie rinnen!
Und die Wolken, wie sie spinnen
Ihren feuchten Himmelstau
Ur und ewig, trüb und grau!
Auf dem Dach die Regentropfen:
Wie sie pochen, wie sie klopfen!
Schimmernd hängt's an jedem Zweig,
Einer dicken Träne gleich.

Oh, wie ist der Mann zu loben,
Der solch unvernünftges Toben
Schon im voraus hat bedacht
Und die Häuser hohl gemacht;
So daß wir im Trocknen hausen
Und mit stillvergnügtem Grausen
Und in wohlgeborgner Ruh
Solchem Greuel schauen zu.

Heinrich Seidel

November

1	Allerheiligen	(seit dem 9. Jh.)	
	Arthur	(O'Nelly) Ordenspriester aus Irland, Glaubensbote bei den Sarazenen, Martyrer 13. Jh.	Stark wie ein Bär
	Harald	König von Dänemark, Martyrer 10. Jh.	Herrscher des Heeres
	Luitpold	Graf von Wolfratshausen, Einsiedler 13. Jh.	Der Tapfere im Volk
	Rupert	(Mayer) Jesuit aus Stuttgart, Männerseelsorger in München, Martyrer 1876–1945	Von Ruhm glänzend
2	Allerseelen	(seit dem 10./11. Jh.)	
	Angela	aus Stolberg, Nonne in Breslau und Wien 1833–1905	Die Botin Gottes
3	Hubert	Missionar der Ardennen, Bischof von Maastricht/ Lüttich 7./8. Jh. *(Patron der Jäger u. Schützen)*	Glanz durch Klugheit
	Pirmin	westgotischer Glaubensbote am Oberrhein, Bischof 8. Jh. *(Patron der Pfalz u. des Elsaß)*	Der Ruhmreiche(?)
	Silvia	Mutter des späteren Papstes Gregor d.Gr., 6. Jh.	Die Waldbewohnerin
4	Karl	Borromäus, Bischof von Mailand 16. Jh. *(zweiter Patron des Bistums Chur)*	Freier Mann
	Gregor	aus Kalabrien, Abt in Burtscheid bei Aachen 10. Jh.	Der Wachsame
5	Emmerich	Sohn König Stephans I. von Ungarn 11. Jh.	Mächtiger Herrscher
	Berthild	Nonne, Äbtissin in Chelles 7./8. Jh.	Strahlende Kämpferin
	Elisabeth	Eltern von Johannes dem Täufer	Gott hat geschworen
	Zacharias		Gott hat sich erinnert
6	Leonhard	fränkischer Einsiedler in Noblac 6. Jh. *(Patron der Bauern)*	Starker Löwe (Starkes Band)
	Modesta	Äbtissin in Trier 7. Jh.	Die Bescheidene
	Rudolf	von Büren, Abt, Bischof von Paderborn 11. Jh.	Ruhmeswolf
7	Engelbert I.	Bischof von Köln, Martyrer 12./13. Jh.	Wie ein Engel glänzend
	Willibrord	angelsächsischer Mönch, Bischof der Friesen 7./ 8. Jh. *(2. Patron von Land u. Bistum Luxemburg)*	Der Willensstarke
	Ernst	von Streußlingen, Abt in Zwiefalten 12. Jh.	Der ernste Kämpfer
	Gisbert	Prior im Kloster Bebenhausen 12./13. Jh.	Kind edler Abkunft
	Karin(a)	Martyrerin in Angora 4. Jh.	Die Reine
8	Gregor	Angelsachse, Mönch und Abt in Einsiedeln 10. Jh.	Der Wachsame
	Gottfried	Mönch, dann Bischof von Amiens 11./12. Jh.	Schützer des Guten Friede in Gott
	Johannes	(Duns Skotus) Schottischer Priester, Gelehrter in Paris und Köln 13./14. Jh.	Gott ist gnädig
9	Theodor	von Euchaita am Pontus, Soldat Martyrer (?) 3./4. Jh. *(Patron der Soldaten)*	Geschenk Gottes
	Roland	Benediktiner-Abt in Flandern 11. Jh.	Der Siegesmutige
10	Leo	(der Große) Papst, Kirchenlehrer 5. Jh.	Der Löwe
	Justus	Glaubensbote in England, Bischof von Rochester, dann von Canterbury 6./7. Jh.	Der Gerechte
11	Martin	von Tours, Soldat, Einsiedler, Bischof von Tours 4. Jh. *(Patron der Bistümer Mainz, Rottenburg und Eisenstadt in Österreich; der Reisenden, Flüchtlinge, Tuchhändler)*	Der Kämpfer, der Kriegerische
12	Josaphat	Bischof von Polazk (Rußland), Martyrer 16./17. Jh.	Gott sprach Recht
	Diego	aus Andalusien, Einsiedler u. Glaubensbote 15. Jh.	Der Fersenhalter
	Kunibert	Diakon in Trier, Bischof von Köln 7. Jh.	Glanzvoller Herkunft
13	Wilhelm	Einsiedler in Niederalteich 11. Jh.	Willensstarker Schutz
	Stanislaus	(Kostka) aus Polen, Jesuit in Rom 16. Jh.	Durch Treue berühmt
14	Alberich	Mönch, dann Bischof von Utrecht 8. Jh.	Starker Herrscher
15	Albert	(der Große) aus Lauingen, Dominikaner, Bischof von Regensburg, Kirchenlehrer 13. Jh. *(Patron der Naturwissenschaftler u. Studenten)*	Durch Adel glänzend

November

	Leopold III.	Markgraf von Österreich 11./12. Jh. *(Patron von Österreich, der Stadt Wien, St. Pölten und Graz)*	Der Kühne im Volk
16	Margarete	in Ungarn geboren, Königin von Schottland 11. Jh.	Die Perle
	Otmar	Benediktiner-Mönch, Abt in der Schweiz 7./8. Jh. *(Patron des Bistums St. Gallen)*	Durch sein Erbe berühmt
17	Gertrud	(die Große) Nonne, Äbtissin, Mystikerin in Helfta 13./14. Jh. *(Patronin von Tarragona und Peru)*	Die gewaltige Speerkämpferin
	Hiltrud	Nonne in Bingen 12. Jh.	Die schützende Frau
	Hilda	angelsächsische Nonne u. Äbtissin 7. Jh.	Kämpfende Schützerin
	Viktoria	aus Cordoba, Jungfrau, Martyrerin 3. Jh.	Die Siegerin
18	Odo	aus Aquitanien, zweiter Abt von Cluny 9./10. Jh.	Besitz, Reichtum
19	Elisabeth	von Thüringen, Landgräfin, Ehefrau u. Mutter, 13. Jh. *(Patronin von Thüringen u. Hessen, zweite Patronin des Bistums Fulda; Patronin der Caritas, der Witwen, Bettler u. Bäcker)*	Gott hat geschworen (Gott ist die Vollkommenheit)
	Mechthild	von Hackeborn, Nonne, Mystikerin 13. Jh.	Mächtige Kämpferin
20	Bernward	Bischof von Hildesheim 10./11. Jh.	Stark wie ein Bär
	Edmund	König von Ostengland, Martyrer 9. Jh.	Schützer des Besitzes
	Korbinian	fränkischer Priester, Bischof von Bayern 7./8. Jh. *(Patron des Bistums München-Freising)*	?
21	Johannes	von Meißen, Franziskaner-Mönch 15. Jh.	Gott ist gnädig
	Amalberg	Äbtissin von Susteren 8./9. Jh.	Retterin aus Not
22	Cäcilia	römische Jungfrau, Martyrerin 3. Jh. (?) *(Patronin der Kirchenmusik und der Musiker)*	Die Blinde
23	Kolumban	irischer Glaubensbote, Abt in Luxeuil 6./7. Jh.	Der Täuberich
	Felizitas	römische Martyrerin (?)	Die Glückliche
	Klemens I.	dritter Nachfolger des Petrus 1./2. Jh.	Der Milde
	Detlev	aus Mecklenburg, Bischof von Ratzeburg 14./15. Jh.	Sohn des Volkes
24	Flora	aus Córdoba, Jungfrau, Martyrerin 8. Jh.	Die Blume
25	Katharina	von Alexandria, Martyrerin 3./4. Jh. *(Eine der 14 Nothelfer, Patronin der Hochschulen)*	Die Reine
	Egbert	aus Lothringen, Abt in Münsterschwarzbach 11. Jh.	Der Schwertberühmte
26	Konrad	Bischof von Konstanz 10. Jh. *(Patron des Bistums Freiburg)*	Der kühne Ratgeber
	Ida	Äbtissin in Köln 11. Jh.	Die (göttliche) Frau
27	Modestus	Bischof in Maria-Saal (Karantanien) 8. Jh.	Der Bescheidene
	Oda	Einsiedlerin in Brabant 7./8. Jh.	Besitz, Reichtum
28	Günther	von Melk, Herzog in Bayern, Gründer der Abtei Kremsmünster 8. Jh.	Der Mann im Kampf
29	Jutta	Zisterzienser-Nonne, Äbtissin von Heiligental in Unterfranken 13. Jh.	Gottesbekennerin
30	Andreas	Apostel, Martyrer *(Patron Rußlands, Schottlands, des Ermlandes u. Griechenlands; Patron der Fischer, Metzger u. Seiler)*	Der Männliche

Letzter Sonntag im Kirchenjahr: Jesus Christus, der König. Christkönigfest

Advent – Weihnachten

Dezember

»Licht im Dunkel«

Herkunft und Bedeutung

Nach der altrömischen Zählung ist der Dezember der zehnte Monat (decem = zehn).

Alte Namen

Wolfsmond = Die Dunkelheit verschlingt das Licht
Schlachtmond = Es gilt, sich nach schmackhaften Vorräten umzusehen
Heiligmond = Heiliger Monat
Heils- oder Christmonat = Weihnachtsmonat

Sternzeichen

Vom 23. November bis 21. Dezember: der Schütze
Den unter diesem Sternzeichen Geborenen sagt man nach, sie seien fröhliche Leute, machten gerne Reisen, sagten ihre Meinung offen heraus, könnten auch mal wütend werden und würden von den meisten Menschen geschätzt. Im übrigen brauche der Schütze seine persönliche Freiheit. – Ihr Stein ist der tiefrote oder orangefarbene Hyazinth. Er soll gegen Feindschaft helfen und zu frischer Lebenslust erwecken.
Es folgt der Steinbock.

Bauernregeln

- Sturm im Dezember und Schnee,
  da schreit der Bauer Juchhe.
- Wenn dunkel der Dezember war,
  dann rechne auf ein gutes Jahr.
- Watet die Krähe zur Weihnacht im Klee,
  sitzt sie zu Ostern im Schnee.

Allmächtiger Gott,
sieh gütig auf dein Volk,
das mit gläubigem Verlangen
das Fest der Geburt Christi erwartet.
Mache unser Herz bereit
für das Geschenk der Erlösung,
damit Weihnachten für uns alle
ein Tag der Freude und der Zuversicht werde.
Darum bitten wir durch Jesus Christus. Amen.

Tagesgebet der Kirche am 3. Adventssonntag

Dezember

1	Natalie	Ehefrau, Martyrerin aus Rom 3./4. Jh.	Weihnachten Geborene
	Blanka	aus Kastilien, Königin von Frankreich 12./13. Jh.	Die Leuchtende
	Charles	(de Foucauld) 1858–1916, Ordensmann, Missionar bei den Tuaregs, Martyrer, Genossenschaft der »Kleinen Brüder u. Schwestern Jesu«	Freier Mann
2	Luzius	von Chur, Glaubensbote 5./6. Jh. *(Patron des Bistums Chur u. der Kantone Graubünden u. Tessin; Landespatron v. Liechtenstein)*	Licht-Träger
	Bibiana	Jungfrau, Martyrerin 4. Jh.	Die Lebendige
3	Franz Xaver	aus Spanien, Jesuit und Glaubensbote in Ostasien 16. Jh. *(Patron der Westmission, der Seereisenden)*	Der Freie
	Emma	von Lesum, sächsische Gräfin 10./11. Jh.	Die Allumfassende
	Gerlind	elsässische Herzogin 7./8. Jh.	Speer (aus Lindenholz)
4	Barbara	Jungfrau, Martyrerin in Nikomedien 3./4. Jh. *(Eine der 14 Nothelfer, Patronin der Bergleute, Architekten und Sterbenden)*	Die Ausländerin
	Johannes	aus Damaskus, Mönch, Kirchenlehrer 7./8. Jh.	Gott ist gnädig
	Christian	Zisterzienser-Mönch in Polen, Missionsbischof in Preußen 12./13. Jh.	Ich bin Christ
	Adolf	(Kolping) 1813–1865, Priester aus Köln, Gründer des »Kath. Gesellenvereins«, Seligspr. am 27. 10. 1991	Edler Wolf
5	Anno	aus Schwaben, Bischof von Köln 11. Jh.	Der Adler
	Hartwich	von Sponheim, Bischof von Salzburg 10./11. Jh.	Starker Kämpfer
	Reginhard	Bischof von Lüttich 10./11. Jh.	Der kluge Berater
	Niels	(Stensen) aus Kopenhagen, Arzt, dann Priester und Missionsbischof 17. Jh.	Volksbesieger
6	Nikolaus	Bischof von Myra 3./4. Jh. *(Einer der 14 Nothelfer, Patron von Rußland, der Schiffer, Gefangenen, Bäcker, Kaufleute, Apotheker und Juristen)*	Volksbesieger
7	Ambrosius	aus Trier, Bischof von Mailand, Kirchenlehrer 4. Jh. *(Patron von Mailand; Patron der Bienenzüchter)*	Der Unsterbliche, Göttergleiche
	Gerald	aus Regensburg, Bischof von Ostia 11. Jh.	Herr mit dem Speer
8	Hochfest der ohne Erbsünde empfangenen Jungfrau und Gottesmutter Maria	seit dem 8. Jh. in der Ostkirche, seit 1708 in der ganzen Kirche *(Patronin des Bistums Köln)*	
	Konstantin	Zisterzienser-Mönch, Abt in Orval 12. Jh.	Der Standhafte
9	Eucharius	erster (bekannter) Bischof von Trier 3. Jh.	Der Anmutige
	Liborius	(Wagner) aus Thüringen, Priester bei Schweinfurt, Martyrer 16./17. Jh.	Der Freie(?)
10	Diethard	Zisterzienser-Mönch u. Abt in Friesland 12. Jh.	Aus mächtigem Volk
	Angelina	serbische Fürstin, dann Äbtissin 15./16. Jh.	Botin Gottes
	Eulalia	Spanische Martyrerin aus dem 3. Jh.	wohlredend
11	Damasus I.	Papst 4. Jh.	Der Bezwinger
	Tassilo III.	Herzog von Bayern 8. Jh.	Der kleine Dachs
12	Johanna	(Franziska de Chantal) Ehefrau u. Mutter, dann Ordensgründerin 16./17. Jh.	Gott ist gnädig
	Dietrich	Benediktiner-Abt in Kremsmünster 11. Jh.	Im Volk mächtig
13	Luzia	aus Syrakus, Jungfrau, Martyrerin 3./4. Jh. *(Patronin d. Kantone Graubünden u. Tessin, der Blinden)*	Licht-Trägerin
	Odilia	(Ottilie) aus dem Elsaß, Äbtissin 7./8. Jh. *(Patronin d. Elsaß)*	Herrin aller Güter
	Jost	(Jodokus) Bretonischer Fürst, Einsiedler u. Pilger 7. Jh. *(Patron der Kranken u. Pilger)*	Der Fersenhalter (AT: Esau)

Dezember

14	Johannes	vom Kreuz, Spanischer Karmeliter-Mönch, Mystiker und Kirchenlehrer 16. Jh.	Gott ist gnädig
	Bertold	aus Regensburg, Mönch, Volksprediger 13. Jh.	Glänzender Herrscher
15	Christiane	Jungfrau aus Georgien 4. Jh.	Die Christin
	Wunibald	aus Südengland, Glaubensbote in Franken 8. Jh.	Lustvoll und kühn
16	Adelheid	aus Burgund, Kaiserin 10. Jh.	Die edle Schöne
	Sturmius	aus Oberösterreich, Mönch u. Abt in Fulda 8. Jh.	Der Sturm
17	Lazarus	aus Bethanien, Freund Jesu	Gott hilft mir
18	Philipp	Prämonstratenser, Bischof von Ratzeburg 12./13. Jh.	Der Pferdefreund
19	Konrad	von Liechtenau, Prämonstratenser-Mönch 13. Jh.	Der kühne Ratgeber
20	Eido	Bischof von Meißen 10./11. Jh.	Besitz, Reichtum
21	Hagar	Magd Saras, der Frau Abrahams, Mutter des Ismael	Vom Hagriten-Stamm
	Richard	aus England, Gelehrter, dann Zisterzienser-Mönch in Friesland 13. Jh.	Der mächtige Fürst
22	Jutta	von Sponheim, Benediktiner-Nonne 11./12. Jh.	Gottesbekennerin
	Marian	aus Irland, Mönch in Köln, Fulda u. Mainz 11. Jh.	Der Seemann
23	Johannes	Priester und Professor in Krakau 14./15. Jh.	Gott ist gnädig
	Dagobert	König von Austrasien, Martyrer 7. Jh.	Der Gute u. Glänzende
	Viktoria	römische Jungfrau, Martyrerin 3./4. Jh.	Die Siegerin
	Ivo	aus Beauvais, Bischof von Chartres 11./12. Jh.	Ebenholzbogenschütze
24	Adam	Stammvater	Der Mann aus Erde
	Eva	Stammutter *(Patronin der Gärtner u. Schneider)*	Die Leben-Schenkende
	Hanno	Mönch in Trier, Abt in Magdeburg, Bischof von Worms 10. Jh.	Gott hat Mitleid
25	Weihnachten, Hochfest der Geburt des Herrn (Fest seit dem 4. Jh.)		
	Eugenia	Jungfrau, Martyrerin in Rom 3. Jh.	Von edler Abkunft
	Anastasia	Jungfrau, Martyrerin aus Illyrien 3./4. Jh. *(Patronin der Pressezensur)*	Vom Tod Erstandene
26	Stephanus	Diakon der Urgemeinde in Jerusalem, Martyrer *(Patron der Bistümer Passau u. Wien, der Maurer, Zimmerleute, Weber u. Schneider; »Pferde-Patron«)*	Der Bekränzte
27	Johannes	Apostel u. Evangelist *(2. Patron der Diözese Meißen, Patron der Buchdrucker u. -händler, der Bildhauer u. Maler, der Notare u. Winzer)*	Gott ist gnädig
	Fabiola	römische Adelige, Ehefrau, Büßerin 4. Jh.	Die kleine Fabierin
28	Fest der unschuldigen Kinder (seit dem 6. Jh.)		
29	Thomas	(Becket) aus London, Bischof von Canterbury, Martyrer 12. Jh.	Zwilling
	David	König Israels 11./10. Jh.v. Chr.	Liebling, Geliebter
	Lothar	deutscher Kaiser, dann Mönch in Prüm 8./9. Jh.	Ruhmreicher Held
	Reginbert	Mönch, Gründer der Abtei in St. Blasien 10. Jh.	Der kluge Berater
30	Felix I.	Papst 3. Jh.	Der Glückliche
	Richard	von Arnsberg, Prämonstratenser-Mönch 12. Jh.	Der mächtige Fürst
31	Silvester	Papst 3./4. Jh.	Der im Walde Lebende
	Kolumba	Jungfrau in Sens (Frankr.), Martyrerin (?) 3. Jh.	Die Taube
	Melanie	röm. Adelige, Ehefrau, dann Klosterfrau 4./5. Jh.	Die Schwarze

Advents- und Weihnachtszeit

Auf, werde Licht,
denn es kommt dein Licht,
und die Herrlichkeit des Herrn
geht leuchtend auf über dir.
Jesaja 60,1

11. November:

Sankt Martin

Der heilige Martin gehört zu den volkstümlichen Heiligen. Zahlreiche Kirchen, Klöster und Einrichtungen sind nach ihm benannt, viele Bräuche mit seinem Namen verbunden. Seit dem 16. Jahrhundert finden am Vorabend des Martinstages Laternenumzüge statt. Sie erinnern an den beim Volk sehr beliebten Bischof Martin und seine vielen guten Taten. Im Mittelpunkt vieler Martinsumzüge steht das Spiel um die Mantelteilung. Der Legende nach hat Martin einst als Soldat seinen Mantel mit dem Schwert in zwei Stücke gehauen und mit einem armen, frierenden Bettler geteilt.
Sulpicius Severus (geb. 363, gest. 420), ein Freund und Bewunderer Martins, hat als erster – noch zu Lebzeiten des Heiligen – darüber berichtet:

> Einmal, er besaß schon nichts mehr als seine Waffen und ein einziges Soldatengewand, da begegnete ihm im Winter, der ungewöhnlich rauh war, so daß viele der eisigen Kälte erlagen, am Stadttor von Amiens ein notdürftig bekleideter Armer. Der flehte die Vorübergehenden um Erbarmen an. Aber alle gingen an dem Unglücklichen vorbei. Da erkannte der Mann voll des Geistes Gottes, daß jener für ihn vorbehalten sei, weil die anderen kein Erbarmen übten. Doch was tun? Er trug nichts als den Soldatenmantel, den er umgeworfen, alles übrige hatte er ja für ähnliche Zwecke verwendet. Er zog also das Schwert, mit dem er umgürtet war, schnitt den Mantel mitten durch und gab die eine Hälfte dem Armen, die andere legte er sich selbst wieder um. Da fingen manche der Umstehenden an zu lachen, weil er im halben Mantel ihnen verunstaltet vorkam. Viele aber, die mehr Einsicht besaßen, seufzten tief, daß sie es ihm nicht gleich getan und den Armen nicht bekleidet hatten, zumal da sie bei ihrem Reichtum keine Blöße befürchten mußten.
> In der folgenden Nacht nun erschien **Christus** mit jenem Mantelstück, womit der Heilige den Armen bekleidet hatte, dem Martinus im Schlafe. Er wurde aufgefordert, den Herrn genau zu betrachten und das Gewand, das er verschenkt hatte, wieder zu erkennen. Dann hörte er Jesus laut zu der Engelschar, die ihn umgab, sagen: **»Martinus hat mich mit diesem Mantel bekleidet.«**

Aus dem Leben des Heiligen

Der heilige Martin wurde um 316 im heutigen Ungarn geboren. Sein Vater und seine Mutter waren Heiden. Mit zwölf Jahren bat er gegen den ausdrücklichen Willen seiner Eltern um eine Einführung in den christlichen Glauben. Sechs Jahre später wurde er getauft. In der Zwischenzeit mußte er mit fünfzehn Jahren nach einer kaiserlichen Verordnung zum Militärdienst. Wegen seiner Güte und Bescheidenheit war er bei allen Soldaten sehr beliebt. Sobald es ihm möglich war, verließ er den kaiserlichen Dienst. Er sprach zum Kaiser: »Bis heute habe ich dir gedient; gestatte nun, daß ich jetzt Gott diene.«
Martin begab sich nach Poitiers (Frankreich) zu Bischof Hilarius. Er baute sich außerhalb der Stadt eine Einsiedlerzelle. Um den Armen der Umgebung zu helfen, verzichtete er auf ein bequemes Leben und auf vornehme Kleider. Im Jahre 371 wurde der beliebte Mönch von der großen Mehrheit des Volkes und der Geistlichen gegen seinen Willen zum Bischof von Tours gewählt. Dennoch lebte er auch weiterhin wie ein einfacher Mönch. Bischof Martin ist in die Geschichte eingegangen als selbstloser Beschützer und Helfer des armen Volkes. Schon bald nach seinem Tod im Jahr 397 begann das Volk, ihn als Heiligen zu ehren. Seine Spuren sind im Brauchtum bis heute noch zu erkennen.

Mit Martin hat auch die Bezeichnung »Kapelle« zu tun: Der Name für die Seitenräume von Kirchen oder für freistehende Andachtsbauten kommt von »cappa«, dem halben Mantel Martins, der nach der Teilung übrigblieb und in Frankreich zur verehrtesten Reliquie wurde. In Amiens wurde dafür ein Heiligtum gebaut, die »capella«. Zu ihrer Betreuung wurde ein Geistlicher bestimmt: der »cappellanus« oder Kaplan.

Martinsbrauchtum

Der Martinszug

In den letzten Jahren ist vor allem im Rheinland und in Westfalen der alte Brauch des Martinszuges wieder aufgelebt. Die Kinder begleiten mit ihren Fakkeln Sankt Martin, der hoch zu Pferde ihnen voranreitet, und singen dabei Martinslieder. In vielen Gemeinden wird im Anschluß an den Martinszug die Legende von der Mantelteilung nachgespielt.

Das Martinsgeschenk

In Hungerzeiten bekamen die Kinder früher eine große Tüte mit nicht alltäglichen Süßigkeiten und anderen Köstlichkeiten als Geschenk: Bonbons, Schokolade, Äpfel, Nüsse. Heute erhalten die Kinder – in Erinnerung an die freigebigen Taten des heiligen Martin – eine Brezel oder einen Weckmann geschenkt.

Das Martinssingen/der Martinspfennig

Der Martinitag war einst Pacht- und Zinstag. Die Pächter gaben an diesem Tag ihren Gutsherren den Pachtzins in Form von Naturalien (Getreide und Vieh). Für die reichen Gutsbesitzer war es ein ertragreicher Tag, an dem es ihnen leicht fiel, sich erkenntlich zu zeigen. Die Kinder zogen damals von Haus zu Haus, sangen ihre Lieder und erhielten eine Wurst, ein paar Eier oder eben den Martinspfennig. Auch heute noch ziehen in einigen Gegenden Kinder mit ihren Fackeln von Tür zu Tür.

Das Martinsfeuer

Das Martinsfeuer wird am Vorabend des Martinstages – meist unmittelbar nach dem Martinszug – angezündet. Vor allem auf dem Land sammeln die Kinder schon vierzehn Tage vorher Reisig, Holz und Stroh; in manchen Gegenden schichtet jede Straße ihr »Martinsfeuer« auf. Die Kinder tanzen um das Feuer. Wenn es zur Glut geworden ist, springen sie darüber.

Die Martinsgans

Wie der heilige Martin und die nach ihm benannten Gänse zusammengefunden haben, ist umstritten. Nach einer Legende sollen ihn die Gänse durch ihr Geschnatter verraten haben, als er sich in den Gänsestall verkroch, um nicht das schwere Amt eines Bischofs von Tours übernehmen zu müssen. Nach einer anderen hat sich Bischof Martin bei einer Predigt durch das Geschnatter der Gänse gestört gefühlt. Ein Volksmärchen berichtet von einer Gans, die den heiligen Martin als Nothelfer pries, als sie dem Wolf im letzten Augenblick entkam.

Wie auch immer, die Gänse waren um den Martinstag voll gemästet. Die Zeit des adventlichen Fastens stand kurz bevor. Es war eine der letzten Gelegenheiten zum festlichen Schmaus. Äußerer Anlaß war der Zins- und Lohntag für die Mägde und Knechte.

Wir basteln Laternen

Kastenlaterne

Aus Fotokarton wird der Mantel erstellt. Die ausgeschnittenen Formen werden mit Buntpapier transparent hinterlegt. Boden und Deckel werden durch dickere Pappe verstärkt. Die Kerze kann folgendermaßen am Boden befestigt werden:

In den Deckel einer Streichholzschachtel wird ein Loch geschnitten; darin wird die Kerze stramm eingepaßt und von der anderen Seite mit einer Heftzwecke befestigt. Die Schachtel wird nun mit der Kerze auf den Boden geleimt.
Nach dem gleichen Prinzip kann auch eine Zylinder- oder eine Sechskantlaterne erstellt werden.

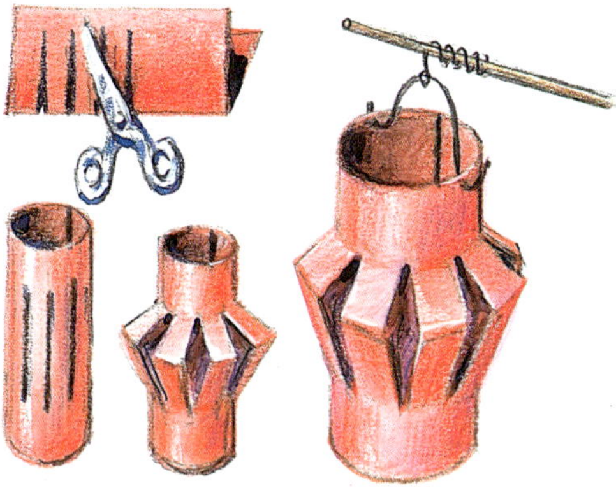

Faltlaterne

Ein dünner Karton wird einmal gefaltet und von der Knickstelle her mehrmals eingeschnitten. Anschließend wird eine Röhre geformt und geklebt. Nun wird die Form gestaucht. Ein Zylinder aus farbigem Transparentpapier kann dann eingefügt werden; dieser macht das Licht farbig und die Laterne stabiler. Drahtbügel und Boden mit der Kerze können zum Schluß angebracht werden.

Runkelrüben-Laterne

Vielleicht gibt es irgendwo in erreichbarer Nähe einen Landwirt, der noch Runkelrüben anbaut. Wenn ihr euch dort eine dicke Rübe besorgen könnt, läßt sich daraus eine herrliche Laterne bauen:
Oben ein Stück waagerecht abschneiden und die Rübe mit einem Löffel möglichst weit nach unten und zu den Seiten aushöhlen. In die Rübe Augen, Nase und Mund schnitzen. Das zuerst abgeschnittene Stück kann nun als »Kopfbedekkung« verwendet werden.
In die Rübe eine Kerze stellen und die fertige Laterne auf einen Stock stecken.

Laterne, Laterne

2. Laterne . . .! Sperrt ihn ein, den Wind, er soll warten, bis wir zu Hause sind!

3. Laterne, Laterne! Bleibe hell mein Licht, denn sonst strahlt meine liebe Laterne nicht!

Advent

Advent heißt Ankunft, Ankunft des Herrn auf Erden. Advent ist Erinnerung und Erwartung, Vergangenheit und Zukunft. Wir erinnern uns: Jesus Christus ist zu uns Menschen gekommen, er ist Mensch geworden. Voller Sehnsucht erwartete das Volk Israel seinen Erlöser, den Messias. Immer mehr wuchs die Hoffnung auf den, den Gott versprochen hatte. Endlich wurde er geboren. An dieses Ereignis denken Christen im Advent und bereiten sich auf das Fest vor, an dem das erste Kommen Jesu Christi gefeiert wird.

Advent ist zugleich Wegweiser in die Zukunft. Unsere Erwartung wird auch hingelenkt auf die zweite Ankunft des Herrn am Ende der Tage. Auch in unserer Zeit warten die Christen wie einst das Volk Israel auf den, der einst kommen soll in großer Herrlichkeit: Jesus, der Christus.

So ist der Advent geprägt von erwartungsvoller Vorfreude. Wenn an den Adventssonntagen eine Kerze nach der anderen angezündet wird und es von Woche zu Woche in den Wohnungen heller wird, dann soll in den Menschen die Vorfreude auf die Ankunft Jesu Christi wachsen.

Der *Adventskranz,* aus grünen Zweigen gesteckt oder geflochten, und mit roten Kerzen und violetten Bändern geschmückt, will uns den Sinn der Adventszeit erschließen helfen.

Die grünen Zweige sind Zeichen der Hoffnung:

Jesus Christus wird kommen.

Die roten Kerzen sind Zeichen der Liebe:

Jesus Christus ist für alle Menschen gekommen.

Die violetten Bänder sind Zeichen der Umkehr:

Jesus Christus fordert zu »neuem Leben« auf.

Adventskranz selbst erstellen

Material: 2 Bündel großer Tannenzweige, 4 Leuchter, 4 Kerzen, Blumendraht, evtl. Kordeln, violette Bänder, Tannen- oder Lärchenzapfen.

Wir schneiden viele kleine Zweige (etwa 10 Zentimeter) von den großen Tannenzweigen ab. Aus den langen Ästen, die übrigbleiben, binden wir einen Ring und umwickeln ihn mit Blumendraht. Rundherum befestigen wir dann jeweils 2 bis 3 kleine Zweige. In den fertigen Kranz stekken wir die Leuchter mit den roten Kerzen. Wir können den Kranz mit Nadeln, violetten Bändern, Tannen- oder Lärchenzapfen noch weiter schmücken.

Adventsgesteck

Wir suchen möglichst schon im Sommer (im Urlaub) eine große Baumwurzel, reinigen sie und feilen in die Wurzel vier glatte Flächen. Danach bestreichen wir die Wurzel mit Klarlack. Auf den glatten Flächen stehen die Kerzen. Diesen »Adventskranz« stellen wir auf einen Tisch, der mit Tannenzweigen belegt ist.

Ein ungewöhnlicher Adventskranz

Material: altes Rad eines Fahrrades, 1 Dose Buntlack oder Goldbronze, 4 kleine Kuchenförmchen, 4 rote Kerzen, 6 m violettes breites Samtband, Alleskleber.

Wir überspritzen das alte Rad mit Buntlack oder Goldbronze und lassen es trocknen. Dann kleben wir die Kuchenförmchen in gleichem Abstand auf das Rad und stellen die Kerzen hinein. Das breite Samtband schneiden wir in vier gleichlange Stücke (je 1½ m) und befestigen sie über Kreuz an den Rand des Rades. Die vier Bänder binden wir oben nach etwa 80 cm zu einer Schleife zusammen. Wir können diesen Adventskranz zwischen den Speichen mit Tannenzweigen, Tannen- oder Lärchenzapfen verzieren.

Adventskalender

Der Advent ist für die Kinder eine lange Zeit. Ihnen fällt das Warten schwer; ungeduldig zählen sie die Tage bis Weihnachten. Der Adventskalender hilft ihnen dabei. Mit seinen Überraschungen und kleinen Geschenken steigert er die Vorfreude der Kinder. Noch größer ist die Freude, wenn der Adventskalender selbst gebastelt ist.

Adventsuhr

Material: 1 großer Bogen Fotokarton, 1 Stück Pappe, 24 Streichholzschachteln, Buntpapier, Alleskleber.
Wir bekleben zuerst die 24 Streichholzschachteln mit Buntpapier. Jede Schachtel erhält ein Datum (1 bis 24). Wir legen die Streichholzschachteln, geordnet wie das Zifferblatt einer Uhr, auf den großen Bogen Fotokarton. Wenn alle richtig liegen, kleben wir sie der Reihe nach auf. Aus Pappe schneiden wir einen größeren und einen kleineren Zeiger aus, bekleben sie mit Buntpapier und heften sie in die Mitte des Innenkreises. In die einzelnen Streichholzschachteln legen wir (oder die Eltern) »kleine Überraschungen«. Das können kleine Geschenke und Süßigkeiten oder auch Zettel mit Vorschlägen und Vorsätzen sein, z. B. heute backen wir gemeinsam Plätzchen oder heute putze ich alle Schuhe der Familie.

Adventsschnur

Material: 1 langes rotes Samtband, 24 Streichholzschachteln, Buntpapier, Alleskleber.
Wir bekleben alle Streichholzschachteln mit Buntpapier und versehen sie mit einem Datum (1 bis 24). Dann breiten wir auf dem Tisch das Samtband aus, messen die Abstände für die einzelnen Schachteln ab und kleben diese der Reihe nach auf. Jeden Tag schneiden wir eine Schachtel ab und lassen uns von ihrem Inhalt überraschen. Je näher Weihnachten heranrückt, um so kürzer wird die Adventsschnur.

Wichtelspiel im Advent

Wichtel, auch Heinzelmännchen genannt, sind kleine Lebewesen aus Märchen und Sagen, die den Menschen durch ihre Dienste helfen und ihnen Freude bereiten wollen, ohne daß sie sich zu erkennen geben. In der Adventszeit kann auch in der Familie – aber auch im Kindergarten, in der Schule oder in der Kinder- bzw. Jugendgruppe – »gewichtelt« werden.
Ihr schreibt auf kleine Zettelchen die Namen eurer Eltern und Geschwister und legt sie gefaltet in einen Hut. Dann zieht jeder aus der Familie einen Zettel. Niemand darf verraten, welchen Namen er gezogen hat. Denn er ist nun bis Weihnachten dessen »Wichtel«, der unerkannt bleiben muß. Jeden Tag will er ihm eine kleine Freude machen. Alles muß heimlich geschehen; es soll ja eine Überraschung sein. Die Mutter findet auf ihrem Nachttisch eine rote Rose; der Vater staunt morgens über seine blitzblanken Schuhe; die Kinder entdecken in ihrer Anoraktasche einmal eine Glaskugel, ein andermal eine kleine Tafel Schokolade. Heilig Abend wird dann das große Geheimnis gelüftet.

4. Dezember

Barbara

In vielen Familien ist es zu einem guten Brauch geworden: am Fest der heiligen Barbara holen sie einen Forsythien-Zweig oder einen winterharten Kirschzweig ins Haus, legen ihn über Nacht in lauwarmes Wasser und stellen ihn am anderen Tag in einen Krug mit Wasser. Alle drei Tage wird das Wasser gewechselt. In der Wärme des Hauses treiben die Knospen. Um Weihnachten brechen dann die Blüten hervor. Sie erinnern an den Sproß aus der Wurzel Jesse. Sie sind ein schönes Zeichen für die Geburt Christi.

Dieser Brauch geht zurück auf die Legende von der heiligen Barbara:

In der Zeit, in der Christen verfolgt und getötet wurden, lebte ein reicher heidnischer Kaufmann mit seiner Tochter Barbara im fernen Morgenlande. Als er von einer längeren Reise zurückkehrte, erfuhr er, daß seine Tochter von Jesus gehört hatte und Christin geworden war.

Da wurde der Vater sehr zornig. Er hatte für Barbara einen reichen jungen Mann ausgesucht. Den sollte sie heiraten. Eine Christin würde der junge Mann jedoch niemals zur Frau nehmen. Deshalb befahl der Vater seiner Tochter, ihren Glauben aufzugeben. Aber sie wollte Christin bleiben. Da sperrte der Vater sie in den finsteren Keller eines Turmes. Doch alles, was er tat, blieb vergebens. Barbara ließ von ihrem Glauben nicht ab.

Schließlich ließ der Vater seine Tochter ins Gefängnis werfen. Auf dem Wege dorthin verfing sich ein Kirschenzweig in ihrem Kleid. Den stellte Barbara in einen kleinen Krug mit Wasser. An dem Tag, an dem der Zweig aufblühte, wurde sie zum Tod verurteilt. »Du schienst wie tot«, sagte Barbara zu dem Zweig. »Aber du bist aufgeblüht zu schönerem Leben. So wird es auch mit meinem Tod sein. Ich werde zu neuem, ewigem Leben aufblühen.«

Die Bergleute verehren die heilige Barbara als ihre Schutzpatronin. Wie in den finsteren Turm fällt auch in den tiefen Kohlenschacht kein Tageslicht. Festlich begehen die Bergleute vielerorts den Barbara-Tag. Sie rufen die Heilige an, für sie bei Gott zu bitten, daß ihnen in der Tiefe kein Unheil zustößt.

6. Dezember

Nikolaus

Der heilige Nikolaus lebte im 4. Jahrhundert und war Bischof von Myra in Kleinasien, der heutigen Türkei. Im 11. Jahrhundert wurden seine Gebeine vor den Sarazenen nach Bari (Italien) in Sicherheit gebracht. Dort ruhen sie heute noch. Über den heiligen Nikolaus als Freund der Kinder und Schutzheiligen der Schiffer und Kaufleute gibt es zahlreiche Legenden. Wegen seiner Freigebigkeit und Hilfsbereitschaft wurde er vom ganzen Volk verehrt und geliebt.
Eine Legende berichtet, wie Nikolaus einem armen Vater zur Aussteuer für seine heiratsfähigen Töchter verhalf. Da der Vater kein Geld besaß, mußte er die Mädchen auf die Straße schicken, wo sie sich ihr Geld selbst verdienen sollten. Als Nikolaus davon hörte, war er voller Mitleid. Er warf dem Vater in drei Nächten drei Goldklumpen in die Stube. So kamen die drei Mädchen zu ihrer Aussteuer und konnten wenig später heiraten.
In einer anderen Version der Legende heißt es, Nikolaus habe das Gold durch den Schornstein direkt in die Strümpfe der Mädchen geworfen, die am Kamin zum Trocknen hingen.
Zur Erinnerung an den guten Bischof von Myra stellen die Kinder am Vorabend des Nikolaustages Schuhe bzw. Stiefel vor die Tür oder hängen Strümpfe an den Kamin. In vielen Familien ist es üblich, daß ein naher Verwandter oder Freund als Nikolaus auftritt, von den guten und weniger guten Taten der Kinder berichtet und kleine Geschenke und Süßigkeiten aus seinem großen Sack verteilt. Früher erhielten die Kinder vom Nikolaus noch einen Streich mit der Rute. Das war ursprünglich keine Strafe, sondern eine Segensgeste: die Rute als der lebendige Zweig, der bei einer Berührung Fruchtbarkeit verheißt. Mit der Zeit vergaß man diesen Sinn der Rute. Sie wurde zur Bestrafung der Kinder mißbraucht.

Laßt uns froh und munter sein

Volkslied aus dem Hunsrück

Laßt uns froh und munter sein
und uns in dem Herren freun!
Lustig, lustig, traleralera . . .

Bald ist unsre Schule aus,
dann ziehn wir vergnügt nach Haus.
Lustig, lustig, traleralera . . .

Denn stell ich den Teller auf,
Niklaus legt gewiß was drauf.
Lustig, lustig, traleralera . . .

Steht der Teller auf dem Tisch,
sing ich nochmals froh und frisch:
Lustig, lustig, traleralera . . .

Wenn ich schlaf, dann träume ich:
Jetzt bringt Niklaus was für mich!
Lustig, lustig, traleralera . . .

Wenn ich aufgestanden bin,
lauf ich schnell zum Teller hin.
Lustig, lustig, traleralera . . .

Niklaus ist ein guter Mann,
dem man nicht gnug danken kann.
Lustig, lustig, traleralera . . .

Nikolaus und Jonas mit der Taube

Schon viele Monate lang brannte die Sonne Tag für Tag auf die Erde. Das Gras wurde braun und raschelte dürr im Wind. Auf den Feldern verdorrte das Korn. Selbst an den großen Bäumen begann das Laub zu welken. Keine Wolke zeigte sich am Himmel. Es wollte und wollte nicht regnen. Die Wasserstellen waren längst ausgetrocknet. Nur die tiefsten Brunnen spendeten noch Wasser. Die Frauen schöpften daraus. In Krügen trugen sie das kostbare Wasser auf ihren Köpfen heim. Die Tiere fanden nicht ein grünes Kraut. Auch die Menschen litten Hunger. Über das ganze Land brach eine Hungersnot herein.

In der Stadt Myra waren die Vorratskammern längst leer. Selbst für viel Geld gab es keinen Bissen mehr zu kaufen. Die Kinder weinten und schrien nach Brot. Doch die Mütter konnten ihnen nicht einmal eine harte Kruste geben. Die Ratten liefen bereits bei hellem Tag durch die Straßen und suchten in den Gossen nach Nahrung. Aber sie fanden nichts. Da näherten sich eines Tages drei Schiffe dem Hafen am Meer. Sie kamen aus der fernen Stadt Alexandria. Schwer beladen waren sie und lagen tief im Wasser. Sie wollten Korn in die Kaiserstadt Konstantinopel bringen.

Nikolaus war zu dieser Zeit Bischof in der Stadt Myra. An dem Tag, als die Schiffe auf den Hafen zuhielten, war er auf dem Weg zu einem Kranken. Unterwegs bemerkte er einen Jungen, der die Straße zum Hafen hinablief. Trotz aller Eile barg er behutsam eine blaue Taube an seiner Brust.

»Wer bist du?« fragte der Bischof den Jungen und schritt neben ihm her. »Ich bin Jonas mit der Taube.«

»Deine Taube ist ein schöner Vogel«, sagte der Bischof. »Sie ist müde und matt«, klagte der Junge. »Vorgestern gab ich ihr das letzte Maiskorn, das ich hatte. Seit gestern rührt sie keinen Flügel mehr.«

»Wohin willst du so eilig?« fragte der Bischof. Da antwortete der Junge: »Ich will zum Hafen, Herr Bischof. Da sollen drei Schiffe festgemacht haben.« »Drei Schiffe?« Der Bischof staunte: »Was wollen denn Schiffe in unserem Hafen? Bei uns gibt es nichts mehr, was sie einladen könnten.«

»Die Schiffe sind voll beladen«, sagte der Junge. »Kornschiffe sind es. Sie kommen aus Alexandria und wollen nach Konstantinopel weitersegeln.«

Da nahm Nikolaus den Jungen bei der Hand und ging mit ihm zum Hafen. Schiffe, mit Korn hoch beladen, das konnte die Rettung für die Menschen in Myra bedeuten. Aus Korn kann man Mehl mahlen. Aus Mehl wird Brot gebakken. Brot stillt den Hunger. Korn bedeutete das Ende der Hungersnot. Niemand mußte mehr vor Hunger sterben. Brot, das war Hoffnung in Todesnot.

Auf dem freien Platz vor dem Hafen drängten sich viele Menschen. Sie waren herbeigeeilt, weil sie die Kornschiffe sehen wollten. Jeder hoffte, daß er Korn kaufen könnte.
»Ich werde Korn für meine Taube bekommen«, sagte der Junge. Weil sein Magen vor Hunger knurrte, fügte er hinzu. »Und auch für mich möchte ich Korn haben.«
Doch es war kein Jubel zu hören. Niemand stieß einen Freudenschrei aus. Stumm standen die Menschen und starrten auf die Schiffe. An der Bordwand der Lastschiffe hatten sich die Matrosen versammelt. Sie trugen Lanzen in den Händen. Drohend richteten sie die Spitzen ihrer Waffen gegen die Menge. Jonas mit der Taube hielt die Hand des Bischofs ganz fest. Er hatte Angst vor den finsteren Gesichtern der Matrosen.

Nikolaus drängte sich bis zur Hafenmauer durch. »Wo ist der oberste Kapitän dieser Schiffe?« rief er. »Ich möchte mit dem obersten Kapitän sprechen.«
»Ich bin der oberste Kapitän«, antwortete ein großer, schwarzbärtiger Mann.
»Kann ich zu dir auf das Schiff kommen?« fragte der Bischof.
»Komm auf das Schiff, aber komm allein!« sagte der Kapitän.
Zwei Matrosen schoben ein schmales Brett vom Schiff bis auf die Ufermauer. Nikolaus ließ die Hand des Jungen los und schritt über den schwankenden Steg. Die Planke wippte.
Dem Bischof wurde ein wenig schwindelig. Da lief Jonas mit der Taube ihm leichtfüßig nach, ergriff wieder seine Hand und führte den Mann sicher hinüber. Beide gelangten heil an Bord des Schiffes.

Was willst du von mir?« fragte der Kapitän. »Du siehst, Kapitän, die Leute in Myra leiden großen Hunger. Nirgendwo in der ganzen Gegend kann man Brot kaufen. Deine Schiffe sind bis an den Rand gefüllt. Verkaufe den Leuten einen Teil deiner Ladung.«
»Das darf ich nicht«, antwortete der Kapitän. »In Alexandria ist die Ladung genau gewogen worden. Kein Korn zuviel, kein Korn zuwenig. Du weißt selber, was mit einem Kapitän geschieht, der seine Ladung nicht bis auf das letzte Pfund in Konstantinopel abliefert. Der Kaiser läßt ihm den Kopf abschlagen.«
»Aber die Leute müssen sterben, wenn du ihnen nicht hilfst«, sagte der Bischof. Einen Augenblick lang dachte der Kapitän nach. Dann aber schüttelte er den Kopf und sagte: »Mein Hals ist mir näher als euer Hunger. Wenn ich zwei Köpfe besäße, dann würde ich einen wohl wagen, um euch aus der Not zu helfen.«
»Hat nicht der Heiland mit fünf Broten die große Volksmenge satt gemacht? Sind nicht damals zwölf Körbe voll Brot übriggeblieben?« fragte der Bischof. »Hilf uns, und kein Körnchen wird an dieser Ladung fehlen.«

Ich kenne die Jesusgeschichte sehr gut«, sagte der Kapitän. »Wenn das stimmt, daß mir kein einziges Korn fehlen wird, dann will ich dir helfen.«
Der Kapitän zog ein Stück Kreide aus der Tasche. Er klettert an der Strickleiter bis zum Wasser hinunter. Genau dort machte er einen Kreidestrich an die Bordwand, wo das Wasser die Schiffsplanken berührte. Neugierig beugte sich Jonas mit der Taube über die Reling und schaute ihm zu. »Wir werden es sehen«, sagte der Kapitän listig. »Ihr könnt von dem Korn nehmen, soviel ihr wollt. Doch ihr tragt es nicht weg, sondern schüttet es auf das Pflaster des freien Hafenplatzes. Wenn die Ladung leichter wird, hebt sich mein Schiff ein wenig aus dem Wasser. Der Kreidestrich steigt dann höher hinauf. Wenn das geschieht, müßt ihr das ganze Korn wieder einladen. Ihr gebt euch dann zufrieden.« Nikolaus nickte.

Stimmt aber dein Wort«, fuhr der Kapitän fort, »dann steigt das Schiff kein Stückchen, und der Kreidestrich wird genau in der Höhe des Wasserspiegels bleiben. Die Ladung wird, wie du gesagt hast, nicht leichter. In diesem Falle könnt Ihr alles Korn behalten, was ausgeladen wird.« Die Matrosen lachten. Sie kannten ja das Ergebnis im voraus.
»Warum lachst du?« fragte Jonas mit der Taube den alten Matrosen, der neben ihm stand.
»Hat je ein Mensch erlebt, daß ein Schiff sich nicht aus dem Wasser hebt, wenn es ausgeladen wird?« antwortete der Matrose. »Bischof Nikolaus lügt nicht, wart es nur ab«, sagte Jonas mit der Taube.
Da streichelte der alte Matrose mit seinen rauhen Händen ganz zart das Kopfgefieder der Taube, bückte sich, griff eine Handvoll von den Körnern und steckte sie dem Jungen in die Tasche. »Da«, sagte er, »damit du nicht ganz vergebens geglaubt hast.«

Einige Männer aus Myra durften über die Planke kommen und das Schiff betreten. Sie luden das Korn in Säcke, hoben die Last auf ihre Schultern und schleppten sie an Land. Dort schütteten sie die goldenen Körner auf das glatte Straßenpflaster. Allmählich wuchs der Körnerhaufen zu einem kleinen Hügel.
»Schluß jetzt«, rief der Kapitän. »Wir wollen sehen.«
Alle Männer aus Myra mußten das Schiff verlassen. Der Kapitän beugte sich über die Bordwand und schaute nach dem Kreidestrich.
Er traute seinen Augen nicht und kletterte die Leiter hinunter. Der Kreidestrich und der Wasserspiegel standen immer noch auf gleicher Höhe. Ungläubig starrte er auf die schwarzen Planken. Doch es gab keinen Zweifel, das Schiff war nicht leichter geworden. Vielleicht ist es noch nicht genug, dachte er und befahl: »Weiter! Nehmt mehr von dem Korn!«

Siehst du?«, sagte Jonas mit der Taube zu dem alten Matrosen. Dann hockte er sich auf die Planken des Schiffes nieder. Er hatte für sich selbst noch keinen Bissen von dem Korn genommen. Seine Taube aber pickte Korn um Korn aus seiner hohlen Hand.
Viele Säcke leerten die Männer aus. Der Berg von Korn wurde schließlich so hoch, daß kein Mensch darüber hinwegschauen konnte. Der Kapitän aber wandte kein Auge von dem Kreidestrich. Doch der stieg nicht eine Fingerbreite aus dem Wasser. Das Schiff hob sich nicht.
Auch die Matrosen sahen es jetzt: Im Schiffsbauch wurde das Korn nicht weniger, so viel die Männer auch davon herausschleppten.
»Genug, ihr Männer«, sagte schließlich der Bischof. »Das Korn reicht aus. Wir haben genug zu essen bis zur nächsten Ernte. Und für die neue Saat wird das Korn auch reichen. Die Hungersnot hat ein Ende.«

Da fielen alle, die dabeigewesen waren, auf die Knie nieder. Sie lobten und dankten Gott. Die einen dachten dabei an das Wunder, das sie mit eigenen Augen gesehen hatten, und die anderen dachten an die Hungersnot, aus der sie so wunderbar gerettet worden waren.

Die Matrosen aber legten ihre Lanzen nieder und verließen die Schiffe. Die Menschen von Myra reichten ihnen die Hände. Sie waren glücklich und jubelten Bischof Nikolaus zu. Der bestimmte Männer, die von dem Korn an die Leute austeilten. Jonas mit der Taube ritt hoch auf den Schultern eines alten Matrosen vom Schiff hinab auf den Platz am Hafen.
»Er hat es von Anfang an geglaubt«, rief der alte Matrose laut über den Platz.

Willi Fährmann

Der heilige Nikolaus mit Szenen aus seinem Leben, russische Ikone, 15. Jahrhundert

Zum Bild auf Seite 313: Der heilige Bischof Nikolaus von Myra

Im Mittelfeld unserer Ikone steht Nikolaus in bischöflichem Ornat, gekleidet in das Polystavrion, mit der rechten Hand segnend; auf seiner linken Hand, die eine Manipel verhüllt, trägt er das Evangelium. Umrahmt wird der Heilige von Szenen, die von seinem Leben berichten. In Höhe seines Kopfes sind - wie bei vielen Nikolausikonen - Christus und Maria in Medaillons gemalt. Um dieses Mittelfeld mit dem leuchtend roten Grund sind vierzehn Szenen angeordnet, die im einzelnen folgendes darstellen (jeweils von links nach rechts): in der oberen Reihe die Geburt des Heiligen, seine Taufe, seine Unterweisung in der Schule und seine Weihe zum Diakon. In der zweiten Reihe folgt seine Weihe zum Bischof und seine Erscheinung vor den gefangenen Feldherren, denen er im Kerker Trost zuspricht. In der dritten Reihe erscheint er dem Kaiser Konstantin und verhindert die Hinrichtung von drei unschuldigen Bürgern, indem er dem Scharfrichter in den Arm fällt. Die vierte Reihe zeigt eine Dämonenaustreibung und die Erscheinung vor den in Seenot geratenen Seeleuten. In der untersten Reihe finden wir die Rettung eines Ertrinkenden, die Rückführung des geraubten Sohnes zu seinen Eltern, die Beisetzung des heiligen Nikolaus und die Überführung seiner Gebeine nach Bari in Süditalien.

Nikolaus-Lied

1. *Niklaus, komm in unser Haus,*
   pack die große Tasche aus,
   lustig, lustig, traleralala,
   heut ist Nikolaus Abend da,
   heut ist Nikolaus Abend da.
2. *Ich stell meinen Teller auf,*
   Niklaus legt bestimmt was drauf,
   lustig, lustig . . .
3. *Es leuchtet der Kerzenschein,*
   Niklaus, Niklaus, komm herein,
   lustig, lustig . . .
4. *Niklaus ist ein guter Mann,*
   dem man herzlich danken kann,
   lustig, lustig . . .
5. *Laßt uns froh und munter sein,*
   und uns recht von Herzen freun!
   Lustig, lustig . . .

Wir basteln einen Nikolausstiefel

Wir malen zuerst auf einem Bogen Papier einen Stiefel und schneiden ihn aus. Dann legen wir ihn auf den Stoff (etwa ¼ m Karo-Baumwolle) und schneiden daraus zwei Stiefelhälften. Die beiden rechten Seiten legen wir aufeinander und nähen sie zusammen. Dann ziehen wir den Stiefel auf rechts. Durch den oberen Rand des Stiefels können wir eine Kordel ziehen. Nun können wir den Nikolausstiefel an jede Türklinke hängen.

Wir braten Äpfel

Wir benötigen: 1–2 Äpfel pro Person, Korinthen, Marmelade, Mandeln.
Wir reiben zuerst die Äpfel trocken ab, stechen das Kerngehäuse heraus und füllen die Äpfel mit Korinthen und Marmelade. Dann schneiden wir die Mandeln in kleine Stifte und stechen sie in die Apfelschale. Anschließend lassen wir die Äpfel etwa 20 Minuten im Backofen backen. Wir können auch eine andere »Füllung« nehmen. Der Fantasie und dem Geschmack sind keine Grenzen gesetzt.

Adventskrippe/ Adventsspiel

Spiel mit Krippenfiguren

Maria und der Engel

Die Figuren der Maria und des Engels werden zunächst auf einem Schrank, einem Tischchen oder einer Fensterbank aufgestellt.
Die Eltern erzählen, wie der Engel Maria die Frohe Botschaft brachte und den Heiland ankündigte.

Maria und Elisabeth

Die beiden Figuren der Maria und der Elisabeth werden im Zimmer weit voneinander entfernt aufgestellt. Jeden Tag wird die Marienfigur der anderen ein Stückchen näher geführt.
Die Eltern berichten, wie Maria zu ihrer Cousine Elisabeth geht. Der Weg führt über das Gebirge und dauert mehrere Tage.

Die Hirten

An dem Platz, wo später die Krippe stehen soll, werden schon jetzt die Hirtenfiguren aufgestellt.
Die Eltern erzählen, wie die Hirten vor den Toren Betlehems auf dem Felde lagern.

Auf dem Weg nach Betlehem

Die Figuren der Maria und des Josef werden so aufgestellt, als ob sie auf einer Wanderung wären oder vor einer Tür stünden. Sie können auch der Figur des Wirtes gegenübergestellt werden.
Die Eltern erzählen, wie sich Maria und Josef auf den Weg von Nazaret übers Gebirge nach Betlehem machen. Sie vermitteln besonders die Enttäuschung und die Not, die Maria und Josef erleben, als sie keine Herberge finden.

Die Drei Könige

Von einer entfernten Zimmerecke aus werden die Figuren der drei Könige jeden Tag näher zur Krippe gestellt. Der Stern zieht mit ihnen.
Die Eltern schildern die Mühen der Wanderer auf dem Weg vom Morgenland nach Betlehem und ihr Vertrauen auf den wegweisenden Stern.

Jesu Geburt

Bis zum Heiligen Abend ist der Stall vollständig aufgebaut. Alle Figuren – die von Maria und Josef, die der Hirten und der Tiere und die des Jesuskindes – bekommen ihren Platz.
Die Eltern erzählen von dem Wunder der Heiligen Nacht: Gott schenkt uns seinen Sohn. Sie lesen das Weihnachtsevangelium vor.

Ankunft der Könige

Auch nach Weihnachten geht das Spiel mit den Krippenfiguren weiter. Die Figuren der drei Weisen aus dem Morgenland werden im Stall aufgestellt.
Die Eltern erzählen von Herodes, der die Könige bittet, ihm zu sagen, wo Christus geboren sei. Dann berichten sie von der Ankunft der Könige in Betlehem, und wie diese das Kind in der Krippe als Herrscher der Welt anerkennen.
Übrigens: Eine gute Kinderbibel kann zeigen, wie Jesus-Geschichten erzählt werden können.

Krippenfiguren selbstgemacht

Krippenfiguren aus Steinen

Material: Steine, Klebstoff, Plakafarben, Klarlack, Pinsel

Wir sammeln Kieselsteine verschiedener Größe und säubern sie gründlich. Die größeren Steine brauchen wir für den Rumpf und das Unterteil (= beide Beine), die kleineren für die Köpfe und für das Jesuskind. Wir bemalen die einzelnen Steine, lassen sie trocknen und überziehen sie mit Klarlack. Dann kleben wir sie zu Figuren zusammen.

Krippenfiguren aus Papprollen

Material: Papprollen, Buntpapier, Watte, Filz- oder Lederreste, Schere, Klebstoff.

Wir verschönern die einzelnen Papprollen mit Buntpapier und kleben anschließend mit Buntpapierfetzen die Gesichter auf. Die Figuren erhalten anschließend aus Watte Haare und Bart. Den drei Königen setzen wir aus Goldpapier eine Krone auf, die Hirten erhalten aus Filz- oder Lederresten einen Umhang.

Krippenfiguren aus Pfeifenputzern

Material: Pfeifenputzer, Styroporkugeln, Stoff- und Wollreste, Filz- oder Lederstücke, Wollfäden, Goldpapier, Filzstifte, Klebstoff.

Wir biegen einen Pfeifenputzer ovalförmig als Rumpf und hängen fünf andere von unterschiedlicher Länge als Hals, Arme und Beine ein. Die Pfeifenputzer lassen sich leicht biegen. Wir nehmen die Styroporkugeln und malen mit Filzstiften die Gesichter auf. Aus Wollfäden oder Watte stellen wir Haare und Bärte her. Dann bohren wir unten in die Kugel ein kleines Loch, tröpfeln Uhu hinein und stecken den Kopf auf den Hals. Aus Stoffresten fertigen wir nun die Gewänder an. Die drei Könige erhalten eine Krone aus Goldpapier, die Hirten einen Stab aus Pfeifenputzern. Die Schafe lassen sich ebenfalls leicht herstellen. Wir brauchen nur Wollfäden um die Pfeifenputzer zu wickeln.

Weihnachten

Der Engel aber sagte:
Freut euch, denn heute ist euch in der Stadt Davids der Retter geboren.

Eine ältere Frau:	Weihnachten ist für mich schon lange kein Fest mehr. An diesen Tagen fühle ich mich besonders einsam und verlassen. Kein Besuch, kein Gespräch – nichts. Jeder feiert in seiner Familie. Da werden alte Leute einfach vergessen. Ich bin immer froh, wenn Weihnachten vorbei ist.
Ein Jugendlicher:	Weihnachten ist bei uns zu Hause nichts los. Meine Eltern wollen so feiern wie früher, mit viel andächtiger Stimmung. Ich bin aber kein Kind mehr. Ich habe jetzt andere Vorstellungen von Weihnachten. Die Tage werden wohl wieder ganz schön langweilig. Viel Essen, viel Trinken, viel Fernsehen – Jahr für Jahr »dieselbe Leier«.
Eine Hausfrau:	Wenn Weihnachten da ist, bin ich fix und fertig. Das Haus von oben bis unten putzen, tagelang in der Stadt herumlaufen, die vollen Einkaufstaschen schleppen, die Festtagsmenüs vorbereiten, den Weihnachtsschmuck herrichten, an Tausende von Kleinigkeiten denken und was es sonst noch alles gibt. An den Tagen selbst komme ich auch kaum zur Ruhe. Wenn Weihnachten vorbei ist, werde ich erst einmal tief aufatmen.
Ein Arzt:	Weihnachten habe ich Bereitschaftsdienst. Der ist an solchen Tagen besonders anstrengend. Ständig rufen Leute an, die sich den Magen verdorben haben: sie haben sich einfach überfressen oder zuviel getrunken. Schlimm sind die dringenden Notfälle: Selbstmordversuche. Das geht einem ganz schön unter die Haut. Von wegen »Weihnachtsfrieden«.
Ein Kind:	Meine Wunschliste ist auch in diesem Jahr ganz schön lang geworden. Hoffentlich denken meine Eltern an alles! Sonst ist Weihnachten doch mehr für Erwachsene. Die unterhalten sich nur untereinander, wenn Besuch kommt. Wir Kinder haben ja unsere Geschenke bekommen. Damit müssen wir zufrieden sein. Dabei könnten wir zusammen spielen oder singen. Meine Mutter meint aber, das könnten wir besser an anderen Tagen tun. Warum denn nicht Weihnachten?
Ein Geschäftsmann:	Die Leute kaufen wie verrückt. Als wenn es nach Weihnachten nichts mehr gäbe. Und immer anspruchsvoller werden sie! Weihnachten fliege ich in den Süden: weit weg von Glockengeläut und Weihnachtsgesang. Die Lieder kann ich schon nicht mehr hören. Haben Sie mal den ganzen Tag diese Musik um die Ohren! Nein, Weihnachten ist für mich schon seit Jahren »gestorben«. Ein gutes Geschäft schon, aber sonst …

Weihnachten – Geburtsfest Jesu Christi

Weihnachten ist kein Fest, das wir Menschen erfunden haben. Weihnachten feiern wir, weil Gott selbst gehandelt hat in dieser Welt, an uns Menschen. Keine menschliche Leistung wird hier gefeiert, sondern die Menschwerdung Gottes selber, der Geburtstag Jesu Christi, des Sohnes Gottes. Er, der nicht alles von oben regelte, sondern das Leben hier mit uns durchlebte. Er, der auch dem Ärmsten noch Bruder wurde und seine Last teilte. So ist die Menschenliebe Gottes uns in Jesus Christus erschienen. Er zeigte nicht mehr und nicht weniger als dies in seinem Leben: Liebe ist möglich – trotz allem!

Weil dieses Leben Jesu Christi Menschen überzeugt hat, feiern sie den Tag der Geburt, den Tag der Menschwerdung Gottes bis heute. Wir feiern seinen Geburtstag. Denn durch seine Geburt und Menschwerdung ist ein neuer Impuls, eine neue Richtung in diese Welt gekommen: Liebe ist möglich – trotz allem! Dies dürfen wir uns feiernd alle Jahre bewußtmachen.

So können wir wenigstens in diesen Tagen etwas davon spüren, daß sich unser Leben für Augenblicke ändert und in aller Welt die Bereitschaft wächst, es noch einmal mit Liebe zu wagen.

Wir tun Dinge, die sonst schier unmöglich scheinen. Menschen, die sich nicht sehen können, schauen sich an. Sie hatten längst aufgegeben, und nun reichen sie sich die Hand, schreiben eine Karte. Vertrauen bricht auf zwischen Menschen, die sich lang genug mit ihrem Mißtrauen gepeinigt haben und aneinander vorbeigegangen sind. Kinder und Eltern, vielleicht durch einen Graben von Mißverständnissen getrennt, springen über den Graben und beschenken sich – mit Sachen und mit sich selbst. Da sind in der Bekanntschaft oder Nachbarschaft einsame Menschen. Nun geht uns auf einmal auf: Mensch, du könntest diese einladen, du könntest hingehen.

Wir wissen alle, es droht eine Illusion zu sein, die vergeht. Spätestens am 2. Januar sieht alles wieder anders aus. Aber könnten wir nicht einige der Fragen, die wir vor dem Weihnachtsfest und an Weihnachten gestellt haben, hinüberretten in das neue Jahr als Fragen unserer Lebensgestaltung und unseres Zusammenlebens: mit wem müßte ich noch einmal sprechen? wem schreiben? wer wartet auf meinen Besuch? wo ist ein neuer Anfang möglich? was könnte ich dem anderen schenken? wodurch könnte ich ihm eine Freude machen?

Liebe ist möglich – trotz allem. Diese Tage der Weihnacht zeigen es.

Zur Geschichte des Weihnachtsfestes

Der genaue Tag der Geburt Jesu ist unbekannt. Die Evangelien geben darüber keine Auskunft. Seit dem vierten Jahrhundert feiern die Christen Weihnachten. Um diese Zeit entstanden die beiden großen Feste der Weihnachtszeit. Die römische Kirche hat den 25. Dezember gewählt. Dieser Tag galt im ganzen Mittel-

meerraum als Geburtstag des unbesiegbaren Sonnengottes Mithras, den auch die Römer verehrten. Zugleich war er der Tag der nordischen Wintersonnenwende. Die Kirche feiert damit Christus als die wahre Sonne und das »Licht der Welt«, das den heidnischen Sonnengott vertreibt.
Die Kirchen des Ostens haben den 6. Januar bevorzugt. Es ist der Tag, an dem Jesus getauft und von seinem Vater als sein Sohn der Welt vorgestellt wurde: »Du bist mein geliebter Sohn, an dir habe ich Gefallen gefunden« (Markus 1,11). Darum nennen wir dieses Fest auch Erscheinung des Herrn: Christus erscheint als der wahre König, dem alle Könige huldigen. Aus diesem Grunde wird es auch das Fest der Heiligen Drei Könige genannt. Seine Gottheit offenbart er auch in seinen ersten Wundertaten, z. B. bei der Hochzeit zu Kana. (Siehe auch 6. Januar)
Das deutsche Wort »Weihnacht« ist schon sehr alt. *Wîh* ist althochdeutsch und bedeutet »heilig«, »geweiht«. Es ist keine andere Nacht so heilig wie diese, in der Gott in Jesus Christus Mensch wurde.

Die Weihnachtskrippe wird 1223 zum ersten Male durch den heiligen Franz von Assisi in Greccio (Italien) in einer Kirche aufgestellt. Wie die Hirten in Betlehem pilgerten die Gläubigen zur Krippe. Schon bald standen Krippen in vielen Kirchen und Klöstern, später auch in Schulen und Wohnungen. Um diese Zeit entwickelten sich auch zahlreiche Krippenspiele, die das Weihnachtsevangelium anschaulich darstellen wollten.

Der Weihnachtsbaum geht zurück auf vorchristliches Brauchtum. Zur Feier der Wintersonnenwende wurden in den zwölf Rauhnächten grüne Zweige als Schutz und Zaubermittel und zur Beschwörung des Sommers geschlagen. In allen Kulturen und Religionen ist der immergrüne Baum Wohnstätte der Götter und damit Zeichen des Lebens gewesen. Fruchtbarkeit und Wachstum werden angezeigt. Auch in der Heiligen Schrift spielt der Baum eine große Rolle: vom Paradiesbaum bis zum Baum des Kreuzes. Der Brauch, einen Christbaum aufzustellen, kam im Elsaß und im Schwarzwald um 1509 auf. Er wurde von Martin Luther und den Reformatoren zum Weihnachtssymbol der Protestanten erklärt. In den Kriegen gegen Napoleon wurde die Tanne zum Freiheitssymbol aller Deutschen. Sie hält gegen Ende des 19. Jahrhunderts auch Einzug in die katholischen Kirchen und Wohnungen. Der Christbaum steht für den Paradiesbaum, an dem die »Früchte des Lebens« hängen, dargestellt durch Äpfel, Nüsse, Gebäck und im übertragenen Sinne durch goldene Christbaumkugeln und silbernen Christbaumschmuck. Am Ende der Weihnachtszeit wird der Christbaum »geplündert«; vom Baum des Lebens werden die Früchte des Lebens gepflückt.

Der Brauch der Weihnachtsbescherung ist eigentlich älter als das Weihnachtsfest selbst. Schon in vorchristlicher Zeit wurden am Fest des Sonnengottes und der Sonnenwende Geschenke verteilt. An diesem Tag erhielten die römischen Beamten und die Sklaven ebenso wie in Germanien das Gesinde von ihren Dienstherren Geschenke als Dank für ihre Dienste. Die Weihnachtsgeschenke haben für Christen einen tieferen Sinn: sie beschenken einander, weil Gott allen Menschen seinen Sohn geschenkt hat. Die Weihnachtsbescherung geht zurück auf Martin Luther. Er schaffte um 1535 die bis dahin allein übliche Nikolausbescherung ab. Statt des heiligen Nikolaus bringt nun das Christkind die Gaben; der Nikolaus wird zum Weihnachtsmann. In Holland hat sich die ursprüngliche Tradition um »Sinterklas« bis in die heutige Zeit erhalten.

Wir schmücken den Weihnachtsbaum

- ✶ Wir übersprühen *Kiefern-* bzw. *Tannenzapfen* oder *Walnüsse* mit Goldbronze und hängen sie mit einem Goldfaden auf.
- ✶ Wir sägen aus *Sperrholz* verschiedene Symbole der christlichen Weihnachtsbotschaft, z. B. Engel, Stern, Kerzen aus und malen die Anhänger bunt an.
- ✶ Wir packen kleine *Geschenke* in *Buntpapier* ein und hängen sie mit einem Faden auf.
- ✶ Wir fädeln kleine und große *Holzperlen* auf und binden sie zu einem Kranz zusammen.
- ✶ Wir falten aus *Buntpapier* verschiedene *Sterne* und hängen sie mit Bindfäden auf.
- ✶ Wir legen je vier *Strohhalme* übereinander und binden sie mit einem dünnen Faden zu einem *Strohstern* zusammen.
- ✶ Wir basteln Kugeln und Sterne aus *Granulat*. Wir legen zunächst das Backblech des Backofens mit Alufolie aus. Aus Metallstreifen formen wir Sterne oder Kreise und legen sie auf das Backblech. Dann füllen wir die Formen mit Granulatkörnern aus. Das Backblech wird für etwa zehn Minuten bei einer Temperatur von 200 Grad in den Backofen geschoben. Die Granulatkörner zerschmelzen zu einer festen Masse. Die hart gewordenen Formen durchbohren wir abschließend mit der erhitzten Spitze einer Stricknadel. Durch das Loch ziehen wir ein buntes Band.

Wir basteln Geschenke

Kerzenständer aus Walnußschalen

Wir benötigen: Bierdeckel, Filz, Walnußschalen, Klebstoff, Kerzen und kleine Tannenzweige

Wir verkleiden einen Bierdeckel mit Filz und kleben darauf drei bis fünf halbe Nußschalen. In der Mitte muß noch Platz für die Kerze bleiben. Zwischen den Nußschalen können wir noch kleine Tannenzweige aufkleben.

Schmuckdose

Wir benötigen: Käsedose, buntes Glanzpapier oder Stoffreste, Schere, Alleskleber

Wir bekleben die Käsedose außen und innen nach einem vorher entworfenen Muster mit Glanzpapier oder Stoffresten.

Selbstgemachter Jahreskalender

Wir benötigen: 12 Zeichenblätter, Wasserfarben, Wachsmalstifte usw., eine Kordel

Wir denken uns zunächst für jeden Monat ein Motiv und eine bestimmte Maltechnik aus. Dann fertigen wir die einzelnen Blätter an. Auf die untere Hälfte des Blattes schreiben wir jeweils das Kalendarium. Abschließend lochen wir die Blätter oben und ziehen sie auf einer Kordel auf.

Übrigens: an diesem Geschenk können sich alle Kinder der Familie beteiligen. Die Eltern werden sich über diese »Gemeinschaftsarbeit« bestimmt freuen.

Geburt Christi
Elfenbein-Relief. Um 1140

**Du, Betlehem im Gebiet von Juda,
bist keineswegs die unbedeutendste
unter den führenden Städten von Juda;
denn aus dir wird ein Fürst hervorgehen,
der Hirt meines Volkes Israel.**

Micha 5,1; Matthäus 2,6

Ein unbekannter Meister hat um 1140 dieses Täfelchen aus Elfenbein geschnitzt, das zwei Szenen aus der Weihnachtsgeschichte des Evangelisten Lukas vereint.

Die Hauptszene (Lk 2,1–7) spielt sich innerhalb der Mauern Betlehems ab, das hier als ein durch Mauern und Türmchen eingegrenzter, geschützter Platz nach Art eines mittelalterlichen Städtchens vorgestellt wird. In einem Futtertrog für die Tiere liegt das Kind Jesus, in Windeln gewickelt, den Kopf ein wenig erhoben und durch einen Heiligenschein mit Kreuz als Christuskind gekennzeichnet. Ochs und Esel schauen durch Fenster auf den Neugeborenen, obwohl sie in der Weihnachtserzählung des Evangeliums nicht vorkommen. Doch schon in frühchristlicher Zeit hat man sich an das Wort des Propheten Jesaja (1,3) erinnert: »Der Ochse kennt seinen Besitzer und der Esel die Krippe seines Herrn« und es mit der Weihnachtsgeschichte des Lukas verknüpft: Die Tiere kennen ihren Besitzer, doch die Menschen wissen nicht, wer unter ihnen weilt und wem sie gehören. Ochs und Esel an der Krippe sind als Aufruf zu verstehen, sich von den Tieren nicht beschämen zu lassen und das Kind in der Krippe als den Herrn anzuerkennen. Die Mutter Maria als Wöchnerin ist die beherrschende Gestalt auf diesem Schnitzbild. Aber mit ihrer Rechten lenkt sie den Blick von sich weg auf das unscheinbare Kind. Josef bildet das Gegengewicht zu den beiden liegenden Figuren. In einer Gebärde der Nachdenklichkeit stützt er seinen Kopf mit der rechten Hand. So wird sein Grübeln über die Schwangerschaft Marias angedeutet (Mt 1,18–25).

Die zweite Szene (Lk 2,8–14) ereignet sich außerhalb der Stadtmauern, in unserem Relief am oberen und unteren Bildrand. Unten kündet ein Engel den Hirten mit ihrer Herde die Frohbotschaft: »Heute ist euch der Retter geboren in der Stadt Davids; er ist der Christus, der Herr« (Lk 2,11). Der Engel weist auf die Geburtsszene; zwei Hirten haben sich bereits auf den Weg gemacht, sie schauen über die Mauer nach oben. Die Hand des vorderen ist wie zum Gruß erhoben. Zwei weitere Engel über der Mauer kommen von rechts und links hinzu. Ihre Botschaft ist der Glaubenskern des Weihnachtsevangeliums: »Verherrlicht ist Gott in der Höhe, und auf Erden ist Friede bei den Menschen seiner Gnade« (Lk 2,14).

Die große Sternblume über dem Christuskind erinnert an die Erzählung von den Sterndeutern (Mt 2,1–12), die dem Kind huldigen als Vertreter der Heidenwelt. Der strahlende Stern sagt: Hier »kam das wahre Licht, das jeden Menschen erleuchtet, in die Welt« (Joh 1, 9).

Der Heilige Abend

Die Familie feiert Weihnachten am Heiligen Abend – vor oder nach dem Weihnachtsgottesdienst. Eltern und Kinder, Großeltern und alleinstehende Verwandte und Freunde versammeln sich um den Weihnachtsbaum und die Krippe. Es sollen sich möglichst alle an der Gestaltung der Familienfeier beteiligen. Dazu einige Tips, aus denen Sie auswählen können:

- die Kinder haben vorher auf einer selbstgefertigten Schmuckkarte den Ablauf der Feier aufgeschrieben.
- alle vier Kerzen am Adventskranz werden entzündet und alle singen das Lied:

M: Heinrich Rohr, T: Maria Ferschl

- das Krippenspiel (siehe Seite 315) erreicht seinen Höhepunkt: das Jesuskind wird in die Krippe gelegt.
- die (älteren) Kinder haben eine Krippencollage mit Bildern aus unserer Zeit angefertigt und stellen sie nun um die Krippe.
- die Kerzen des Christbaumes werden entzündet.
- Vater oder Mutter liest das Weihnachtsevangelium (siehe nächste Seite) vor; die Kinder haben dazu eine Bildergeschichte entworfen und zeigen die einzelnen Bilder an der entsprechenden Textstelle vor. Oder sie schauen sich die Bilder einer Kinderbibel an.
- die jüngeren Kinder sagen Gedichte auf; die älteren lesen eine moderne Weihnachtsgeschichte vor.
- alle singen gemeinsam Weihnachtslieder.
- Eltern und Kinder musizieren.
- jeder spricht eine Fürbitte zum Thema »Frieden«.
- die Geschenke, mit Namen versehen, werden *nacheinander* aus einem großen Korb verteilt, so daß sich jeder mit jedem mitfreuen kann.
- nach dem Essen bleibt Zeit zum Spielen, Reden, Vorlesen, Geschichten erzählen, Musik hören usw.
- die Großeltern erzählen, wie sie früher Weihnachten gefeiert haben.
- Großeltern, Eltern, Verwandte und Freunde zeigen alte Fotos der Familie und rufen die Geschichte der Familie in Erinnerung.

Die Frohe Botschaft von Weihnachten

In jenen Tagen erließ Kaiser Augustus den Befehl, alle Bewohner des Reiches in Steuerlisten einzutragen. Dies geschah zum erstenmal; damals war Quirinius Statthalter von Syrien. Da ging jeder in seine Stadt, um sich eintragen zu lassen. So zog auch Josef von der Stadt Nazaret in Galiläa hinauf nach Judäa in die Stadt Davids, die Betlehem heißt; denn er war aus dem Haus und Geschlecht Davids. Er wollte sich eintragen lassen mit Maria, seiner Verlobten, die ein Kind erwartete. Als sie dort waren, kam für Maria die Zeit ihrer Niederkunft, und sie gebar ihren Sohn, den Erstgeborenen. Sie wickelte ihn in Windeln und legte ihn in eine Krippe, weil in der Herberge kein Platz für sie war.

In jener Gegend lagerten Hirten auf freiem Feld und hielten Nachtwache bei ihrer Herde. Da trat der Engel des Herrn zu ihnen, und der Glanz des Herrn umstrahlte sie. Sie fürchteten sich sehr; der Engel aber sagte zu ihnen: Fürchtet euch nicht; denn ich verkünde euch eine große Freude, die dem ganzen Volk zuteil werden soll: Heute ist euch in der Stadt Davids der Retter geboren; er ist der Messias, der Herr. Und das soll euch als Zeichen dienen: Ihr werdet ein Kind finden, das, in Windeln gewickelt, in einer Krippe liegt. Und plötzlich war bei dem Engel ein großes himmlisches Heer, das Gott lobte und sprach: Verherrlicht ist Gott in der Höhe, und auf Erden ist Friede bei den Menschen seiner Gnade.

Als die Engel sie verlassen hatten und in den Himmel zurückgekehrt waren, sagten die Hirten zueinander: Kommt, wir gehen nach Betlehem, um das Ereignis zu sehen, das uns der Herr verkünden ließ. So eilten sie hin und fanden Maria und Josef und das Kind, das in der Krippe lag. Als sie es sahen, erzählten sie, was ihnen über dieses Kind gesagt worden war. Und alle, die es hörten, staunten über die Worte der Hirten.

Maria aber bewahrte alles, was geschehen war, in ihrem Herzen und dachte darüber nach. Die Hirten kehrten zurück, rühmten Gott und priesen ihn für das, was sie gehört und gesehen hatten; denn alles war so gewesen, wie es ihnen gesagt worden war.

Lukas 2,1–20

Weihnachtsgedichte

Für jüngere Kinder:

Christkind ist da,
sangen die Engel im Kreise
über der Krippe immerzu.

Der Esel sagte leise: I-a
und der Ochs sein Muh.

Der Herr der Welten
ließ alles gelten.
Es dürfen auch nahen
ich und du.

Josef Guggenmos

Heut' ist die wunderbare Nacht
Da Christus uns geboren.
Nun freut euch alle, singt und lacht.
Denn niemand ist verloren.

Ihr ruhet in der Hand des Herrn.
So macht euch keine Sorgen.
Seid glücklich, habt einander gern.
Und liebt euch auch noch morgen.

Gina Ruck-Pauquèt

Geboren ist das Kind zur Nacht
für dich und mich und alle,
drum haben wir uns aufgemacht
nach Bethlehem zum Stalle.

Sei ohne Furcht, der Stern geht mit,
der Königsstern der Güte,
dem darfst du trauen, Schritt für Schritt,
daß er dich wohl behüte.

Und frage nicht und rate nicht,
was du dem Kind sollst schenken.
Mach nur dein Herz ein wenig licht,
ein wenig gut dein Denken,

mach deinen Stolz ein wenig klein,
und fröhlich mach dein Hoffen –
so trittst du mit den Hirten ein,
und sieh: die Tür steht offen.

Ursula Wölfel

Für ältere Kinder:

Flucht nach Ägypten

nicht
ägypten
ist fluchtpunkt
der flucht
das kind
wird gerettet
für härtere tage
fluchtpunkt
der flucht
ist
das kreuz

Kurt Marti

Begebenheit

Es begab sich aber zu der Zeit,
da die Bibel ein Bestseller war,
übersetzt in mehr als
zweihundert Sprachen,
daß alle Welt sich fürchtete:
vor selbstgemachten Katastrophen,
Inflationen, Kriegen, Ideologien,
vor Regenwolken, radioaktiv,
und Raumschiff-Flotillen,
die spurlos verglühn.

Als die Menschenmenge auf dem Wege
war,
ungeheuer sich vermehrend,
hinter sich die
Vernichtungslager der Vergangenheit,
vor sich die
Feueröfen des Fortschritts,
und alle Welt täglich
geschätzt und gewogen wurde,
ob das atomare Gleichgewicht stimmt,
hörte man sagen:
Laßt uns nach Bethlehem gehen.

Arnim Juhre

Weihnachtslieder

2. Lasset uns sehen
in Bethlehems Stall,
was uns verheißen
der himmliche Schall.
Was wir dort finden,
lasset uns künden,
lasset uns preisen
in frommen Weisen.
Halleluja.

3. Wahrlich, die Engel verkünden heut
Bethlehems Hirtenvolk gar große Freud.
Nun soll es werden
Friede auf Erden,
den Menschen allen ein Wohlgefallen.
Ehre sei Gott.

Aus Böhmen, 1870

T. und M.: A. H. Zoller

2. Stern über Bethlehem,
nun bleibst du steh'n
und läßt uns alle das Wunder hier seh'n,
das da geschehen, was niemand gedacht,
Stern über Bethlehem, in dieser Nacht.

3. Stern über Bethlehem,
wir sind am Ziel,
denn dieser arme Stall birgt doch so viel!
Du hast uns hergeführt, wir danken dir.
Stern über Bethlehem, wir bleiben hier!

Kanon zu 4 Stimmen

Walter Rein

Adveniat

Das Welt-Hochhaus

Stellen wir uns einmal vor, die ganze Welt bestünde aus einem Hochhaus mit sechs Stockwerken und die Erdbevölkerung zählte genau 100 Menschen. Wie sähe unsere kleine Welt dann aus?
In den oberen drei Stockwerken wohnten 30 Menschen, die wie selbstverständlich mit elektrischem Licht, Kühlschränken, Fernsehen, Autos, ausreichend gutem Essen versorgt sind und wo die Kinder wie selbstverständlich ein warmes Bett und oft ein eigenes Zimmer, Rollschuhe, Fahrräder und weiteres Spielzeug in Fülle besitzen.
In den unteren drei Stockwerken wohnten 70 Menschen, von denen die meisten nicht genug zu essen haben und nicht einmal ein eigenes Bett besitzen und wo die Kinder froh sind, mit dem spielen zu können, was die »von oben« wegwerfen.
Die Menschen in den oberen Stockwerken sind reich. Sie beanspruchen, obwohl sie nicht einmal ein Drittel aller Hausbewohner stellen, 80 Prozent (!) von dem, was im Haus hergestellt wird. Für den weitaus größten Teil der Bewohner in den unteren Etagen bleiben nur noch 20 Prozent (!) aller Güter übrig. Diese Menschen sind arm.
Wir in Deutschland sind reich. Die meisten von uns wohnen in den oberen Stockwerken. In Lateinamerika leben ganz wenige Menschen oben; die breite Masse lebt unten – viele am Rande des Hungertodes.
Weihnachten wird in allen katholischen Kirchen der Bundesrepublik Geld für die »Aktion Adveniat« gesammelt. Dieses Hilfswerk für die Kirche in Lateinamerika wurde 1960 gegründet und unterstützt seit dieser Zeit Tausende von Projekten, die die dortigen Lebensverhältnisse der Menschen verbessern helfen.
Weihnachten ist ein Fest der Solidarität. Der »Weihnachtszehnt« – ein Zehntel der Summe für unsere Geschenke – gehört den Menschen in den unteren Etagen des Welthochhauses, gehört der »Aktion Adveniat«.

28. Dezember: Tag der Unschuldigen Kinder

Im Mittelalter bis etwa 1300 war dieser Tag ein Fest der Kinder: In den Klöstern und Schulen »regierten« an diesem Tag allein die Kinder. Sie wählten einen »Kinderbischof«, der das Regiment führte. In den Familien sagten die Kinder ihren Eltern und älteren Geschwistern mit gereimten Sprüchen ihre Meinung.
Der Tag der Unschuldigen Kinder erinnert an den Kindermord in Betlehem durch König Herodes.
»Als Herodes merkte, daß ihn die Sterndeuter getäuscht hatten, wurde er sehr zornig, und er ließ in Betlehem und der ganzen Umgebung alle Knaben bis zum Alter von zwei Jahren töten, genau der Zeit entsprechend, die er von den Sterndeutern erfahren hatte. Damals erfüllte sich, was durch den Propheten Jeremia gesagt worden ist: Ein Geschrei war in Rama zu hören, lautes Weinen und Klagen: Rahel weinte um ihre Kinder und wollte sich nicht trösten lassen, denn sie waren dahin.«

(Matthäus 2,16–18)

Dieser Tag ist auch ein Gedenktag für alle Kinder, die für Christus Zeugnis abgelegt haben und für ihn gestorben sind. Heute werden an diesem Tag in vielen Gemeinden die Kinder und deren Eltern gesegnet.
In Erinnerung an das alte Brauchtum haben unsere Kinder einen »Wunsch frei«. Sie können vorschlagen, was wir in der Familie an diesem Tag miteinander tun.

Jahreswende

*Von guten Mächten treu und still
umgeben,
behütet und getröstet wunderbar,
so will ich diese Tage mit euch leben
und mit euch gehen in ein neues Jahr.*

Dietrich Bonhoeffer

Silvester

Der letzte Tag des Jahres heißt Silvester. Der heilige Silvester war Papst (314–355) in der Zeit nach der Christenverfolgung. Unter Kaiser Konstantin erhält das Christentum endlich seine Freiheit. So konnte Silvester die Kirche nach langer Zeit der Unruhe und Bedrohung in eine Periode des Friedens führen. Er ist deshalb der »richtige« Heilige zum Anbruch eines neuen Jahres.

Die Jahreswende – der letzte Tag im abgelaufenen Jahr und der erste Tag im neuen Jahr – wird in den meisten Familien festlich und gemütlich begangen. Das ist eine gute Tradition. Seit alters hat das gemeinsame Essen im Kreis der Familie eine besondere Bedeutung. Der Mensch »zwischen den Jahren« wurde als besonders gefährdet angesehen. Die Familie mit Verwandten und Freunden schützte den einzelnen und schloß gewissermaßen einen Kreis um ihn, durch den kein Dämon eindringen konnte. Hier findet auch ein alter Brauch seinen tieferen Grund: Durch Feuerwerk und Knallerei um Mitternacht sollten einst die bösen Geister vertrieben werden.

Am Silvesterabend gehen die Gedanken zurück. Eltern und Kinder halten Rückblick. Die wichtigsten Ereignisse des Jahres – Geburt, Taufen, Erstkommunion, Einschulung, Schul- oder Arbeitsplatzwechsel, Verlobung, Hochzeit, Krankheit, Tod – werden in Erinnerung gerufen. Fotos, Dias, Briefe, Glückwunschschreiben, Zeitungen, Urlaubskarten verlebendigen den Rückblick. Es werden sich gewiß viele Anlässe finden zu danken: den Eltern, den Kindern, den Geschwistern, den Freunden und nicht zuletzt Gott.

Um Mitternacht schauen die Menschen nach vorne. Was wird das neue Jahr alles bringen – an Freude und Glück, an Sorgen und Leid? Die Menschen stoßen auf das neue Jahr an und wünschen sich Glück, Gesundheit und ein langes Leben. In vielen Familien und Nachbarschaften werden diese Wünsche von einem Feuerwerk, Ausdruck der Freude, begleitet.

Zum Jahresanfang

Man soll das neue Jahr
nicht mit Programmen
beladen wie ein krankes Pferd.
Wenn man es allzu sehr beschwert,
bricht es zu guter Letzt zusammen.

Je üppiger die Pläne blühen,
um so verzwickter wird die Tat.
Man nimmt sich vor,
sich schrecklich zu bemühen,
und schließlich hat man den Salat.

Es nützt nicht viel, sich rotzuschämen.
Es nützt nichts, und es schadet bloß,
sich tausend Dinge vorzunehmen.
Laßt das Programm
und bessert euch drauflos! Erich Kästner

In Ihm sei's begonnen,
Der Monde und Sonnen
An blauen Gezelten
Des Himmels bewegt.
Du Vater, du rate!
Lenke du und wende!
Herr, dir in die Hände
Sei Anfang und Ende,
Sei alles gelegt! Eduard Mörike

Kindern aufzusagen

Ein Jahr ist zu Ende.
Nun gebt euch die Hände
und sagt: Alles Gute, Gesundheit und Glück!
Beschließt in Gedanken,
euch nicht mehr zu zanken,
und denkt an die Sünden vom Vorjahr zurück!

Bleibt nett und verträglich,
und drückt euch nicht täglich
vom Waschen und Lernen auf listige Art!
Tuts auch nicht verdrießlich!
Es bleibt euch ja schließlich,
ob schneller, ob langsamer, doch nicht erspart!

Ein Jahr will beginnen.
Im Glockenturm drinnen
erschrecken die Tauben vom Bimm und vom Bumm.
Seid nicht wie die Tauben!
Ihr müßt an euch glauben.
Stapft fröhlich ins Neujahr und dreht euch nicht um!

James Krüss

Neujahrsbrezel

Ihr braucht:
350 g Mehl
30 g Hefe
knapp ⅛ l Milch
50 g Butter
3 Eßlöffel saure Sahne
1 Ei
40 g Zucker
¼ Teelöffel Salz
1 Messerspitze Muskat
abgeriebene Schale einer halben Zitrone
zum Bestreichen: 1 Eigelb

Gebt Mehl in eine Schüssel und verrührt es mit der zerbröckelten Hefe und der Milch zu einem Vorteig. Nach etwa 15 Minuten gebt ihr die flüssige Butter und die übrigen Zutaten zu dem Vorteig und knetet alles zu einem glatten festen Hefeteig. An einem warmen Ort laßt ihr diesen Teig wieder 15 Minuten gehen. Anschließend rollt ihr aus dem Teig drei Stränge von 50 cm Länge, die zu den Enden hin dünner werden. Daraus flechtet ihr einen Zopf und legt ihn zu einer Brezel. Diese legt ihr auf ein gefettetes Backblech und laßt sie nochmals 20 Minuten an einem warmen Ort gehen. Vor dem Backen bestreicht ihr die Oberfläche mit Eigelb.
Backen: 35 bis 40 Minuten, 180 bis 200 Grad/Stufe 3

Silvesterpunsch

Berichten zufolge sollen Punschgetränke bereits im 16. Jahrhundert bei festlichen Anlässen eine große Rolle gespielt haben. Der Name »Punsch« ist allerdings erst seit dem 17./18. Jahrhundert belegt. Er leitet sich ab aus dem altindischen Wort »pontscha« (fünf) und deutet auf die fünf notwendigen Grundbestandteile hin: Arrak (aus Reis gewonnener Branntwein), Zucker, Zitronensaft, Wasser oder Tee und Gewürze. Heute ist der Punsch ein Heißgetränk, das besonders gern im Winter getrunken wird.
Damit ihr euren großen und kleinen Gästen in der Silvesternacht einen kräftigen Punsch anbieten könnt, findet ihr hier zwei Rezepte – allerdings ohne Alkohol:

Orangenpunsch (heiß)
Saft von 8 Orangen und 2 Zitronen, 4 Eßlöffel Zucker, Schale von 1 Zitrone und 1 Orange (ungespritzt) spiralenförmig abschälen, 1 l heißer Tee.

Schwarzer Punsch (kalt)
pro Glas: ⅛ l schwarzen Johannisbeersaft, eine halbe Zitrone und eine Orange (auspressen), Zitronenlimonade, zwei Eiswürfel, ein Strohhalm.

Gott, unser Vater,
der Quell und Ursprung
alles Guten,
gewähre euch seinen Segen
und erhalte euch im Neuen Jahr
unversehrt an Leib und Seele.
Amen.
Er bewahre euch
im rechten Glauben,
in unerschütterlicher Hoffnung
und in der Geduld
unbeirrbarer Liebe. Amen.
Eure Tage ordne er
in seinem Frieden,
eure Bitten erhöre er heute
und immerdar;
am Ende eurer Jahre
schenke er euch das ewige Leben.
Amen.

6. Januar:

Fest der Erscheinung des Herrn (Dreikönigstag)

Als Jesus zur Zeit des Königs Herodes in Betlehem in Judäa geboren worden war, kamen Sterndeuter aus dem Osten nach Jerusalem und fragten: Wo ist der neugeborene König der Juden? Wir haben seinen Stern aufgehen sehen und sind gekommen, um ihm zu huldigen. Als König Herodes das hörte, erschrak er und mit ihm ganz Jerusalem. Er ließ alle Hohenpriester und Schriftgelehrten des Volkes zusammenkommen und erkundigte sich bei ihnen, wo der Messias geboren werden solle. Sie antworteten ihm: In Betlehem in Judäa; denn so steht es bei dem Propheten:

Du, Betlehem im Gebiet von Juda,
bist keineswegs die unbedeutendste
unter den führenden Städten von Juda;
denn aus dir wird ein Fürst hervorgehen,
der Hirt meines Volkes Israel.

Danach rief Herodes die Sterndeuter heimlich zu sich und ließ sich von ihnen genau sagen, wann der Stern erschienen war. Dann schickte er sie nach Betlehem und sagte: Geht und forscht sorgfältig nach, wo das Kind ist, und wenn ihr es gefunden habt, berichtet mir, damit auch ich hingehe und ihm huldige. Nach diesen Worten des Königs machten sie sich auf den Weg. Und der Stern, den sie hatten aufgehen sehen, zog vor ihnen her bis zu dem Ort, wo das Kind war; dort blieb er stehen. Als sie den Stern sahen, wurden sie von sehr großer Freude erfüllt. Sie gingen in das Haus und sahen das Kind und Maria, seine Mutter; da fielen sie nieder und huldigten ihm. Dann holten sie ihre Schätze hervor und brachten ihm Gold, Weihrauch und Myrrhe als Gaben dar. Weil ihnen aber im Traum geboten wurde, nicht zu Herodes zurückzukehren, zogen sie auf einem anderen Weg heim in ihr Land.

Matthäus 2,1–12

Kleine Geschichte des Festes

Das Fest der Erscheinung des Herrn ist für die Kirchen des Ostens – den orthodoxen Christen – ein besonderes Festereignis, ihr Weihnachtsfest. Sie feiern die Taufe Jesu. Nach dem Festgottesdienst ziehen Priester und Gläubige in einer Prozession zum Taufbrunnen. Dort erbittet der Priester über das Wasser den »Segen des Jordans«. Die Gläubigen schöpfen Wasser aus dem Taufbrunnen und nehmen es als Erinnerung an ihre Taufe, aber auch als Schutz gegen Dämonen und zur Heilung von Krankheiten mit nach Hause. Anders als die westlichen Kirchen, die an diesem Tag die Begegnung der drei Weisen aus dem Morgenland mit dem neugeborenen Messias in den Mittelpunkt des Festes stellen, feiern die Kirchen des Ostens weniger das Kind in der Krippe als vielmehr den Jesus, der nach der Taufe im Jordan seine öffentliche Tätigkeit beginnt.

Ein wenig von der Größe dieses orthodoxen Festtages ist seit der Liturgiereform auch wieder in die römisch-katholische Kirche zurückgekehrt. Am Sonntag nach dem Fest der Erscheinung wird die Taufe Jesu gefeiert, eine Woche später erinnert die Lesung an das Wunder Jesu bei der Hochzeit zu Kana. Daß alle drei Begebenheiten sich als Offenbarungen Gottes verstehen, darauf weisen schon die äußeren Zeichen hin. Die Weisen aus dem Morgenland leitet ein wunderbarer Stern sicher nach Bethlehem. Bei der Taufe im Jordan bezeichnet eine Stimme aus der Höhe Jesus als den »geliebten Sohn«. Bei der Hochzeit zu Kana weist sich eben dieser Jesus durch ein Wunder, der Verwandlung von Wasser in Wein, als der gesandte Messias aus.

Daß diese drei Ereignisse »Theophanie« oder »Epiphanie« genannt werden, hat seinen Ursprung nicht nur im Christentum. Die Griechen bezeichneten jede Begegnung mit einem der Götter als Theophanie, und die Römer beschrieben den Besuch des Kaisers, der als »Gott« verehrt wurde, in einer der entfernten Provinzen als Epiphanie. Beide Namen wurden durch die christlichen Kirchen auf Jesus übertragen: er und kein anderer ist die wirkliche Offenbarung.

Fest der Heiligen Drei Könige

Die westliche Kirche hat von diesen drei Ursprüngen des Festes eigentlich nur die Offenbarung des neugeborenen Messias vor den Sterndeutern aus dem Osten in Erinnerung gehalten. Das Evangelium spricht weder von Königen noch davon, daß es drei waren. Im Volk wurde dieses Fest bezeichnenderweise zum »Dreikönigstag«. Im 9. Jahrhundert wurden die drei Könige erstmals mit Namen genannt: Caspar, Melchior, Balthasar. Sie wurden als Vertreter der drei Menschenrassen und der damals bekannten drei Erdteile angesehen: Europa, Asien, Afrika. Nach alter Überlieferung wurden im 4. Jahrhundert die Reliquien der drei Weisen gefunden und in Mailand aufbewahrt. 1164 schenkte Kaiser Barbarossa die Gebeine dem Erzbischof von Köln. Dieser ließ daraufhin von dem berühmtesten Goldschmied seiner Zeit den kostbaren Dreikönigsschrein anfertigen, der noch heute im Chorraum des Kölner Domes steht.

Sternsingen

Mit dem Fest der Erscheinung sind seit alters zahlreiche Volksbräuche verbunden. Bereits im 15. Jahrhundert gab es volkstümliche Spiele und Umzüge. Sie waren verbreitet von den Alpenländern über Westfalen und den Kölner Raum bis nach Flandern und den Niederlanden. 1958 wurde der noch vielerorts geübte Brauch des Sternsingens als »Aktion Dreikönigssingen« in allen Bistümern

der Bundesrepublik eingeführt. Jungen und Mädchen, als Caspar, Melchior und Balthasar verkleidet, ziehen in mehr als 8000 Pfarrgemeinden von Haus zu Haus. Die »Dreikönigssänger« besuchen die Familien, aber auch alte, kranke und alleinstehende Menschen. Wie Missionare verkünden sie in Gebet und Gesang auf frohe und anschauliche Weise die Botschaft von der Geburt des Heilandes. Mit geweihter Kreide schreiben sie den alten Segensspruch über die Haustür:

19 + C + M + B + 98

Die Anfangsbuchstaben der Namen **C**aspar, **M**elchior, **B**althasar sind die gleichen wie die des alten Segensspruches:

*Christus **M**ansionem **B**enedicat*
Christus möge das Haus segnen!

Das Geld, das die Sternsinger bei ihrem Umzug sammeln, kommt Kindern in aller Welt zugute. Es wird verwandt für Kindergärten, Schulen, Waisenhäuser, Jugendzentren oder Kinderkrankenstationen in der Dritten Welt.

M: Heinrich Rohr, T: Maria Ferschl

2. Es führt uns der Stern zur Krippe hin,
wir grüßen dich Jesus mit frommem Sinn.
Wir bringen dir unsere Gaben dar:
Weihrauch, Myrrhe und Gold fürwahr.
3. Wir bitten dich: Segne nun dieses Haus
und alle, die gehen da ein und aus!
Verleihe ihnen zu dieser Zeit
Frohsinn, Frieden und Einigkeit!

Die Legende vom vierten König

Außer Caspar, Melchior und Balthasar war auch ein vierter König aus dem Morgenland aufgebrochen, um dem Stern zu folgen, der ihn zu dem göttlichen Kind führen sollte. Dieser vierte König hieß Coredan.
Drei wertvolle rote Edelsteine hatte er zu sich gesteckt und mit den drei anderen Königen einen Treffpunkt vereinbart. Doch Coredans Reittier lahmte unterwegs. Er kam nur langsam voran, und als er bei der hohen Palme eintraf, war er allein. Nur eine kurze Botschaft, in den Stamm des Baumes eingeritzt, sagte ihm, daß die anderen drei ihn in Betlehem erwarten würden.
Coredan ritt weiter, ganz in seinen Wunschträumen versunken. Plötzlich entdeckte er am Wegrand ein Kind, bitterlich weinend und aus mehreren Wunden blutend. Voll Mitleid nahm er das Kind auf sein Pferd und ritt in das Dorf zurück, durch das er zuletzt gekommen war. Er fand eine Frau, die das Kind in Pflege nahm. Aus seinem Gürtel nahm er einen Edelstein und vermachte ihn dem Kind, damit sein Leben gesichert sei.
Doch dann ritt er weiter, seinen Freunden nach. Er fragte die Menschen nach dem Weg, denn den Stern hatte er verloren. Eines Tages erblickte er den Stern wieder, eilte ihm nach und wurde von ihm durch eine Stadt geführt. Ein Leichenzug begegnete ihm. Hinter dem Sarg schritt eine verzweifelte Frau mit ihren Kindern. Coredan sah sofort, daß nicht allein die Trauer um den Toten diesen Schmerz hervorrief. Der Mann und Vater wurde zu Grabe getragen. Die Familie war in Schulden geraten, und vom Grabe weg sollten die Frau und die Kinder als Sklaven verkauft werden. Coredan nahm den zweiten Edelstein aus seinem Gürtel, der eigentlich dem neugeborenen König zugedacht war. »Bezahlt, was ihr schuldig seid, kauft euch Haus und Hof und Land, damit ihr eine Heimat habt!«
Er wendete sein Pferd und wollte dem Stern entgegenreiten – doch dieser war erloschen. Sehnsucht nach dem göttlichen Kind und tiefe Traurigkeit überfielen ihn. War er seiner Berufung untreu geworden? Würde er sein Ziel nie erreichen?
Eines Tages leuchtete ihm sein Stern wieder auf und führte ihn durch ein fremdes Land, in dem Krieg wütete. In einem Dorf hatten Soldaten die Bauern zusammengetrieben, um sie grausam zu töten. Die Frauen schrieen und Kinder wimmerten. Grauen packte den König Coredan, Zweifel stiegen in ihm auf. Er besaß nur noch einen Edelstein – sollte er denn mit leeren Händen vor dem König der Menschen erscheinen?
Doch dies Elend war so groß, daß er nicht lange zögerte, mit zitternden Händen seinen letzten Edelstein hervorholte und damit die Männer vor dem Tode und das Dorf vor der Verwüstung loskaufte.
Müde und traurig ritt Coredan weiter. Sein Stern leuchtete nicht mehr.
Jahrelang wanderte er. Zuletzt zu Fuß, da er auch sein Pferd verschenkt hatte.
Schließlich bettelte er, half hier einem Schwachen, pflegte dort Kranke; keine Not blieb ihm fremd. Und eines Tages kam er am Hafen einer großen Stadt gerade dazu, als ein Vater seiner Familie entrissen und auf ein Sträflingsschiff, eine Galeere, verschleppt werden sollte. Core-

dan flehte um den armen Menschen und bot sich dann selbst an, anstelle des Unglücklichen als Galeerensklave zu arbeiten.
Sein Stolz bäumte sich auf, als er in Ketten gelegt wurde. Jahre vergingen. Er vergaß, sie zu zählen. Grau war sein Haar, müde sein zerschundener Körper geworden. Doch irgendwann leuchtete sein Stern wieder auf. Und was er nie zu hoffen gewagt hatte, geschah. Man schenkte ihm die Freiheit wieder; an der Küste eines fremden Landes wurde er an Land gelassen.
In dieser Nacht träumte er von seinem Stern, träumte von seiner Jugend, als er aufgebrochen war, um den König aller Menschen zu finden. Eine Stimme rief ihn: »Eile, eile!«
Sofort brach er auf, er kam an die Tore einer großen Stadt. Aufgeregte Gruppen von Menschen zogen ihn mit, hinaus vor die Mauern. Angst schnürte ihm die Brust zusammen. Einen Hügel schritt er hinauf. Oben ragten drei Kreuze. Coredans Stern, der ihn einst zu dem Kind führen sollte, blieb über dem Kreuz in der Mitte stehen, leuchtete noch einmal auf und war dann erloschen.
Ein Blitzstrahl warf den müden Greis zu Boden.
»So muß ich also sterben«, flüsterte er in

jäher Todesangst, »sterben, ohne dich gesehen zu haben? So bin ich umsonst durch die Städte und Dörfer gewandert wie ein Pilger, um dich zu finden, Herr?« Seine Augen schlossen sich. Die Sinne schwanden ihm. Da aber traf ihn der Blick des Menschen am Kreuz, ein unsagbarer Blick der Liebe und Güte. Vom Kreuz herab sprach die Stimme: »Coredan, du hast mich getröstet, als ich jammerte, und gerettet, als ich in Lebensgefahr war; du hast mich gekleidet, als ich nackt war!«
Ein Schrei durchbebte die Luft – der Mann am Kreuz neigte das Haupt und starb.
Coredan erkannte mit einemmal: Dieser Mensch ist der König der Welt. Ihn habe ich gesucht in all den Jahren. – Er hatte ihn nicht vergebens gesucht; er hatte ihn doch gefunden.

Nach einer alten russischen Legende

Fastenzeit und Osterzeit

Herr, in Deiner Hand verwandelt sich die
Welt.
Du sprichst:
Ich bin die Auferstehung und das Leben!
Und alles ändert sich vor unseren Augen.
Unsere Freude, die so rasch vorübergeht,
wird uns zum Anfang ewiger Freude,
der Augenblick des Glücks
zu einem Zeichen ewiger Fülle und Freiheit.
In Christus ist die Erde auferstanden.
In ihm ist der Himmel auferstanden.
In ihm ist die Welt auferstanden.

Jörg Zink

Fastnacht – Fastelabend – Fasching kommen vom mittelhochdeutschen Wort »Vaselnaht« bzw. dem Wort »faseln«. Bis zum 12. Jht. wurde damit der närrische Unfug zu Frühlingsbeginn, die Vertreibung der Wintergeister, gefeiert. (Vgl. heute noch den Hexen- und Narrenlauf sowie die ›Baseler Fastnacht‹.) Seit dem 12. Jht. werden damit der Anfang der Fastenzeit, d. h. die letzten 3 Tage vor Beginn der Fastenzeit bis zum Aschermittwoch, bezeichnet. Karneval – wahrscheinlich von ›carrus navalis‹, d. h. Schiffskarren, mit dem nach heidnischem Glauben die Götter der Fruchtbarkeit wieder Einzug hielten. Evtl. kommt daher auch heute noch die Schiffsform mancher Karnevalswagen in den Umzügen.
Ein anderer Ursprung könnte sein »carne valé«, übersetzt »Fleisch leb' wohl«. Hinweis auf die Fastenzeit, in der kein Fleisch mehr gegessen werden sollte.

Fastnacht Fasching Karneval

So unterschiedlich diese Tage vor Beginn der Fastenzeit auch bezeichnet und gefeiert werden, so haben sie doch ihren gemeinsamen Ursprung vor allem in einem Festtag des Mittelalters, den man das »Fest der Narren« nannte. Er wurde entweder um den 1. Januar gefeiert oder auch zu Beginn der Fastenzeit. Sonst fromme Priester und hochangesehene Bürger zogen mit Masken durch die Straßen, sangen ihre Lieder und machten sich lustig über Gott und die Welt. Manchmal bekleideten sich auch einfache Studenten mit Gewändern ihrer Oberen oder auch ihrer Fürsten und Bischöfe und machten sich lustig über die Bräuche an Kirche und Hof. Es gab sogar so etwas wie einen »Spottkönig« oder einen »Bubenbischof«, der dem ganzen Fest vorstand. Hier mußten selbst die höchsten Persönlichkeiten damit rechnen, ›auf den Arm

genommen zu werden‹. Dieses Fest war gerade unter Christen weitverbreitet. Darin wird deutlich, daß die Freude eine Grundhaltung des Christen ist, und daß in solcher Freude selbst menschliche Maßstäbe einmal auf den Kopf gestellt werden können. Die Ordnung unserer Welt ist eben nicht das Letzte. So könnte dieses Fest auch spielerisch die Verheißung Gottes zum Ausdruck bringen, daß die Letzten die Ersten und die Kleinen groß sein werden.
Fest der Narren bedeutet heute noch: über sich selbst und die anderen auch einmal lachen können, nicht in Trauer und Sorge vergehen. So wie es im Alten Testament heißt:

Überlaß dich nicht der Sorge,
schade dir nicht selbst durch dein Grübeln!
Herzensfreude ist Leben für den Menschen,
Frohsinn verlängert ihm die Tage.
Überrede dich selbst und beschwichtige dein Herz,
halte Verdruß von dir fern!
Denn viele tötet die Sorge,
und Verdruß hat keinen Wert.
Neid und Ärger verkürzen das Leben,
Kummer macht vorzeitig alt.

Jesus Sirach 30,21–24

Heute sind die Narren-Bräuche recht verschieden. Mancherorts sind sie nahezu unbekannt. In katholischen Gegenden, wie im Rheinland, werden sie geradezu überschwenglich gefeiert. Hier beginnt die Fastnacht bzw. der Karneval bereits am *Donnerstag vor Aschermittwoch* mit der ›Weiberfastnacht‹ oder dem ›unsinnigen Donnerstag‹. Dies ist der Tag der Frauen. In manchen Städten stürmen die Frauen die Rathäuser und übernehmen symbolisch das Regiment für die kommenden Tage. In anderen Städten und Orten dürfen sich an diesem Tag Männer allenfalls als Frauen verkleidet in den Gasthäusern und bei den Festen sehen lassen.
Der *Fastnachts-* bzw. *Karnevalssonntag* spielt sich vor allen Dingen auf den Straßen ab. Männer und Frauen, Jungen und Mädchen ziehen verkleidet in Masken der Märchenwelt, aus vergangenen Zeiten oder auch in den Trachten anderer Länder, als Indianer oder Piraten, als Kater oder Prinzessin durch die Straßen.
Der *Rosenmontag* ist vor allem im Rheinland der Tag der großen Umzüge, die von Karnevalsgruppen und -gesellschaften gestaltet werden. In manchen Gegenden finden diese auch am *Faschingsdienstag* statt. In der Nacht zum Aschermittwoch wird die Fastnacht oder der Karneval mit der Verbrennung einer Strohpuppe beendet. Hier wird der Karneval – aber hoffentlich nicht die Freude – verbrannt und symbolisch zu Grabe getragen.

Wir backen zu Karneval

Fastnachtskrapfen

Zutaten: ¼ l Wasser, etwas Salz, 80 g Schmalz od. Margarine, 200 g Mehl, 5–6 Eier, 1 gestr. Tl Backpulver, 65 g Rosinen und etwas Puderzucker.

Zubereitung:
Wasser, Salz und Fett (Pflanzenfett oder Öl) bringt man in einem Topf zum Kochen. Dann nimmt man den Topf vom Feuer und schüttet das gesiebte Mehl auf einmal hinein, rührt es zu einem glatten Kloß und erhitzt ihn unter Rühren noch 1 Min. Darauf gibt man den heißen Kloß in eine Schüssel und rührt nach und nach die Eier darunter. Der Teig muß so vom Löffel reißen, daß lange Spitzen hängen bleiben.
Nun das Backpulver in den kalten Teig und danach werden die gewaschenen und abgetropften Rosinen darunter gerührt. Mit einem in heißes Fett getauchten Teelöffel sticht man kleine Bällchen ab, die, in siedend heißem Fett schwimmend, auf beiden Seiten hellbraun gebacken werden. Dann nimmt man sie mit einem Schaumlöffel heraus, läßt sie gut abtropfen und wälzt sie in Puderzucker.

Gebet

Schenke mir eine gute Verdauung,
Herr, und auch etwas zum Verdauen.
Schenke mir Gesundheit des Leibes,
mit dem nötigen Sinn dafür,
ihn möglichst gut zu erhalten.

Schenke mir eine heilige Seele,
Herr, die das im Auge behält,
was gut ist und rein,
damit sie im Augenblick der Sünde
nicht erschrecke,
sondern das Mittel findet,
die Dinge wieder in Ordnung zu bringen.

Schenke mir eine Seele,
der die Langeweile fremd ist,
die kein Murren kennt und kein
Seufzen und Klagen,
und laß nicht zu,
daß ich mir allzuviel Sorgen mache
um dieses sich breitmachende Etwas,
daß sich »Ich« nennt.

Herr, schenke mir Sinn für Humor,
gib mir die Gnade,
einen Scherz zu verstehen,
damit ich ein wenig Glück kenne
im Leben und anderen davon mitteile.
Amen.

Thomas Morus, 1478–1535

Es ist leicht, das Leben schwer zu nehmen.
Es ist schwer, das Leben leicht zu nehmen.

Die Fasten- und Osterzeit: Ein Weg

Der Weg von Aschermittwoch bis Ostern, das ist ein Weg
von der Wüste zum Garten
vom Tod zum Leben
vom Dunkel ins Licht
vom Fasten zum Feiern
von der Entbehrung zur Erfüllung
vom Durst zum Wasser
vom Baum des Todes zum Baum des Lebens
von der Entscheidung zum Aufbruch hin zum Ziel

Beicht

Bußgottesdien

Was haben wir zuvie

Danken

Singen - Beten - Spielen

Erzählen, wie Jesus Menschen begegnete

Anders leben - Menschen suchen

Aufbrechende Natur entdecken

von der Wüste zum blühenden Garten

Brot backen

Teilen - Abgeben - Weggeben

In der Familie von Gott sprechen

Osterkerze fertigen

Mit der Familie den Kreuzweg gehen

Palmzweige zu Paten bringen

Besuchen und einladen

Friedensreich Hundertwasser (224), Der große Weg, 1955

Der Umkehr-Weg – Ein Großer Weg

Ein schmaler Weg in vielen Windungen.
Direkt ginge es schneller – zum Ziel.
Weit muß ich gehen,
Umwege muß ich machen.

Menschen gehen solche
verschlungenen Wege.

Umkehr-Wege sind selten breit.
Oft dagegen schwierig zu überschauen,
nicht leicht zu finden.

Dennoch: Viele vor uns
durchschritten ihr Lebenslabyrinth.

Der Weg war trotz der Umwege
der einzige Weg, ein guter Weg.

Die Fastenzeit ist wie dieser Weg,
ob wir es wahrhaben wollen oder nicht,
denn Gott ging selbst den Umweg –
für uns in Seinem Sohn.

Vertrauen wir dem, der von sich sagt:
»Ich bin der Weg!«
Dann können wir diesen Weg
mit seinen vielen Um-Kehren gehen.
Die Fastenzeit lädt ein auf diesen Weg.
Gehen wir diesen Umkehr-Weg!

Aschermittwoch – Entdecken, was für mich wertvoll und lebensnotwendig ist

Es gibt ein sehr ernstes Spiel: »Was würde ich mitnehmen, was wäre meine eiserne Ration, wenn ich mich einschränken müßte, wenn ich mit meinem Leben Ernst machen möchte?« Die Fastenzeit könnte so etwas wie ein Ernstfall dieses »Spieles« sein.
Noch ein zweiter Gedanke bestimmt den Aschermittwoch: Wir werden an den Tod erinnert, im Zeichen des Aschenkreuzes wird uns der Tod förmlich als unser »Markenzeichen« auf die Stirn gedrückt. Gestern noch der Trubel und die Ausgelassenheit des Karnevals mit all seinem Flimmer und den Illusionen. Und über Nacht die Zumutung des Wortes: »Bedenke, Mensch, daß du Staub bist und wieder zum Staub zurückkehren wirst.«

Stellen wir uns vor, tagtäglich käme (wie es früher in Klöstern der Fall war) im Auftrag unseres Chefs einer an unseren Arbeitsplatz, um uns auszurichten: »Denken Sie daran, was Sie tun, ist entbehrlich und im Grunde gar nicht so wichtig. Bald werden Sie sowieso nicht mehr dasein. Dann macht das an Ihrer Stelle ein anderer genauso gut.« Ob wir das aushalten und verkraften würden?

Das Zeichen der Asche lenkt den Blick auf unsere Unzulänglichkeiten und die Begrenztheit unseres Lebens. Die Form des Kreuzes verweist uns aber zugleich auf unseren Glauben und unsere Hoffnung, daß aus unseren Unzulänglichkeiten neues Leben entstehen kann – wenn wir bereit sind umzukehren.

Aschenkreuz

Die Asche ist Zeichen menschlicher Gebrechlichkeit und Todverfallenheit, aber auch Zeichen neuen Lebens. In frühen Zeiten wurde mit Asche gewaschen: Asche hat reinigende Kraft. – Auf den Feldern werden bis heute die Stoppeln verbrannt: Asche schafft die Voraussetzungen für neues Wachsen. – Asche wurde den Sündern auf das Haupt gestreut: Asche reinigt von Schuld und gibt Kraft zu neuem Leben.
Die Asche für die Spendung des Aschenkreuzes wird aus den verbrannten Palmzweigen des Vorjahres bereitet und vom Priester gesegnet. Sie wird so für uns zum Zeichen des Weges vom Tod zu neuem Leben. – Die Zweige des Jubels und der Freude müssen verbrannt werden, durch den Tod hindurchgehen, um zum Zeichen des Kreuzes, des Todes *und* der Auferstehung zu werden.

Der Grundakkord der ganzen Fastenzeit klingt in den Texten des Aschermittwoch-Gottesdienstes immer wieder an:
Kehrt um zu mir von ganzem Herzen!
Joel 2,12
Laßt euch mit Gott versöhnen!
2 Korinther 5,20
Kehrt um und glaubt an das Evangelium!
Markus 1,15
Dies »Umkehren«, »Sich-versöhnen-lassen«, »Glauben« wird verwirklicht durch

Gebet – Fasten – Almosen

Das sind für uns altbekannte Begriffe; vielleicht allzu bekannt, so daß wir deshalb nicht mehr viel damit anfangen können. Und doch – es sind lebenswichtige Ausdrucksformen unseres Glaubens.

Gebet – mein Leben vor Gott stellen

- Gott danken für alles, was ich habe und kann und anderen verdanke;
- Gott bitten, mich in meinen Unzulänglichkeiten und Wünschen anzunehmen;
- Gott loben und preisen und ihn als Urheber und Erhalter alles Guten bekennen.

Gebet ist sprechender Glaube.

Aus der Weisung zur kirchlichen Bußpraxis

Gebet: Wir entsprechen dem Geist Jesu und dem Wunsch der Kirche, wenn wir in der Fastenzeit neu auf Gottes Zuwendung zu uns antworten und uns besonders darum bemühen, persönlich zu beten und das Familien- oder Gemeinschaftsgebet zu erneuern. Zum Beispiel das Morgen- und Abendgebet, das Tischgebet oder den »Engel des Herrn«. Gemeinschaft mit Gott sollten wir in dieser Zeit auch suchen durch Lesen der Heiligen Schrift, Besuch der Fastenpredigt, Teilnahme an Besinnungstagen, Exerzitien, Zeiten der Stille, Kreuzweg- oder Rosenkranzandachten, nicht zuletzt durch den Empfang des Bußsakramentes und durch die Mitfeier der Eucharistie auch an den Werktagen.

Fasten – mein Leben bedenken und ändern

- Ich könnte auf vieles verzichten – Ich genieße zu viel aus Gedankenlosigkeit, aus Gewöhnung ... – Ich könnte mich einschränken.
- Ich lebe oft im eingefahrenen Trott – Ich könnte einiges ändern, was sich bei mir im Umgang mit anderen eingeschlichen hat.
- Ich könnte meine Zeit neu einteilen, anders mit meiner Zeit umgehen.

Fasten ist Verzichten können.

Aus der Weisung zur kirchlichen Bußpraxis

Fasten und Verzicht: Das eigentliche Fasten bleibt an allen Werktagen der Fastenzeit angeraten. Wer nicht so einschneidend fasten kann, sollte sich wenigstens bewußt einschränken im Essen, Trinken und Rauchen, im Gebrauch des Fernsehens und auf Partys, Tanzveranstaltungen und ähnliche Vergnügungen verzichten. In solchem Verzicht gewinnen wir neue Freiheit für Gott, für den Menschen neben uns und gegenüber den eigenen Wünschen und Bedürfnissen. Wir üben damit zugleich als einzelne und als weltweite Glaubensgemeinschaft jedes Jahr neu die Haltung jenes Konsumverzichtes ein, ohne den die Menschheit ihre Zukunft nicht bestehen wird.

Almosen – mein Leben teilen

- Mich von der Not und den Sorgen anderer treffen lassen.

- Das, auf was ich verzichte, für andere übrig haben.
- Nicht nur teilen, sondern auch abgeben, weggeben.

Almosen geben ist Ernstnehmen meines Glaubens.

Aus der Weisung zur kirchlichen Bußpraxis

Almosen und Werke der Nächstenliebe: Seit alters haben die Christen es als einen besonderen Sinn des Fastens angesehen, mit den Armen zu teilen. Für uns gilt heute: Jeder Christ soll je nach seiner wirtschaftlichen Lage jährlich ein für ihn spürbares Geldopfer für die Hungernden und Notleidenden in der Welt geben. Mehr noch als sonst im Jahr sollen wir Christen in der Fastenzeit uns sorgen um Menschen in leiblicher und seelischer Not, um Alte, Kranke und Behinderte, um mutlose, ratlose und verzweifelte Menschen, in denen uns Christus begegnet.

Anregungen zum gemeinsamen Tun

- **Mut zu unkomplizierten Einladungen**
  Wenn wir jemanden einladen, haben wir häufig das Gefühl, uns etwas »aufzuladen«: Herrichten der Wohnung, Bewirtung, die Zeit gestalten ...
  Es haben sich bestimmte Formen eingebürgert, der eine möchte den anderen übertreffen, in einer Gegen-Einladung mehr bieten ...
  Laden Sie doch einfach jemanden ohne besonderen Anlaß ein! Geben Sie Ihren Gästen das Gefühl, bei Ihnen »zu Hause« zu sein – anstatt »zu Besuch«!
  Gehen Sie doch einfach mal bei anderen vorbei. Es gibt sicher jemanden, der sich darüber freuen würde.
- **Freitage – Fastenspeisen**
  Klassische Fastenspeisen sind: Gemüsesuppen, Fischsuppen, Wein- und Biersuppen, Wassersuppen mit Reis, Graupen und Gries, Milchsuppen und Kaltschalen, alle Brot- und Semmelspeisen und Aufläufe, Pfannkuchen, Hirsebrei, Hülsenfruchtgerichte und Hülsenfruchtbrei, alle Milch- und Käsespeisen.
  Heute erscheint das Freitagsgebot gelockert. Wir könnten trotzdem unseren »Essensfahrplan« überdenken.
  Es gibt auch weitere Möglichkeiten, den Freitag zu einem »anderen« Tag werden zu lassen: Abendgestaltung, Wochenende sinnvoll vorbereiten, Zeit haben für die Kinder, für den Ehepartner ...
- **Ein Hungertuch gestalten**
  Das Hungertuch ist ein liturgischer Brauch, der bis ins 11. Jahrhundert zurückgeht. Zu Beginn der Fastenzeit wurde der Altarraum vom Kirchenschiff durch einen Vorhang getrennt. Man sprach auch vom »Fasten der Augen«. Später wurden die Hungertücher kleiner und mit Bildern aus der Leidensgeschichte bemalt. Vor mehreren Jahren ist dieser Brauch von »Misereor« neu belebt worden.
  - Wenn in unserer Kirche während der Fastenzeit ein Hungertuch hängt, versuchen wir, miteinander

die Bildaussagen zu entdecken, zu verstehen und zu deuten.
- Wir können ein eigenes Familien-Hungertuch herstellen. Wir brauchen ein Stück weißes Bettuch. Darauf können wir mit Finger- oder Plakka-Farben eine Bildfolge malen. Wir können eine Batik anfertigen oder auch das Tuch mit Farbpapier, Naturprodukten oder anderen kleinen »Abfällen« bekleben.

- **Das Kreuz – Zeichen des Heils**
Das Kreuz, Zeichen unseres Heiles und unserer Erlösung, ist das zentrale Zeichen der österlichen Bußzeit.
  - Als Familie können wir in der Fastenzeit den Kreuzweg gehen, in der Kirche oder einen Kreuzweg draußen, den es sicherlich irgendwo in unserer Umgebung gibt.
  - Mit der Familie können wir auch einmal eine bewußte »Kreuzfahrt« unternehmen: In Kirchen, auf Plätzen, auf Berghöhen ... unterschiedliche Kreuzdarstellungen entdecken.
  - Wir können miteinander ein Kreuz für unsere Wohnung herstellen, aus Holz, aus Ton, aus Mosaiksteinen ... Wir können ein Kreuz malen oder ein Kreuz aus Bildern zusammenfügen ...

- **In der Familie von Gott sprechen**
  - So wie mir zumute ist: suchend und fragend, hoffend und dankend, mutlos und unsicher, lobend und singend.
  - Von meiner Schuld und von meinem Versagen, von meinen Ängsten und von meinem Zögern.
  - Von den Mitmenschen, von ihren Sorgen und ihrem Leid, von ihrer Freude und ihrem Glück.
  - Von Gottes Nähe zu uns, von ihm als dem Grund unserer Zuneigung und Liebe.

Lebensweisheiten aus Ländern der Dritten Welt

- Es gibt Menschen, die fangen Fische, und solche, die nur das Wasser trüben.
Aus Persien
- Es ist besser, ein Licht anzuzünden, als die Finsternis zu verfluchen.
Aus Afrika
- Das Lächeln, das du aussendest, kehrt zu dir zurück.
Aus Indien
- Wenn einer allein träumt, ist es nur ein Traum.
Wenn viele gemeinsam träumen, ist das der Anfang eines neuen Lebens.
Aus Brasilien
- Wer großen Hunger hat, ißt die Kartoffel mit der Haut.
Aus Haiti
- Es ist das Herz, das gibt, die Finger geben nur her.
Aus Afrika
- Wer keine Zeit hat für andere, ist ärmer als ein Bettler.
Aus Nepal
- Man kann Weinenden nicht die Tränen abwischen, ohne sich die Hände naß zu machen.
Aus Südafrika

Die Liturgie der Fastenzeit

Die Geschichten der Evangelien an den Sonntagen der Fastenzeit spiegeln den »spannenden« Weg der Geschichte Gottes mit uns Menschen und darin zugleich unseren eigenen Weg wider. Auch hier Rhythmus und Spannung

- von Aufbruch und Ziel,
- von Entbehrung und Segen,
- von Leiden und Freude,
- von Fasten und Feiern,
- von Tod und Leben,
- von Tiefen und Höhen,
- von Durst und Wasser,
- von Dunkel und Licht,
- von menschlicher Schuld und göttlicher Erlösung.

Unser Glaube und damit auch das Kirchenjahr haben ihre Mitte in der Auferstehung Jesu Christi, im Osterfest. Der Apostel Paulus formuliert dies in seinem 1. Brief an die Gemeinde in Korinth mit den Worten:

»Wenn es keine Auferstehung der Toten gibt, ist auch Christus nicht auferweckt worden. Ist aber Christus nicht auferweckt worden, dann ist unsere Verkündigung leer und unser Glaube sinnlos.«

1 Kor 15,13–14

Die Fastenzeit führt über 40 Tage zu dieser Mitte unseres Glaubens hin.

- 40 Tage und Nächte dauerte die Sintflut
- 40 Jahre zogen die Israeliten durch die Wüste, bevor sie das Gelobte Land erreichten
- 40 Tage weilte Moses auf dem Berge Sinai
- 40 Tage hindurch forderte der Philister Goliat die Israeliten heraus, bis David ihm entgegentrat
- 40 Tage brauchte der Prophet Elias, um in der Kraft von Brot und Wasser zum Gottesberg Horeb zu wandern
- 40 Tage lang predigte Jonas Buße in der Stadt Ninive
- 40 Tage lang fastete Jesus in der Wüste und wurde dann vom Teufel versucht
- 40 Tage hindurch erschien Jesus nach seiner Auferstehung den Jüngern und sprach mit ihnen vom Reich Gottes.

Die Zahl 40 hat in der Heiligen Schrift eine besondere Bedeutung. Es ist die Zahl der Erwartung, der Vorbereitung, der Buße, des Fastens.

In einer 40tägigen »österlichen Bußzeit« sollen sich die Gemeinden und die einzelnen Gläubigen auf die Mitte ihres Glaubens besinnen. Sie sollen Leben, Leiden und Sterben Jesu heute, jedes Jahr neu, nachvollziehen und in der heiligen Messe feiern.
Die Evangelien an den Sonntagen dieser Vorbereitungszeit machen uns in allen drei Lesejahren (Lesejahr A – B – C) mit entscheidenden Situationen des Lebensweges Jesu vertraut.

Die Lesejahre

Schon in den frühchristlichen Gemeinden las man in der heiligen Messe – nach der Gewohnheit des jüdischen Gottesdienstes – Texte aus dem Alten Testament. Dazu kam die »Lehre der Apostel« (Apg 2,42), insbesondere die Erinnerungen an die Worte und Taten Jesu, die bald auch in den Evangelien niedergeschrieben wurden.
Hieraus entwickelte sich mit der Zeit das Schema eines Lesegottesdienstes. Jedes Jahr wiederholten sich die Lesungen und Evangelien. Nach der Anordnung des Zweiten Vatikanischen Konzils sollten mehr Texte aus dem Alten und Neuen Testament in einem längeren Zeitrhythmus vorgetragen werden. Die 1969 eingeführte neue Leseordnung für die Sonntage erstreckt sich über drei Jahre und wird in drei Lesejahre (Jahr A – B – C) unterteilt. Die Bibeltexte im Wortgottesdienst der Eucharistiefeier wiederholen sich jetzt alle drei Jahre.

1. Fastensonntag »In die Wüste gehen«

Jesus muß vor seinem öffentlichen Auftreten, bevor er die Botschaft von seinem Vater, vom Reiche Gottes verkündet, hinaus in die Wüste.

Darauf führte ihn der Geist 40 Tage lang in der Wüste umher, und dabei wurde Jesus vom Teufel in Versuchung geführt. Die ganze Zeit über aß er nichts; als aber die 40 Tage vorüber waren, hatte er Hunger.
Lukas 4,1–2

Jesus wird in der Wüste – dem Ort der Einsamkeit, der Entscheidung und der Gotteserfahrung – auf die Probe gestellt. Wird er andere Lebensmöglichkeiten ergreifen als die, die ihm von seinem Vater aufgetragen sind?
Das Evangelium ist in allen drei Lesejahren die Geschichte von der Versuchung Jesu, die uns in drei Evangelien berichtet wird.

Lesejahr A – Matthäus 4,1–11
Lesejahr B – Markus 1,12–15
Lesejahr C – Lukas 4,1–13

Die Wüste weint

Eine alte afrikanische Geschichte erzählt: Ein Missionar beobachtet das seltsame Gebaren eines Beduinen. Immer wieder legt sich dieser der Länge nach auf den Boden und drückt sein Ohr in den Wüstensand. Verwundert fragt ihn der Missionar: »Was machst du da eigentlich?« Der Beduine richtet sich auf und sagt: »Freund, ich höre wie die Wüste weint: Sie möchte ein Garten sein.«

2. Fastensonntag »Unterwegs in das Land der Verheißung«

An diesem Sonntag taucht für einen Augenblick das Land der Verheißung auf in der Erzählung von der Verklärung Jesu.

Jesus nahm Petrus, Jakobus und dessen Bruder Johannes beiseite und führte sie auf einen hohen Berg. Und er wurde vor ihren Augen verwandelt . . . Da erschienen plötzlich vor ihren Augen Mose und Elija und redeten mit Jesus. Und Petrus sagte zu ihm: Herr, es ist gut, daß wir hier sind. Wenn du willst, werde ich hier drei Hütten bauen, eine für dich, eine für Mose und eine für Elija.

Matthäus 17,1–4

Die Jünger, Petrus allen voran, möchten der »Versuchung der Verklärung« erliegen. Sie möchten auf dem Berge, ihrem Land der Verheißung, bleiben, nicht wieder hinunter in die Niederungen des alltäglichen Lebens. Aber Jesus reißt sie aus ihren Illusionen: Sie sind noch unterwegs und noch nicht am Ziel. Der Weg führt erst durch Kreuz und Tod zur Auferstehung.

Die Verklärung Jesu in den drei Lesejahren:
Lesejahr A – Matthäus 17,1–9
Lesejahr B – Markus 9,2–10
Lesejahr C – Lukas 9,28–36

Aus den Dörfern und Städten
sind wir unterwegs zu Dir
Aus den Tälern und Bergen
sind wir unterwegs zu Dir
Mit den leidenden Brüdern
sind wir unterwegs zu Dir
Mit den lachenden Kindern
sind wir unterwegs zu Dir
Als Bauleute des Friedens
sind wir unterwegs zu Dir
Als Boten der Gerechtigkeit
sind wir unterwegs zu Dir
Als Zeugen Deiner Liebe
sind wir unterwegs zu Dir
Als Glieder Deiner Kirche
sind wir unterwegs zu Dir
Wenn wir das Brot teilen
sind wir unterwegs zu Dir
Wenn wir die Schwachen stützen
sind wir unterwegs zu Dir
Wenn wir für die Verfolger beten
sind wir unterwegs zu Dir
Wenn wir das Heilige Opfer feiern
bist Du bei Deinem Volk

Kirchenlied aus Lateinamerika

3. Fastensonntag »Vor der Entscheidung«

In den drei Lesejahren hören wir an diesem – wie auch an den beiden folgenden Sonntagen – verschiedene Erzählungen. Sie haben ihre Gemeinsamkeit darin, daß Jesus uns klar vor eine Entscheidung stellt.

Jesus sagt der Frau am Jakobsbrunnen: Wer von diesem Wasser trinkt, wird wieder Durst bekommen; wer aber von dem Wasser trinkt, das ich ihm geben werde, wird niemals mehr Durst haben; vielmehr wird das Wasser, das ich ihm gebe, in ihm zur sprudelnden Quelle werden, deren Wasser ewiges Leben schenkt.

Johannes 4,13–14

Im Gespräch mit der Frau am Jakobsbrunnen, in der Tempelreinigung und im Gleichnis vom unfruchtbaren Feigenbaum werden die Geduld, aber auch die Entschiedenheit Jesu deutlich: Wir Menschen mögen schuldig werden, wir mögen uns verirren, trotzdem ist gefordert, Frucht zu bringen. Wir müssen uns für ihn entscheiden und dürfen seiner Zusage sicher sein, daß er uns Wasser reicht, das uns ewiges Leben schenkt.

Lesejahr A – Johannes 4,5–42
(Das Gespräch am Jakobsbrunnen)
Lesejahr B – Johannes 2,13–25
(Die Tempelreinigung)
Lesejahr C – Lukas 13,1–9
(Gleichnis vom unfruchtbaren Feigenbaum)

Die Frau und die Zwiebel

Es lebte einmal ein altes Weib, das war sehr, sehr böse. Eines Tages starb sie. Diese Alte hatte in ihrem Leben keine einzige gute Tat vollbracht. Da kamen denn die Engel, ergriffen sie und warfen sie in den Feuersee. Ihr Schutzengel aber stand da und dachte: Kann ich mich denn keiner einzigen guten Tat von ihr erinnern, um sie Gott mitzuteilen? Da fiel ihm etwas ein, und er sagte zu Gott: Sie hat einmal, sagte er, aus ihrem Gemüsegärtchen ein Zwiebelchen herausgerissen und es einer Bettlerin gegeben. Und Gott antwortete ihm: Nimm, sagte er, dieses selbe Zwiebelchen, und halte es ihr hin in den See, so daß sie es ergreifen und sich herausziehen kann, und wenn du sie aus dem See herausziehen kannst, so möge sie in das Paradies eingehen, wenn aber das Zwiebelchen reißt, so soll sie bleiben, wo sie ist. Der Engel lief zum Weib und hielt ihr das Zwiebelchen hin: Nun, sagte er zu ihr, faß an, und wir wollen sehen, ob ich dich herausziehen kann. Und er begann vorsichtig zu ziehen – und zog sie beinahe schon ganz heraus. Als aber die anderen Sünder im See bemerkten, daß sie herausgezogen wurde, klammerten sie sich alle an sie, damit man auch sie mit ihr zusammen herauszöge. Aber das Weib war böse, sehr böse und stieß sie mit ihren Füßen zurück und schrie: Nur mich allein soll man herausziehen und nicht euch; es ist mein Zwiebelchen, nicht eures. Wie sie aber das ausgesprochen hatte, riß das kleine Pflänzchen entzwei. Und das Weib fiel in den Feuersee zurück und brennt dort noch bis auf den heutigen Tag. Der Engel aber weinte und ging davon.

F. M. Dostojewskij

4. Fastensonntag
»Licht aus dem Dunkel«

Im Mittelpunkt der Evangelien-Texte stehen Menschen, die blind sind oder blind waren, denen aber von Jesus Licht angeboten und geschenkt wird.

Jeder, der Böses tut, haßt das Licht und kommt nicht zum Licht, damit seine Taten nicht aufgedeckt werden.
Wer aber die Wahrheit tut, kommt zum Licht, damit offenbar wird, daß seine Taten in Gott vollbracht sind.

Johannes 3,20–21

Wir müssen, solange es Tag ist, die Werke dessen vollbringen, der mich gesandt hat; es kommt die Nacht, in der niemand mehr etwas tun kann. Solange ich in der Welt bin, bin ich das Licht der Welt.

Johannes 9,4–5

Jesus öffnet bei der Heilung dem Blindgeborenen nicht nur die leiblichen Augen, sondern öffnet ihm die Augen zum Glauben. – Im Gespräch mit Nikodemus bietet sich Jesus selbst als das Licht zur Rettung und zur Wahrheit an. – Der barmherzige Vater läßt dem Sohn die Freiheit, in das Dunkel der Welt hinauszuziehen; doch nach seiner Umkehr darf er weiterleben im Licht des Vaters, reicher beschenkt als zuvor.

Die Texte in den drei Lesejahren:
Lesejahr A – Johannes 9,1–41
(Heilung des Blindgeborenen)
Lesejahr B – Johannes 3,14–21
(Gespräch mit Nikodemus)
Lesejahr C – Lukas 15,1–3; 11–32
(Gleichnis vom barmherzigen Vater)

Nacht und Tag

Ein Rabbi fragte seine Schüler: »Wann ist der Übergang von der Nacht zum Tag?« – Der erste Schüler antwortete: »Dann wenn ich ein Haus von einem Baum unterscheiden kann«. – »Nein«, gab der Rabbi zur Antwort. – »Dann wenn ich einen Hund von einem Pferd unterscheiden kann«, versuchte der zweite Schüler eine Antwort. »Nein«, antwortete der Rabbi. Und so versuchten die Schüler nacheinander, eine Antwort auf die gestellte Frage zu finden.
Schließlich sagte der Rabbi: »Wenn Du das Gesicht eines Menschen siehst und Du entdeckst darin das Gesicht Deines Bruders oder Deiner Schwester, dann ist die Nacht zu Ende und der Tag ist angebrochen.«

Jüdische Legende

5. Fastensonntag
»Sterben, um zu leben«

Mit dem »Passionssonntag« rückt das Leiden Jesu in dramatische Nähe. Es sind letztlich drei Todes- und zugleich Lebens- und Auferstehungs-Geschichten, die uns an diesem Sonntag in den drei Lesejahren begegnen.
In der Geschichte von der Auferweckung des Lazarus offenbart Jesus den trauernden Menschen seine Macht auch über den Tod. – In dem Gleichnis vom Weizenkorn deutet er sein eigenes Leben: erst durch den Tod bringt er reiche Frucht für andere.

Amen, Amen, ich sage euch:
Wenn das Weizenkorn nicht in die Erde fällt und stirbt,
bleibt es allein;
wenn es aber stirbt,
bringt es reiche Frucht.
Wer an seinem Leben hängt, verliert es;
wer aber sein Leben in dieser Welt gering achtet,
wird es bewahren bis ins ewige Leben.
Johannes 12,24–25

Die Ehebrecherin, die nach jüdischem Gesetz dem Tod verfallen ist, wird von Jesus nicht verurteilt. Ihr wird die Chance zu einem neuen Leben gegeben.
Die Texte in den drei Lesejahren:
Lesejahr A – Johannes 11,1–45
(Auferweckung des Lazarus)
Lesejahr B – Johannes 12,20–33
(Gleichnis vom Weizenkorn)
Lesejahr C – Johannes 8,1–11
(Jesus und die Ehebrecherin)

2.|: Er geht den Weg, den alle Dinge gehen; :|
er trägt das Los, er geht den Weg,
|: er geht ihn bis zum Ende. :|
3.|: Der Sonne und dem Regen preisgegeben, :|
das kleinste Korn in Sturm und Wind
|: muß sterben, um zu leben. :|
4.|: Die Menschen müssen füreinander sterben. :|
Das kleinste Korn, es wird zum Brot,
|: und einer nährt den andern. :|

T: Huub Oosterhuis 1965 „Wie als een god wil leven“, Übertragung Johannes Bergsma 1969
M: bei Ch. E. H. Coussemaker 1856

6. Fastensonntag (Palmsonntag) »Hosanna – ans Kreuz mit ihm«

Jesus, sein ganzes Leben, steht unmittelbar vor dem Ziel. Die letzte Entscheidung naht. Er ist in Jerusalem angekommen. Die Möglichkeit, vom Volk als von Gott gesandter Messias angenommen zu werden, liegt vor ihm. Doch dann schlägt der triumphale Empfang innerhalb weniger Tage um in den Ruf »Ans Kreuz mit ihm!«

Die Leute aber, die vor ihm hergingen und die ihm folgten, riefen:
Hosanna dem Sohne Davids!
Gesegnet sei er, der kommt im Namen des Herrn.
Hosanna in der Höhe!

Matthäus 21,9

Der Statthalter fragte sie:
Wen von beiden soll ich freilassen?
Sie riefen: Barabbas!
Pilatus sagte zu ihnen:
Was soll ich dann mit Jesus tun, den man den Messias nennt?
Da schrien sie alle: Ans Kreuz mit ihm!

Matthäus 27,21–22

Am Palmsonntag hören wir beide Geschichten, die Erzählung vom Einzug in Jerusalem und die Passionsgeschichte. Das Gesamtthema der »österlichen Bußzeit« klingt hier noch einmal in seiner ganzen Spannung auf.
Die Texte in den drei Lesejahren:
Lesejahr A – Matthäus 21,1–11 (Einzug)
Matthäus 26,14–27,66 (Passion)
Lesejahr B – Markus 11,1–10 (Einzug)
Markus 14,1–15,47 (Passion)
Lesejahr C – Lukas 19,28–40 (Einzug)
Lukas 22,14–23,56 (Passion)

Christus-Lied

Herrlich und mächtig wie Gott war er.
Aber er behielt seine Macht nicht für sich
und den Glanz seines göttlichen Wesens.

Alles legte er von sich ab,
er nahm die Gestalt eines Knechtes an
und wurde ein Mensch unter Menschen.

Die arme Gestalt eines Menschen trug er
und beugte sich tief hinab bis in den Tod,
ja bis zum Tode am Kreuz.

Darum hob ihn Gott über alles empor
und setzte ihn über alles, was lebt,
über Menschen und Mächte.

Denn den Namen Jesus sollen sie nennen
und ihre Knie beugen
im Himmel und auf der Erde und unter der Erde.

Und mit allen Stimmen sollen sie rufen:
›Jesus Christus ist der Herr!‹
Und Gott, den Vater, rühmen und preisen.

Brief an die Philipper 2,5–11
Freie Übersetzung

Misereor

»Misereor« wurde als Aktion gegen Hunger und Krankheit in der Welt 1958 von den deutschen Bischöfen gegründet. Misereor verfolgt das Ziel, in den Entwicklungsländern einen Beitrag zur Überwindung der Not zu leisten, die Lebensbedingungen für die besonders benachteiligten Bevölkerungsschichten zu verbessern, die soziale Gerechtigkeit in der Welt und einen partnerschaftlichen Austausch zwischen »Erster« (Industrienationen) und »Dritter« Welt zu fördern.
Die Mittel für seine Arbeit erhält das Bischöfliche Hilfswerk durch Spenden aus allen Kreisen der Bevölkerung, vor allem durch die jährliche Fastenaktion der deutschen Katholiken mit der Misereor-Kollekte am Passionssonntag (5. Fastensonntag).
In jedem Jahr steht ein bestimmtes Land im Vordergrund. Über dieses Land stellt »Misereor« Informationsmaterial zur Verfügung. Bei Misereor (Mozartstr. 9, 5100 Aachen) können auch weitere Anregungen zum Gestalten und Leben der Fastenzeit bestellt werden, etwa: Hungertuch, Fastenkalender, Gruppeninitiativen ... Misereor arbeitet eng zusammen mit der evangelischen Hilfsaktion »Brot für die Welt«.

Sonnengesang

des heiligen Franziskus von Assisi

Du höchster, allmächtiger, guter Herr,
Dein sind der Lobpreis, die Herrlichkeit
und die Ehre und jegliche Benedeiung.
Dir allein, Höchster, gebühren sie,
und kein Mensch ist würdig,
Dich nur zu nennen.

Lob sei Dir, Du Herre mein,
mit allen Deinen Geschöpfen,
zumal dem Herrn Bruder, der Sonne,
denn er ist der Tag,
und er spendet das Licht uns durch sich.
Und er ist schön und strahlend in großem
Glanz.
Dein Sinnbild trägt er, Du Höchster.

Lob sei Dir, Du Herre mein,
durch die Schwester, den Mond, und die
Sterne,
am Himmel hast Du sie gebildet
hell leuchtend und kostbar und schön.

Lob sei Dir, Du Herre mein,
durch Bruder Wind und durch Lüfte und
Wolken
und heiteren Himmel und jegliches Wetter,
durch welches Du Deinen Geschöpfen den
Unterhalt gibst.

Lob sei Dir, Du Herre mein,
durch die Schwester, das Wasser;
gar nützlich ist sie
und demutsvoll und köstlich und keusch.

Lob sei Dir, Du Herre mein,
durch Bruder Feuer,
durch den Du erleuchtest die Nacht;
und er ist schön
und fröhlich und kraftvoll und stark.

Lob sei Dir, Du Herre mein,
durch unsere Schwester, die Mutter Erde,

die uns ernähret und lenkt
und mannigfaltige Frucht trägt
und buntfarb'ne Blumen und Kräuter.

Lob sei Dir, Du Herre mein,
durch jene, die verzeihen durch Deine Liebe
und Schwachheit ertragen und Drangsal.
Selig sind,
die solches ertragen in Frieden,
denn sie werden von Dir, Du Höchster, gekrönt.

Lob sei Dir, Du Herre mein,
durch unseren Bruder, den leiblichen Tod;
ihm kann kein Mensch lebendig entrinnen.
Unheil wird jenen, die in Todsünden sterben.
Selig sind jene, die in Deinem allheiligen
Willen sich finden,
denn der zweite Tod tut ihnen kein Leid an.

Lobet und preiset den Herren mein
und erweiset ihm Dank
und dient ihm mit großer Demut.

Mit dem Sonnengesang des heiligen Franziskus durch die Fastenzeit

Vom Aschermittwoch bis zum Samstag

»Gelobt seist du, mein Herr,
durch Sonne, Mond und Sterne . . .«

- Beim Abendspaziergang den Sternenhimmel betrachten
- Wo habe ich »blinde Flecken«?
- Heute für jemanden ein Lichtpunkt sein

1. Fastenwoche

»Gelobt seist du, mein Herr,
durch Wind und Luft. . .«

- Fünf Minuten bewußt atmen
- Wind und Wetter erleben
- Ursachen der Luftverschmutzung in unserer Gegend?
- Was »stinkt« mir am meisten – bei mir, bei anderen?
- Frischen Wind in mein Leben, in unsere Gemeinde bringen

2. Fastenwoche

»Gelobt seist du, mein Herr,
durch Schwester Wasser. . .«

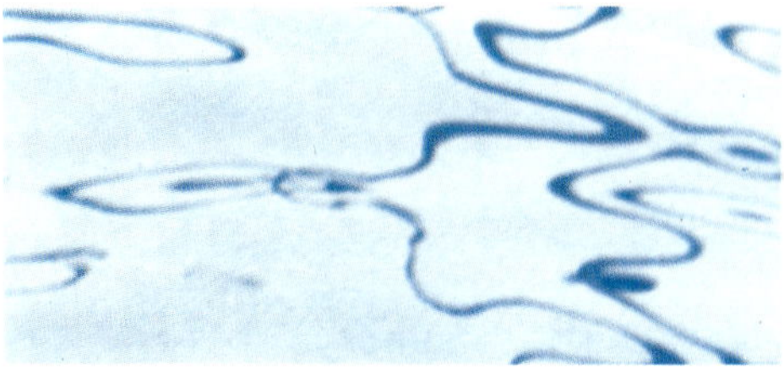

- Den Wasserverbrauch zu Hause kontrollieren
- Was hat sich bei mir/bei uns angestaut?
  Worüber sollten wir reden, damit es weiterläuft?
- Wem steht das Wasser bis zum Hals?
- Die Quelle eines Baches suchen
  Aus welcher Quelle lebe ich?

3. Fastenwoche

»Gelobt seist du, mein Herr,
durch Bruder Feuer. . .«

- »Mehr Pullover, weniger Heizung!«
- Brennt in mir (noch) Feuer der Begeisterung und Liebe?
- Was glimmt nur noch in mir und könnte wieder entfacht werden?
- Ein »heißes Eisen« anpacken
- Sich für jemanden den »Mund verbrennen«

4. Fastenwoche

»Gelobt seist du, mein Herr,
durch Mutter Erde. . .«

- Heute intensiv das Kommen des Frühlings, das Aufbrechen der Erde betrachten

- Frucht der Erde: Unsere Nahrung Wie gehen wir mit Nahrungsmitteln um?
- Mein Konsumverhalten – Nur noch satt, auf nichts mehr hungrig?
- Dankbar sein und die Güter der Erde teilen
- Meine Welt oder Eine Welt?

5. Fastenwoche

»Gelobt seist du, mein Herr,
durch jene, die verzeihen. . .«

- Wer verzeiht, dem wird verziehen
- Den »Richterstuhl« in der Familie nicht besteigen
- Mein Gottesbild: Strafend-richtend oder verzeihend-barmherzig?
- Die Hände falten – gefaltete Hände haben noch niemanden ge/erschlagen

6. Fastenwoche

»Gelobt seist du, mein Herr,
durch Bruder Tod. . .«

- Etwas, an dem ich hänge, verschenken
- Das Kreuz eines Mitmenschen sehen und tragen helfen
- Den Friedhof und die dort begrabenen Familienangehörigen und Freunde besuchen
- Die Karliturgie mitfeiern
- »Bedenke: Aus der Erde bist du genommen, zur Erde kehrst du zurück.«

Kleine Geschichte des Kreuzweges

Seit dem 15. Jahrhundert wird das Leiden Jesu Christi in zunächst 7 »Stationen« (»die 7 Fußfälle«) und später in 14 »Stationen« dargestellt. In Kirchen, an Wegen zu Kirchen, an Berghängen oder zu Friedhofs- und Wallfahrtskirchen wird das Geschehen des Leidensweges Jesu in Bildstöcken sichtbar gemacht. Ursprung war der Brauch, bei Wallfahrten im Heiligen Land die einzelnen Stätten der Passion nacheinander aufzusuchen. Dies und die vor allem von Franz von Assisi geförderten Passions-Andachten führten zu dem Wunsch, die heiligen Stätten auch fern von Jerusalem nachzuerleben.
Von Station zu Station kann hier der gläubige Betrachter den Leidensweg Christi gedanklich und betend nachvollziehen.

In der Begegnung und Auseinandersetzung mit Jesus, der für uns den ersten und eigentlichen Kreuzweg gegangen ist, finden wir uns selbst wieder, entdecken wir die Deutung unseres Lebens. Im Kreuzweg finden wir das Auf und Ab, das Kreuz und Quer unseres Lebens, das durch Jesus Christus verbunden und zur Mitte und zum Ziel gebracht wird.
Über den Kreuzweg können wir nicht reden, den Kreuzweg können wir uns nicht einfach anschauen, den Kreuzweg sollten wir betend gehen.

Ein Familien-kreuzweg

Zu den Bildern des Kreuzweges

Die Bilder des folgenden Kreuzweges stammen aus der Pfarrkirche Algund/Südtirol. Sie wurden von Peter Fellin, Meran, 1990 gemalt. Sie wollen zum Nachdenken und Beten anregen. In jeder Station ist durch ein Zeichen oder durch einen Hinweis unser Leben und unsere Zeit mitgemeint: Jesus trägt mit seinem Kreuz auch unsere Not. Entscheidende Anregung zu diesem Kreuzweg hat der Pfarrgemeinderat von Algund beigetragen.

Die Texte zu den einzelnen Kreuzwegstationen können in der Familie, in Gruppen von Eltern mit Kindern oder auch in der Gemeinde gebetet werden. Dabei sollten die Texte abwechselnd von verschiedenen Sprechern gelesen werden.

1. Station:
Jesus wird zum Tode verurteilt.
Jesus, im roten Königskleid, steht gefesselt da. In stummer Trauer und Ergebenheit erträgt er die Verspottung: Sie zeigen mit dem Finger auf ihn; ihre Gesichter sind voll Haß; das Grün des Kleides ist wie Gift, das der Mensch in seiner Bosheit versprüht.

Herr, wie oft geschieht es auch heute: Menschen verurteilen und verspotten einander, machen einander fertig, geben dem anderen keine Chance. Menschen zeigen auf das Schlechte im anderen, um selbst besser dazustehen.

Herr, du leidest mit allen. Wir bitten dich:

- Für alle, die ungerecht behandelt und verurteilt werden: Laß sie fest an den Sieg des Guten glauben.
- Für alle, die über andere urteilen: Laß sie nie vergessen, daß du allein das Innerste eines Menschen kennst und nur dir das Urteil zusteht.

2. Station:
Jesus nimmt das Kreuz auf seine Schultern.
Jesus trägt sein Kreuz. Jeden lädt er ein, das eigene Kreuz auf sich zu nehmen. Dieses tägliche Kreuz kann verschiedene Namen haben: Krankheit, Alter, Einsamkeit, Sorgen, Enttäuschungen, Mißverständnisse, zerbrochene Beziehungen, Erfolglosigkeit, Härte des Berufes . . .

Du, Herr, trägst dein Kreuz. Und jeder, der im Vertrauen auf dich sein Kreuz auf sich nimmt, darf erfahren: Ich bin nicht allein! Du, Herr, trägst mich und mein Kreuz!

Herr, voll Vertrauen bitten wir dich:
- Für alle, die jeden Tag geduldig ihr Kreuz auf sich nehmen: Daß sie erfahren dürfen: Du trägst es mit und begleitest sie auf ihrem Lebensweg.

3. Station:
Jesus fällt zum ersten Mal unter dem Kreuz.
Jesus liegt am Boden mit allen, die Opfer des Alkohols, der Droge, der Sucht geworden sind; mit allen, die aussteigen und neu beginnen möchten, aber es so und so oft nicht schaffen. Der Mann auf dem Kreuz mit Glas und Flasche will gar nicht wahrhaben, daß auch er fallen und in die Sucht hineinschlittern kann.

Herr, du kennst unsere Schwächen: Nicht verzichten können, zu nachgiebig sein, durch Ausreden das eigene Verhalten rechtfertigen. Grenzenloser Genuß verspricht dem Menschen oft Glück und Befriedigung. Wieviel Unheil und Leid aber erwächst daraus oft für die eigene Familie, für die Mitmenschen!

Herr, du stehst wieder auf. Keiner der am Boden liegt, muß sich aufgeben, denn du hilfst aufstehen. Wir bitten dich:
- Für alle Opfer der Sucht: Daß sie durch die Mitmenschen Hilfe erfahren und neuen Mut schöpfen.

4. Station:
Jesus begegnet seiner Mutter.
Maria neigt sich ganz zu Jesus hin; sie leidet mit ihm. Doch Jesus tröstet sie. Vor allem in der Familie, aber auch im täglichen Umgang miteinander sind wir gerufen, einander zu trösten, anzunehmen und aufzurichten.

Herr, wir danken dir für die Freude, die wir in der Familie oder in einer Gemeinschaft erleben dürfen. Oft finden wir darin die Kraft, einander zu verstehen und anzunehmen mit all unseren Grenzen.
Aber erleben wir auch, wie schwer es ist, miteinander in rechter Weise umzugehen, wie Eigenliebe und Rechthaberei das gemeinsame Leben ersticken wollen.

Herr, wir bitten dich:
- Für alle Familien und Gemeinschaften: Daß es allen gelingt, fest verbunden zu bleiben.
- Für alle Familien, die uneins sind: Stärke ihre Bereitschaft, sich zu versöhnen und das Gute zu sehen.

5. Station:
Simon Zyrene hilft Jesus das Kreuz tragen.
Jesus ist müde; Simon muß das Kreuz eines Fremden tragen. Jesu Einladung an uns lautet: Wir sollen füreinander wie eine offene Tür sein, wie eine offene Hand, bereit zum Helfen; wir sollen zupacken, mitleiden und mittragen, anstatt wegzuschauen und fremdes Leid nicht an uns heranzulassen.

Herr, du weißt, wie leicht wir versucht sind, wegzuschauen oder abzuschalten, um die Bilder des Elends und der Not unserer Welt nicht einzulassen. Und doch: Jeder hat seine Not und seine Sorgen. Wie froh sind wir dann, wenn jemand zu uns steht, uns anhört und uns Halt gibt!

Herr, wir bitten dich:
- Für uns selber: Daß wir für andere wie eine offene Tür sind und ehrlich suchen, Not zu lindern.

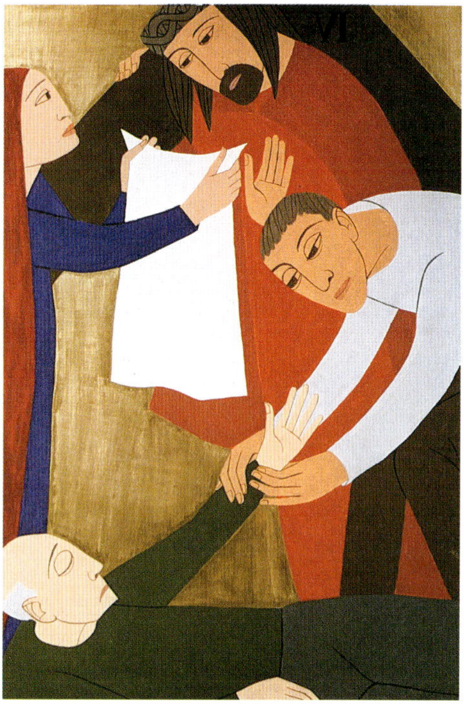

6. Station:
Veronika reicht Jesus das Schweißtuch.
Veronika ist eine mutige Frau: Unbekümmert um das Gerede der anderen reicht sie Jesus das Schweißtuch. Sie ist aufmerksam für fremde Not. Oft mag ein Mensch am Boden liegen; wie sehnt er sich dann nach jemandem, der ihm aufhilft, der ihm Mut zuspricht, der ihm zuhört, der ihm seine Hand reicht!

Herr, die kleinen Zeichen und Aufmerksamkeiten machen unser Leben hell: Ein anerkennendes Wort, eine humorvolle Bemerkung, ein kurzer Besuch, ein verständnisvoller Blick, ein freundlicher Gruß, eine helfende Hand, ein kleiner Dienst: In diesen kleinen Zeichen wirst du selber spürbar.

Herr, wir bitten dich:
- Für alle, die fremde Not nicht sehen wollen: Laß ihnen aufgehen: Richtiges Glück finden wir nur, wenn wir zum Glück anderer beitragen.

7. Station:
Jesus fällt zum zweiten Mal unter dem Kreuz.
Der Herr liegt wieder am Boden; über dem Kreuz ein Mensch mit einem verbissenen Gesicht; seine Hand umklammert den Geldbeutel; sein Lebensinhalt ist materieller Reichtum.

Herr, wie oft erliegen wir Menschen der Versuchung, uns mit Geld und materiellen Gütern erfülltes Leben »kaufen« zu wollen!

Herr, du liegst am Boden. Aber du stehst wieder auf. So hilfst du auch allen, die sich aus den Fesseln der materiellen Güter lösen möchten, aufzustehen, sich beherrschen zu lernen und über den Dingen zu stehen. Wir bitten dich:
- Für alle, die ihr Glück vom Materiellen erwarten: Laß ihnen aufgehen, daß alles vergeht, und daß wahres Glück nur in dir möglich ist.
- Für alle, die sich nach Freude sehnen: Daß sie den Mut haben, für andere dazusein.

8. Station:
Jesus begegnet den weinenden Frauen.
Jesus spricht zu den Frauen. Die Frauen sind schwanger; sie sind Trägerinnen des Lebens und Mitarbeiterinnen am Schöpfungswerk Gottes. Unsere Einstellung zum Leben wird hinterfragt: Ungeborenes Leben, Behinderte, Kranke . . .

Herr, du hast vielen Kranken, Leidenden, Ausgestoßenen und Sündern zu neuem Leben und zu neuer Hoffnung verholfen. Heute brauchst du uns, um das Leben aller zu ermöglichen.
Wir danken dir für alle Frauen und Männer, die zum Kind stehen und ihm helfen, in Liebe aufzuwachsen. Wir danken dir für alle, die sich für Behinderte einsetzen, die sich abmühen im Dienst an kranken oder alten Menschen.

Herr, wir bitten dich:
- Für alle, die treu dem Leben dienen und wenig Dank erfahren: Laß sie die innere Zufriedenheit als Zeichen deiner Nähe erkennen.

9. Station:
Jesus fällt zum dritten Mal unter dem Kreuz.
Jesus ganz am Boden, als Mensch unserer Zeit erdrückt von der Lawine des Wohlstandes mit seinen Zeichen: Auto, Fernseher, Geld, Zigaretten, Spritze, Tabletten, Flasche . . . Reklame gaukelt dem Menschen Erfüllung vor.

Herr: Noch mehr genießen, noch mehr haben, uns noch mehr leisten, überall mitmachen, ja nichts versäumen: Diese Einstellung verspricht Glück und Erfüllung.
Es ist schwer, gegen den Strom zu schwimmen, auszusteigen und einfacher zu leben.

Herr, darum bitten wir dich:
- Für alle, die aus dem Konsumzwang aussteigen wollen: Laß sie in deinem Geist neue Wege gehen.
- Für alle, die sich um den Schutz der Umwelt und des Lebensraumes bemühen: Daß sie sich durch Enttäuschungen und Hindernisse nicht von diesem Weg abbringen lassen.

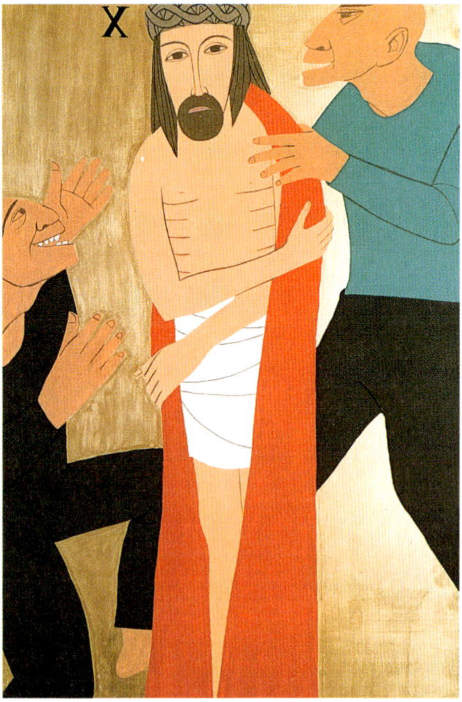

10. Station:
Jesus wird seiner Kleider beraubt.
Zynisch das Gesicht des in giftigem Grün gekleideten Mannes, der Jesus die Kleider vom Leib reißt; zu einer Fratze entstellt das Gesicht des anderen Soldaten, der sich spöttisch vor Jesus niederkniet.

Herr, du wirst deiner Würde als Mensch beraubt und leidest mit allen, deren Menschenwürde mit Füßen getreten wird: Menschen werden verleumdet, bloßgestellt, mißbraucht; Menschen werden ausgenützt und hintergangen; Menschen werden schamlos erniedrigt und ihrer Rechte beraubt.

Herr, darum bitten wir dich:
- Für alle, die andere Menschen schamlos für sich ausnützen: Laß ihnen aufgehen, daß dieser Weg nie zur Freude führen kann.
- Für alle, die sich für die Achtung des Menschen einsetzen: Daß sie fest auf dich vertrauen und die Kraft deines Geistes erfahren.

11. Station:
Jesus wird an das Kreuz geschlagen.
Jesus wird von Menschen ans Kreuz geschlagen. Scheinbar siegt die *Gewalt*, ausgedrückt durch Faust, Hammer, Nagel; mit dem Knie wird Jesus zu Boden gedrückt.

Es ist ungeheuerlich: Du, der Herr, der den Menschen nur Gutes tun wollte, wirst von Menschen ans Kreuz geschlagen.
Und doch stehen immer wieder Menschen auf, die Gewaltlosigkeit und Liebe zum Nächsten leben. Sie sind Zeichen deiner Nähe: Sie werden am Ende siegen.

Herr, wir beten:
- Für alle, die auf Gewalt und Macht setzen: Dein Wort stehe ihnen vor Augen: Wer zum Schwert greift, kommt durch das Schwert um.
- Für alle, die Liebe und Gewaltlosigkeit zu leben versuchen: Daß sie immer mit dir verbunden bleiben und an den Sieg des Guten glauben.

12. Station:
Jesus wird am Kreuz erhöht und stirbt.
Das Kreuz mit Christus ist in die Erde hineingerammt. Kalt und abweisend sieht diese Welt aus mit ihren Bruchstücken. Doch durch Christus, den Gekreuzigten, wird diese Welt emporgehoben in das Licht Gottes. Jesus am Kreuz wird zur Brücke, die Erde und Himmel verbindet.

Herr, deine Liebe kennt keine Grenzen. Du läßt dich von armseligen Menschen wie einen Verbrecher hinrichten. Auch heute betest du am Kreuz: »Vater, vergib ihnen, denn sie wissen nicht, was sie tun!«

Herr, du bist die Brücke, die Gott uns gebaut hat, damit wir aus unserem Dunkel hinfinden in dein Licht. Wir bitten:
- Für alle, die unter dem Dunkel und der Grausamkeit leiden: Daß sie mit allen Kräften das Gute versuchen und die Hoffnung nicht aufgeben.
- Für alle, die sich in Schuld und Sünde verstrickt haben: Daß sie sich von dir befreien lassen.

13. Station:
Jesus wird vom Kreuz herabgenommen und in den Schoß seiner Mutter gelegt.
Trauer spricht aus Mariens Antlitz. Sie hält ihren toten Sohn. Eine Mutter weint um ihr Kind: Es ist verhungert; als Bahre dient eine Schachtel.

Gott und Vater: Maria steht für alle Mütter und Eltern, die heute um ihre Kinder weinen: wenn die Söhne im Krieg fallen, wenn junge Menschen im Rausch der Geschwindigkeit auf der Straße sterben, wenn sie von heimtückischen Krankheiten hinweggerafft werden, wenn sie Opfer der Arbeit werden, wenn sie durch Drogenmißbrauch ihr junges Leben zerstören.

Herr, wir bitten:
- Für alle Eltern, deren Kinder unerwünschte Wege gehen: Daß sie das Vertrauen nie abbrechen lassen.
- Für die Angehörigen von Verstorbenen: Daß sie das Schwere ertragen im Blick auf dein Kreuz und mit den Verstorbenen verbunden bleiben.

14. Station:
Der heilige Leichnam Jesu wird ins Grab gelegt.

Jesus ist ins Grab gelegt. Noch im Tod strahlt er Ruhe aus. Maria ist ganz ergeben in Gottes Willen. Hinter Maria öffnet sich ein langer, dunkler Tunnel: Mit ihm ist der Tod vergleichbar. Aber jeder Tunnel hat einen Ausgang: Tod ist nicht Ende, sondern Durchgang zum Leben.

Gott und Vater: Jeden Tag sterben Menschen. Der Tod *scheint das letzte Wort über den Menschen zu sprechen. Er fragt nicht nach Alter, Herkunft, Beruf, Vorbereitung ... Jeder ist ihm ausgeliefert. Wie viele Tränen bringt er zum Fließen, wieviel Leid verursacht er in der Welt!*

Herr, wir bitten:
- Für alle, die trauern: Daß sie Tod nicht als Ende ansehen, sondern als Durchgang in dein ewiges Leben.
- Für alle, die Angst haben vor dem Sterben: Daß sie immer in Verbindung mit dir leben.

15. Station:
Halleluja! Christus lebt!

Christus, der Auferstandene, ist die leuchtende Mitte; von ihr strahlt Freude, Hoffnung, Leben aus. Für jeden Menschen, der dem auferstandenen Christus nachfolgt, ist täglich Auferstehung möglich: Aus Feindschaft auferstehen zu Versöhnung, aus Trauer zu Freude ...

Herr Jesus Christus: Überwunden ist alles Leid und alles Dunkel. Du lebst – und in dir leben alle, die an ihrem Kreuz nicht zerbrechen, sondern darauf vertrauen, daß du es mitträgst, alle, die am Unheil der Welt nicht verzweifeln, sondern bewußt mitbauen am Reich des Friedens.

Für uns bitten wir:
- Daß wir unseren Kreuzweg des Lebens als Weg in die Herrlichkeit Gottes sehen und daß wir ihn darum voll Vertrauen gehen: Dazu segne und stärke uns der Allmächtige Gott, der Vater und der Sohn und der Heilige Geist!

Dir, Herr, sei Lob und Dank in Ewigkeit!

Karwoche / Kartage

Mit dem Palmsonntag beginnt die Karwoche, auch Stille Woche, Heilige Woche oder Große Woche genannt. Das Wort »Kar« kommt von dem althochdeutschen »Kara« und bedeutet »Klage, Sorge, Kummer, Trauer«.
Die Kartage – von Donnerstagabend bis Samstagabend – bilden den Höhepunkt der Vorbereitung auf Ostern; die Kirche feiert das Leiden, Sterben und den Tod Jesu Christi.

Palmsonntag

Die Liturgie des Palmsonntag verbindet zwei Erinnerungen: das Gedächtnis des Einzugs Jesu in Jerusalem und seines Leidens und Sterbens. Freude und Trauer liegen nahe beieinander.
Zu Beginn des Gottesdienstes ist die Palmweihe in Erinnerung an den Jubel, der Jesus bei seinem Einzug in Jerusalem entgegengebracht wurde:
Viele Menschen breiteten ihre Kleider auf der Straße aus, andere schnitten Zweige von den Bäumen und streuten sie auf den Weg . . .

Matthäus 21,8

Palmbund/Palmbuschen/ Palmzweige

Eigentliche oder richtige Palmzweige sind Palmen und Ölzweige. Palmen sind das Symbol für den König; Ölzweige sind das Symbol für den Frieden, den dieser König bringt.
Diese echten Palmzweige werden in unseren Breiten ersetzt – je nach Landschaft unterschiedlich – durch »Palm«-Kätzchen, Buchsbaum, Immergrün, Wacholder, Tannen, Stechpalmen, Haselzweige oder andere Zweige und Knospen.
Größe, Zusammensetzung und Schmuck des Palmbundes oder Palmbuschen sind nach Gegend und Überlieferung verschieden geprägt.
Früher wurden die Palmzweige über der Haustür aufgehängt, zum Friedhof getragen, in einen neugepflügten oder mit Getreide besäten Acker gebracht. In einigen, vor allem ländlichen Gegenden, gibt es diese Bräuche auch heute noch.

Wir könnten heute
- die Palmzweige in der Wohnung an einen geeigneten Platz hängen, ans Weihwasserbecken, hinter das Kreuz, über eine Tür . . .
- den Palmstrauß Taufpaten oder der Familie eines Patenkindes bringen.

Gründonnerstag

An diesem Tag wurden früher die öffentlichen Sünder, die am Aschermittwoch aus der Gemeinschaft ausgeschlossen worden waren, aus ihrer Bußzeit entlassen. Es wurde Versöhnung mit ihnen gefeiert; gemeinsam konnte die Gemeinde wieder das Osterfest feiern.
Von daher stammt wohl auch der Name: Die Büßer waren die Greinenden = die Weinenden. Aus dem Wort »Greindonnerstag« wurde »Gründonnerstag«.
Andererseits spielt die Farbe Grün an diesem Tag auch eine besondere Rolle. Früher wurden am Gründonnerstag grüne Meßgewänder getragen. – Bis heute ist es mancherorts noch Sitte, Spinat oder anderes grünes Gemüse zu essen. Vermischt ist dies vermutlich mit dem germanischen Brauch, zu Ehren des Donnergottes Thor

Nesseln mit grünem Kohl zu essen.
Mit Ausnahme »der Messe zur Ölweihe« in der Bischofskirche – dort weiht der Bischof die Öle für die Taufe, Firmung, Priesterweihe, Krankensalbung und Altarweihe – wird am Morgen dieses Tages keine Messe gefeiert. Erst am Abend versammelt sich die Gemeinde und feiert zum Gedächtnis des letzten Abendmahles festlich die Eucharistie.
Das Evangelium von der Fußwaschung erinnert uns an den Dienst, den der Herr an uns tut und den wir auch einander leisten sollen.
Als er ihnen die Füße gewaschen, sein Gewand wieder angelegt und Platz genommen hatte, sagte er zu ihnen: Begreift ihr, was ich an euch getan habe? Ihr sagt zu mir Meister und Herr, und ihr nennt mich mit Recht so, denn ich bin es. Wenn nun ich, der Herr und Meister, euch die Füße gewaschen habe, dann müßt auch ihr einander die Füße waschen. Ich habe euch ein Beispiel gegeben, damit auch ihr so handelt, wie ich an euch gehandelt habe.
Johannes 13,12–15
Die Geste der Fußwaschung vermag das Wort der Verkündigung zu vertiefen. Dabei wäscht der Priester einigen Vertretern der Gemeinde die Füße.
Nach dem Gloria schweigen Glocken und Orgel bis zur Osternacht. Der Volksmund sagt: »Die Glocken fliegen nach Rom«; statt Glocken ertönen Holzratschen oder Klappern.
Der Leib des Herrn wird nach der Meßfeier in einer Prozession vom Hauptaltar an einen anderen Ort getragen. Dort wird er aufbewahrt für die Kommunionspendung am Karfreitag und von den Gläubigen in stiller Anbetung verehrt.

Was in der Familie gemeinsam getan werden könnte

- Vor oder nach dem Gottesdienst gemeinsam Mahl halten in Erinnerung an das Mahl Jesu mit seinen Jüngern.
- Miteinander Vereinbarungen treffen, worauf jedes Familienmitglied bis zum Osterfest zu verzichten bereit ist.
- Etwas Grünes säen, was bis Ostern und darüber hinaus wachsen kann, aufgehen kann, z. B. Weizen, Kohl, Kräuter, Blumen.
- In der Vergangenheit galten Kräuter, die am Gründonnerstag gesammelt wurden, als besonders heil- und segenskräftig. – Wir können Kräuter und Blumen sammeln und zu einem Kranz winden, der über den Sommer aufbewahrt und im Herbst an den Erntekranz gesteckt werden kann.

Karfreitag

Am Karfreitag feiert die Kirche keine heilige Messe.
Am Nachmittag, in der Regel um 15.00 Uhr zur Todesstunde Jesu, versammelt sich die Gemeinde in der Kirche zu einem Wortgottesdienst zur Erinnerung des Leidens und Sterbens ihres Herrn.
Der Tag steht mit seiner Stille und Besinnlichkeit, mit Fasten, Trauergesängen, schweigenden Glocken und schweigender Orgel ganz im Zeichen der Trauer.
Die Leidensgeschichte und Verehrung des Kreuzes sind die Mitte des Gottesdienstes.

Karsamstag

Die Kirche und der Altar bleiben leer.
Karsamstag ist der große Ruhetag zwischen Tod und Auferstehung. In der Familie ist der Karsamstag der Tag der letzten Vorbereitung auf das Osterfest.

Kreuzigungsdarstellung von Matthias Grünewald. Mittelbild des Isenheimer Altars, um 1512–1516
Auf der linken Seite Maria, Johannes und Maria Magdalena. Rechts Johannes der Täufer mit dem Lamm Gottes, geschlachtet zur Rettung aller; zugleich ist es eine Anspielung auf den Zusammenhang von Kreuzigung und Meßopfer.

ILLVM OPORTET
CRESCERE
ME
TEM
MINVI

Einige Anregungen für die Vorbereitung des Osterfestes

Ostereier malen

Der beliebteste und verbreitetste Brauch zu Ostern ist das Bemalen, Verschenken oder Verstecken von Ostereiern. Das Ei ist in allen Kulturen Symbol des Lebens; im Christentum wird das Osterei zum Symbol der Auferstehung.
Seit dem 16. Jahrhundert bringt der Osterhase den Kindern die Eier. Ob das nun daran liegt, daß er als sehr fruchtbares Tier gilt, daß er eigentlich ein mißglücktes gebackenes Osterlamm war, daß er nicht schlafen und deshalb ein Symbol der Auferstehung sein soll ... – jedenfalls es entstand die Mär: Der Osterhase legt die Eier.

- Ostereier brauchen nicht einfach nur so bunt gemalt werden. Malen können wir darauf: Osterwünsche, Ostersprüche, das Alleluja (sogar mit Noten), die Jahreszahl, eine Osterkerze, ein Kreuz, ein Christuszeichen ..., je nach Altersstufe können wir in der Familie Sinnsprüche finden und auf die Eier malen.
- Statt mit gekauften Eierfarben können die Ostereier auch mit Naturfarben gefärbt werden.

Braun	werden die Eier durch Malzkaffee oder durch Zwiebelschalen, die im Wasser aufgekocht werden.
Grün	erhalten wir durch den Sud von Efeu- und Brennnesselblättern, von jungen Haferpflanzen oder Spinatsaft.
Gelb	werden die Eier durch die im Wasser aufgekochten Gewürze Safran und Kümmel.
Rote	Eier erhalten wir durch den Sud der Rote Bete.

Die Eier mit einer Speckschwarte einreiben, solange sie noch heiß sind.

- In Südtirol ist es Brauch, feine Gräser und gefiederte Blättchen von Pflanzen mit einem Leinwandläppchen (Mullbinde) um das Ei zu binden. Farbflotte (käufliche, ungiftige) Eierfarbe ansetzen. Nach dem Färben zeichnen sich die Pflanzenmuster auf dem farbigen Untergrund ab.
- Das gekochte Ei in flüssiges Wachs tauchen. Dann Muster hineinkratzen und in eine Farblösung legen. Nach dem Färben erscheint nur das Eingeritzte farbig.

Badges Ostersträuße und Ostermobiles als Tisch- und Raumschmuck basteln

Material: Ausgeblasene Eier (die Hälfte mehr, als man zu benötigen gedenkt), Schaschlikstäbe und Korkscheiben, Fäden zum Aufhängen, einige Holzperlen; Wachsmalstifte, Deckfarben, Reste von Bändern, Litzen, Spitzen, Wolle, Kordeln; Kartoffelstempel, Styroporreste.
Werkzeug und Hilfsmittel: Pinsel, Wasserbehälter, Lappen, Schere, Messer, UHU (Alleskleber); je 5 Personen etwas Essigwasser, pro Ei ½ Streichholz zum Aufhängen.
Arbeitsgang: Ausgeblasenes Ei auf Schaschlikstäbchen stecken, oben und unten durch Korkscheibe vor dem Rutschen oder Sichdrehen sichern. Schmücken je nach vorhandenem Material und Belieben der Teilnehmer. Zum Aufhängen wird das Streichholzstück – mit einem Faden verbunden – senkrecht in die obere Eiöffnung geschoben. Es legt sich quer, sobald man den Faden anzieht. Stört das zweite – zum Ausblasen der Eier notwendige – Loch, verdeckt man es durch eine Perle oder eine schnell angefertigte Quaste aus Wollfäden.
Anmerkung: Mobiles lassen sich leichter auspendeln, wenn man sie von unten nach oben aufbaut.

Osterkerzen herstellen

In der Familie können wir Osterkerzen selbst herstellen. Dazu brauchen wir Wachsreste (alte Kerzenstümpfe) und/oder Zierwachs. Wir können die Kerzen gießen oder ziehen oder vorgefertigte Kerzen mit Ostersymbolen verzieren. Eine Osterkerze kann auch in den Wochen der Fastenzeit »wachsen«, indem wir sie jede Woche weiter schmücken.
Die selbst hergestellte Osterkerze begleitet uns über die Osterfeiertage hinaus durch die ganze Osterzeit.
Eine Osterkerze ist ein sinnvolles Geschenk für die Taufpaten der Kinder. Vielleicht laden wir die Paten der Kinder ein, oder wir besuchen sie an einem Wochenende.
Am Osterfest erinnern uns die Taufkerzen an unsere Taufe. Wir stellen die Taufkerzen der Kinder und unsere eigenen an einem hervorgehobenen Platz auf und entzünden sie während der Mahlzeiten am Osterfest.

Die Osterspeisen segnen

In manchen Gemeinden lebt heute der alte Brauch wieder auf, im Ostergottesdienst Speisen zu segnen.
Zu diesen Speisen, in einen geschmückten Korb gelegt, gehören Eier und Salz, Speck oder Schinken, Wurst, Butter, Meerrettich und selbst gebackenes Brot. Diese gesegneten Osterspeisen werden an andere verschenkt oder im Kreis der Familie als erstes Ostermahl gegessen.

Kleine Geschichte des Osterfestes

Das Datum des Osterfestes hängt mit dem jüdischen Zeit- und Festtagskalender zusammen. Dort begannen die Monate jeweils mit dem Tag des Neumondes. Der erste Monat nach Frühlingsanfang hieß Nisan. Am 14. Nisan, dem Vollmondtag dieses Monats, feierten die Juden ihr Osterfest – Passah oder Pascha – zur Erinnerung an die Errettung aus Ägypten. Bis ins 2. Jahrhundert hinein war der 14. Nisan, ganz gleich auf welchen Wochentag er fiel, dann auch das Datum für das christliche Osterfest. Ein Teil der Christenheit (in Kleinasien) behielt diesen Termin bei, während sich Rom und damit der größere Teil der Kirche für den auf den 14. Nisan folgenden Sonntag entschied. Das I. Konzil von Nizäa (325) beschloß die endgültige Regelung: Ostern wird alljährlich am Sonntag nach dem ersten Frühlingsvollmond gefeiert. Damit ist eine Schwankungsbreite von fünf Wochen (22. März–25. April) gegeben.

Das Osterfest ist eines unserer ältesten Feste.

Bereits im 4. Jahrhundert wurde Ostern als christliches Fest, als »Fest der Feste«, hochgeschätzt und ausgiebig gefeiert. Nach dem heiligen Beda (8. Jahrhundert) kommt der Name »Ostern« vermutlich von der germanischen Gottheit Ostera oder Eostre, eine angelsächsische Gottheit des strahlenden Morgenrots und des aufsteigenden Lichtes. Sie war die Frühlingsgöttin, für die jährlich ein Frühlingsfest veranstaltet worden war. – Andere Forscher führen Ostern auf »ôstrâ« zurück, ein althochdeutsches Wort, das die Zeit bezeichnet, in der die Sonne wieder genau im Osten aufgeht. Nach altem Glauben hüpft die Sonne aus Freude über den Auferstandenen am Ostermorgen mehrmals empor.

Allen Erklärungsversuchen liegt die Vorstellung von Christus als der im Osten aufgehenden Sonne zugrunde.

Als der Sabbat vorüber war, kauften Maria aus Magdala, Maria, die Mutter des Jakobus und Salome wohlriechende Oele, um damit zum Grabe zu gehen und Jesus zu salben. Am ersten Tag der Woche kamen sie in aller Frühe zum Grab, als eben die Sonne aufging. Sie sagten zueinander: Wer könnte uns den Stein vom Eingang des Grabes wegwälzen? Doch als sie hinblickten, sahen sie, daß der Stein schon weggewälzt war; er war sehr groß. Sie gingen in das Grab hinein und sahen auf der rechten Seite einen jungen Mann sitzen, der mit einem weißen Gewand bekleidet war; da erschraken sie sehr. Er aber sagte zu ihnen: Erschreckt nicht! Ihr sucht Jesus von Nazaret, den Gekreuzigten. Er ist auferstanden; er ist nicht hier. Seht, da ist die Stelle, wo man ihn hingelegt hatte. Nun aber geht und sagt seinen Jüngern, vor allem Petrus: Er geht euch voraus nach Galiläa; dort werdet ihr ihn sehen, wie er es euch gesagt hat.

Mk 16, 1-7

Osterspaziergang

Es hätte Frühling sein müssen dem Kalender nach oder doch fast Frühling, aber es war nichts als kalt. An Ostern dachten wir nicht, der Termin war nicht eingeplant, und wir waren ja beschäftigt. Ohne Nachgeben hielt der Wind an in den Tagen damals, gleichmäßig, unversöhnlich. Umzutreiben hatte er nichts mehr, alles war schon gewendet, gefegt und ausgeblasen, fortgetragen und, weiß Gott wo, wieder aufgeschüttet und aufs neue davongejagt, Laub, Reisig, Lappen und Pappschachteln, selbst die leeren Dosen rollten, und noch fuhr der Wind fort und fräste den nackten Boden.

Wege brauchten wir nicht, wenn wir ausgingen, alles lag hart vom Frost, trocken und begehbar. Wir konnten fortgehen, ohne auf den Weg achten zu müssen, wortlos, vorgebeugt nebeneinander. Es wäre besser für uns gewesen, wir hätten zu sprechen vermocht; sogar gegen den Wind hätten wir sprechen können und dabei vielleicht schreien müssen, aber geschadet hätte auch das nicht. Ebene Felder, flache Grasrücken, Bäume, durchsichtig und verblasen. Ein Wort fehlte, vielleicht bloß ein einziges, nicht einmal schwer zu beschaffendes. Der Wind brachte keines, er trieb nur die Tränen in die Augenschlitze. Wir stutzten, weil auf einmal der Wind ausgeblieben war.

Wo wir standen, lief eine Senke hin, fast ein Tal, wenn auch flach und unbedeutend. Wir merkten zuerst nur, daß wir nicht mehr allein waren. Doch die Augen flimmerten noch. Schwierig war es, zu unterscheiden, was in dieser Niederung vorging.

Wir standen so, daß die Sonne über den Rand hereinstach und blendete; sie wärmte nicht, allenfalls tat sie den Augen weh. Striche bemerkten wir wie viele schwarze Stämmchen. Sie standen unregelmäßig. Sie bewegten sich und verschoben sich untereinander. Es waren keine Stämmchen.

»Im Buch Richter«, sagte ich, damit ich etwas zu reden hatte, »kommt eine Stelle vor, da sagt einer zum andern: Du siehst die Schatten der Berge für Leute an.«

»Du mit deinen Stellen«, sagte Neß. »Übrigens *sind* es Leute.«

Mittlerweile standen wir zwischen diesen Gestalten, die Neß als Leute erkannte. Wir hatten uns nicht bewegt, aber sie waren auf uns zugetrieben. Notiz nahm niemand von uns, vielleicht weil sie ihrerseits uns als Schatten ansahen. Sie bewegten sich, groß wie Menschen und von aufrechtem Gang. Unerklärlich war nur, was sie zur Bewegung antrieb. Sie strichen herum, scheinbar ziellos und doch wieder wie in Vorsicht, manche wie abwesend, tief gedankenvoll. Jemand stelzte steif aufgerichtet, andere humpelten und schlürften. Unvermittelt stockte eine Gestalt, stand und blieb stehen, als ob ihr das Gehen abhanden gekommen wäre. Andere, die das Gehen behalten hatten, holten sie ein und trieben weiter. Einige hatten offenbar manches mit sich zu tun, sie verscheuchten etwas, fuhren zusammen und murmelten mit sich selbst. Ein paar fielen in ein Rennen, sie rissen einander mit und hoben die Arme halb auf wie Flügelstummel. Sie liefen, mit Flügeln schlagend, erlahmten dann plötzlich, ließen die Arme sinken und wurzelten wieder an. Gesichter kamen gegen uns. Eines blickte uns an, starr, wie erfroren, dann plötzlich zerrissen von einer Grimasse, weinend. Das Gesicht zog vorbei. Ein anderes, dicklich, war überschwemmt von Lächeln, einem Lächeln aberwitzigen Glücks.

Plötzlich hockte sich jemand zusammen, nur ein paar Schritte von uns. Eine Hand fuhr aus dunklen Kleidern und nestelte in dem winterblassen Gras. Sie hielt etwas hoch und verharrte unbewegt ein paar Augenblicke. Das Gesicht, niedergebeugt, verbarg sich. Auf der Hand lag ein farbiges Ei.

Jetzt sahen wir auch, was hier anberaumt war. Wir bemerkten in anderen Händen Eier, lila, scharlachrot und gelb. Wir sahen noch mehr Eier in dem mißfarbenen Grase liegen. Eine ältliche Finderin hüpfte in die Höhe, sie zappelte, ihren Fund herumschwenkend. Jemand klatschte sich selbst Applaus, ehe er sich bückte. Andere haschten eilig und wie verstohlen, sie verbargen die Beute. Immer mehr aber schien eine erst undeutliche, dann langsam entwirrte Freude sich auszubreiten. Die Laute, die das Treiben begleiteten, blieben trotzdem gering, schweifende, behutsame Laute wie aus dem Vogelhaus, Schnarren und Ziepen, schwächliches Krächzen, ein fast behagliches Plappern. »Eine Anstalt«, sagte Neß. »Die Unmündigen und Schwachsinnigen. Man führt sie auf die Weide.«

Etwas seitab hatten zwei Schwestern Posten bezogen, ältere Schwestern in Hauben und einer grauen Tracht. Beide standen fast in derselben Haltung, die Hände in schwarzen, gestrickten Handschuhen unter der Brust zusammengelegt. Beide trugen sie Brillen. Jede für sich aber gab, und das war fast eher zu sehen als zu hören, dann und wann einen Laut von sich, etwas wie einen Anruf, eine Beschwichtigung, ein Locken, eine Warnung. Jeden, der gemeint war, schien das ihm gehörige Zeichen zu erreichen. Es war ein Herdengesumme, es waren Gluckhennenlaute.

»Und was soll das sein?« sagte ich.

»Das Tal Josaphat«, sagte Neß, »erkennst du das nicht, flügelschlagend, vor der Auferstehung; vielleicht Hauptprobe für dieselbe. Jetzt weiß ich auch einmal eine Belegstelle.«

»Das Tal Josaphat«, sagte ich, »gilt für ungesichert, vielleicht nur Unterschiebung, poetische Konterbande.«

»Mir gleich«, sagte Neß, »vielleicht stellt es sich einmal heraus. Im Augenblick, hier in dieser Kuhle, denke ich etwas Triviales. Wenn mal niemand mehr etwas glaubt, wer geht dann mit diesen Leuten?«

Gerd Gaiser

Christi Himmelfahrt

In den ersten Jahrhunderten beging die Kirche die 50 Tage nach Ostern bis zum Pfingstfest als eine geschlossene Festzeit. Seit dem 4. Jh. wurde am 40. Tag nach Ostern ein eigenes Fest »HIMMELFAHRT CHRISTI« gefeiert. Hierdurch sollte die Verherrlichung Jesu Christi, die besondere und neue Art seiner Gegenwart gefeiert werden. Der 40. Tag wurde gewählt in Anlehnung an das Wort: »40 Tage hindurch ist er ihnen erschienen«. (Apostelgeschichte 1,3)

Der Evangelist Lukas schreibt in der Apostelgeschichte

Als er das gesagt hatte, wurde er vor ihren Augen emporgehoben und eine Wolke nahm ihn auf und entzog ihn ihren Blicken. Während sie unverwandt ihm nach zum Himmel empor schauten, standen plötzlich zwei Männer in weißen Gewändern bei ihnen und sagten: Ihr Männer von Galiläa, was steht ihr da und schaut zum Himmel empor? Dieser Jesus, der von euch ging und in den Himmel aufgenommen wurde, wird ebenso wiederkommen wie ihr ihn habt zum Himmel hingehen sehen.

Apostelgeschichte 1,9–11

»Ich beschwöre euch, meine Brüder, bleibt der Erde treu …« Dieses Wort stammt von Friedrich Nietzsche. Vielleicht möchte mancher von uns auch angesichts der Vorstellung von Himmelfahrt diesem Ruf folgen: »Bleibt der Erde treu!« Denn heißt Himmelfahrt nicht Abschied von der Erde? Gott zog in eine heile Welt, an einen sicheren Ort, eben den Himmel? Hat Christus sich unserer Erde entzogen? Müßten nicht gerade wir Christen angesichts der Probleme unserer Zeit rufen: »Komm wieder herunter, Jesus! - Geh mit uns die Probleme dieser Welt an!«?
Himmelfahrt als Abschied in eine ferne Welt - ein Mißverständnis und eine Vorstellung, die immer noch weit verbreitet ist. Der Himmel ist ein Ort irgendwo hinter den Sternen.

Weltbild zur Zeit Jesu

Wenn wir verstehen wollen, was Himmelfahrt bedeutet, müssen wir uns bewußtmachen, welche Vorstellungen der Welt und des Himmels sich die Menschen z. Zt. Jesu gemacht haben. Die Welt, das war die Erde, eine Scheibe, die auf Säulen in einem großen Urwasser – der Unterwelt – getragen wurde. Der Himmel war das Firmament, die Wolken und der Horizont, den wir mit unseren Augen sehen. Die Welt gliederte sich in drei Stockwerke:

- *die Unterwelt – der Ort des Bösen;*
- *die Erde – der Ort des Menschen;*
- *der Himmel – der Ort des Guten oder Wohnung Gottes.*

Wenn nun Christus wieder bei Gott sein sollte, so mußte er eben nach »oben« in den »Himmel«, den Ort Gottes.
Dies konnte man sich nicht anders vorstellen, als daß er durch eine Wolke emporgehoben wurde. Der Evangelist sagt ganz einfach: »Er wurde vor ihren Augen emporgehoben«.

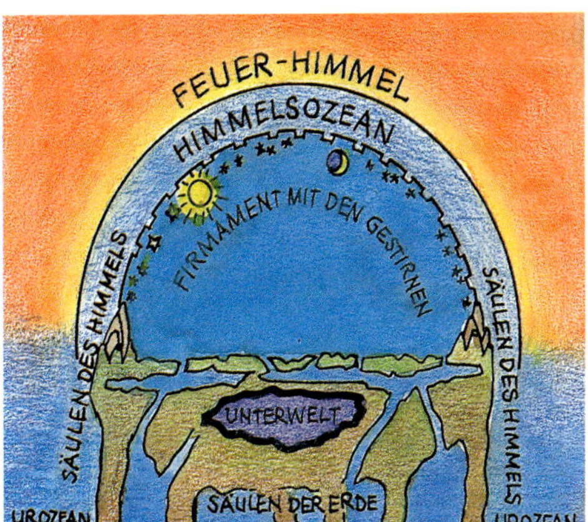

Weltbild heute

Die frühmittelalterlichen Maler und die Maler der Ikonen hatten schon eher eine Ahnung von dem, was mit Himmel gemeint ist. Sie haben nicht einfach den Himmel »oben« gemalt. Sie malten ihn nicht blau, sondern gold, und wählten ihn als Hintergrund, als tragenden Grund, auf dem sie die Menschen darstellten. Himmel als tragenden Grund der Menschen und der Welt. So ist der Himmel nicht einfach oben, sondern er umgibt uns, wie Gott von allen Seiten. Der Himmel ist uns genau so nah, wie Gott uns nahe ist.
Auch in unserer heutigen Sprache ist »Himmel« oder »himmlisch« ein Symbol für alles Gute, Schöne, für Freiheit, Liebe und Glück. So hat sich zwar unser Weltbild verändert, aber nicht das, was die Bibel mit »Himmelfahrt« erzählen wollte.

Die elf Jünger gingen nach Galiläa auf den Berg, den Jesus ihnen genannt hatte. Und als sie Jesus sahen, fielen sie vor ihm nieder. Einige aber hatten Zweifel. Da trat Jesus auf sie zu und sagte zu ihnen: Mir ist alle Macht gegeben im Himmel und auf der Erde. Darum geht zu allen Völkern und macht alle Menschen zu meinen Jüngern; tauft sie auf den Namen des Vaters und des Sohnes und des Heiligen Geistes, und lehrt sie alles befolgen, was ich euch geboten habe. Seid gewiß: Ich bin bei euch alle Tage bis zum Ende der Welt.

Matthäus 28,16–20

»Himmel« beginnt, wo wir Gott begegnen

Christus nimmt nicht Abschied von der Erde bis zur Wiederkehr. Er ist auf neue Weise gegenwärtig: Herr und Gott für die Menschen aller Länder, aller Zeiten, aller Rassen und Generationen.
Himmel ist nicht die Bezeichnung eines Ortes, sondern einer Beziehung: Christus ist wieder beim Vater, zu seiner Rechten.

Himmelfahrt feiern heißt nicht, zum Himmel hinaufschauen. Es ist auch kein Fest des Abschieds, sondern Zusage der Gegenwart Gottes und Auftrag für uns. So mahnt der Evangelist Lukas:
»Ihr Männer von Galiläa, was steht ihr da und schaut zum Himmel?«

Apostelgeschichte 1,11

Auch für uns beginnt der »Himmel« auf Erden. Der Himmel ist da, wo wir Gott begegnen und bei ihm sind. Dies geschieht überall dort, wo wir Liebe, Freude und Glück schenken und erfahren, nicht zuletzt in unserer Ehe und Familie. Der Himmel, das letzte Glück, ist jedoch nicht ganz da. Aber wir können den Himmel schon ein wenig aufgehen lassen.

Der brasilianische Bischof Helder Camara hat versucht, dies in einem kleinen Gleichnis zu veranschaulichen:

Zwei Lastkutscher kamen mit vollgeladenen Eselskarren einher.
Die Wege waren verschlammt, und die beiden Karren fuhren sich fest.
Einer der beiden Kutscher war fromm.
Er fiel dort im Schlamm auf die Knie und begann, Gott darum zu bitten, er möge ihm helfen. Er betete, betete ohne Unterlaß und schaute zum Himmel.
Währenddessen fluchte der andere wütend, arbeitete aber. Er suchte sich Zweige, Blätter und Erde zusammen. Er schlug auf den Esel ein. Er schob am Karren.
Er schimpfte, was das Zeug hielt.
Und da geschieht das Wunder: Aus der Höhe steigt ein Engel nieder.
Zur Überraschung der beiden Kutscher kommt er jedoch demjenigen zur Hilfe, der geflucht hat.
Der arme Mann wird ganz verwirrt und ruft:
Entschuldige, das muß ein Irrtum sein.
Sicher gilt die Hilfe dem anderen.
Aber der Engel sagte: Nein, sie gilt dir. *Gott hilft dem, der arbeitet.*

Ausgießung des Geistes. Ölbild vom Emil Nolde, 1909

Pfingsten

Als der Pfingsttag gekommen war, befanden sich alle am gleichen Ort. Da kam plötzlich vom Himmel her ein Brausen, wie wenn ein heftiger Sturm daherfährt, und erfüllte das ganze Haus, in dem sie waren. Und es erschienen ihnen Zungen wie von Feuer, die sich verteilten; auf jeden von ihnen ließ sich eine nieder. Alle wurden mit dem Heiligen Geist erfüllt und begannen, in fremden Sprachen zu reden, wie es der Geist ihnen eingab.
In Jerusalem aber wohnten Juden, fromme Männer aus allen Völkern unter dem Himmel. Als sich das Getöse erhob, strömte die Menge zusammen und war ganz bestürzt; denn jeder hörte sie in seiner Sprache reden. Sie gerieten außer sich vor Staunen und sagten: Sind das nicht alles Galiläer, die hier reden? Wieso kann sie jeder von uns in seiner Muttersprache hören: Parther, Meder und Elamiter, Bewohner von Mesopotamien, Judäa und Kappadozien, von Pontus und der Provinz Asien, von Phrygien und Pamphylien, von Ägypten und dem Gebiet Libyens nach Zyrene hin, auch die Römer, die sich hier aufhalten, Juden und Proselyten, Kreter und Araber, wir hören sie in unseren Sprachen Gottes große Taten verkünden. Alle gerieten außer sich und waren ratlos. Die einen sagten zueinander: Was hat das zu bedeuten? Andere aber spotteten: Sie sind vom süßen Wein betrunken.

Apostelgeschichte 2,1–13

Atme in mir, du Heiliger Geist,
daß ich Heiliges denke.
Treibe mich, du Heiliger Geist,
daß ich Heiliges tue.
Locke mich, du Heiliger Geist,
daß ich Heiliges liebe.
Stärke mich, du Heiliger Geist,
daß ich Heiliges hüte.
Hüte mich, du Heiliger Geist,
daß ich das Heilige nimmer verliere.

Augustinus zugeschrieben

Kleine Geschichte des Pfingstfestes

Im Anfang schuf Gott Himmel und Erde; die Erde aber war wüst und wirr, Finsternis lag über der Urflut, und Gottes Geist schwebte über dem Wasser. Gott sprach: Es werde Licht. Und es wurde Licht.

Genesis 1,1–3

Dies ist das Glaubensbekenntnis der Menschen des Alten Bundes, das in den Schöpfungserzählungen der Hl. Schrift seinen Ausdruck findet und sich durch die Geschichte des auserwählten Volkes hindurchzieht bis zum Pfingstfest der Kirche.

- Im jährlich wiederkehrenden Rhythmus des Zeitenlaufes gab es im Gottesvolk des Alten Bundes große Wallfahrtsfeste. Eines davon war Pfingsten, das »Fest der Ernte« (Erntedankfest). Es stand in innerer Beziehung zum »Fest der ungesäuerten Brote« am Beginn der Gerstenernte und wurde fünfzig Tage danach am Ende der Getreideernte gefeiert. Man nannte es auch einfach »Wochenfest«:

Du sollst sieben Wochen zählen. Wenn man die Sichel an den Halm legt, sollst du beginnen, die sieben Wochen zu zählen. Danach sollst du dem Herrn, deinem Gott, das Wochenfest feiern und dabei eine freiwillige Gabe darbringen, die du danach bemißt, wie der Herr, dein Gott, dich gesegnet hat.

Deuteronomium 16,9–10

So verbanden die gläubigen Israeliten die Freude um die eingeholte Ernte mit dem Dank an Jahwe, ihren Gott, der ihnen den Reichtum seines Segens darin bewiesen hatte.

- In spätjüdischer Zeit trat an die Stelle des Erntedanks immer stärker die Gedächtnisfeier des Geschehens am Sinai, als Gott dem Mose das Gesetz gab. Der Bundesschluß zwischen Israel und Jahwe, der sein Volk aus Ägyptens Knechtschaft befreit und auf wunderbare Weise in das Land seiner Verheißung geführt hat, war durch die »Gesetzgebung« besiegelt worden.

An Pfingsten erneuerte das Gottesvolk in der Gedächtnisfeier seinen Bund mit Gott:

Ihr habt gesehen, was ich den Ägyptern angetan habe, wie ich euch auf Adlerflügeln getragen und hierher zu mir gebracht habe. Jetzt aber, wenn ihr auf meine Stimme hört und meinen Bund haltet, werdet ihr unter allen Völkern mein besonderes Eigentum sein. Mir gehört die ganze Erde, ihr aber sollt mir als ein Reich von Priestern und als ein heiliges Volk gehören. Exodus 19,4–6

● Die Kirche hat an diese religiöse Tradition angeknüpft und feiert bis heute am 50. Tag nach Ostern das Pfingstfest. Sie feiert die Vollendung und Bestätigung der Auferstehung Jesu, seine Erhöhung zum Vater und seine bleibende Gegenwart durch das Wirken des Heiligen Geistes.

Alle wurden mit dem Heiligen Geist erfüllt und begannen, in fremden Sprachen zu reden, wie es der Geist ihnen eingab.

Apostelgeschichte 2,4

So ist Pfingsten, der 50. Tag, der Tag der Vollendung, der Reife, der Lebensfülle für die Ewigkeit. Hier findet der Brauch der Ostkirche seine Erklärung, an Pfingsten den Boden in den Kirchen mit Gräsern und Blumen zu bedecken: ein Hinweis auf den neuen, nicht mehr zerstörbaren Paradiesgarten, seit Gottes Geist in dieser Welt am Werk ist.
Ähnlich darf schließlich der Pfingstspaziergang der Familie, der Familiengruppen oder der Nachbarschaften gedeutet werden: Im Heiligen Geist sind wir als seine Gemeinde zusammengerufen, gesandt, seine Liebe allen zu bezeugen.

Jesus sagt:
Ich werde den Vater bitten,
und er wird euch einen anderen Beistand geben,
der für immer bei euch bleiben soll.
Es ist der Geist der Wahrheit.

Johannes 14,16–17

Bilder des Geistes

Ein brausender Wind:
er wirbelt den Staub der Gewohnheiten auf –
Ein stiller Windhauch:
er kennt nur das Einfache und Unscheinbare –
Ein weiter Horizont:
er führt aus der Enge des Alltags heraus –
Ein feuriges Herz:
er kennt keine Lethargie und Verzweiflung –
Ein helles Licht:
Er vertreibt die Dunkelheit des Lebens –
Ein hellhöriges Ohr:
er hört zu wie keiner sonst es tut –
Ein offener Blick:
er entdeckt alle Probleme und sieht in das Herz –
Ein ausgestreckter Arm:
er lebt in der Sehnsucht nach der Welt Gottes –
Eine rufende Stimme:
er kennt deine Zeit und deine Fähigkeiten –.

Es gibt
verschiedene Gnadengaben, aber nur den einen Geist.
Es gibt
verschiedene Dienste, aber nur den einen Herrn.
Es gibt
verschiedene Kräfte, die wirken, aber nur den einen Gott:
Er bewirkt alles in allen.

1 Korinther 12,4–6

Komm herab, o Heilger Geist

T: „Veni sancte spiritus", Übertragung Maria Luise Thurmair und Mark Jenny 1971 M: Paris um 1200
Aus: Gotteslob 244

Pfingstbrauchtum

Pfingsten war ursprünglich ein Erntefest des Alten Bundes, ein Dankfest für die gute Ernte, die zwischen Ostern und Pfingsten eingebracht wurde. Es war Brauch, daß das Volk Israel nach Jerusalem aufbrach, um dem Herrn ein Dankopfer zu bringen. Diese alte Sitte des Aufbruchs spiegelt sich in vielen Bräuchen und Traditionen, die heute noch in verschiedenen Landschaften anzutreffen sind, auch wenn sie meist ihren religiösen Hintergrund verloren haben. So sind vielerorts die Pfingstumritte durch Wiesen und Felder bekannt, oft verbunden mit Reiterspielen und Wettritten. In manchen Gegenden ziehen Jungen, mit Schellen und Girlanden behangen, oder Mädchen als Pfingstbräute geschmückt, durch die Dörfer und sammeln Pfingsteier, Pfingstkuchen und Speck ein. In den Alpenländern wurde früher am Pfingstsonntag das Vieh auf die Weide bzw. auf die Alm getrieben, angeführt von festlich geschmückten Pfingstochsen.

Der Pfingstausflug

Seit alters zieht es die Menschen an Pfingsten hinaus in die Natur. Der Pfingstausflug ist auch heute noch in vielen Familien gute Tradition. Oft werden befreundete Familien dazu eingeladen. Oder man geht mit der Familiengruppe. Es ist interessanter und vielleicht auch abwechslungsreicher, vor allem für die Kinder, wenn man »mit anderen« durch Wald und Feld zieht. Kleine »Forscheraufträge« oder sportliche Wettkämpfe machen den Ausflug zu einem Erlebnis für jung und alt. Die ganze Familie macht mit.

- Halten Sie unterwegs Ausschau nach originellen Dingen. Der originellste Fund wird mit einem Sonderpreis belohnt.
- Sammeln Sie möglichst viele verschiedene Strauch- und Baumblätter. Wer sie benennen kann, erhält jeweils einen Punkt für seine Familie.
- Wer findet die knorrigste Wurzel im Wald? Von Wurzeln kann man viele Phantasiegebilde ableiten: Gesichter, Vögel, Gnome usw. und entsprechende Geschichten erzählen.
- Fertigen Sie eine »Collage« mit den Dingen an, die Sie innerhalb von zehn bis fünfzehn Minuten im Wald oder am Fluß finden.
- Sammeln Sie kleine Vogelfedern. Anschließend beginnt das große Pusten. Von der flachen Hand wird die Feder ins Feld gepustet. Die Weiten der einzelnen Familienmitglieder werden zusammengezählt.
- Von Ihrem Rastplatz aus schätzen Sie die Entfernung zu einem bestimmten Baum oder Strauch.
- Alle Familienmitglieder stoßen einen Stein der Reihe nach weiter. Die gesamte »Stoßstrecke« wird gemessen.
- Wer findet innerhalb einer festgelegten Zeit den größten Käfer?
- Aus einer bestimmten Entfernung müssen kleine Steine in das Loch eines morschen Baumstumpfes oder Baumstammes geworfen werden. Am Wasser kann ein bestimmter Punkt im Fluß oder im See angezielt werden.
- Sammeln Sie verschieden große und geformte (Kiesel)Steine. Zu Hause können Sie die Steine reinigen, auf-

einanderkleben und als »Steinmännchen« bunt anmalen.

- In Ihrem Gebiet leben seltsame Tiere. Ihre Namen stehen auf einem Blatt Papier: Lodress, Schad, Siamee, Radrem, Blaswech, Suma, Brusdas, Plansei, Petsch, Eupar. Jede Familie löst möglichst schnell das Rätsel und schreibt die »richtigen« Tiernamen auf. (Lösung: Drossel, Dachs, Ameise, Marder, Schwalbe, Maus, Bussard, Spaniel, Specht, Raupe).
- Am Rastplatz verstecken sich zwei Drittel aller Ausflügler, während das restliche Drittel »Wache schiebt«. Wer kann sich unbemerkt an den Rastplatz heranschleichen?
- Verstecken Sie am Zielort einen Schatz (Bonbons, Schokolade etc.), zu dem bestimmte Pfeile bzw. Spuren oder auch geheimnisvolle Briefe in verschiedenen Verstecken hinführen.
- Bauen Sie unterwegs eine kleine »Schnitzeljagd« ein. Eine Familie markiert die weitere Wegstrecke mit Kreide und Pfeilen aus Stöckchen. Selbstverständlich werden auch Irr- und Umwege eingebaut.
- Singen Sie Wanderlieder mit bestimmten Bewegungsspielen, z. B.
  Ein Hut, ein Stock, ein Regenschirm
  und vorwärts (Schritt nach vorn)
  rückwärts (Schritt nach hinten)
  seitwärts (Schritt zur Seite)
  ran (beide Füße zusammen)

Spiele am Rastplatz

1. Lauf- und Fangspiele

- Kettenfangen
  Ein Fänger beginnt. Jeder abgeschlagene Läufer faßt den Fänger an und fängt mit. So bildet sich eine Kette. Nur die beiden äußeren Fänger mit ihren freien Händen dürfen die Läufer abschlagen; ist die Kette gerissen, darf sie nicht fangen. Es wird so lange gefangen, bis nur noch einer übrigbleibt.
- Tag und Nacht (Schwarz und Weiß)
  In der Mitte des Spielfeldes stehen (sitzen, liegen) sich in ein bis drei Meter Entfernung voneinander die Mannschaften »Tag« und »Nacht« gegenüber. Ruft der Spielleiter »Tag«, läuft »Tag« weg und die »Nacht« fängt, ebenso umgekehrt.
- Schwänzchen-Fangen
  Alle Teilnehmer stecken sich hinten ein »Parteiband« so an, daß es als Schwänzchen gut sichtbar ist. Auf ein gemeinsames Startsignal versucht nun jeder, möglichst viele Schwänzchen den anderen zu rauben. Wer kein Schwänzchen mehr hat, scheidet aus. Wer am Schluß sein eigenes Schwänzchen noch besitzt und die meisten gefangen hat, ist Sieger. Das Spiel kann auch als »Wettstreit« zwischen mehreren Familien ausgetragen werden.

2. Ballspiele

- Stöcke umwerfen
  Die Spieler jeder Familie (Mannschaft) haben vor sich einen dickeren Stock in den Boden gesteckt. Die Familien stehen sich in einem bestimmten Abstand gegenüber und müssen mit dem Ball versuchen, die Stöcke der gegenüberstehenden Spieler umzuwerfen und gleichzeitig die eigenen mit dem Ball zu verteidigen.
- Wettwanderball
  Die Spieler stehen kreisförmig in einem Abstand von zwei bis vier Meter voneinander entfernt. Je nach Anzahl der Spieler werden mehrere Kreise gebildet. Der Ball wandert von Spieler zu Spieler. Die Mannschaft, die als erste eine andere überrundet hat, ist Sieger.
- Tigerball
  Im Kreis befinden sich ein oder mehrere Spieler (Tiger), die den Ball abzufangen versuchen.

Fronleichnam – das Fest vom Leib des Herrn

Wie das Fest Fronleichnam entstand

Am Donnerstag nach dem Dreifaltigkeitssonntag feiern die katholischen Christen das »Hochfest des Leibes und Blutes Christi« – Fronleichnam. Der Legende nach geht Fronleichnam auf eine Vision der Nonne Juliana von Cornillon aus einem Kloster in der Nähe der Stadt Lüttich in Belgien zurück:

Die Vision vom Vollmond mit dem schwarzen Fleck
Es war im Jahre 1209.
Juliana hatte bereits mit 5 Jahren ihre Eltern verloren und kam so ins Kloster der Augustinerchorfrauen. Von Kind auf war dort die Kirche ihr Lieblingsort. Seit dem Tag, als sie zum ersten Mal gehört hatte, daß Jesus in der Gestalt des Brotes unter uns gegenwärtig ist, konnte Juliana Stunden um Stunden vor dem Tabernakel knien, ohne daß es ihr langweilig wurde und ohne daß sie Hunger verspürte.
Eines Tages – Juliana ist 16 Jahre alt – betet sie wieder ganz versunken vor dem Tabernakel. Da kommt ihr ein Bild vor Augen, das sie zutiefst bewegt. Oftmals hintereinander sieht sie einen leuchtenden Voll-

Als das Fest vor über siebenhundert Jahren entstand, bedeutete Fron »Herr« und Leichnam einfach »Leib«. Also bedeutete damals das Wort Fronleichnam »Leib des Herrn«.

mond, der aber durch einen schwarzen Fleck etwas verdunkelt ist. – Was soll das Bild? Juliana denkt tage- und wochenlang darüber nach.
Die Überlieferung erzählt: Christus selbst habe ihr offenbart, daß der Mond das Kirchenjahr bedeute; der schwarze Fleck solle zeigen, daß ein Fest im Kirchenjahr fehle, nämlich ein besonderes Fest von der Gegenwart des Herrn in der Gestalt des Brotes, in der Hostie. Juliana aber sei dazu bestimmt, das Kirchenjahr um dieses Fest zu bereichern.
Über 20 Jahre hält Juliana ihr Geheimnis für sich. Erst dann erhält sie 1230 von Gott den Auftrag, ihre Vision von dem Mond mit dem schwarzen Fleck in der Öffentlichkeit zu erzählen.
Doch Juliana wird ausgelacht und beschimpft. Die kirchlichen Behörden verhalten sich ablehnend, das Volk sieht in ihr eine schwärmerische Betschwester. Einige Jahre hält sie stand, dann verläßt sie mit einigen Schwestern, die zu ihr halten, das Kloster. Es folgen Jahre eines unsteten Wanderlebens und bitterster Armut.
Nur ihr Beichtvater und der Erzdiakon Jakob von Troyes, der spätere Papst Urban IV., halten zu ihr. Und so geschieht es endlich, daß im Jahr 1246 in Lüttich das erste Fronleichnamsfest gefeiert wird.
Juliana stirbt einsam und verlassen am 5. April 1258.

Wie es mit dem Fest weiterging

1264 führt Papst Urban IV. das Fronleichnamsfest für die ganze Kirche ein. Zunächst wird es auf den Donnerstag nach Pfingsten festgelegt (»Alter Fronleichnamstag«), später verschiebt es sich um eine Woche.
Im Laufe der Zeit entwickelt sich aus einem zunächst eher besinnlichen Feiertag ein prächtiges Prozessionsfest, das schnell an Beliebtheit gewinnt. Man verbindet Altes mit Neuem: Die Prozession an Fronleichnam, bei der »der in der geweihten Hostie gegenwärtige Leib des Herrn dem gemeinen Kirchenvolk gezeigt« wird, bietet den kirchlichen Rahmen für den bereits aus vorchristlicher Zeit stammenden Brauch, im Frühsommer die Felder zu umgehen und zu umreiten. – Seit dem späten Mittelalter führen die Fronleichnamsprozessionen als Flurprozessionen hinaus vor die Dörfer und Städte. – Heute beschränken sich die Gemeinden auf innerörtliche Prozessionswege, deren Verlauf mit frischem Grün, Blumen und Fähnchen geschmückt wird. Entweder macht die Prozession Halt an vier Stationsaltären, oder sie zieht sternförmig zu einem Altar an einem freien, markanten Ort, an dem Eucharistie gefeiert wird. – Etwas, das früher ganz und gar unmöglich erschien, gibt es heute auch hier und da: Katholische und evangelische Gemeinden beteiligen sich gemeinsam an Prozessionen und Gottesdiensten zum Fronleichnamstag.

Was wir heute an Fronleichnam feiern können

- Unsere Welt und unser Alltag, unsere Straßen, unsere Arbeit und unsere Freizeit haben mit Gott zu tun; wir sind »draußen« zu Gott hin unterwegs; Christus ist mit uns unterwegs.
- Christlicher Glaube darf sich nicht hinter Kirchenmauern verschanzen, sondern will öffentlich bezeugt werden.
- Die Vielfalt der Schöpfung – heute auch gerade ihre Gefährdung – und die Vielfalt der Kirche – Alt und Jung, Frauen und Männer . . . – werden mit auf den Weg und ins Gebet genommen und mit *dem* Lebenszeichen unseres Glaubens »in Berührung« gebracht.
- Christus ist nicht nur Brot unserer privaten Frömmigkeit, sondern »Brot für die Welt«.
- Sammlung im Glauben und im Mahl ruft nach Sendung in die Welt hinein. Aus der eucharistischen *Tisch*gemeinschaft soll eine neue *Weg*gemeinschaft werden.
- Mit unserer Liturgie auf der Straße stellen wir Christen die kommende Welt dar, in der es keinen Tempel und keine Kirche mehr geben wird; denn dann wird die ganze Welt endlich Gottes Stadt sein.

»Gepriesen bist Du, Herr, unser Gott,
Schöpfer der Welt.
Du schenkst uns das Brot, die Frucht der Erde
und der menschlichen Arbeit.
Wir bringen dieses Brot vor Dein Angesicht,
damit es uns das Brot des Lebens werde.«
Gebet zur Gabenbereitung

Marienfeste im Kirchenjahr

Ave Maria junger Menschen

Ich stelle mir vor, Maria,
daß du jung warst,
lebendig und voller Fragen.
Daß beim Wasserholen
dein schwarzes Haar im Winde wehte,
daß du mit den andern
Mädchen am Brunnen lachtest,
deine Träume und Wünsche erzähltest,
und daß deine dunklen Augen
heimlich den Jungen
des Dorfes folgten.

Du wurdest mit Josef verlobt.
Ob du glücklich warst,
wissen wir nicht,
doch du maltest dir sicher
dein Leben aus
wie bei andern:
die Hochzeit,
das Einssein mit Josef, Kinder,
Arbeit, Nachbarn, Feste –
alles im Glauben an Jahwe geregelt.
Doch ER klopfte plötzlich an.
Du ließest ihn ein,
und alles hat sich geändert.

Ich stelle mir vor, Maria,
daß dir oft elend war nach dem »Ja«,
daß du es am liebsten zurückgeholt
hättest, auch später
als keiner mehr über
eure »Voreile« klatschte; auch dann,
als Jesus erwachsen wurde.
Daß du durchgehalten hast,
Maria, ich staune!

Wenn ich dich so vor mir sehe, Maria,
als Mensch, der sein »Ja«
immer mühsam erneuern muß,
hast du mir vieles zu sagen.
Ich grüße dich, Maria,
Mädchen aus Nazaret,
und deinen Sohn, Jesus.
Ich grüße dich, Mutter Gottes!

Christa Peikert-Flaspöhler

8. Dezember: Hochfest der ohne Erbsünde empfangenen Jungfrau und Gottesmutter Maria

Noch ehe ich dich im Mutterleib formte, habe ich dich ausersehen; noch ehe du aus dem Mutterschoß hervorkamst, habe ich dich geheiligt.

Jeremia 1,5

Maria ist schon vor ihrer Geburt von Gott dazu auserwählt, den Retter und Erlöser Jesus Christus zu gebären. Ihr bedingungsloses Ja zum Auftrag Gottes konnte sie, so glaubt die Kirche, nur sprechen, weil Gott sie von Anfang an vor jener Schuld bewahrt hat, in die sonst alle Menschen hineingeboren sind.
Ohne Erbschuld wurde sie darum von ihrer Mutter Anna empfangen. Indem die Kirche dies bekennt, bekennt sie ihre Ehrfurcht vor Jesus Christus. »Wenn ich von Sünde spreche, nehme ich allein die Jungfrau Maria aus, die ich aus Ehrfurcht vor dem Herrn nicht erwähnen mag, wenn ich von Sünde spreche,« sagt der heilige Augustinus, einer der größten Kirchenlehrer.
Maria wird so zum Vorbild für die ganze Kirche.

Denn in Christus hat Gott uns alle erwählt vor der Erschaffung der Welt, damit wir heilig und untadelig leben vor Gott; er hat uns aus Liebe im voraus dazu bestimmt, seine Söhne zu werden durch Jesus Christus und nach seinem gnädigen Willen zu ihm zu gelangen, zum Lob seiner herrlichen Gnade.
So will er die Kirche herrlich vor sich erscheinen lassen, ohne Flekken, Falten oder andere Fehler; heilig soll sie sein und makellos.

Aus der Lesung des Festtages, Epheser 1,4–6 a und 5,27

1. Januar: Hochfest der Gottesmutter Maria – Oktavtag von Weihnachten

Die Mutterschaft der Jungfrau Maria laßt uns feiern; Christus, ihren Sohn, den Herrn, wollen wir anbeten.

Stundengebet

Die Geburt Jesu Christi ist der Höhepunkt im Leben Marias. Eine Woche später, am 1. Januar, feiert die Kirche darum die Mutterschaft Marias: Sie bestätigt damit die Glaubenswahrheit, daß Christus wahrer Gott und wahrer Mensch ist, daß er zugleich Sohn Gottes und Sohn einer menschlichen Mutter ist.

Als aber die Zeit erfüllt war,
sandte Gott seinen Sohn,
geboren von einer Frau
und dem Gesetz unterstellt,
damit er die freikaufe,
die unter dem Gesetz stehen,
und damit wir die Sohnschaft
erlangen.
Weil ihr aber Söhne seid,
sandte Gott den Geist seines Sohnes in unser Herz,
den Geist, der ruft: Abba, Vater.
Daher bist du nicht mehr Sklave,
sondern Sohn;
bist du aber Sohn,
dann auch Erbe, Erbe durch Gott.

Aus der Lesung des Festtages, Galater 4,4–7

25. März: Hochfest der Verkündigung des Herrn – Neun Monate vor Weihnachten

Da sagte ich: Ach mein Gott und Herr, ich kann doch nicht reden, ich bin ja noch so jung. Aber der Herr erwiderte mir: Sag nicht: Ich bin noch so jung. Wohin ich dich auch sende, dahin sollst du gehen, und was ich dir auftrage, das sollst du verkünden. Jeremia 1,6–7

Neun Monate vor Weihnachten feiert die Kirche die Verkündigung des Herrn an Maria und Marias vorbehaltloses Ja zu Gott. Maria empfängt vom Heiligen Geist ihren Sohn Jesus Christus. Dabei wird die Eigenart des göttlichen Handelns mit dem Menschen erkennbar. Gott zwingt nicht zum Mittun, Gott beruft. Es ist entscheidend, daß Maria mit ihrem gläubigen Ja antwortet.
Diese Verkündigungsszene ist typisch für alle Berufungen Gottes, auch für unsere Berufung. Das gläubige Ja Marias kann uns Vorbild sein.

Der Engel Gabriel wurde von Gott in eine Stadt in Galiläa namens Nazaret zu einer Jungfrau gesandt. Sie war mit einem Mann namens Josef verlobt, der aus dem Haus David stammte. Der Name der Jungfrau war Maria. Der Engel trat bei ihr ein und sagte: Sei gegrüßt, du Begnadete, der Herr ist mit dir. Sie erschrak über die Anrede und überlegte, was dieser Gruß zu bedeuten habe. Da sagte der Engel zu ihr: Fürchte dich nicht, Maria, denn du hast bei Gott Gnade gefunden. Du wirst ein Kind empfangen, einen Sohn wirst du gebären, dem sollst du den Namen Jesus geben. Er wird groß sein und Sohn des Höchsten genannt werden. Gott, der Herr, wird ihm den Thron seines Vaters David geben. Er wird über das Haus Jakob in Ewigkeit herrschen, und seine Herrschaft wird kein Ende haben. Maria sagte zu dem Engel: Wie soll das geschehen, da ich keinen Mann erkenne? Der Engel antwortete ihr: Der Heilige Geist wird über dich kommen, und die Kraft des Höchsten wird dich überschatten. Deshalb wird auch das Kind heilig und Sohn Gottes genannt werden. Auch Elisabet, deine Verwandte, hat noch in ihrem Alter einen Sohn empfangen; obwohl sie als unfruchtbar galt, sie ist jetzt schon im sechsten Monat. Denn für Gott ist nichts unmöglich. Da sagte Maria: Ich bin die Magd des Herrn, mir geschehe, wie du es gesagt hast. Danach verließ sie der Engel.

Evangelium des Festtages, Lukas 1,26–38

2. Juli: Fest Mariä Heimsuchung

Ja, wahrhaftig selig, die das Wort Gottes vernehmen und es in sich bewahren.
Lukas 11,28

Maria ist schwanger und besucht für etwa drei Monate ihre Verwandte Elisabet, die ebenfalls ein Kind erwartet; ein Sohn soll es sein, Johannes soll er heißen.
Etwa drei Jahrzehnte später wird dieser Johannes als »der Täufer« bekannt sein; er wird neben Jesus die meisten Jünger um sich versammeln und als ein großer Prophet in Israel gelten. Für die Christen war er später der letzte Prophet des Alten Bundes, der Vorläufer Jesu Christi.

Nach einigen Tagen machte sich Maria auf den Weg und eilte in eine Stadt im Bergland von Judäa. Sie ging in das Haus des Zacharias und begrüßte Elisabet. Als Elisabet den Gruß Marias hörte, hüpfte das Kind in ihrem Leib. Da wurde Elisabet vom Heiligen Geist erfüllt und rief mit lauter Stimme: Gesegnet bist du mehr als alle anderen Frauen, und gesegnet ist die Frucht deines Leibes. Wer bin ich, daß die Mutter meines Herrn zu mir kommt? In dem Augenblick, als ich deinen Gruß hörte, hüpfte das Kind vor Freude in meinem Leib. Selig ist die, die geglaubt hat, daß sich erfüllt, was der Herr ihr sagen ließ.
Evangelium des Festtages, Lukas 1,39–45

Da sagte Maria:
Meine Seele preist die Größe des Herrn,
und mein Geist jubelt über Gott, meinen Retter.
Denn auf die Niedrigkeit seiner Magd hat er geschaut.
Siehe, von nun an preisen mich selig alle Geschlechter.
Denn der Mächtige hat Großes an mir getan,
und sein Name ist heilig.
Er erbarmt sich von Geschlecht zu Geschlecht
über alle, die ihn fürchten.
Er vollbringt mit seinem Arm machtvolle Taten.
Er zerstreut, die im Herzen voll Hochmut sind,
er stürzt die Mächtigen vom Thron
und erhöht die Niedrigen.
Die Hungernden beschenkt er mit seinen Gaben
und läßt die Reichen leer ausgehen.
Er nimmt sich seines Knechtes Israel an
und denkt an sein Erbarmen,
das er unsern Vätern verheißen hat,
Abraham und seinen Nachkommen auf ewig.
Das Magnifikat, Lukas 1,46–55

15. August: Hochfest der Aufnahme Mariens in den Himmel

Heute hast du die jungfräuliche Gottesmutter Maria in den Himmel erhoben, als erste empfing sie von Christus die Herrlichkeit, die uns allen verheißen ist, und wurde zum Urbild der Kirche in ihrer ewigen Vollendung. Dem pilgernden Volk ist sie ein untrügliches Zeichen der Hoffnung und eine Quelle des Trostes.
Aus der Präfation des Tages

In diesem Gebet wird deutlich, daß dieses Fest nicht nur ein Fest Marias ist, sondern auch unser Fest, das Fest der Hoffnung auf die Auferstehung der Toten, das Fest der Lebenden.

Da erschien ein großes Zeichen am Himmel: eine Frau, mit der Sonne bekleidet; der Mond war unter ihren Füßen und ein Kranz von zwölf Sternen auf ihrem Haupt. Und sie gebar ein Kind, einen Sohn, der über alle Völker mit eisernem Zepter herrschen wird. Da hörte ich eine laute Stimme im Himmel rufen:
Jetzt ist er da, der rettende Sieg, die Macht und die Herrschaft unseres Gottes und die Vollmacht seines Gesalbten.

Aus der Lesung des Festtages, Offenbarung des Johannes 12,1.5.10

8. September: Fest Mariä Geburt

Voll Freude feiern wir das Geburtsfest der Jungfrau Maria, aus ihr ist hervorgegangen die Sonne der Gerechtigkeit, Christus, unser Gott.
Eröffnungsvers des Stundengebetes

Abgesehen von Jesus Christus gibt es nur zwei Heilige, deren Geburtstag die Kirche feiert: Johannes, der Täufer, und Maria. Beide stehen im unmittelbaren Zusammenhang mit dem Christus-Ereignis; beide waren vom ersten Augenblick ihres Daseins an dazu ausersehen, das Kommen Jesu Christi vorzubereiten.
Das Fest vom 8. September, neun Monate nach Mariä Empfängnis, ist ein Fest unbefangener Freude. Maria wird gefeiert als die »Morgenröte des Heils und das Zeichen der Hoffnung für die ganze Welt« (Schlußgebet in der Messe).
Maria spiegelt die Schönheit und Anmut des durch die Gnade Gottes heilen Menschen wider.

Schön wie Tirza bist du, meine Freundin,
lieblich wie Jerusalem,
prächtig wie Himmelsbilder.
Wende deine Augen von mir,
denn sie verwirren mich.
Dein Haar gleicht einer Herde von Ziegen,
die von Gilead herabziehen.
Deine Zähne sind wie eine Herde von Mutterschafen,
die aus der Schwemme steigen.
Jeder Zahn hat sein Gegenstück,
keinem fehlt es.
Dem Riß eines Granatapfels gleicht deine Schläfe
hinter deinem Schleier.

Sechzig Königinnen (hat Salomo),
achtzig Nebenfrauen
und Mädchen ohne Zahl.
Doch einzig ist meine Taube, die Makellose,
die Einzige ihrer Mutter,
die Erwählte ihrer Gebärerin.
Erblicken sie die Mädchen,
sie preisen sie;
Königinnen und Nebenfrauen rühmen sie.

Wer ist, die da erscheint wie das Morgenrot, wie der Mond so schön,
strahlend rein wie die Sonne,
prächtig wie Himmelsbilder?

Hohes Lied 6,4–10

Mutter Anna. Riemenschneider-Schule

Weitere Formen der Marienverehrung

Neben diesen sechs großen Festtagen gedenkt die Kirche noch an verschiedenen anderen Tagen, den sogenannten »Gedenktagen«, der Gottesmutter Maria, zum Beispiel

- am 22. August: Maria Königin
- am 12. September: Mariä Namen
- am 15. September: Gedächtnis der Schmerzen Mariens
- am 7. Oktober: Unsere Liebe Frau vom Rosenkranz.

Hinzu kommen die zwei Marienmonate, der Mai mit seinen »Maiandachten« und der Oktober mit dem regelmäßigen Rosenkranzgebet. Es bietet sich hier die Gelegenheit, die Gestalt und Sendung Marias in ihrer ganzen Fülle, das heißt in ihrer Bezogenheit auf Christus und in ihrer Bedeutung für uns Menschen, meditativ und betend zu erschließen.

In vielen Gemeinden hat sich bis heute ein Brauch erhalten, der im 15. Jahrhundert entstanden ist: das »Ave-Läuten«. Einmal (mittags um 12.00 Uhr) oder auch dreimal am Tag (morgens, mittags und abends) läutet eine kleine Glocke im Kirchturm, die Angelus-Glocke, und erinnert die Bewohner, die Arbeiter und Bauern, daran, den »Engel des Herrn« zu beten und so die Menschwerdung Gottes im Schoß der Jungfrau Maria zu preisen.

Das Rosenkranzgebet mit seinen 15 »Gesätzen« ist ebenfalls im 15. Jahrhundert entstanden. Die uralte Tradition, Gebete, vor allem das Vaterunser, an Körnern oder Steinen, später an einer aus Perlen zusammengesetzten Schnur, abzuzählen, wird hier aufgegriffen und weiter entwikkelt. Mit »Gesätz« ist jeweils der Satz gemeint, der in die Mitte des »Gegrüßet seist du, Maria«-Gebetes eingeflochten wird. In den drei mal fünf Gesätzen des freudenreichen, schmerzhaften und glorreichen Rosenkranzes werden litaneiartig die beiden unzertrennlichen Glaubenswahrheiten entfaltet: »Jesus, Sohn Gottes« und »Jesus, Sohn der Jungfrau Maria«.

Gebete zu Maria

Salve Regina

Sei gegrüßt, o Königin,
Mutter der Barmherzigkeit,
unser Leben, unsre Wonne,
und unsre Hoffnung, sei gegrüßt!
Zu dir rufen wir,
verbannte Kinder Evas;
zu dir seufzen wir
trauernd und weinend in diesem Tal der Tränen.
Wohlan denn, unsere Fürsprecherin,
wende deine barmherzigen Augen uns zu,
und nach diesem Elend zeige uns Jesus,*
die gebenedeite Frucht deines Leibes.
O gütige, o milde,
o süße Jungfrau Maria.

(lat. exilium = Leben in der Fremde, in der Verbannung. Der lateinische Text aus dem 11. Jh. steht in Gotteslob 570.)*

Weitere Gebete zu Maria:
»Ave Maria«, S. 209
»Engel des Herrn«, S. 213
»Magnificat«, S. 397

Regina caeli

Freu dich, du Himmelskönigin, Halleluja! Den du zu tragen würdig warst, Halleluja, er ist auferstanden, wie er gesagt hat, Halleluja. Bitt Gott für uns, Halleluja.

V: Freu dich und frohlocke, Jungfrau Maria, Halleluja,

A: denn der Herr ist wahrhaft auferstanden, Halleluja.

V: Lasset uns beten. – Allmächtiger Gott, durch die Auferstehung deines Sohnes, unseres Herrn Jesus Christus, hast du die Welt mit Jubel erfüllt. Laß uns durch seine jungfräuliche Mutter Maria zur unvergänglichen Osterfreude gelangen. Darum bitten wir durch Christus, unsern Herrn.
A: Amen.

Unter deinen Schutz und Schirm

Unter deinen Schutz und Schirm
fliehen wir, heilige Gottesmutter.
Verschmähe nicht unser Gebet in unseren Nöten,
sondern errette uns jederzeit aus allen Gefahren,
o du glorwürdige und gebenedeite Jungfrau,
unsere Frau, unsere Mittlerin, unsere Fürsprecherin.
Führe uns zu deinem Sohne,
empfiehl uns deinem Sohne,
stelle uns vor deinem Sohne.
Bitte für uns, o heilige Gottesmutter,
daß wir würdig werden der Verheißung Christi.

Madonna des Erzbischofs Imad, um 1070, Diözesanmuseum Paderborn

Der Rosenkranz

Eröffnung

A: Im Namen des Vaters und des Sohnes und des Heiligen Geistes. Amen.
Ich glaube an Gott . . .

V: Ehre sei dem Vater und dem Sohn und dem Heiligen Geist,

A: wie im Anfang so auch jetzt und alle Zeit und in Ewigkeit. Amen.

V: Vater unser im Himmel . . .

A: Unser tägliches Brot gib uns heute . . .

V: Gegrüßet seist du, Maria, . . . (3 ×)
- Jesus, der in uns den Glauben vermehre
- Jesus, der in uns die Hoffnung stärke
- Jesus, der in uns die Liebe entzünde

A: Heilige Maria, Mutter Gottes . . . (3 ×)

V: Ehre sei dem Vater . . .

A: wie im Anfang so auch jetzt . . .

Nach dieser Eröffnung folgen die Gesätze des freudenreichen, des schmerzhaften oder des glorreichen Rosenkranzes. Jedes Gesätz beginnt mit dem Vaterunser. Es folgt zehnmal das Gegrüßet-seist-du-Maria, wobei jedesmal nach dem Namen »Jesus« das entsprechende Gesätz eingefügt wird. Das Gesätz schließt mit dem Ehre-sei-dem-Vater.

Die freudenreichen Gesätze:
- Jesus, den du, o Jungfrau, vom Heiligen Geist empfangen hast
- Jesus, den du, o Jungfrau, zu Elisabet getragen hast
- Jesus, den du, o Jungfrau, in Betlehem geboren hast
- Jesus, den du, o Jungfrau, im Tempel aufgeopfert hast

– Jesus, den du, o Jungfrau, im Tempel wiedergefunden hast

Die schmerzhaften Gesätze:
– Jesus, der für uns Blut geschwitzt hat
– Jesus, der für uns gegeißelt worden ist
– Jesus, der für uns mit Dornen gekrönt worden ist
– Jesus, der für uns das schwere Kreuz getragen hat
– Jesus, der für uns gekreuzigt worden ist

Die glorreichen Gesätze:
– Jesus, der von den Toten auferstanden ist
– Jesus, der in den Himmel aufgefahren ist
– Jesus, der uns den Heiligen Geist gesandt hat
– Jesus, der dich, o Jungfrau, in den Himmel aufgenommen hat
– Jesus, der dich, o Jungfrau, im Himmel gekrönt hat

Maria, breit den Mantel aus

2. Dein Mantel ist sehr weit und breit, / er deckt die ganze Christenheit, / er deckt die weite, weite Welt, / ist aller Zuflucht und Gezelt.
3. Maria, hilf der Christenheit, / dein Hilf erzeig uns allezeit; / komm uns zu Hilf in allem Streit, / verjag die Feind all von uns weit.
4. O Mutter der Barmherzigkeit, / den Mantel über uns ausbreit; / uns all darunter wohl bewahr / zu jeder Zeit in aller Gfahr.

(Gotteslob 595; weitere Lieder und Gesänge siehe Gotteslob 569–603.)

Familie zieht Kreise

Familie – eine bunte Vielfalt

»Die Familie ist die einzige soziale Institution, die ein Besucher aus dem Jahr 800 oder von der Zeitwende wiedererkennen würde. Er wäre überrascht, kleine Mädchen auf dem Dreirad um den Fernseher in der Ecke – das neue Idol – toben zu sehen. Aber er würde bald bemerken, daß es nach wie vor Mütter, Väter und Kinder gibt, die sich über den Teller hinweg zulächeln.«
Michael Young, amerikanischer Soziologe

- Familie – das ist eine bunte Vielfalt an Möglichkeiten: Von der Großfamilie bis zur Klein(st)familie, von der Mehr-Generationen-Familie bis zur Zwei-Generationen-Familie, von der Eltern-Kinder-Familie bis zur Familie mit einem Elternteil, von der Land-Familie bis zur Stadt-Familie, von der Einzelfamilie bis zur Wohngemeinschaft mehrerer Familien... Allen gemeinsam ist der »Kern« der Familie: Vater und/oder Mutter und Kinder.
- Familie – das ist eine bunte Vielfalt an Menschen: Alte und Junge, Erwachsene und Kinder, Gesunde und Kranke, Starke und Schwache, Redselige und Schweigsame, Männer und Frauen, Erwerbstätige und Arbeitslose...
- Familie – das ist eine bunte Vielfalt an Ereignissen: spielen und singen, feiern und musizieren, sprechen und schweigen, handeln und nichtstun, streiten und versöhnen, lieben und hassen, lachen und weinen, essen und trinken, binden und loslassen...

Wir alle haben unsere Erfahrungen mit der Familie. Wir werden in sie hineingeboren, wachsen in ihr auf, lernen durch sie die wichtigsten Dinge des Lebens, verlassen sie eines Tages... und gründen vielleicht eine eigene Familie. Wie widersprüchlich auch unsere Erfahrungen ausfallen: Selbst mit ihren Ecken und Kanten, Mängeln und Defiziten steht die Familie konkurrenzlos da, bleibt sie im letzten unersetzbar, ist sie heute wahrscheinlich wichtiger denn je. Wo finden wir in unserer Zeit noch Verläßlichkeit, Solidarität, Anteilnahme, Wertschätzung, Verständnis, Versöhnungsbereitschaft, Hingabe – wenn nicht in der Familie? So leicht läßt sie niemanden fallen!

Porträt der Familie
Einen haben sie
in ihrer Mitte,
der hat keinen Boden
nur die Wolken
unter den Füßen,
der steht kopf.
Ihn halten sie fest
in ihrer Mitte
wo sonst, wie sonst.
Hans Georg Bulla

Nicht nur die Menschen, das Leben, die Ereignisse und Erfahrungen in der Familie sind vielfältig, die Familien selbst sind es. Weder gibt es *die* Familie noch allein eine ganz bestimmte Familienform.
Heute gibt es eine Vielfalt an »Familientypen«:

- Die traditionelle *Kernfamilie* mit Vater und Mutter und ihren leiblichen Kindern.
- Die Familie der *Alleinerziehenden* mit der Mutter oder dem Vater (Witwen/Witwer, getrennt lebende oder bereits geschiedene Frauen/Männer, ledige Frauen) und die Kinder.

- Die *Zweit-* oder *Fortsetzungsfamilie* (früher auch »Stieffamilie« genannt, heute die Patchwork-Familie) mit leiblicher Mutter/leiblichem Vater und »neuer« Mutter/»neuem« Vater und je eigenen und gemeinsamen Kindern (»Deine Kinder« – »meine Kinder« – »unsere Kinder«).
- Die *Adoptiv-* und *Pflegefamilien* mit den »sozialen« Eltern und den an- bzw. aufgenommenen Kindern.
- Die *freien Wohn-* und *Lebensgemeinschaften* mit den unverheirateten Eltern und ihren leiblichen oder angenommenen Kindern.

Die traditionelle Kernfamilie ist zwar nach wie vor am häufigsten anzutreffen, aber die anderen Familienformen nehmen ständig zu. Deshalb kann erstere nicht mehr so ohne weiteres als »Normalfamilie« bezeichnet werden. Würde die Kernfamilie zur »Norm«, zum allgemeinen und alleingültigen Maßstab erklärt werden, wären alle anderen Familienformen zweitrangig oder sogar »anormal«. Die (bisherige) Redeweise von »unvollständigen Familien«, »Teilfamilien«, »Stieffamilien« beinhaltet – meist ungewollt – eine Entwertung dieser Familien. Dabei ist die Erziehungsleistung einer alleinerziehenden Mutter oder eines alleinerziehenden Vaters nicht hoch genug zu bewerten.

»Es ist hart, aber wir werden's schon schaffen!«

»Als ich plötzlich mit meinen 2 Kindern alleinstand, fühlte ich mich von Gott und der Welt verlassen. Ich hatte auf einmal keine Freunde mehr. Im Familienkreis fühlte ich mich wie das 5. Rad am Wagen, gerade noch aus christlicher Pflicht geduldet. Das war hart. Mittlerweile habe ich eigene, neue Freunde, auf die ich selbst zugegangen bin. Und darauf bin ich ganz stolz: Ich habe nach der Trennung von meinem Mann vorwiegend nette Menschen getroffen, die vorsichtig, sensibel mit mir umgingen, die mir aber auch gesagt haben: ›Jetzt kapselst du dich ganz ab, wenn du so weiterlebst‹.«

»Als wenn ich zwischen allen Stühlen säße...«

Frau K., seit 2 Jahren wiederverheiratet, 2 Kinder aus ihrer 1. Ehe und Stiefmutter von Thomas:

»Jetzt strenge ich mich schon so an, lasse fünf gerade sein, bin dem Thomas gegenüber viel großzügiger als zu meinen eigenen Kindern – und dann tut es mir sehr weh, wenn er mich seinen Freunden ganz kühl als ›neue Frau seines Vaters‹ vorstellt. Dann muß ich doch schlucken.«

Herr K.:

»Ich finde es schlimm, wie rotzig Thomas sich oft meiner Frau gegenüber verhält, die sich so viel Mühe gibt. Ich hatte früher gedacht, ich suche eine Mutter für meinen Sohn, weil ich mir nicht vorstellen konnte, mich nochmals in eine Frau zu verlieben nach der großen Enttäuschung. Jetzt weiß ich manchmal gar nicht mehr, ob ich meine neue Frau oder Thomas mehr liebe...«

Thomas, 12 Jahre:

»Ich könnte schon explodieren, wenn die Doris, meine Stiefmutter, versucht, uns drei Kinder gleich zu behandeln, ihre eigenen bewußt nicht zu bevorzugen; die beiden Kleinen tun mir schon manchmal leid. Und dann verzeihe ich ihr einfach nicht, daß sie meinen Vater geheiratet hat. Jetzt soll ich auf einmal 2 Mütter haben – das halte ich manchmal im Kopf nicht aus. Und weil ich die Doris jetzt halt ständig sehe, kriegt sie manchmal was ab von meiner Wut –, auch wenn ich es meistens gar nicht so meine. Vielleicht brauche ich noch Zeit, um mich damit abzufinden.«

Was alles erwartet wird ...

- Der Staat erwartet, daß in der Familie gute Staatsbürger heranwachsen.
- Die Gesellschaft erwartet, daß in der Familie soziale Grundhaltungen und soziale Verhaltensweisen eingeübt werden.
- Die Kirche erwartet, daß in der Familie die nachwachsende Generation in den Glauben eingeführt wird.
- Die Schule erwartet, daß in der Familie die schulischen Leistungen der Kinder gefördert und unterstützt werden.
- Der Arbeitgeber erwartet, daß in der Familie ein gutes Klima herrscht und die Arbeitnehmer sich ausreichend erholen und stärken können.
- Die Wirtschaft erwartet, daß in der Familie immer mehr Nahrungsmittel konsumiert und Güter verbraucht werden.
- Die Nachbarschaft erwartet ...
- Die Freunde erwarten ...

Nicht zuletzt erwarten Eltern und Kinder ein glückliches Familienleben.
Wer soll all diese unterschiedlichen Erwartungen erfüllen? Die einzelne Familie ist damit überfordert. Sie braucht Begegnung, Gespräch, Kontakt, Austausch, Halt, Solidarität mit anderen Familien.

Glück und Regenbogen sieht man nicht über dem eigenen Haus,
sondern nur über den Häusern der Nachbarn.

(Sprichwort aus Argentinien)

Alphabet der Familie

A Autorität, Alltag, Angst …
B Behinderte, Brauchtum, Blumen …
C Charakter, Charme, Charisma …
D Dynamik, Demut, Daheim …
E Erziehung, Erlebnis, Enttäuschung …
F Freude, Friede, Fragen …
G Gemeinschaft, Glaube, Gastfreundschaft …
H Heimat, Hoffnung, Haß …
I Ideal, Individualität, Initiative …
J Jugend, Jubel, Jubiläum …
K Kritik, Konflikt, Krise …
L Liebe, Leid, Lust …
M Musik, Medien, Mitmenschen …
N Nähe, Nöte, Neid …
O Offenheit, Ordnung, Opfer …
P Persönlichkeit, Partnerschaft, Probleme …
Q Qualität, Quelle, Querulant …
R Religion, Reue, Risiko …
S Spiel, Sexualität, Schmerz …
T Treue, Trauer, Tod …
U Unrecht, Unfrieden, Umkehr …
V Verantwortung, Versöhnung, Verletzbarkeit …
W Wohnung, Wärme, Wahrheit …
X X-Beliebigkeit, Xanthippe, X-Chromosom …
Y Y-Chromosom, Yoga, Yogi …
Z Zärtlichkeit, Zuneigung, Zuhause …

Von der »Drinnen-Welt« und der »Draußen-Welt«

Leben wird heute nicht mehr als Ganzes, als Umfassendes, als Abgerundetes erfahren. Vielmehr »zerstückelt« es sich in verschiedene Lebensbereiche, die die Menschen sorgfältig voneinander zu trennen versuchen:

hier Familie	– dort Öffentlichkeit
hier Freizeit	– dort Schule oder Beruf
hier persönlicher Glaube	– dort Kirche
hier …	– dort …

Deutlich zeichnet sich ab der Gegensatz von Privatleben und Öffentlichkeit, von Familie und Gesellschaft, von »Drinnen-Welt« und »Draußen-Welt«. Der Privatraum von Freundschaft und Sexualität, von Ehe und Familie wird sichtbar abgegrenzt gegenüber den mehr öffentlichen Lebensbereichen von Schule und Beruf, Freizeit und Wirtschaft, Politik und Gesellschaft. In beiden Lebensräumen machen die Menschen recht unterschiedliche, ja oft gegensätzliche Erfahrungen.

Drinnen-Welt

Menschliche Nähe
Spontaneität
Offenes Gespräch
Solidarität
Freiraum
Fürsorglichkeit
Wertschätzung
Persönlichkeit
…

aber auch:

Enge
Überholtes
Kontrolle
Isolation

Draußen-Welt

Anonymität
Bürokratismus
Kommunikationsverarmung
Konkurrenz
Soziale Zwänge
Beziehungslosigkeit
Funktionalität
»Unpersönlichkeit«
…

Weite
Neues
Freiheit
Kontakte

In beiden Lebensräumen gibt es zudem oft widersprüchliche Anforderungen und Erwartungen. Die »Drinnen-Welt« hat manche Lasten der »Draußen-Welt« auszugleichen. Die »Draußen-Welt« kann besser gemeistert werden, wenn die »Drinnen-Welt« stimmt.

Zwei Beispiele

1. Die moderne Arbeitswelt verlangt den mobilen, flexiblen, dynamischen, »starken«, kühl kalkulierenden, durchsetzungsfähigen Menschen.

   Ehe und Familie hingegen erwarten den treuen, bodenständigen, sensiblen, zärtlichen, kompromißbereiten Menschen.

2. Die moderne Konsum- und Freizeitgesellschaft wirbt heftig um den »Verbraucher«. Kaufe, brauche, verbrauche - und wirf weg!

   Ehe und Familie hingegen leben von der gegenseitigen Hingabe der Eheleute, Eltern und Kinder. Sie stehen im Widerspruch zum »Gebrauch« und »Verbrauch« von Menschen, zur »Wegwerf-Mentalität« unserer Gesellschaft.

Von der Gefahr des Rückzugs

Immer mehr Menschen finden in der »Draußen-Welt« immer weniger Lebenssinn, Lebenshoffnung, Lebensmut und Lebensfreude. Sie ziehen sich bitter enttäuscht aus diesen Lebensbereichen zurück und suchen ausschließlich und allein das Lebensglück in der »Drinnen-Welt«. Ehe und Familie sollen ihnen den Ausgleich für Mängel und Verluste in Schule, Beruf oder auch Freizeit bieten. Der Ehepartner und die Kinder werden »zum ein und alles«, sie müssen für »alles und jedes« herhalten, von ihnen allein hängen eigenes Glück und eigene Zufriedenheit ab.

Die Flucht ins Private aber überfordert Ehepartner, Eltern und Kinder. Ihre übersteigerten Ansprüche und ihre maßlosen Erwartungen müssen zwangsläufig zu Enttäuschung und Verbitterung führen. Ein Teufelskreis von Mangelerlebnis, Übererwartung, Enttäuschung tut sich auf.

Die Nichtverbundenheit mit der Gemeinschaft, der Rückzug aus der Gesellschaft mit ihrer Vielfalt an sozialen Verpflichtungen und Verantwortlichkeiten gefährden Ehe und Familie. Ohne die Verwurzelung in das soziale Umfeld bleiben Eheleute, Eltern und Kinder auf sich allein verwiesen, ohne jede Hilfe und Stütze, ohne jeden Halt und Schutz. Damit Ehe und Familie gelingen, brauchen sie Verwandte und Freunde, Gruppen und Kreise, Gemeinschaft und Geselligkeit.

Auch für den Glauben braucht jede Familie die Erfahrung: Andere sind mit uns, andere denken und handeln ähnlich wie wir, andere teilen unsere Auffassung von Leben und Glauben. Aber auch hier ist die Verlockung groß, sich auf sich selbst zurückzuziehen und »im stillen Kämmerlein« seinem Glauben nachzugehen. Aber glauben kann man nicht allein. Bei Tertullian, einem alten Kirchenlehrer, heißt es: »*Ein* Christ ist kein Christ.« Das bedeutet doch: Eine Familie allein kann keine christliche Familie bleiben. Glauben »geht« nur mit anderen und für andere. Niemand ist heute seines Glaubens sicher. Wir sind eher Suchende, bisweilen verzweifelt Suchende. Wir brauchen die Mitchristen, die Gemeinschaft der Gläubigen, die christliche Gemeinde, die Kirche. Zusammen sind wir Kirche. »Ihr aber seid der Leib Christi, und jeder einzelne ist ein Glied an ihm« (1 Kor 12,27).

Mir graut vor Menschen,
die immer nur zuschauen.
Man soll nie zuschauen.
Man soll Zeuge sein und mittun
und Verantwortung tragen.
Der Mensch
ohne Verantwortung
zählt nicht.

Antoine de Saint-Exupéry

Vom Wort zur Tat – Acht Beispiele

- **Eigene Türen öffnen**
  Die Türen unserer Wohnung oder unseres Hauses können wir – wie uns selbst – geschlossen oder geöffnet halten. Wenn wir Kontakte wollen, wenn uns daran liegt, daß andere uns und wir andere besuchen, dann müssen wir unsere Wohnungen und Häuser öffnen. Andere spüren sehr schnell, ob unsere Wohnung oder unser Haus »zu« ist oder »offen«.

- **Durststrecken durchstehen können**
  Wir müssen dann und wann – als einzelne oder als ganze Familie – durch Durststrecken hindurch. Da ist es gut, wenn wir Menschen haben, an die wir uns wenden können, die uns auf solchen Strecken helfen, die diese Wegstrecken mit uns gehen. Alleine wären wir überfordert, verlören wir den Mut, würden wir vorschnell aufgeben.

- **Entspannung suchen**
  Unser Leben kann nicht nur aus Anstrengung und Ernst, aus Anspannung und Einsatz, aus Arbeit und Verpflichtung bestehen. Wir brauchen auch das gesellige Beisammensein, die ausgelassene Freude, die erholsamen Unternehmungen, das Spiel und den Sport. Mit Freunden oder Nachbarn zusammen macht das alles noch mehr Spaß. Und: Gemeinsam verlebte Stunden verbinden.

Nachbarn sind wichtig
Unsere Nachbarn haben wir uns nicht aussuchen können, und sie uns ebensowenig. Aber es ist sicherlich was dran: Gute Nachbarn sind überaus wichtig im Alltag! Das bedeutet aber auch: Nachbarschaft will gepflegt werden. Einander grüßen, miteinander sprechen, Zeit füreinander haben, miteinander feiern, füreinander einspringen …

Keiner kann allein glauben
Christen erleben sich heute in der Diaspora, im wahrsten Sinne des Wortes als »Vereinzelte«. Um so mehr sind wir deshalb auf die Gemeinschaft mit anderen Glaubenden angewiesen - zur gegenseitigen Stützung, zur Vergewisserung, zur Ermutigung. Es hilft uns und unserem eigenen Glauben, wenn wir eine Gruppe haben, in der wir über all unsere Hoffnungen und Sorgen, Fragen und Probleme, Nöte und Zweifel sprechen können.

Raus aus den eigenen vier Wänden
Unsere kleine »private Welt« ist nicht die ganze Welt. Um uns herum geschieht vieles, was uns angeht, wo wir gefragt sind, wo wir etwas ändern wollen und müssen. Allein aber sind wir überfordert und machtlos. Wir brauchen Bündnispartner, die sich mit uns für unsere Anliegen in dieser Welt einsetzen. Wir dürfen nicht alle Entwicklungen wort- und tatenlos hinnehmen.

- **Kontakte zu »Randgruppen« wagen**
  Das ist das Paradoxe: Am Rande eines Kreises haben mehr Menschen Platz als in seiner Mitte. Aber die am Rande stehen, sind letztlich Vereinzelte. Ihre Namen: Arbeitslose, Geschiedene, Behinderte, Asylanten, Strafgefangene, Politisch Verfolgte ... Sie haben weniger Fürsprecher, weniger Sympathisanten - weit weniger als die, die in der angeblichen Mitte sind. Es ist ein Wagnis, mit ihnen Kontakt aufzunehmen. Viele aus der Mitte möchten lieber »unter sich« bleiben.

- **Neue Möglichkeiten entdecken**
  Einmal den eigenen Kreis durchbrochen, einmal seine Linie weiter ausgezogen, und schon werden wir erfahren: Wir öffnen uns - und uns öffnen sich neue Welten. Wir verändern ein kleines Stückchen Welt - und wir verändern uns selbst. Wir entdecken selbst ganz neue Wege; der Kreis wird größer und größer ...

Der Freundliche

Als sie nun die Stadt gebaut hatten, kamen sie zusammen und führten einander vor ihre Häuser und zeigten einander die Werke ihrer Hände. – Und der Freundliche ging mit ihnen, von Haus zu Haus, den ganzen Tag über, und lobte sie alle. Aber er selber sprach nicht vom Werk seiner Hände und zeigte keinem ein Haus. – Und es ging gegen Abend, da auf dem Marktplatz, trafen sie sich wieder alle und auf einem erhöhten Brettergerüst trat jeder hervor und erstattete Bericht über die Art und Größe seines Hauses und die Baudauer, damit man ausfinden konnte, welcher von ihnen das größte Haus gebaut hatte, oder das schönste und in wieviel Zeit. – Und nach seiner Stelle im Alphabet wurde auch der Freundliche aufgerufen. – Er erschien unten, vor dem Podium, und einen großen Türstock schleppend. – Er erstattete seinen Bericht. – Dies hier, der Türstock, war, was er von seinem Haus gebaut hatte. – Es entstand ein Schweigen. – Dann stand der Versammlungsleiter auf. – »Ich bin erstaunt« –, sagte er und ein Gelächter wollte sich erheben. Aber der Versammlungsleiter fuhr fort: »Ich bin erstaunt, daß erst jetzt die Rede darauf kommt. Dieser da war während der ganzen Zeit des Bauens überall, über dem ganzen Grund und half überall mit. Für das Haus dort baute er den Giebel, dort setzte er ein Fenster ein, ich weiß nicht mehr, welches, für das Haus gegenüber zeichnete er den Grundplan. Kein Wunder weiter, daß er hier mit einem Türstock erscheint, der übrigens schön ist, daß er aber selber kein Haus besitzt. In Anbetracht der vielen Zeit, die er für den Bau unserer Häuser aufgewendet hat, ist der Bau dieses schönen Türstocks ein wahres Wunderwerk und so schlage ich vor, den Preis für gutes Bauen ihm zuzuerteilen.«

Bertolt Brecht

Der ganze Erdkreis - unser Kreis

Familienwelt und Lebenswelt

Wie geht's?

Wir tragen unsere Wunden innen.
Angeschossen - wir alle.
Mitten im Frieden,
mitten im Herzen
der Schmerz.

Danke, mir geht's gut!

Wir leben den Alltag
mit offenen Wunden,
begegnen einander
mit offenen Wunden,
lachen und lieben
mit offenen Wunden.

Danke, mir geht's gut!

Wir nennen uns »Freunde«,
»Brüder und Schwestern«,
»Geliebte«,
und sind doch nicht fähig,
einander zu heilen.
Wir tragen unsere Wunden innen
aus Angst vor der Wahrheit.

Geht's gut? Danke!

Angelika Möller

Wie selbstverständlich fragen wir einander, wenn wir uns treffen: Wie geht's? Und ebenso rasch und selbstverständlich kommt meist die Antwort »Gut« oder zumindest »Einigermaßen gut«! Geht es wirklich gut? Wollen wir überhaupt wissen, wie es dem anderen wirklich geht? Lassen wir uns aufeinander ein? Oder reagieren wir nicht sofort verlegen, wenn die Antwort einmal lauten würde »Schlecht!«.
Aber müßte es uns nicht eigentlich gut gehen? Noch nie hatten wir einen solchen Wohlstand wie heute. In jedem Jahr steigen Löhne und Gehälter. Die Arbeitszeit wird kürzer. Geht es uns nicht wirklich gut?
Oder tragen wir unsere Wunden nur innen. Wunden, die durchaus schmerzen, wenn wir sie wahrnehmen. Aber aus Angst vor der Wahrheit gestehen wir sie uns selbst und anderen nur zu selten ein.

Es geht mir nicht gut:
- Wenn ich niemanden habe, der mich wirklich mag.
- Wenn ich mit mir selber nicht mehr klar komme.
- Wenn ich mich mit meinem Partner oder den Kindern nicht mehr verstehe.
- Wenn ich nicht mehr gebraucht werde und keine Arbeit mehr habe.
- Wenn ich Angst habe um die Zukunft unseres Lebens und der Welt.
- Wenn ich sehe und höre, wie Ungerechtigkeit, Leid und Katastrophen unsere Welt beherrschen.

Geht es wirklich gut?

- Über 130 Kriege in der Welt seit dem 2. Weltkrieg.
  Strategien der Auf- und Abrüstung zwischen den Weltmächten.
  Atomwaffen, Terror und Angst bei uns in Deutschland.
- Jährlich sterben 80 Millionen Menschen an Hunger oder an den Folgen falscher Ernährung. Davon 40 000 Kinder täglich.
  1 Milliarde Menschen leben in absoluter Armut.
  25% der Weltbevölkerung verbrauchen über 80% der Lebensmittel.
- Über 50% unserer Wälder sind vom Absterben bedroht.
  Die Nordsee ist nur noch zu retten, wenn bis 1995 jede Müllverbrennung und alles Abklappen eingestellt wird.
  Das Ozonloch in unserer Atmosphäre wird immer größer.

Frage

wir christen
träger
des ausrufezeichens
auf dieser erde
stellen wir uns
den bewohnern
mit ihren punkten
und fragezeichen

Ulrich Liedholz

Frieden

Unsere Sorge um den Frieden ist berechtigt.
Viele haben Angst, auch in unseren Familien.
Ehepartner oder auch Kinder resignieren oder demonstrieren.
Viele engagieren sich in Friedensinitiativen. Lohnt es sich? Oder ist es nicht zum Verzweifeln?
Es gibt das Wunder der Friedensfähigkeit.
Ist es nicht ein Wunder, daß in der langen Geschichte der Kriege, die die Menschen gegen Menschen führten, die Sehnsucht nach Frieden noch nicht gestorben ist, sondern sich immer wieder neu aus den Trümmern und über den Gräbern erhob? Unsere Geschichte ist nicht eine einzige Geschichte der Kriege – auch wenn sie häufig so dargestellt wird. Sie ist auch eine Geschichte der bis heute nicht abgebrochenen Suche nach Frieden. Dieses als Wunder zu sehen, ist wichtig.

In einem Hochgebet der Kirche bekennen wir als Christen vor Gott:
»Inmitten einer Menschheit, die gespalten und zerrissen ist, erfahren wir, daß Du Bereitschaft zur Vergebung schenkst. Dein Geist bewegt die Herzen, wenn Feinde wieder miteinander sprechen, Gegner sich die Hände reichen und Völker einen Weg zueinander suchen. Dein Werk ist es, wenn der Wille zum Frieden den Streit beendet und Verzeihung den Haß überwindet und Rache der Vergebung weicht.«

Gott ist es, der uns offensichtlich immer wieder zum Frieden anstiftet. Geben wir seinem Wirken Raum? Wir können uns gegen Unfrieden im großen und kleinen wehren. Denn Krieg ist kein über den Menschen verhängtes Schicksal. Das von Gott gewollte Schicksal des Menschen ist der Friede.

Kleinste Schritte ...

Auch wenn unsere Einflußmöglichkeiten als einzelne und auch als Familien nicht sehr weit reichen, so können wir doch in unserem Nahbereich einiges tun.

Franz von Sales wurde einmal von einem Schüler gefragt, was er für den Frieden tun könne. Seine Antwort war: »Schließen Sie die Tür etwas leiser.«

So etwas können wir tun:

- Weniger gewaltsam mit den Dingen, auch mit den kleinen, umgehen; ein wenig gewaltfreier vor allem das tägliche Miteinander gestalten.

- Nicht erst die Faust im Gesicht des anderen ist Gewalt, sondern auch schon die Faust auf dem Tisch des Hauses oder der harte, verletzende Ton in der Stimme.
- Eltern können unserer Gesellschaft Kinder schenken, die keine Gewalt von ihnen erleiden mußten und darum Scheu haben, Gewalt über andere auszuüben.
- Nicht weniger wichtig ist die alltägliche und besondere Mühe um Versöhnung; daß Ehepartner, Eltern und Kinder, Freunde und Kollegen Schuld nicht als trennende Macht zwischen sich wachsen lassen, sondern sie durch Vergebung abtragen.
- Wir können auch unsere politische Verantwortung deutlicher wahrnehmen. Dazu gehören wache Aufmerksamkeit für unfriedliche und kriegerische Situationen, vielleicht aber auch das Engagement in der Öffentlichkeit für Frieden und Abrüstung.

Vieles davon muß im eigenen Herzen seinen Anfang nehmen. Können aber solch kleine Schritte der Versöhnung und des Verzichts auf Gewalt den Frieden in der Welt sichern? Nichts, was der eine oder andere tut oder läßt, ist ohne Folgen für die anderen. Es trägt mit bei zu klimatischen Veränderungen. Die vielen kleinen Versuche knüpfen das Netz, das den Frieden der Welt trägt und hält. An diesem Netz können wir knüpfen - alltäglich - täglich.

Moralischer Notstand

»Dennoch können wir nicht die Augen davor verschließen, daß wir politisch seit einigen Jahrzehnten in einem moralischen Notstand leben. Niemand will den Krieg, und dennoch stellen wir Waffen her und halten sie in Bereitschaft, die ganze Städte und weite Gebiete mit ihrer Bevölkerung unterschiedslos vernichten können. Dies ist ein Notstand. Wir besitzen, wie wir meinen, zur Sicherung des Friedens Waffen, die moralisch nicht erlaubt sind. Wir haben versäumt, andere Wege gemeinsamer Sicherheit zu suchen. Aber kann ein solcher Notstand moralisch geduldet werden? Das Konzil sprach von einer Frist, die uns gewährt ist, um wirkliche Wege zum Frieden zu finden. Welche Frist haben wir noch? Diesen Fragen können wir uns nicht entziehen. Ja, wir müssen sogar um Wege aus dieser Not streiten und in diesem Streit einander zugestehen, daß wir in Not sind. Wenn wir alle das Ziel haben, einen Frieden ohne Waffen zu schaffen, dann ist es notwendig, darüber zu streiten und zu ringen, die Wege dorthin zu finden. Diese liegen nicht einfach auf der Hand. Alle haben ihre Gefahren und Risiken. Wenn wir in dieser Art und Weise miteinander um den politischen Frieden streiten, widerspricht das nicht dem Frieden, so lange nicht Rechthaberei, Verletzungen und Herabsetzungen im Spiel sind. Ein gutes Streitgespräch kann uns auch in der Familie helfen, das eigene Gewissen zu schärfen und sich nicht vorschnell beruhigt mit dem Notstand abzufinden.« *Dieter Emeis*

Gerechtigkeit

Der Friede hängt unmittelbar mit der Gerechtigkeit in der Welt zusammen. Nur die Gerechtigkeit kann Grundlage des Friedens sein. So lange es verwahrloste Kinder, arbeitslose Jugendliche, diskriminierte Frauen, Flüchtlinge und Asylanten gibt, besteht keine Gerechtigkeit. So lange wir in der Bundesrepublik 100mal mehr verdienen als in den ärmsten Ländern, ist keine Gerechtigkeit und kann kein Friede sein.
Nur Gerechtigkeit schafft Frieden. Wir können unsere Sicherheitspolitik nicht auf Kosten der anderen betreiben. Auch Sicherheitspolitik ist Gerechtigkeitspolitik und nicht nur Militärpolitik. Nicht eine möglichst hochgerüstete Menschheit lebt in größerer Sicherheit, sondern eine Menschheit mit möglichst großer sozialer Gerechtigkeit. Hochrüstung ist jedenfalls ein zu hoher Preis und dazu ein falscher Preis für den Frieden. Nur in Gerechtigkeit dürfen wir den Frieden für alle Menschen erwarten. So lange es die Sünde im Weltmaßstab gibt, daß wir nicht so reich sein könnten, wenn andere nicht so arm wären, gibt es keinen Frieden.
Als Christen sind wir zur Umkehr aufgefordert. Wir alle kennen die Erzählung vom barmherzigen Samariter. Sie macht deutlich, daß jeder einzelne gefordert ist, direkt zu helfen. Aber über diese persönliche Hilfe hinaus ist Hilfe notwendig, ungerechte Strukturen abzubauen. Dem Hungernden Brot zu geben, ist gut. Ihm die Möglichkeit zu geben, sich selbst zu ernähren, ist besser.

»Die Armen zu sehen, macht nicht blind für die Strukturen. Es ist nicht damit getan, die Wunden derer zu verbinden, die unter die Räuber gefallen sind. Die Option für die Armen verpflichtet uns, auch die Strukturen der Räuberei aufzudekken und zu ändern, sie, wenn möglich, zu verhindern.«

Bischof Franz Kamphaus

Kleinste Schritte der Aufmerksamkeit . . .

Auch hier gilt es, im kleinen und großen gleichzeitig zu denken und zu handeln. Kleine Schritte der Aufmerksamkeit könnten sein:

- Ein Tag der Solidarität in der Familie – zusammen mit anderen Familien: Man verzichtet an einem Tag im Monat auf eine Mahlzeit und stellt den ersparten Betrag einem Projekt in der Dritten Welt zur Verfügung.
- Aufmerksamer Konsum etwa durch Einkauf von Produkten aus der Dritten Welt, durch bewußtes Meiden von Produkten, die in unmenschlichen politischen Systemen erzeugt werden.
- Sich nicht durch lähmende Überinformation bzw. Werbung von seiten der Medien handlungsunfähig machen lassen.
- Information über unbequeme Dinge in Gesellschaft und Welt an sich heran lassen und untereinander besprechen.

Bewahrung der Schöpfung

Ein Jugendlicher schreibt:
»Die Situation rund um mich spitzt sich zu. Sie ist sehr ernst. Wenn ich zum Bürofenster hinaus sehe, dann sehe ich kaum noch Grünflächen. Beton, Asphalt, Glas und Dachziegel, daß sind die Elemente, die das Bild bis zum Horizont dominieren. Wenn ich in den nächstgelegenen Wald spazieren gehe, kann ich die Augen nicht schließen. Ich sehe, wie die Bäume leiden, wie sie verkrüppeln. Ein Ast nach dem anderen müßte amputiert werden, denn sie sterben der Reihe nach ab. Die pflanzlichen Körper versuchen sich zu wehren, gegen den Dreck, mit dem wir sie vergiften. Doch der Widerstand zerbricht, das Gift ist stärker. Wenn ich das Wasser eines Baches anschaue, sehe ich dort nicht das klare Naß, sondern eine trübe, stinkende Suppe. Das Wasser kann den ganzen Dreck einfach nicht mehr abbauen. Ein Grund dafür ist auch die langsame Fließgeschwindigkeit wegen der vielen Stauwerke. Wenn ich die Müllabfuhr bei der Arbeit sehe, denke ich an die riesigen Berge Abfall, die wir produzieren und irgendwo ›deponieren‹. Diese gigantischen Halden bergen für immer verlorene Rohstoffe.«

Am Ende des ersten Schöpfungsberichtes heißt es: »Gott sah alles an, was er gemacht hatte: es war sehr gut« (Genesis 1,31). Gott lobt seine gute Schöpfung, in der der Mensch als Gottes Ebenbild leben und arbeiten soll: »Gott, der Herr, nahm also den Menschen und setzte ihn in den Garten Eden, damit er ihn bebaue und behüte« (Gen 2,15). Bebauen und behüten und nicht unterdrücken und ausbeuten! Die Menschen sind Sachwalter der Schöpfung und nicht ihre Tyrannen.

Kleinste Schritte …

Inzwischen ist die Aufmerksamkeit für unsere Lebenswelt deutlich gewachsen. Doch noch ist nicht alles getan. Viele kleine und große Schritte sind noch zu tun:

Wir sind ein Teil der Erde

Die Rede des Häuptlings Seattle vor dem Präsidenten
der Vereinigten Staaten von Amerika im Januar 1855:

»Jeder Teil dieser Erde ist meinem Volk heilig,
jede glitzernde Tannennadel, jeder sandige Strand,
jeder Nebel in den dunklen Wäldern, jede Lichtung,
jedes summende Insekt ist heilig, in den Gedanken
und Erfahrungen meines Volkes …
Der Saft, der in den Bäumen steigt, trägt die Erinnerung
des roten Mannes.
Unsere Toten vergessen diese wunderbare Erde nie, denn sie ist des roten
Mannes Mutter.
Wir sind ein Teil der Erde, und sie ist ein Teil von uns …
Die duftenden Blumen sind unsere Schwestern,
die Rehe, das Pferd, der große Adler - sind unsere Brüder.
Die felsigen Höhen, die saftigen Wiesen,
die Körperwärme des Ponies und des Menschen -
sie alle gehören zur gleichen Familie …
Wir wissen, daß der weiße Mann unsere Art nicht versteht.
Ein Teil des Landes ist ihm gleich jedem anderen,
denn er ist ein Fremder, der kommt in der Nacht und
nimmt von der Erde, was immer er braucht.
Die Erde ist sein Bruder nicht, sondern Feind, und
wenn er sie erobert hat, schreitet er weiter.
Er läßt die Gräber seiner Väter zurück und kümmert sich nicht.
Er stiehlt die Erde von seinen Kindern - und kümmert sich nicht …
Seiner Väter Gräber und seiner Kinder Geburtsrecht sind
vergessen. Er behandelt seine Mutter, die Erde, und
seinen Bruder, den Himmel, wie Dinge zum Kaufen und Plündern,
zum Verkaufen wie Schafe oder glänzende Perlen.
Sein Hunger wird die Erde verschlingen und nichts zurücklassen
als die Wüste …
Lehrt euere Kinder, was wir unsere Kinder lehren: die Erde ist unsere Mutter.
Was die Erde befällt, befällt auch die Söhne der Erde.
Wenn Menschen auf die Erde spucken, bespeihen sie sich selbst.
Denn das wissen wir, die Erde gehört nicht den Menschen, der Mensch gehört zur Erde - das wissen wir.«

- Sorgsamer Umgang mit den Energiequellen
- Unbedachtes Autofahren vermeiden
- Nicht mehr Verpackungsmaterial verwenden und akzeptieren als notwendig
- Unseren Abfall sortieren und der Wiederverwertung zuführen
- Gemeinsame Initiativen von Familien, Jugendgruppen und Bürgerinitiativen zur Säuberung von Bächen und Waldstücken, Patenschaften für Bäume
- Kritische und politische Auseinandersetzungen mit der Gefährdung unserer Lebenswelt durch Straßenbau, Verkehrsmittel und leichtfertigen Umgang mit der Atomkraft

Es geht nicht nur um unser Überleben und das unserer Kinder und Kindes-Kinder. Wir haben eine Verantwortung vor Gott, wie es ebenfalls Häuptling Seattle in seiner Rede deutlich machte:

»Wenn wir euch unser Land verkaufen, liebt es, so wie wir es liebten, kümmert euch, so wie wir uns um es kümmerten, behaltet die Erinnerung an das Land, so wie es ist, wenn ihr es nehmt. Und mit all eurer Stärke, eurem Geist, eurem Herzen, erhaltet es für eure Kinder und liebt es – so wie Gott uns alle liebt …
Denn eines wissen wir – unser Gott ist derselbe Gott. Diese Erde ist ihm heilig. Und selbst der weiße Mann kann der gemeinsamen Bestimmung nicht entgehen.
Vielleicht sind wir doch – Brüder. Wir werden sehen.«

Unsere Sehnsüchte

Gott sei Dank ist bei den meisten Menschen die Sehnsucht nach Frieden, Gerechtigkeit, Schönheit, Liebe und Geborgenheit noch lebendig – Sehnsüchte, die zum Ureigensten des Menschen gehören. In unserer Gesellschaft werden sie heimlich, aber auch schon offen angegriffen und demontiert. Es besteht die Gefahr, daß sie zu Bedürfnissen umfunktioniert werden, die zu »befriedigen« sind. Das Synodenpapier »Unsere Hoffnung« sagt: »Sie werden ihrer Lebenskraft beraubt.« Die Werbung ist der schlagende Beweis: Geborgenheit wird versprochen durch den Genuß einer bestimmten Whisky-Marke, Freiheit durch Zigaret-

»Das Mahl mit den Sündern« von Sieger Köder, 1973

wachhalten

tenkonsum, Treue durch ein Schmuckstück aus Platin. So werden unsere Sehnsüchte zu Bedürfnissen verfälscht. Durch Kauf und Konsum werden sie gestillt, ohne daß damit die eigentliche Sehnsucht befriedigt werden könnte. Dies kann dazu führen, daß allmählich die Sehnsüchte verkümmern und »man« sich mit Bedürfnissen und ihren kurzfristigen Befriedigungen begnügt.
Um unseres menschlichen Lebens willen gilt es, jene Sehnsüchte wachzuhalten. Sie haben ihre eigene Sprache. Sie sind Bilder, Gleichnisse und Träume vom neuen Himmel und der neuen Erde in der Vollendung des Reiches Gottes.

»Diese Bilder und Gleichnisse vom großen Frieden der Menschen und der Natur im Angesichte Gottes, von der einen Mahlgemeinschaft der Liebe, von der Heimat und vom Vater, vom Reich der Freiheit, der Versöhnung, der Gerechtigkeit, von den abgewischten Tränen und vom Lachen der Kinder Gottes - sie alle sind genau und unersetzbar. Wir können sie nicht einfach übersetzen, wir können sie eigentlich nur schützen, ihnen treu bleiben und ihrer Auflösung in die geheimnisleere Sprache unserer Begriffe und Argumentation widerstehen, die wohl zu unseren Bedürfnissen und von unseren Plänen, nicht aber zu unserer Sehnsucht von unserer Hoffnung spricht.«
Synodenbeschluß »Unsere Hoffnung« Nr. 6

Das Buch Leben
hat kein
Inhaltsverzeichnis.
Man muß sich von
Seite zu Seite,
von Kapitel zu Kapitel
durcharbeiten
und sich sogar vom
Ende noch überraschen lassen.

Anhang

Stammbaum der jungen Familie

Kinder

Eltern

Großeltern

Namenstage

Das Zeichen > verweist auf Ableitungen des gleichen Namens bzw. auf andere Namen

A

Abraham 9. 10.
Achatius 22. 6. > Achaz
Adalbert 23. 4./20. 6. > Bert, Albrecht
Adam 24. 12.
Adelgund 30. 1. > Alda, Edelgund, Ackel, Adele
Adelheid 5. 2./11. 6./16. 12. > Heidrun, Adelaide, Alette, Heidi, Alice, Elke
Adelmar (Almar) 11. 9.
Adeltrud 25. 2.
Adolf 13. 2./4. 12. > Adi, Dolf, Adje, Adolfa, Adolfine
Adrian (Hadrian) 8. 9. > Gilles
Ägidius (Egid) 1. 9.
Ämilian (s. Emil)
Afra 7. 8.
Agatha 5. 2. > Agat, Aget
Agilolf (Hagilolf) 9. 7.
Agnes 21. 1./2. 3. > Ines
Alan 14. 10. > Allen
Alberich 14. 11. > Aubry
Albert 15. 11. > Adalbert
Albin 1. 3. > Albein
Albuin 26. 10.
Alexander 3. 5./10. 7. > Alex, Alec, Sandro, Alexandra, Alexa, Sandra, Sascha, Sandor, Axel
Alexius 17. 7. > Axel, Alexis
Alfons 1. 8.
Alfred 2. 2./28. 10. > Fred, Freddy, Altfried
Alice 9. 1.
Alkuin 19. 5.
Almud 12. 3.
Aloysius 21. 6. > Alois, Aloisia, Lois, Louis
Altfrid 16. 8.
Altmann 9. 8.
Alwin 26. 5. > Albinus, Alwina
Amadeus 30. 8.
Amalberg 21. 11. > Amalie, Alma, Amely, Amelie
Amata 20. 2.
Ambrosius 7. 12.
Amiliana (s. Emilie)
Anastasia 25. 12. > Nastenka
Andreas 30. 11. > Andrea, Andi, Anders
Angela 4. 1./27. 1./2. 11. > Angelika, Angelina
Angelina 10. 12.
Anna 26. 7. > Annette, Anita, Anja, Nadja, Anuschka, Anke, Anabal(la), Antje, Nancy
Anno 5. 12. > Hanno
Anselm 11. 2./21. 4. > Selma
Ansgar 3. 2. > Oskar
Anthelm 26. 6.
Antonia 6. 5. > Nina
Antonius 17. 1./13. 6./5. 7./24. 10. > Toni, Tonius, Anton, Antek
Apolonia 9. 2.
Armin 2. 6.
Arno 13. 7.
Arnold 15. 1./1. 5./18. 7. > Arne, Arnd, Arno
Arnulf 18. 7. > Ulf
Arthur 1. 11. > Artur
Astrid (Asteria) 10. 8. > Asta
Athanasius 2. 5.
Augustinus 27. 5./28. 8. > Gustav, Tino
Aurea 4. 10.
Aurelia 13. 10./15. 10. > Aurel, Aurelia
Autbert 19. 4.
Aya (Agia) 18. 4.

B

Balduin 21. 8. > Baldwin, Boudouin
Balthasar 6. 1.
Barbara 4. 12. > Babette, Bärbel, Bettina, Barbro
Bardo 10. 6.
Barnabas 11. 6.
Bartholomäus 24. 8. > Bartel
Basilius 2. 1.
Beate 8. 4. > Bea
Beatrix 17. 1./12. 3./30. 7./29. 8. > Beate, Britta, Gitta, Beatrice
Beatus 9. 5./28. 7.
Beda 25. 5.
Benedikt 12. 2./16. 4./11. 7. > Bent, Bendix, Bengt, Benita
Benigna 20. 6. > Benke, Benina
Benignus 17. 2.
Benjamin 31. 3. > Ben
Benno 16. 6./3. 8. > Benjamin
Bernadette 16. 4. > Berna, Bernarde
Bernhard 20. 5./15. 7./20. 8. > Bernd, Björn, Berna, Bernharda
Berno 14. 1.
Bernulf 19. 7.
Bernward 20. 7./20. 11.
Berta 4. 7.
Berthild 5. 11.
Bert(h)old 27. 7./14. 12. > Bechtel, Bert, Berti
Bertram 30. 6.
Bibiana 2. 12.
Birgitta 23. 7. > Gitta, Brigitte
Blanka 1. 12. > Bianka
Blasius 3. 2.
Bodo 2. 2.
Bonaventura 15. 7.
Bonifatius 5. 6.

Boris 2. 5.
Brigitte 1. 2. > Britta
Bruno 10. 2./9. 3./6. 10./11. 10. > Brunhilde
Burchard 14. 6./3. 8. > Burkhard
Burkhard 18. 5./14. 10. > Buri, Burk

C

Carmen 16. 7. > Carmela, Carmelia, Carmelina, Carmina
Cäcilia 22. 11. > Silke, Cilli, Cécile, Sissi, Silja
Charlotte 17. 7. > Lotte
Christa 4. 6. > Christiane, Christel
Christian 4. 2./21. 3./14. 5./4. 12. > Carsten, Kersten, Kirsten
Christiane 26. 7./15. 12. > Christel, Nina
Christina 22. 6./24. 7. > Christine, Christa, Christel, Kerstin, Kristin, Kirstin, Nina, Ninette
Christophorus 24. 7.
Chrysanth 25. 10.
Clemens 22. 3. > Clementia, Clementine
Coletta 6. 3. > Colet, Colinette
Cornelia 31. 3. > Conny, Nelli, Nelia
Cyprian 16. 9.
Cyriakus 8. 8.
Cyrill 14. 2./18. 3./27. 6.

D

Dagmar 24. 5.
Dagobert 23. 12.
Damasus 11. 12.
Damian 26. 9. > Damien, Damiano
Daniel 21. 7. > Daniela, Dan
Daria 25. 10.
David 29. 12. Dave, Davide
Debora(h) 21. 9.
Demetrius 8. 10.
Desideratus 8. 5. > Désireé
Desiderius 23. 5.
Detlev 23. 11.
Diana 10. 6.
Diego 12. 11.
Diemut 30. 3. > Dietmut
Dietbert 11. 2.
Dietger 7. 6./30. 10. > Gottlieb, Götz
Diethard 10. 12.
Diethild 30. 1.
Dietlind 22. 1.
Dietmar 2. 1./5. 3./18. 5./28. 9. > Thiemo
Dietrich 2. 2./29. 4./7. 9./27. 9./12. 12. > Dieter, Dirk, Thilo, Till, Tillmann
Dionysius 26. 2./9. 10. > Denis, Danny, Dénise
Dodo 30. 3.
Dolores 15. 9.
Dominika 5. 8. > Domenika
Dominikus 8. 8.
Donata 17. 7. > Donatus
Dorothea 6. 2./25. 6. > Doris, Dora, Thea, Dorena, Dorle, Dascha
Drutmar 15. 2.

E

Eberhard 9. 1./24. 1./17. 4./22. 6./22. 7./14. 8. > Ebert, Eppo
Edelburg 7. 7./11. 10.
Edeltraut 23. 6. > Ortrud
Edgar 8. 7.
Edith 9. 8./16. 9.
Edmund 20. 11.
Eduard 18. 3./13. 10. > Edi, Eddi, Ted, Edward
Edwin 12. 10.
Egbert 24. 4./25. 11.
Egon (Egino) 15. 7.
Ehrentrud 30. 6.
Eido 20. 12.
Einhard 14. 3.
Ekkehard 28. 6. > Heiko, Edgard, Eike, Einar
Eleonore 25. 6. > Lenore, Nora
Elfriede 20. 5. > Elfi, Effi
Elisabeth 4. 7./5. 11./19. 11. > Ella, Elly, Lisa, Lilli, Lillo, Elisa, Ilse, Else, Elsbeth, Betty, Bettina
Elmar 22. 3./28. 8.
Elvira 16. 7./25. 8. > Elmire
Emmanuel 1. 10. > Manuel, Mendel
Emil 22. 5.
Emilie 5. 1.
Emma 3. 12.
Emmeran 22. 9.
Emmerich 5. 11. > Imre, Mirko
Engelbert 10. 4./8. 6./7. 11.
Ephräm 9. 6.
Erasmus 2. 6. > Elmo
Erenfried 21. 5.
Erhard 8. 1.
Erich 18. 5./10. 7. > Erik, Erika
Ermelind 29. 10. > Irmlinde
Ernestine 14. 4. > Erna
Ernst 30. 6./7. 11.
Erwin 25. 4.
Eskil 12. 6.
Esther 24. 5.
Eucharius 9. 12.
Eugen 2. 6.
Eugenia 25. 12.
Eulalia 10. 12.
Euphemia 17. 6.
Eusebius 31. 1./2. 8.
Eustachius 20. 9.
Eva 24. 12. > Evi, Evelyn, Evita
Ewald 3. 10.

F

Fabian 20. 1. > Fabien, Fabio
Fabiola 27. 12. > Fabia
Falko 20. 2.
Felix 18. 5./12. 7./12. 9./30. 12.
Felicius 18. 6.
Felizitas 7. 3./23. 11. > Felicie
Ferdinand 30. 5. > Fendel, Ferdl
Fidelis 24. 4. > Fidelio
Flora 29. 7./24. 11. > Florina, Fleur
Florian 4. 5. > Flora, Florence, Florianne, Florentia
Franz(iskus) 24. 1./2. 4./4. 10./3. 12. > Frank, Franco
Franziska 9. 3. > Fanny, Frances, Franzi, Cissi
Fridolin 6. 3.

Friedrich 3. 3./8. 5./18. 7. > Fritz, Friedel, Fred, Fridolin, Friederike, Friedhelm, Frika
Frowin 27. 3.
Fulko 17. 6.

G

Gabriel 17. 7./29. 9. > Gabriele, Gabi, Gabor
Gallus 16. 10. > Galla, Gallo
Gangolf 11. 5. > Wolfgang
Gebhard 15. 6./27. 8.
Gemma 11. 4.
Genovefa 3. 1.
Georg 23. 4. > Jürgen, Jörg, Georgine, Georgia
Gerald 7. 12. > Gerwald
Gereon 10. 10.
Gerfrid 12. 9.
Gerhard 23. 4./24. 9. > Gerd, Gert, Gerrit, Gard
Gerhild 23. 9.
Gerlind 3. 12.
Germanus 28. 5./31. 7. > Germann, Germaine
Gero 29. 6.
Gerold 19. 4./13. 8./7. 10.
Gertrud 17. 3./17. 11. > Gerda, Gesine, Gertraud, Gela
Gilbert 4. 2./6. 8. > Gisbert
Gisbert 7. 11.
Gisela 7. 5. > Gesine, Gisa, Silke
Goar 6. 7.
Gohard 25. 6.
Gordian 10. 5.
Gorgonius 9. 9.
Goswin 14. 7.
Gottfried 13. 1./12. 10./8. 11. > Golo, Geoffrey, Götz
Gotthard (Godehard) 5. 5.
Gottschalk 14. 6.
Gratia 21. 8. > Graziella
Gregor 2. 1./10. 1./12. 2./25. 5./26. 8./3. 9./4. 11./8. 11.
Gudula 8. 1. > Gudrun
Guido 4. 5./12. 9. > Wido
Gumbert 15. 7.
Gummar 16. 3.
Gundolf 6. 9.
Gundula 6. 5.
Gunther 28. 11. > Günther, Gunnar
Gunthild 21. 2./22. 9.
Guntram 28. 3.
Gustav 10. 3.

H

Hadrian (s. Adrian)
Hadwig 19. 2./14. 4.
Hagar 21. 12.
Hanno 24. 12. > Anno
Harald 1. 11. > Harold, Herold
Hartmut 23. 1.
Hartwich (Hartwig) 5. 12. > Herwig
Hatto 4. 7.
Hedwig 16. 10. > Hedi, Hedda
Heinrich 19. 1./23. 1./10. 6./13. 7./11. 8. > Heinz, Heiner, Heiko, Henry, Henning, Heino, Henriette, Harry, Henrik, Enzio
Helena 18. 8. > Ellen, Ilona, Ilka, Lene, Leni, Hela, Nelly
Helga 8. 6./11. 7. > Olga, Hella, Ilga
Helmtrud/Hiltrud 31. 5./27. 9./17. 11.
Helmut 29. 3.
Hemma 27. 6. > Emma
Heribert 25. 5./30. 8. > Herbert
Herlind 12. 10.
Hermann 7. 4./25. 4./21. 5./6. 8./24. 9./2. 10.
Hermengild 13. 4.
Herta 12. 4.
Hieronymus 8. 2./30. 9. > Jero, Jerome
Hilarius 13. 1. > Hilaria
Hilda 17. 11. > Hilde
Hildburg 3. 6.
Hildegard 17. 9. > Hilde, Bernhilde, Hilke
Hildegund 6. 2./20. 4./14. 10.
Hippolyt 13. 8.
Hubert 3. 11.
Hugo 1. 4./28. 4./20. 8. > Hugh, Hauk, Hauke
Hulda 10. 4.
Huna 15. 4.
Hyazinth 17. 8.

I

Ida 13. 4./4. 9./26. 11.
Ignatius 31. 7./17. 10.
Igor 19. 9.
Ildefons 23. 1.
Ingbert 22. 10.
Ingeborg 30. 7. > Inge, Inka
Ingrid 2. 9.
Innozenz 28. 7. > Innozentia
Irenäus 28. 6.
Irene 1. 4. > Ira, Irin, Irina, Iria
Iris 4. 9.
Irmengard 24. 2.
Irmgard 19. 2./20. 3./16. 7./4. 9.
Irmhild 13. 2.
Irmina 3. 1. > Irma, Herma, Hermine
Irmtrud 29. 4./29. 5.
Isabella 22. 2. > Isa, Bella, Isabel
Isidor 4. 4./15. 5.
Isolde 24. 8.
Ivo 19. 5./23. 12. > Ivonne, Yvonne

J

Jakob(us) 3. 5./25. 7./13. 12. > Jascha, Jost, Jacqueline, Giacomo, James, Jim
Januarius 19. 9.
Janusz 7. 8.
Joachim 26. 7. > Jochen, Achim, Kim
Johanna 30. 5./12. 12. > Jane, Janina, Jenny, Jennifer, Jessika, Jeanne, Hanna, Jeannette, Juanita
Johannes 31. 1./8. 3./7. 4./16. 5./18. 5./3. 6./22. 6./24. 6./26. 6./4. 8./19. 8./13. 9./9. 10./23. 10./8. 11./21. 11./4. 12./14. 12./23. 12./27. 12. > Jan, Iwanka, Jens, Hans, Janos, Gianni, Gion
Jonas 21. 9.
Josaphat 12. 11.
Josef 19. 3./25. 8. > Jupp, Beppo
Josefine 26. 10. > Josefa
Jost (Jodokus) 13. 12.

Judas 28. 10.
Judith 13. 3./29. 6./7. 9. > Jutta
Julia 22. 5./16. 9. > Julietta, July, Lilli, Jill, Julika, Julitta
Julian 9. 1./27. 1. > Julius
Juliana 16. 2./5. 4. > Julitta, Liane
Justin 1. 6.
Justina 7. 10.
Justus 10. 11.
Jutta (Guda) 13. 1./25. 3./5. 5./17. 8./31. 10./29. 11./22. 12. > Judith

K

Kajetan 7. 8.
Kajus 22. 4.
Kalixtus 14. 10.
Kamillus 14. 7.
Karin(a) 7. 11.
Karl 2. 3./3. 6./4. 11./1. 12. > Karola, Karoline, Karla, Karel, Lola, Lolita
Kasimir 4. 3.
Kaspar 6. 1. > Jasper
Katharina 24. 3./29. 4./25. 11. > Katja, Katrin, Katinka, Karina, Karin, Karen, Nina, Kathleen, Käthe
Kevin 6. 6.
Kilian 8. 7.
Klara 11. 8. > Klarissa, Clarine, Claire
Klaudia 18. 8.
Klaudius 6. 6. > Claudia, Claude
Klemens 15. 3./23. 11. > Klementia, Klementius
Kletus 26. 4.
Klothilde 4. 6.
Knud 10. 7. > Knut
Koloman 13. 10. > Kálmán
Kolumba 31. 12.
Kolumban 23. 11.
Konrad 21. 4./19. 5./26. 11./19. 12. > Konny, Kuno, Kurt, Kord
Konstantia 18. 2./8. 12. > Konstanze, Conny
Korbinian 20. 11.
Kordula 22. 10. > Corinna, Kora
Kornelius 16. 9.
Kosmas 26. 9. > Kosima
Kunibert 12. 11.
Kunigunde 3. 3. > Gunda, Kunissa
Kyrilla 5. 7.

L

Lambert 18. 9.
Laurentius 21. 7./10. 8. > Lorenz, Lars, Laura, Lauren
Lazarus 17. 12. > Eleasar
Lea 22. 3. > Leila
Leander 13. 3.
Leo 19. 4./12. 6./10. 11.
Leonhard 6. 11. > Leonie
Leopold 15. 11.
Liborius 23. 7./9. 12. > Bores, Bors, Bories
Lidwina 14. 4.
Linus 23. 9.
Lioba 28. 9.
Liutbirg 3. 4.
Liutgard 1. 6.
Lothar 15. 6./29. 12.
Ludmilla 15. 9.
Ludger 26. 3.
Ludolf 29. 3./13. 8.
Ludwig 11. 7./25. 8./25. 10. > Lewis, Lutz, Klodwig
Luise 15. 3./24. 7.
Luitgard 16. 6.
Luitpold 1. 11.
Lukas 18. 10.
Luzia 13. 12. > Lucie
Luzilla 29. 7.
Luzius 2. 12.
Lydia 3. 8.

M

Magdalena 22. 7. > Marlene, Lene, Magda, Madlen
Magnus 6. 9.
Mamertus 11. 5.
Manfred 28. 1.
Margarete 22. 2./20. 7./16. 10./16. 11. > Peggy, Margot, Marita, Meta, Esmeralda, Ghita, Marga, Margit, Marg(r)itta, Rita, Marga
Maria 2. 2./6. 7./22. 7./12. 9. > Mariele, Marita, Marika, Marylin, Miri(j)am, Muriel, Mia, Ria, Marion, Maja, Mascha
Marianus 22. 12.
Marius (Maro) 4. 1./19. 1.
Markus 25. 4. > Marcel, Mark, Marc
Markward 2. 2./27. 2./6. 5.
Martha 29. 7.
Martin 13. 4./11. 11.
Martina 30. 1.
Marzelinus 2. 6. > Marcel
Marzellus 16. 1.
Maternus 11. 9.
Matthäus 21. 9. > Matthias
Matthias 24. 2. > Mattis, Matt, Maurice
Mathilde 14. 3. > Metje
Maurin 10. 6.
Mauritius 22. 9. > Moritz
Maurus 15. 1.
Maximilian 29. 5. > Max
Maximin 29. 5.
Mechthild 26. 2./6. 3./31. 5./15. 8./19. 11.
Meinhard 14. 8.
Meinolf 5. 10. > Meino, Menko
Meinrad 21. 1.
Meinwerk 5. 6.
Melanie 31. 12. > Mela, Melitta
Melchior 6. 1.
Melitta 15. 9. > Melissa, Melina
Methodius 14. 2.
Michael 29. 9. > Michaela, Michel, Michelle
Mildred 13. 7.
Modesta 6. 11.
Modestus 27. 11.
Monika 27. 8. > Mona
Moses 4. 9.

N

Natalie 27. 7./1. 12. > Natascha, Noel
Nidker 15. 4.

Niels/Nils 5. 12.
Nikolaus 11. 8./10. 9./25. 9./6. 12. > Klaus, Nikola, Nicole, Coletta, Colin, Niels, Nick
Norbert 6. 6.
Notburga 13. 9./15. 9. > Burga, Burgel
Notker 7. 5.

O

Oda (Uta) 23. 10./27. 11. > Ottilie
Odette 20. 4.
Odilia (= Ottilie) 13. 12.
Odilo 3. 1./18. 1.
Odo 18. 11.
Odulf 12. 6.
Olaf 29. 7.
Olga 11. 7. > Helga
Oliva 5. 3.
Oliver 11. 7. > Olivia, Oliva
Oswald 29. 2./5. 8. > Isolde, Uwe
Oswin 20. 8.
Otmar 9. 9./16. 11.
Otto 30. 6./7. 9. > Udo
Ottokar 9. 5.

P

Pankratius 12. 5.
Paschalis 17. 5.
Patrick 17. 3. > Pat, Patty, Paddy, Patricia
Patroklus 21. 1.
Paula 26. 1. > Paola, Paolo
Paulin 11. 1./22. 6./31. 8.
Paulina 13. 3./30. 4.
Paulus 10. 1./6. 2./26. 6./29. 6./19. 10.
Perpetua 7. 3.
Petronilla 31. 5.
Petrus 21. 2./27. 4./28. 4./2. 6./29. 6./30. 7./1. 8. > Peter, Petra
Philippus 3. 5./26. 5./18. 12. > Philipp, Fips
Philomena 11. 8. > Mena
Pia 6. 1.
Pierre 28. 4. (Peter)
Pirmin 3. 11.
Pius 30. 4./21. 8.
Plazidus 5. 10.
Polykarp 23. 2.
Pontianus 13. 8.
Praxedis 6. 8.
Priska 18. 1. > Priscilla
Pulcheria 10. 9.

R

Rabanus 4. 2.
Rachel 11. 7. > Rahel
Radegund 12. 8.
Radulf 21. 6. > Ralf
Raimund 7. 1./31. 8. > Ramon, Ramona, Roy
Ramona 23. 2.
Raphael 29. 9. > Raphaela
Rasso 19. 6. > Ratho
Ratbert 26. 4.
Ratmund 19. 1.
Rebekka 23. 3.
Regina 7. 9. > Gina, Regine
Reginbert 29. 12.
Reginhard 5. 12.
Regula 12. 9.
Reiner 14. 1./11. 4. > Rainer, Rene, Renke
Reinhard 7. 3./5. 12. > Reiner, Renz, Hartl, (Reginhard)
Reinhild (Reineldis) 6. 2./30. 5./16. 7.
Rein(h)old 7. 1. > Reinald, Reinand, Rendel
Remigius 1. 10. > Romey
Renate 22. 5. > Rena, Reni, Nata
Renatus 6. 10. > René
Richard 7. 2./21. 12./30. 12. > Ric(h)arda, Rike, Dick
Richardis 18. 9.
Rita 22. 5.
Robert 7. 6./17. 9. > Bobby
Rochus 16. 8. > Rocco
Roger 4. 1./1. 3. > Rüdiger
Roland 14. 7./15. 9./9. 11.
Romana 23. 2.
Romanus 28. 2./1. 6. > Romana, Romano
Romuald 19. 6.
Rosa 23. 8./4. 9. > Rosita, Rose, Rosel
Rosalia 4. 9.
Rosamunde 30. 4.
Rosina 11. 3.
Roswitha 5. 9.
Rudolf 17. 4./6. 11. > Rolf
Rüdiger 4. 1./1. 3. > Roger
Rupert 4. 3./15. 5./24. 9./1. 11. > Robert
Ruth 1. 9.

S

Sabine 29. 8. > Bina
Salome 22. 10. > Selma
Sandrina 2. 4.
Sara 13. 7./10. 10. > Sally, Sarina
Scholastika 10. 2.
Sebald 19. 8. > Siegbald
Sebastian 20. 1. > Bastian, Basti, Bastin
Sergius 8. 9.
Servatius 13. 5.
Severin 8. 1./23. 10. > Sören
Sibylle 9. 10.
Siegfried 15. 2./22. 8. > Sigurd
Sigi(s)bert 1. 2./11. 7.
Sigismund 2. 5.
Siglind 24. 7.
Sigrid 7. 1.
Silas 13. 7. (= Horst) > Silvan, Silvio
Silvana 28. 2. > Silvan
Silvester 31. 12.
Silvia 3. 11. > Silva, Sylvia
Simeon 8. 10.
Simon 18. 2./28. 10. > Simone
Sixtus 7. 8.
Sophia 15. 5./3. 9. > Sonja
Stanislaus 11. 4./13. 11. > Stenzel
Stephan(us) 16. 8./26. 12. > Stephanie, Steffen, Steve, Fanny, Steffi, Istvan
Sturmius 16. 12.
Susanna 11. 8. > Sue, Susi, Sanna, Susan
Suitbert 4. 9. > Sven

T

Tarsitius 15. 8.
Tassilo 11. 12.
Tatiana 12. 1. > Tatjana, Tanja
Thea 25. 7.
Thekla 23. 9.
Theobald 16. 1./30. 6. > Dewald
Theoderich (Dietrich) 1. 7.
Theodor 19. 9./9. 11. > Theo, Torsten, Ted, Fodor
Theodora 29. 8. > Fedora, Fjodora
Theodulf 24. 6. > Detlef
Theresia 1. 10./15. 10. > Teresita, Tracy, Teresa, Tessa, Thea, Resi
Thomas 28. 1./22. 6./3. 7./25. 7./29. 12. > Tom
Tillo (Tillmann) 16. 1.
Timotheus 26. 1. > Tim, Timmy, Timothy
Titus 26. 1.
Tobias 13. 9.
Turibio 23. 3.
Trudbert 26. 4.

U

Udo 3. 10. > Otto
Ulrich 4. 7./14. 7. > Ul(l)i, Udo, Ulrike, Uwe, Ulla
Urban 25. 5.
Urs 30. 9.
Ursula 21. 10. > Ulla, Uschi
Ute (Oda) 23. 10. > Uta, Utta

V

Valentin 7. 1./14. 2. > Valentina
Valeria 4. 5./20. 5.
Valerius 29. 1.
Vera 24. 1. > Veruschka
Verena 22. 7./1. 9. > Elvira, Farina, Vreni, Rena
Veronika 4. 2. > Frauke, Froni, Veronia
Viktor 30. 9./10. 10. > Vico
Viktoria 17. 11./23. 12. > Vicky
Vinzenz 22. 1./5. 4./27. 9. > Vincent
Viola 3. 5. > Violetta, Violet
Virgil 24. 9.
Vitalis (Helmut) 20. 10.
Vitus 15. 6. > Veit
Volker 7. 3.
Volkmar 9. 5.

W

Walburga 25. 2. > Burgl, Burga, Burgis, Wally
Waldemar 15. 7. > Wladimir
Walter 22. 1./8. 4./17. 5.
Waltraud 9. 4.
Wendelin 20. 10.
Wenzel 28. 9.
Werenfrid 14. 8.
Werner 19. 4./4. 6./1. 10.
Wigbert (Wipert) 13. 8. > Wibke
Wilfried 24. 4.
Wilhelm 1. 1./10. 1./6. 4./28. 5./13. 11. > Willi, Wim, Bill, Wilhelmine, Helma, Wilm, Minka, Helmine
Willibald 7. 7.
Willibrod 7. 11.
Wiltrud 6. 1./21. 5./2. 7.
Winfrid (s. Bonifatius)
Wolfgang 31. 10.
Wolfhard 27. 10.
Wolfhelm 22. 4.
Wolfhild 8. 5.
Wolfram 25. 1./20. 3.
Wunibald 15. 12.

Z

Zacharias 15. 3./5. 11.
Zeno 12. 4.
Zita 27. 4.

Kirchliche Feiertage von 1995–2013

Daten der beweglichen Feste und Wochentage von feststehenden Feiertagen

Jahr	Neujahr	Aschermittwoch	Ostern	Christi Himmelfahrt	Pfingsten
1995	Sonntag	01. März	16. April	25. Mai	04. Juni
1996	Montag	21. Februar	07. April	16. Mai	26. Mai
1997	Mittwoch	12. Februar	30. März	08. Mai	18. Mai
1998	Donnerstag	25. Februar	12. April	21. Mai	31. Mai
1999	Freitag	17. Februar	04. April	13. Mai	23. Mai
2000	Samstag	08. März	23. April	01. Juni	11. Juni
2001	Montag	28. Februar	15. April	24. Mai	03. Juni
2002	Dienstag	13. Februar	31. März	09. Mai	19. Mai
2003	Mittwoch	05. März	20. April	29. Mai	08. Juni
2004	Donnerstag	25. Februar	11. April	20. Mai	30. Mai
2005	Samstag	09. Februar	27. März	05. Mai	15. Mai
2006	Sonntag	01. März	16. April	25. Mai	04. Juni
2007	Montag	21. Februar	08. April	17. Mai	27. Mai
2008	Dienstag	06. Februar	23. März	01. Mai	11. Mai
2009	Donnerstag	25. Februar	12. April	21. Mai	31. Mai
2010	Freitag	17. Februar	04. April	13. Mai	23. Mai
2011	Samstag	09. März	24. April	02. Juni	12. Juni
2012	Sonntag	22. Februar	08. April	17. Mai	27. Mai
2013	Dienstag	13. Februar	31. März	09. Mai	19. Mai

Anmerkungen:

- Der Ostersonntag ist der erste Sonntag nach dem Frühlingsvollmond. Frühester Ostertermin kann der 22. März, spätester der 25. April sein. Vom Ostertermin sind die Daten der beweglichen Feste Aschermittwoch, Christi Himmelfahrt, Pfingsten und Fronleichnam abhängig.
- Lesejahr: Nach Anordnung des Zweiten Vatikanischen Konzils sollten in den sonntäglichen Eucharistiefeiern mehr Texte aus dem Alten und Neuen Testament verwendet werden. Während sich die frühere Leseordnung jedes Jahr wiederholte, erstreckt sich die neue Leseordnung über drei Jahre

Fronleichnam	Allerheiligen (1. Nov.)	1. Advent	Weihnachten (25. Dez.)	Lesejahr
15. Juni	Mittwoch	03. Dezember	Montag	C
06. Juni	Freitag	01. Dezember	Mittwoch	A
29. Mai	Samstag	30. November	Donnerstag	B
11. Juni	Sonntag	29. November	Freitag	C
03. Juni	Montag	28. November	Samstag	A
22. Juni	Mittwoch	03. Dezember	Montag	B
14. Juni	Donnerstag	02. Dezember	Dienstag	C
30. Mai	Freitag	01. Dezember	Mittwoch	A
19. Juni	Samstag	30. November	Donnerstag	B
10. Juni	Montag	28. November	Samstag	C
26. Mai	Dienstag	27. November	Sonntag	A
15. Juni	Mittwoch	03. Dezember	Montag	B
07. Juni	Donnerstag	02. Dezember	Dienstag	C
22. Mai	Samstag	30. November	Donnerstag	A
11. Juni	Sonntag	29. November	Freitag	B
03. Juni	Montag	28. November	Samstag	C
23. Juni	Dienstag	27. November	Sonntag	A
07. Juni	Donnerstag	02. Dezember	Dienstag	B
30. Mai	Freitag	01. Dezember	Mittwoch	C

und wird in die drei Lesejahre A, B und C unterteilt.

Anmerkungen

- Da das Kirchenjahr mit dem 1. Adventssonntag beginnt, reicht das in der Übersicht jedem Jahr zugeordnete Lesejahr vom 1. Adventssonntag des voraufgegangenen bürgerlichen Jahres bis zum Sonntag vor dem Advent dieses Jahres.

(Beispiel: Dem Jahr 2002 ist das Lesejahr A zugeordnet. – Dieses Lesejahr A reicht vom 1. Advent 2001 bis zum Sonntag vor dem 1. Advent 2002, dem Christkönigssonntag.)

Stichwort-verzeichnis

Stichworte, die **fett** gedruckt sind, verweisen auf ein ganzes Kapitel des Buches.

Biblische Erzählungen

Gebete

Geschichten

Gedichte

Lieder

Back- und Kochrezepte

Bastelanregungen

Quellenangaben

Textquellen

Alle Beiträge dieses Buches, bei denen kein Verfasser genannt ist, sind von den Autoren des Buches verfaßt worden.

11 Aus: Dies., Im Ascheregen die Spur deines Namens. © 1984 S. Fischer Verlag, Frankfurt am Main
13 Aus: I. Bachmann, Werke II. © R. Piper & Co. Verlag, München 1978
14 Jüdische Legende. Nach: Pessiqta de Rab Kahana, Pissqa 2, ed. Buber, p. 11b–12a. Aus: J. J. Petuchowski, Es lehrten unsere Meister ... Rabbinische Geschichten. Verlag Herder, Freiburg 1979
15 Zusammenleben. Musik: M. Theodorakis. Text: G. Seferis. Deutscher Text: Th. Woitkewitsch. © 1978 by Editions Musicales Helleniques, Athens. Für Italien, Spanien, Portugal, Deutschland, Schweiz, Österreich, Argentinien und Mexiko: Edizioni Curci S.r.l., Milano. Für Deutschland, Österreich und die Schweiz: Edition Titania Hans Gerig KG, Bergisch Gladbach
17 Aus: M. Frisch, Tagebuch 1946–1949. © Suhrkamp Verlag, Frankfurt 1950. – © K. Marti
29 B. Brecht. Aus: Ders., Gesammelte Gedichte, Bd. 4. © Suhrkamp Verlag, Frankfurt am Main 1967
31 Aus: A. de Saint-Exupéry. Der Kleine Prinz. Karl Rauch Verlag, Düsseldorf. – Quoist. Aus: J. Dirnbeck, Unser Ja. Hochzeits- und Ehetexte. Verlag Styria, Graz 1975
41 © R. O. Wiemer
46 Aus: D. Emeis, Die Ehe christlich leben. Verlag Herder, Freiburg 1980. – Was Treue alles vermag. Aus: Leiterbrief 182/4/1974. Mit Genehmigung des Jugendsekretariats der Chrischona-Gemeinden, Uster
47 F. A. Kloth. Aus: Auf dem Weg zur Ehe. Hrsg. Deutscher Katecheten-Verein, München 1981. – Jo Mitzkéwitz. Aus: (R. O. Wiemer (Hrsg.), bundesdeutsch – lyrik zur sache grammatik. Peter Hammer Verlag, Wuppertal 1974
50 M. Mead. © R. Liepmann, Zürich
51 In: Medium 7/78 (Schweiz. kirchliche Jugendbewegung)
54 Aus: W. Willms, Mitgift. Eine Gabe, mitgegeben in die Ehe. Unter Mitarbeit von R. Gildemeyer, P. Neysters, C. M. Siegers. Verlag Butzon & Bercker, Kevelaer 3. Aufl. 1981
57 In: G. Kiefel, Du. © 1975 J. Kiefel Verlag, Wuppertal
60/61 Aus: L. Nilsson. Ein Kind entsteht. Mosaik Verlag, München. © Bonniers Förlag, Stockholm
62 Textrechte: J. Pfeiffer Verlag i. G. G. J. Manz AG. Melodie: Erna Woll (Exklusivvertonung). Aus: Lieder vom neuen Leben. Fidula-Verlag, Boppard/Rhein und Salzburg
64 © M. G. Schneider
66 Quelle wie S. 54
75 Aus: J. Guggenmos, Was denkt die Maus am Donnerstag. Georg Bitter Verlag, Recklinghausen
76 Aus: H. Holthaus, Trautes Heim – Glück allein. Verlag J. Knecht. Frankfurt 6. Aufl. 1966
77 In: Neue Gespräche 6/80 (AKF e. V., Bonn)
78 Aus: Boscheinen/Heming, Wie ich euch geliebt habe. Kolping Verlag, Köln 1978
81 Aus: J. Carr/I. Sorley, Herr, segne dieses Chaos. Christliches Verlagshaus, Stuttgart
83 H. Grewel. Aus: Aufbruch zum Frieden. Bd. 1. Crüwell Verlag, Dortmund 1973
86 Aus: E. Kästner, Die kleine Freiheit. © Atrium Verlag, Zürich
91 Aus: H. Thielicke, Woran ich glaube. Quell Verlag, Stuttgart 4. Aufl. 1977. – Aus: D. Steinwede. Was ich gesehen habe. Vandenhoeck & Ruprecht/Verlag J. Pfeiffer, Göttingen/München 1976
92 Gebet. Aus: Wegzeichen. Georgs-Verlag, Düsseldorf 1980
93 Nach: E. Walter, Die katholische Messe, in: Gottesdienst – Vielfalt in der Einheit. Hrsg. von der Arbeitsgemeinschaft Christlicher Kirchen, Baden-Württemberg

100 Aus: H. König, Was ich dir sagen will. Kösel-Verlag, München 1992
109 In: Exodus 4. Kösel-Verlag/Patmos Verlag, München/Düsseldorf
110 Vgl. hierzu: O. H. Pesch, Die Zehn Gebote. Mainz 1976
118 © M. Bolliger
119 Aus: Diözesaner Informations- und Materialdienst. Würzburg 1/1980
124 Sinjawskij. Zit. nach: R. Ott u. a., Die Firmung. Kösel-Verlag, München 1979
127 Aus: J. Dirnbeck/M. Gutl, Ich begann zu beten. Styria Verlag, Graz 1973
130 Aus: H. König/K. H. König/K. J. Klöckner, Dein Reich komme. Kösel-Verlag, München 1976
131 Aus: K. Rahner, Erfahrung des Geistes. Verlag Herder, Freiburg 1977
137 © R. O. Wiemer
140 Aus: M. Buber, Die Erzählungen der Chassidim. Manesse-Verlag, Zürich 1949. – Aus: J. Zink, Was bleibt zwischen Eltern und Kindern? Kreuz Verlag, Stuttgart/Berlin
143 Quelle wie S. 127
148 Aus: W. Willms, der geerdete himmel. Wiederbelebungsversuche. Verlag Butzon & Bercker, Kevelaer 5. Aufl. 1981
149 Solschenizyn: Quelle nicht auffindbar
153/154 Quelle wie S. 78
159 Aus: Ch. Peikert-Flasphöhler, Zu den Wassern der Freunde. Gedichte. Lahn-Verlag, Limburg 3. Aufl. 1983
160 Geht es ohne Mutter? Aus: A. Filk-Nagelschmitz, Bunte Herbstblätter. Verlag Butzon & Bercker, Kevelaer 1980
161 Briefe eines Enkelkindes. Quelle wie S. 160
163 Für Samay. Aus: H. Böll, Wir kommen weit her. Gedichte. Gerhard Steidl Verlag, Göttingen 1986. © Verlag Kiepenheuer & Witsch, Köln
165 Quelle wie S. 137
166 Nach: Der Bundesminister der Justiz informiert, Erben und vererben. 16. überarbeitete Auflage Juli 1991
168 © Hans Orths. In: P. Wallhof, Älterwerden. Lahn-Verlag, Limburg
170 Aus: Treue-Briefe, Paderborn
171 Aus: Dein Name ist über uns ausgerufen. Zur Goldenen Hochzeit. Hrsg. Bistum Essen, Seelsorgeamt
188 Aus: A. Becker/E. Niggemeyer, Ich will etwas vom Tod wissen. © by Ravensburger Buchverlag 1983
189 Aus: H. D. Osenberg (Hrsg.), Das Leben ist schön – Das Leben ist schrecklich. Gütersloher Verlagshaus Gerd Mohn, Gütersloh (Bd. 116 der Stundenbücher)
190 Aus: Gebete für heute. Bernward Verlag/Verlag Butzon & Bercker, Hildesheim/Kevelaer 4. Aufl. 1974
191 Aus: J. Zink, Die Mitte der Nacht ist der Anfang des Tages. Bilder und Gedanken zu den Grenzen unseres Lebens. Kreuz Verlag, Stuttgart/Berlin
203 Aus: E. Penzoldt, Die schönsten Erzählungen. © Suhrkamp Verlag, Frankfurt am Main 1981
205 Ordensgemeinschaft in Frankreich. Aus: R. Zerfaß, Seelsorge als Gastfreundschaft, in: Diakonia 5/1980
215 Gotteslob 18/7. © Verlag F. Pustet, Regensburg
219 A. de Saint-Exupéry. Quelle wie S. 31
221 © I. Wendt. Aus: H.-J. Gelberg (Hrsg.), Geh und spiel mit dem Riesen. Verlag Beltz & Gelberg, Weinheim 1971
224 Familien-, Was-Du-Willst-, Einladungs-Sonntag. Aus: Wir sagen Euch an: Advent. Ein Kalender für die Advents- u. Weihnachtszeit, 1980. Hrsg. Bistum Essen, Dez. f. Pastorale Dienste
227 © Ch. Peikert Flaspöhler. – Sieben Einwände. Aus: Arbeitsheft »Jeden Sonntag Ostern feiern«. Hrsg. Bistum Essen, Dez. f. Pastorale Dienste (leicht gekürzt)
231 Aus: M. Buber. Die Erzählungen der Chassidum. Manesse-Verlag, Zürich 1949
233 © B. H. Bull
237 Verlag Volk & Wissen, Berlin
255 © E. Rechlin-Bartoschek
256 Im Märzen der Bauer (Fass. W. Hensel). Aus: Bruder Singer (BA 1250) © by Bärenreiter-Verlag, Kassel
267 Aus: G. Ruck-Pauquèt, Wenn der Mond auf dem Dach sitzt. Verlag. G. Bitter, Recklinghausen 1969
270 Aus: Segnungen. Hrsg. Liturgische Kommission der Diözese Rottenburg
278 Quelle wie S. 237
287 Aus: P. Hacks, Flohmarkt. Kinderbuchverlag, Berlin
291 Lied. Text: Claus Peter März/Melodie: Kurt Grahl
308 Quelle wie S. 224, 1978. Aus: Essener Adventskalender »Wir sagen euch an: Advent«
310 Aus: W. Fährmann, Und brachten Freude auf die Erde. Echter-Verlag, Würzburg 1978
315 Quelle wie S. 224, 1978
317 Quelle wie S. 224. © A. Lorenz
324 Aus: Weihnachts-Singebuch, 2. Teil. Christophorus-Verlag, Freiburg
326 Aus: J. Guggenmos, Mutzebutz. Verlag Georg Bitter, Recklinghausen. – © G. Ruck-Pauquét. – U. Wölfel, in: G. Mielitz, Sei uns willkommen schöner Stern. Verlag Ernst Kaufmann, Lahr. – © K. Marti. – Aus: A. Juhre, Weihnachtsnachrichten. Quell Verlag, Stuttgart 1988
327 Stern über Bethlehem. Aus: In dieser Nacht. Lieder zum Thema Weihnachten. Gustav Bosse Verlag KG, Regensburg. – Nun sei uns willkommen (Alter Weihnachtsruf/17. Jh.). Aus: Bruder Singer (BA 1250). © by Bärenreiter-Verlag, Kassel
328 Quelle wie S. 224, 1980
330 Aus: D. Bonhoeffer, Widerstand und Ergebung. Chr. Kaiser/Gütersloher Verlagshaus, Gütersloh (1. Strophe)

331 Aus: Dr. Erich Kästners lyrische Hausapotheke. © Atrium Verlag, Zürich
332 © J. Krüss
336 Aus: Weihnachts-Singebuch, 2. Teil. Christophorus-Verlag, Freiburg
340 Aus: J. Zink, Wie wir beten können. Kreuz Verlag, Stuttgart/Berlin
354 Aus: F. M. Dostojewskij, Die Brüder Karamasoff. Übersetzt von E. K. Rashin. R. Piper & Co. Verlag, München
355 Quelle wie S. 231
356 Wer leben will ... Aus: Du bist der Atem meiner Lieder. Christophorus/Herder/Burckhardthaus, Freiburg/Wien/Gelnhausen
360 Pfarrei St. Franziskus, Dortmund-Scharnhorst
362 Texte (Pfarrer Franz Pixner) zu den Kreuzwegstationen nach: »Kreuzweg aus der Pfarrkirche Algund/Südtirol«
378 © G. Gaiser. Aus: Signale zum Jahreskreis. Aussaat Verlag, Wuppertal 1970
386 © Christophorus-Verlag, Freiburg
393 © Ch. Peikert-Flaspöhler
405 H. G. Bulla. Aus: Ders., Kindheit und Kreide. © Suhrkamp Verlag, Frankfurt am Main 1986
411 A. de Saint-Exupéry. Aus: Carnets. Karl Rauch Verlag, Düsseldorf 1958
415 Aus: Gesammelte Werke. © Suhrkamp Verlag, Frankfurt am Main 1967
417 © A. Möller
418 Frage. © Ulrich Liedholz
420 Moralischer Notstand. Nach: Ders., Jetzt ganz den Frieden tun. Hamm 1983, S. 15–20 (Auszug)
426 Gedicht. Aus: Das Leben gewinnen. Familiensonntag 1988. Hrsg. Zentralstelle Pastoral der Deutschen Bischofskonferenz

Bildnachweis

110–111 Steinrelief »Die Zehn Gebote« (Ausschnitt), 15. Jh. Alte Peterskirche, Frankfurt/Main, heute Historisches Museum
126 Roland Peter Litzenburger (gest. 1987). Aus dem Zyklus Christus der Narr, Blatt 5, Tuscheaquarell 1973. © Nachlaß Roland P. Litzenburger
146 Germanisches Nationalmuseum, Nürnberg
155 Blindenheilung. Ölgemälde des sog. Meisters der Sammlung des Manna, um 1475. Privatsammlung Dordrecht/Holland. Leihgabe im Gemeentemuseum Mr. Simon van Gijn
229 © 167 by Kösel-Verlag, München
253 Josef mit dem Jesusknaben. Bronze, um 1770. Städtische Galerie Liebighaus, Frankfurt/Main
313 Der heilige Nikolaus mit Szenen aus seinem Leben. Russische Ikone. Novgoroder Schule, 15. Jh. Ikonenmuseum, Köln (Inv. Nr. 432)
322 Schnüttgen-Museum, Köln
334 Der Engel erscheint den Drei Königen im Traum. Romanisches Kapitel aus der Kathedrale von Autun
338/339 © Walter Habdank, Berg/Starnberger See
346 Friedensreich Hundertwasser. (224) Der große Weg, 1955. © 1995 Joram Harel, Wien
362–369 Kreuzweg von P. Fellin, 1990. Pfarrkirche in Algund/Südtirol
372/373 Musée d'Unterlinden, Colmar/Elsaß
383 Emil Nolde, Ausgießung des Geistes (Pfingsten). Ölbild 1909. (Urban 318) © Nolde Stiftung Seebüll. Mit frdl. Genehmigung der Stiftung A. Seebüll und E. Nolde. Nationalgalerie Berlin
396 Simone Martini (1283–1344), Verkündigungsengel (Ausschnitt). Uffizien zu Florenz
398 Anna Selbdritt. Holzplastik, um 1500. Aus der Riemenschneider Werkstatt
401 Madonna des Erzbischofs Imad. Lindenholz, um 1070. Diözesanmuseum, Paderborn
403 Schutzmantelmadonna, um 1470. Markdorf
412/413 Zeichnung aus einer Siegerländer Gemeinde
424/425 Sieger Köder, Das Mahl mit den Sündern, 1973. Villa San Pastore bei Palestrina, Latium

Fotonachweis

alphapress, Garching: 165 – Anthony Verlag, Starnberg: (37) – Burkhard Bartel: 225 – Beuroner Kunstverlag, Beuron: 403 – Braun et cie, Mulhouse: 372/373 – E. Breloer, Hildesheim: 110/11 – Helmut Buchen, Köln: 322 – Ursula Edelmann: Frankfurt: 253 – Franz Hartz, Garching: 356 – Bernward Hoffmann, Mainz: 67, 89, 93, 101, 301, 390 – Robert Holder, Urach: 179, 180, 330 – impuls studio, München: 150 (aus: Tonbild Krankensalbung. Foto: Ivo Krizan) – Erhard Jorde, Wiggensbach: 158 – Jugendbildungsstätte St. Bonifatius, Detmold-Heidenoldendorf: 107 – Oswald Kettenberger, Maria Laach: 45, 236 – Barbara Klemm, Frankfurt: 410 – KNA, Frankfurt: 55, 414 – Kösel-Archiv: 396 – Werner Kohn, Bamberg: 341, 342 – Wolfgang Krabel, Stockholm: 407 – Thomas Ledergerber, Olten/Schweiz: 137 – Foto Marburg, Marburg: 334 – Mauritius, Mittenwald: 123, 126 li, 127, 194, 195, 201 – Hubertus Mersmann, Höxter: 376 – Werner Müller, Stuttgart: 87, 220 – Lothar Nahler, Hillesheim: (37) – Aus: L. Nilsson, Ein Kind entsteht. Mosaik Verlag, München. © A. Bonniers Förlag, Stockholm: 60/61 – Christa Petri, Regensburg: 170 – Wilfried Petzi, München: 173 – Otto Pfaff, Mannheim: 143 – Bild-Poss, Siegsdorf: 75 – foto-present, Essen: 149, 216, 397, 422 – Rolf Rackow, München: 419 – Fernand Rausser, Bolligen-Bern/Schweiz: 14, 25, 57, 91, 188/189, 359, 360 – Rotter: 362–369 (Kreuzweg) – Hubert Rüenauer, Hadamar: 11 – Christoph Ryan, aus: C. Hofrichter/M. Ball, Wir möchten, daß unser Kind getauft wird. Elternheft. Kösel-Verlag, München 1995: 71 – Hans und Laura Samsom, Amsterdam: 344, 345, 352, 353 – Hannes Schrüfer Nachlaß, München: 198, 271 – Lisbeth Tresch-Philipp, Altdorf/Schweiz: 103 – Heinz Waser, Zürich: 157 – Westfälisches Amt für Denkmalpflege, Münster. Foto: A. Brückner: 401 – ZEFA-Zentrale, München: 417 – Karl Zimmermann, Pulheim: 219 – Dorothea Zwicker, Würzburg: 398

Autoren-Team

Peter Neysters

Die Mitarbeit am Adventskalender des Bistums Essen »Wir sagen Euch an: Advent« und die vielen positiven Rückmeldungen aus den Familien haben mir eines sehr deutlich bewußt gemacht: Eltern und Kinder brauchen hin und wieder Anregungen, Ideen und möglichst praktische Vorschläge, um in der Familie miteinander leben, feiern und glauben zu können. Gelegenheiten und Anlässe dazu gibt es genug: die Familienfeste oder die Feiertage und Jahresfestkreise des Kirchenjahres. Aus meiner Erfahrung in der eigenen Familie weiß ich nur zu gut, daß vieles versäumt und manches zu wenig ausgeschöpft wird, was gute Bräuche, gute Traditionen und gute Gewohnheiten den Familien auch heute noch ermöglichen. Zum eigenen wie zum Nutzen anderer habe ich gerne am Hausbuch mitgearbeitet.

Peter Neysters, 1942 in Essen geboren, verheiratet und Vater von drei Kindern, zunächst Lehrer an einer Hauptschule, dann Referent an der Jugendbildungsstätte St. Altfrid, seit 1978 Leiter der Abteilung für Ehe und Familie im Bistum Essen.

Hubert Rüenauver

Glauben verbinde ich in meiner Erinnerung mit der Erfahrung, daß bei uns zu Hause über den Glauben nicht viel gesprochen wurde, sondern meine Familie diesen Glauben einfach lebte. Ich erinnere mich, daß in meiner Kindheit und Jugend Glauben und Leben, Alltag und Sonntag miteinander verbunden waren. Ich erinnere mich, daß der immer wiederkehrende Ablauf des Jahres nach festen Bräuchen, in ländlicher Umgebung überliefert und erhalten, für mich wichtig war. In meiner Erinnerung ist prägend, daß alte Geschichten erzählt wurden und wir wichtige Feste in großem Familien- und Freundeskreis feierten.

In der Gegenwart, in meiner Arbeit erlebe ich immer wieder: Bei vielen Menschen klaffen Glauben und alltägliches Leben auseinander. Viele Familien sind hilflos und überfordert, den Glauben einander weiterzusagen und miteinander im Jahreskreis und an wichtigen Stationen des Lebensweges zu gestalten. Viele fragen, wie sie den Glauben verstehen und erfahren können. Meine Erinnerungen an die eigene Kindheit und Jugend, meine Erfahrungen heute mit fragenden, suchenden, ratlosen Menschen und meine Mitverantwortung für unseren Glauben morgen waren für mich Grund, an diesem Buch mitzuarbeiten.

Hubert Rüenauver, 1942 in Attendorn-Bürberg, Kreis Olpe, geboren. Seit 1970 verheiratet und Vater von zwei Töchtern. Als Diplom-Theologe 1970–1984 im Dienst der Erzdiözese Paderborn, seit 1984 im Bistum Limburg als Referent für Erwachsenenseelsorge und Theologische Erwachsenenbildung tätig.

Karl Heinz Schmitt

Es war vor allem Dankbarkeit gegenüber meinen Eltern und Geschwistern, meiner Familie, die zur Idee und Arbeit an diesem Hausbuch führte. In dieser meiner Familie lernte ich leben. Wichtige Stationen meiner Lebens- und Glaubensgeschichte waren darüber hinaus viele Begegnungen mit glaubwürdigen Menschen. Manche sind mir noch sehr bewußt und manche nur noch unscharf vor Augen. Vielen Familien fällt es heute nicht leicht, ihr Leben aus christlichem Glauben zu gestalten. Meine Hoffnung war und ist, daß das vorliegende »Christliche Hausbuch« hierzu einige Anregungen und Hilfen geben kann.

Karl Heinz Schmitt, 1943 in Holzheim, Kreis Neuß, geboren, Professor für Erziehungswissenschaften mit dem Schwerpunkt Erwachsenenbildung und Gemeindekatechese an der Katholischen Fachhochschule Nordrhein-Westfalen, Abteilung Paderborn, sowie Vorsitzender des Deutschen Katecheten-Vereins e. V., München (DKV).

Manfred Boiting

Durch die Ansprache von Freunden habe ich bereits vor vielen Jahren begonnen, Arbeits- und Kommunikationsmaterialien für die kirchliche Jugendarbeit grafisch zu gestalten. Im Laufe der Jahre ergab sich auch eine solche Mitarbeit im Bereich der kirchlichen Ehe- und Familienbildung und in caritativen Aufgabenfeldern. Für mich war eine solche Mitarbeit und Beratung immer eine Möglichkeit, mich mit aktuellen Fragestellungen kirchlichen Lebens auseinanderzusetzen. So habe ich auch gerne zugesagt, an diesem Hausbuch als Grafiker mitzuarbeiten, da sich für mich so eine Gelegenheit bot, eine vertiefte Binnensicht von christlichem Brauchtum und Familienkultur zu gewinnen.

Eine Chance, damit auch meine Familie und meinen Freundeskreis zu bereichern.

Manfred Boiting, 1939 in Essen-Borbeck geboren, verheiratet, Vater von zwei Kindern, Grafiker und Maler.

Hermann Garritzmann

Immer wieder erlebe ich Frauen und Männer, die ihr Leben und ihren Glauben hinterfragen und dann nach angemessenen Ausdrucksformen suchen. In einem solchen »Netz« bin ich selbst wach und aufmerksam geblieben, um hinter die Dinge des Alltags zu schauen, um Bräuche, Zeichen und Symbole neu zu erschließen. Dabei phantasievolle Wege zu wagen, die »Zeichen der Zeit« nicht zu übersehen, zu solidarischem Denken und Handeln einzuladen – solche Anliegen prägen meine Mitarbeit am »Hausbuch« und meinen Arbeitsstil in der Erwachsenenbildung.

Hermann Garritzmann, 1948 in Raesfeld, Kreis Borken, geboren, verheiratet, fünf Kinder, Studium der Theologie und Germanistik an der Universität in Münster, Bildungsreferent in der Seelsorgeregion Hochstift Paderborn mit den Schwerpunkten Ehe- und Familienbildung, Aus- und Weiterbildung von Mitarbeiterinnen und Mitarbeitern in der Bildungsarbeit und solidarischer Eine-Welt-Arbeit.

Leopold Haerst

»Was bedeutet eigentlich der geschmückte Tannenbaum im Weihnachtszimmer?« – Da hatte ich nun viele Jahre Theologie studiert, aber auf diese Frage wußte ich keine Antwort. Ich wußte nicht einmal, wen ich hierzu befragen oder wo man so etwas nachlesen könnte. Immerhin, irgendwann habe ich es dann doch herausgefunden. Aber seitdem hat mich die Idee fasziniert, an einem Hausbuch für die christliche Familie mitzuarbeiten, an einem Buch, das Brauchtum und christliche Familienkultur anregt, erläutert, weitergibt.

Leopold Haerst, 1949 in Köln geboren, Diplom-Theologe, verheiratet, Vater einer Tochter, Geschäftsführer des Deutschen Katecheten-Vereins e.V., München.

Heinrich Heming

Meine Tätigkeit als Diözesanpräses im Kolpingwerk und als Familienseelsorger im Bistum Essen hat mir die Begegnung mit vielen Familien ermöglicht. Persönliche Gespräche mit jungen Eltern und das gemeinsame Bemühen um eine christlich geprägte Familienkultur haben mich immer mehr begreifen lassen, welchen unersetzbaren Wert die Familie für das Leben des einzelnen hat. Glaubensgespräche in Familiengruppen und religiöse Besinnungstage haben mir geholfen, neue Möglichkeiten des gemeinsamen Betens zu finden, Formen des religiösen Brauchtums neu zu entdecken und in Fest und Feier an der gemeinsam erfahrenen Lebensfreude der Familie teilzunehmen. So bin ich in die Lage versetzt, Empfangenes weiterzugeben, selbst Erlebtes anderen zu vermitteln. Darum habe ich mich gefreut, an diesem Buch mitarbeiten zu dürfen.

Heinrich Heming, 1935 in Essen geboren, zum Priester geweiht 1962, Kaplan und Religionslehrer, anschließend Diözesanpräses im Kolpingwerk und Stadtvikar in Essen. Ab 1971 Diözesanfamilienseelsorger im Bistum Essen, dann Pfarrer in der Gemeinde Herz-Jesu, Essen-Burgaltendorf, seit Januar 1993 Leiter des Bischöflichen Seelsorgeamtes im Bistum Essen.

Klaus Tigges

Als vor einigen Jahren unser erstes Kind getauft wurde, erinnerte ich mich an das Taufkleid unserer Familie, in dem bereits alle meine Geschwister, ich selbst und meine Nichten und Neffen getauft worden waren.

Da zwischen der jüngsten Nichte und unserem Kind ein Altersunterschied von gut 10 Jahren besteht, mußte meine Mutter das Taufkleid aus einer hinteren Ecke des Kleiderschrankes hervorsuchen. Inzwischen wächst unser Michael heran. Ich habe vieles von früher hervorgesucht: Geschichten, alte Bräuche, Spiele, Lieder...

Auch in meiner beruflichen Tätigkeit wurde es zunehmend zu einem Schwerpunkt, Familien im Ablauf des Jahres und bei besonderen Anlässen anzuregen, ihr Leben aus der Fülle christlichen Glaubens zu verstehen und zu gestalten.

Klaus Tigges († 1992), Diplom-Theologe, 1945 in Welschen-Ennest, Kreis Olpe, geboren, verheiratet seit 1974, zwei Kinder. Diözesanreferent für Gemeindekatechese im Erzbistum Köln 1975–1983, Krankenhausseelsorger am St. Katharinen-Hospital Frechen 1983–1987, seitdem Gefängnisseelsorger in der JVA Köln.